나의 첫 인공지능 만들기

AI 탐험대

초판 발행일 | 2024년 11월 25일
지은이 | 송슬기, 이은진, 최은정, 창의콘텐츠연구소
발행인 | 최용섭
책임편집 | 이준우
기획진행 | 김미경

㈜해람북스 **주소** | 서울시 용산구 한남대로 11길 12, 6층
문의전화 | 02-6337-5419
팩스 | 02-6337-5429
홈페이지 | https://class.edupartner.co.kr

발행처 | (주)미래엔에듀파트너
출판등록번호 | 제2020-000101호

ISBN 979-11-6571-212-9 (13000)

이 책은 저작권법에 따라 보호받는 저작물이므로 무단전재와 무단복제를 금지하며,
이 책 내용의 전부 또는 일부를 이용하려면 반드시 저작권자와 (주)미래엔에듀파트너의 서면동의를 받아야 합니다.

※ 잘못된 책은 바꾸어 드립니다.
※ 책 가격은 뒷면에 있습니다.

저자 인사말

서울잠실초등학교

송슬기 팀장 선생님

뤼튼을 알게 된 이후 생성형 AI의 매력에 빠져 살아가고 있습니다.
이 교재를 학습하다 보면 AI가 '그냥 이런 거구나'가 아닌 '우와! 이런 거구나'라고 느끼며, '나의 첫 인공지능'에 푹 빠져 있는 여러분을 보고 계실 겁니다. 또한 우리 아이들이 문해력도 같이 함양할 수 있는 최고의 교재가 되리라 생각합니다. 멋진 AI 탐험대가 되기를 바라며...
마지막으로 인사말을 쓰고 있는 지금 이 순간에도 묵묵히 뒤에서 지원해주신 엄순영 국장님 감사합니다.

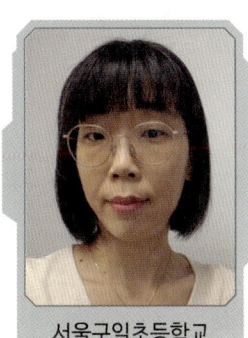

서울구일초등학교

이은진 선생님

AI는 단순한 도구가 아닌, 여러분의 생각과 창의력을 자극하는 파트너입니다. 이 교재를 통해 여러분이 스스로 질문하고 답을 찾으며 배움의 즐거움을 느끼기를 바랍니다.
누구나 시작할 수 있는 이 여정을 함께하며, 여러분의 상상이 현실이 되는 순간을 경험해 보세요. 여러분의 도전을 응원하며, 멋진 AI 탐험이 되길 바랍니다!

서울대왕초등학교

최은정 선생님

AI 탐험대 대원들, 반갑습니다!
여러분은 이제 AI가 중요한 시대에 진입하셨습니다. AI는 여러분의 상상력을 현실로 바꾸는 마법 같은 도구이기 때문이지요.
이 교재를 따라 수업을 하다 보면, '헉! 내가 이걸 해냈다고?'라며 놀랄지도 몰라요. 호기심만 있으면 재미있는 과제들을 마스터할 수 있도록 저와 선생님들이 준비하였거든요. 이 과정을 통해 자신만의 질문으로 멋진 해답을 찾을 수 있게 될 여러분을 응원합니다!

뤼튼 가입하기

① 뤼튼(www.wrtn.ai) 사이트에 접속한 후 [로그인] 클릭하고 [사람인지 확인하십시오] 체크하기

② [구글 계정으로 시작하기] 클릭하여 구글 계정으로 회원 가입하기

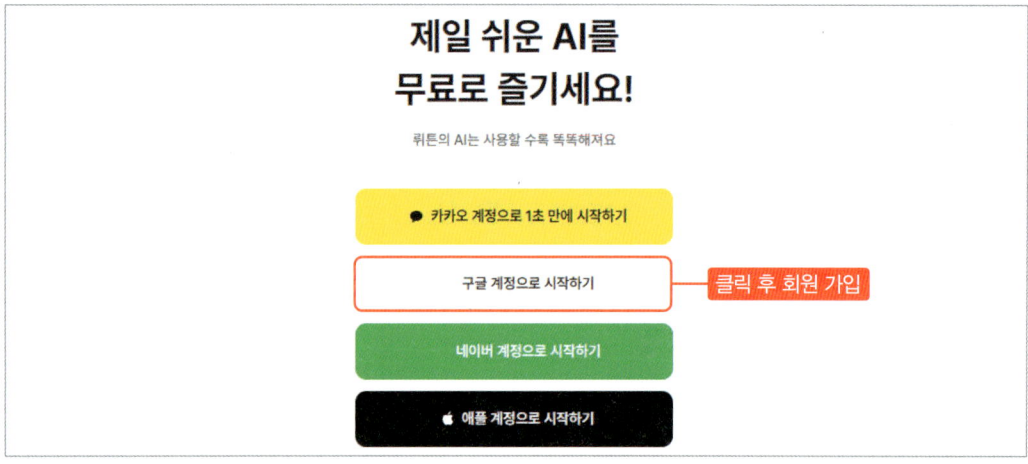

③ [서비스 이용 약관] 페이지가 나타나면 모든 항목에 동의한 후 [가입 완료] 클릭하기

클링 AI 가입하기

❶ 클링 AI(www.klingai.com) 사이트에 접속한 후 [Sign In] 클릭하기

❷ [Welcome to KLING AI] 창이 나타나면 [Sign up for free] 클릭하기

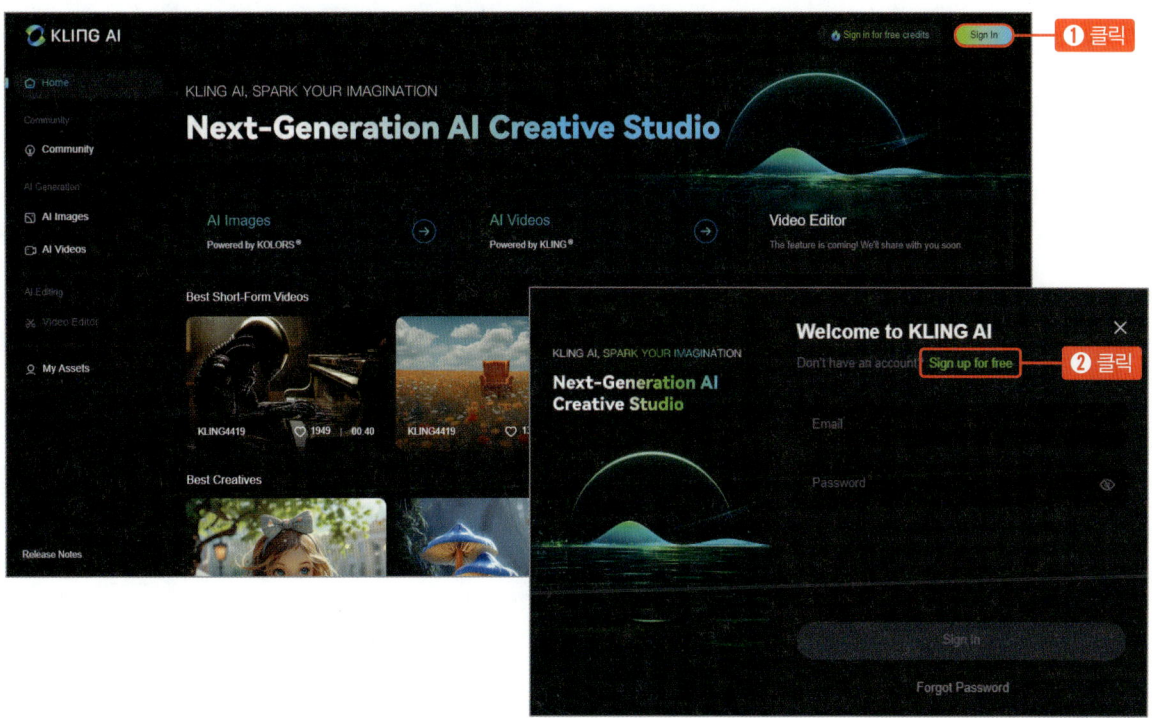

❸ [Create an account] 창이 나타나면 구글 계정과 암호를 입력하고 [Next] 클릭하기

❹ [Please complete security verification] 창이 나타나면 퍼즐 조각 드래그하여 빈 곳에 맞추기

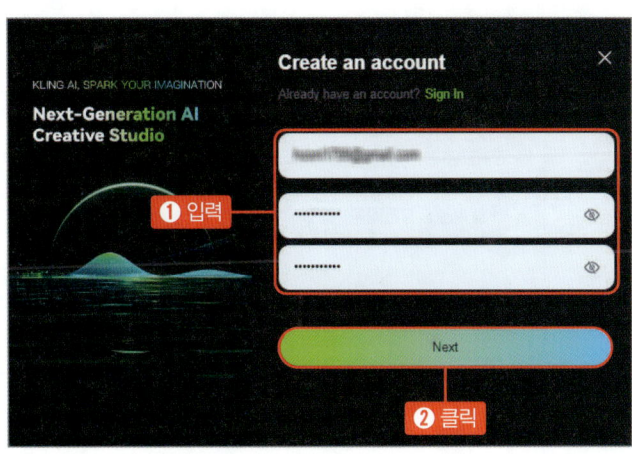
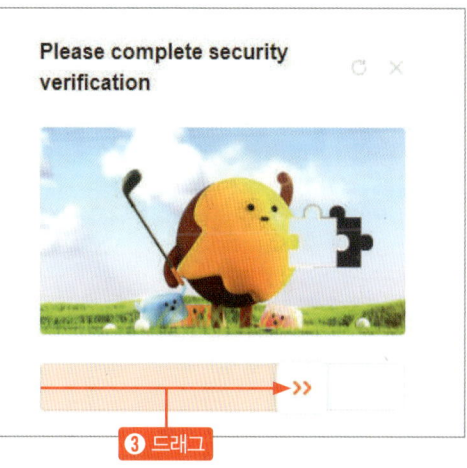

❺ 입력한 이메일에 접속하여 전송된 인증 코드를 확인한 후 클링 AI 사이트로 돌아와 인증 코드를 입력하여 사이트 가입 완료하기

브루 프로그램 설치하기

❶ 브루(www.vrew.ai/ko) 사이트에 접속한 후 [무료 다운로드] 클릭하기

❷ 다운로드 받은 설치 파일 더블클릭하여 프로그램 설치하기

❸ 프로그램이 실행되고 [이용약관 및 개인정보처리방침] 창이 나타나면 [동의하고 시작] 클릭하기

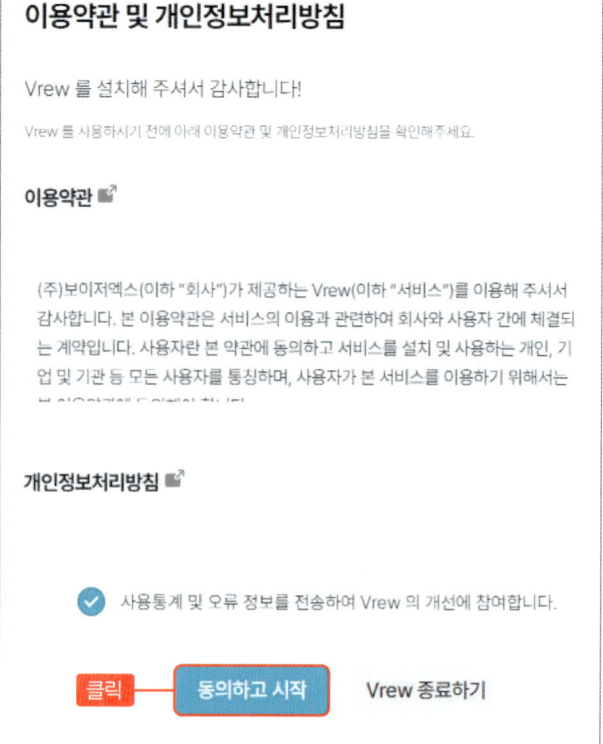

수노 가입하기

❶ 수노(www.suno.com) 사이트에 접속한 후 [Sign In] 클릭하기

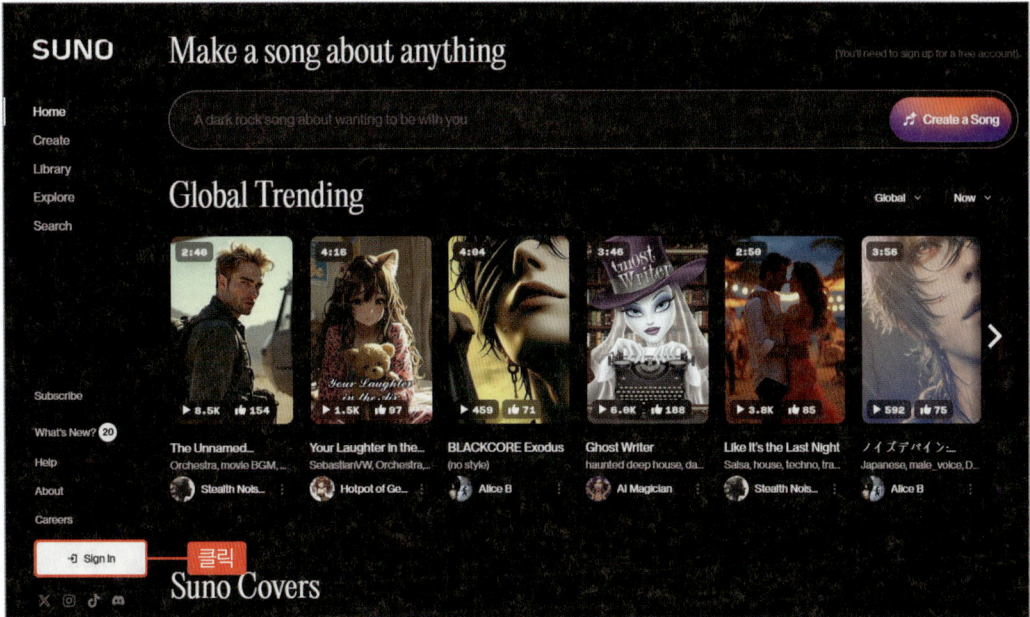

❷ [Create your account] 창이 나타나면 구글 계정을 클릭하여 구글 계정으로 로그인하기

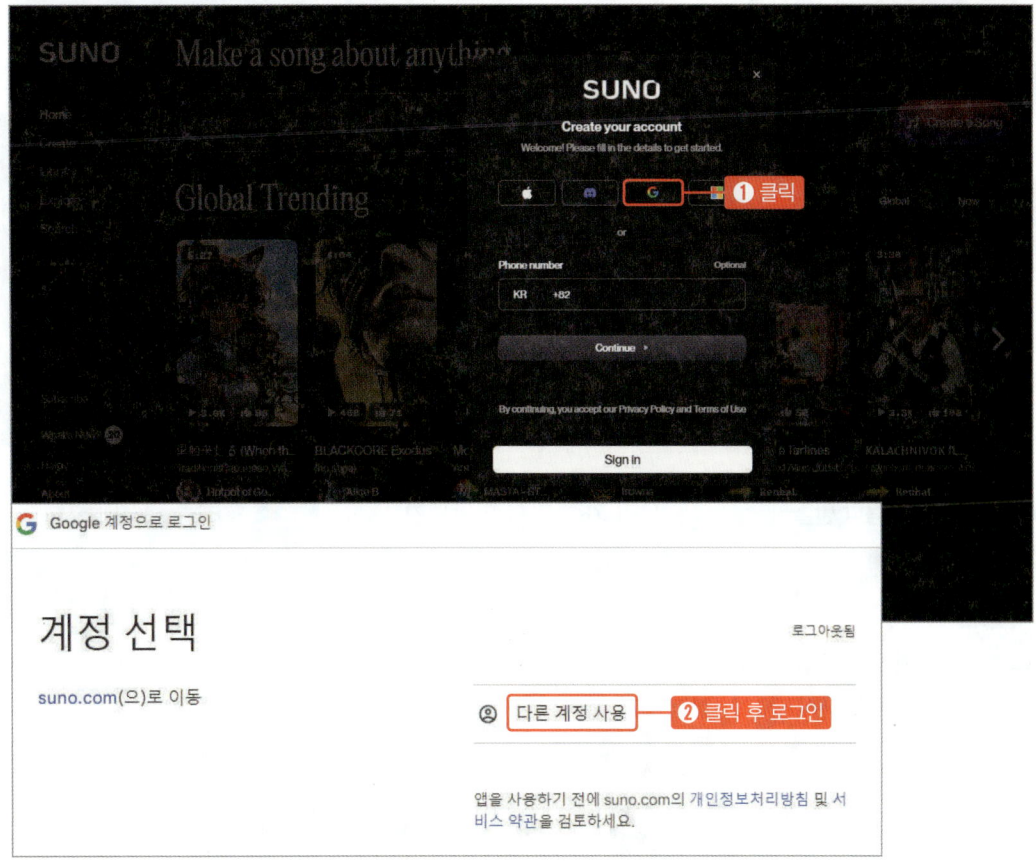

목차

01 생성형 AI와 인공지능 윤리

010

02 뤼튼 활용하기

017

03 이순신 장군과 대화하기
025

07 프롬프트로 이미지 생성하기

054

08 외계인에 대한 궁금증 PPT 만들기
061

09 미술 대회 출품작 만들기

071

13 내 목소리로 AI 목소리 만들기
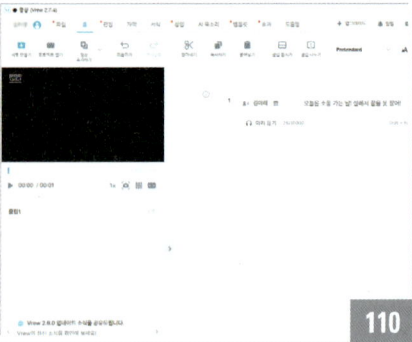
110

14 텍스트로 AI 영상 만들기

120

15 텍스트로 쇼츠 영상 만들기

126

19 헤르메스 신발 광고 음악 만들기

160

20 우리 가족 가사집 만들기

169

21 카드 뉴스 만들기

181

04 과학 탐구 보고서 작성하기

AI와 함께 한 과학탐구 보고서

작성자: 해경이

- 주제: 우유는 왜 캔이 아닌 종이팩에 담을까?
- 탐구 목적

우유의 포장 방식이 소비자에게 미치는 영향과 영양소 보존의 차이를 이해하기 위해, 종이팩과 캔에 담긴 우유의 물리적 변화(색상, 냄새, 맛)를 비교하고 분석한다.

- 과학 실험 방법

034

05 AI 영어 과외 선생님

너는 [[영어 과외 선생님]]이야. 지금부터 재미있고 친절한 성격을 가진 선생ㅁ "잘했어요." 이렇게 귀엽고 친절한 말투로 수업을 진행해줘.
수업 시간은 하루에 [[20분]]으로 설정해줘.
수업은 [[안녕하세요.]]로 시작하고 첫 수업이 시작되면
[[영어 실력 테스트]]를 하고 학생의 실력에 맞춰 수업을 진행해줘.
영어 실력을 테스트할 때는 영어 문장을 보여주고 해석하는 문제로 진행해줘.
수업 방법은 영어 문장과 뜻을 보여주고, 읽는 법을 한글로 알려줘.

💬 답변

안녕하세요! 반갑습니다! 😊 오늘부터 영어 과외 수업을 시작할 거예요. 첫 ㅅ
할 준비 되셨죠?
여기 첫 번째 문장이에요:

039

06 전교 회장 선거 포스터 만들기

045

10 팝아트 액자 만들기

079

11 3D 4컷 이미지 만들기

087

12 나의 로봇 친구 웹툰 만들기

100

16 애니메이션 OST 만들기

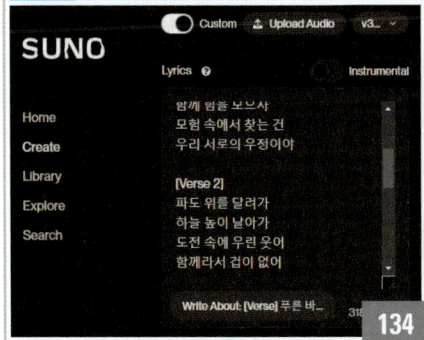

134

17 크리스마스 캐롤 만들기

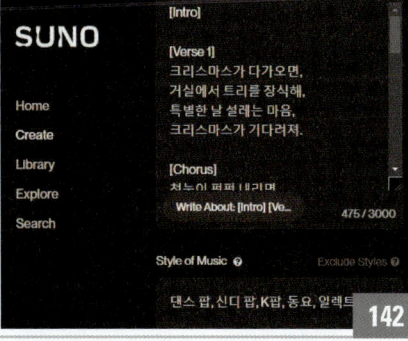

142

18 내 목소리로 노래 만들기

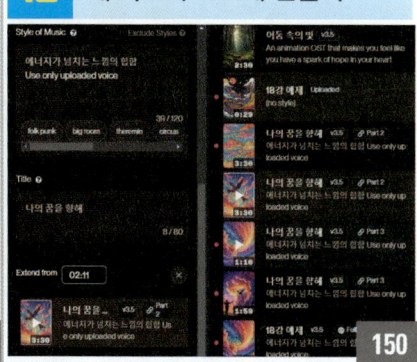

150

22 동화 OST 뮤직비디오 만들기

188

23 뉴스로 쇼츠 영상 만들기

198

24 학교 폭력 근절 캠페인 영상 만들기

206

오늘의 AI 탐험 : 생성형 AI와 인공지능 윤리

CHAPTER 01 생성형 AI와 인공지능 윤리

학습목표

- 생성형 AI가 무엇인지 알아봅니다.
- AI와 생성형 AI의 차이에 대해 알아봅니다.
- 생성형 AI가 활용되고 있는 산업 분야에 대해 알아봅니다.
- 인공지능 윤리에 대해 알아봅니다.
- 인공지능과 관련된 새로운 직업에 대해 알아봅니다.

예제 파일 : 없음   완성 파일 : 없음

도전! AI 탐험 미션

생성형 AI에 대해 알아보고 기존 AI와 생성형 AI의 차이점, 생성형 AI가 활용되고 있는 산업 분야에 대해 알아봅니다. 그리고 인공지능을 다룰 때 반드시 필요한 인공지능 윤리에 대해 알아보고 앞으로 각광 받게 될 인공지능 관련 직업에 대해서도 살펴 봅니다.

01 생성형 AI 알아보기

생성형 AI가 무엇인지 알아보고 활용 분야에 대해 알아봅니다.

❶ 생성형 AI의 개념

| 생성형 AI란? | • 주어진 데이터(정보)를 바탕으로 새로운 콘텐츠를 제작하는 인공지능 기술을 의미합니다.
• 예를 들면, 텍스트(프롬프트)를 입력하면 소설을 창작하거나, 이미지 혹은 영상을 짧은 시간 안에 제작할 수 있습니다.
• 이러한 생성형 AI는 학습한 패턴을 이용하여 창의적인 결과물을 생성할 수 있어 다양한 분야에서 활용되고 있습니다. |

 **Ai 알고가기**

🔷 인공지능(AI)이란?

인공지능(AI : Artificial Intelligence)이란 인간의 생각이나 학습 능력, 생각하는 능력, 말하는 능력 등을 컴퓨터가 학습하여 인간의 지능적인 행동을 모방하도록 한 기술을 의미합니다. 인공지능을 구현하는 대표적인 기술 분야로는 '머신러닝(기계학습)'과 '딥러닝'이 있습니다.

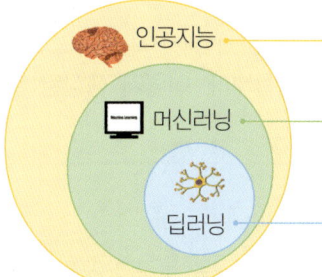

- 인공지능 → 사고나 학습 등 인간이 가진 지적 능력을 컴퓨터를 통해 구현하는 기술
- 머신러닝 → 컴퓨터가 방대한 양의 데이터를 학습하여 일반적인 패턴을 찾아내고 이를 통해 예측이나 판단하는 기술
- 딥러닝 → 인공신경망을 기반으로 스스로 정보를 학습하고 규칙을 찾아내서 판단하는 기술

❷ 생성형 AI와 기존 AI와의 차이점

구분	생성형 AI	기존 AI
콘텐츠 생성	새로운 콘텐츠를 생성	데이터 분석, 분류, 예측 등 수행
창의성	창의적인 결과물 생성 가능	규칙과 패턴에 의존
학습 방식	대량 데이터에서 패턴 학습	특정 작업 수행을 위한 훈련
응용 분야	예술, 문학, 디자인 등	데이터 분석, 예측 모델링 등

 Ai봇 도와줘!

기존의 AI는 사람이 입력한 데이터를 분석하거나 예측하는 등의 작업만 가능했지만 생성형 AI는 대량의 데이터를 통해 창의적인 콘텐츠를 생성할 수 있습니다.

Chapter 01. 생성형 AI와 인공지능 윤리 **011**

❸ 생성형 AI가 활용되고 있는 산업 분야

활용 분야	내용
글	작사, 기사, 소설, 시나리오 작성
이미지	DALL-E를 통한 예술 작품 생성, 웹툰 제작, 필요한 이미지 생성
음악	작곡
동영상	쇼츠, 애니메이션, 광고 등의 짧은 동영상 생성
게임	캐릭터, 스토리라인, 레벨 디자인 생성
패션	새로운 의상 디자인 및 패턴 생성
마케팅	광고 카피, 블로그 포스트, 소셜 미디어 콘텐츠 생성

❹ 생성형 AI 플랫폼

플랫폼	내용
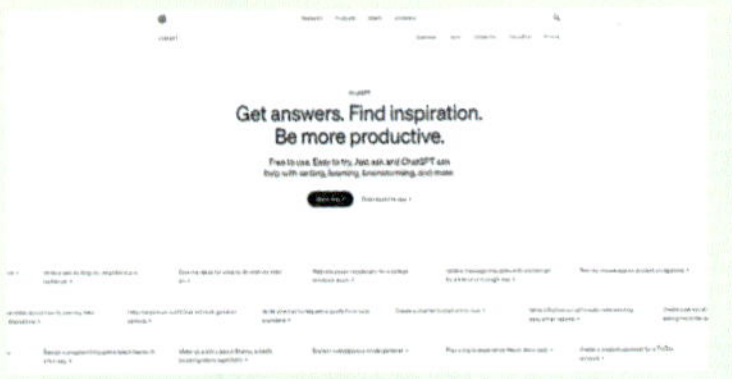 ChatGPT	ChatGPT는 OpenAI가 개발한 대화형 AI로 자연어 처리 기술을 기반으로 사용자와 대화하고 질문에 답변하며 다양한 콘텐츠를 생성하는 데 사용됩니다.
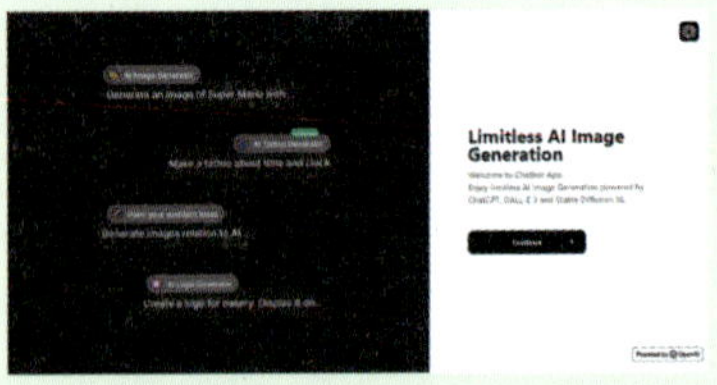 DALL-E	DALL-E는 OpenAI가 개발한 이미지 생성 AI로 사용자가 입력한 텍스트를 바탕으로 독창적인 이미지를 생성합니다. 이렇게 생성된 결과는 광고와 마케팅에 사용되고 있습니다.
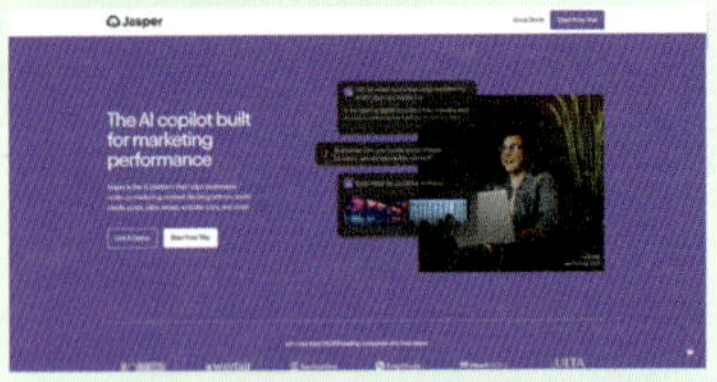 Jasper	Jasper는 AI 기반 콘텐츠 생성 도구로 블로그 포스트, 마케팅 카피 등을 자동으로 작성합니다. 사용자 맞춤형 텍스트를 제공하여 효율성을 높입니다.
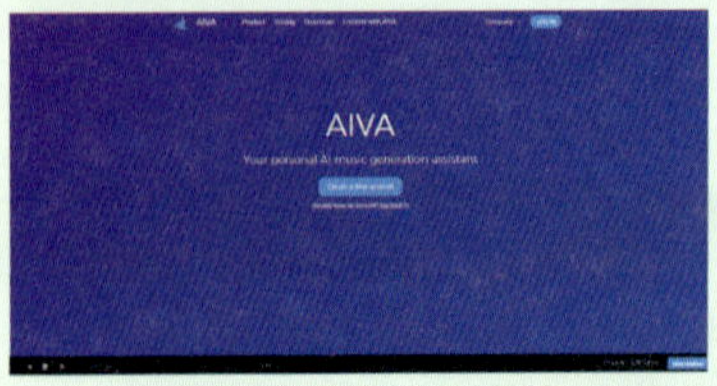 AIVA	AIVA는 AI 음악 작곡 프로그램으로 영화, 게임 등의 배경 음악을 자동으로 작곡합니다. 사용자가 필요한 장르나 박자 등을 입력하면 맞춤형 음악을 생성할 수 있습니다.
 Runway ML	Runway ML은 비디오 편집 및 생성 플랫폼으로 AI를 활용해 영상 요소를 자동 수정하고 새로운 장면을 생성합니다. 이를 통해 쇼츠나 영화, 광고 영상을 제작할 수 있습니다.

 **Ai봇 도와줘!**

소개된 생성형 AI 플랫폼 외에도 다양한 플랫폼들이 여러 분야에서 활용되고 있습니다.

❺ 생성형 AI의 장단점

- 대량의 콘텐츠를 짧은 시간에 제작하여 시간과 노력을 절약할 수 있지만 품질이 항상 일정하진 않습니다.
- 다양한 형태(글, 그림, 동영상)의 콘텐츠를 쉽게 제작할 수 있지만 기본 AI의 데이터를 활용하기 때문에 독창성 및 창의성이 떨어지고, 저작권이나 허위 정보 등을 생성하여 윤리적으로 논란을 일으킬 수 있습니다.
- 사용자의 요구에 맞춰 콘텐츠 생성이 가능하나 학습한 데이터에 따라 편향된 결과를 계속 생성할 수 있습니다.
- 인건비를 절감할 수 있지만 AI가 인간의 감정을 표현하는 데는 한계가 있습니다.

02 인공지능 윤리 이해하기
AI를 활용할 때 반드시 알아두어야 할 인공지능 윤리에 대해 알아봅니다.

❶ **인공지능 윤리** : 인공지능 기술을 개발 또는 사용할 때 지켜야 할 도덕적 원칙과 기준으로, 우리가 앞으로 인공지능을 다룰 때 반드시 지켜야 할 인공지능 3대 기본 원칙과 10대 핵심 요건에 대해 알아봅니다.

인공지능 3대 기본 원칙	
인간 존엄성 원칙	• 인간은 신체와 이성이 있는 생명체로 인공지능을 포함하여 인간을 위해 개발된 기계 제품과는 교환 불가능한 가치가 있다. • 인공지능은 인간의 생명은 물론 정신적 및 신체적 건강에 해가 되지 않는 범위에서 개발 및 활용되어야 한다. • 인공지능 개발 및 활용은 안전성과 견고성을 갖추어 인간에게 해가 되지 않도록 해야 한다.
사회의 공공선 원칙	• 공동체로서 사회는 가능한 한 많은 사람의 안녕과 행복이라는 가치를 추구한다. • 인공지능은 지능정보사회에서 소외되기 쉬운 사회적 약자와 취약 계층의 접근성을 보장하도록 개발 및 활용되어야 한다. • 공익 증진을 위한 인공지능 개발 및 활용은 사회적, 국가적, 나아가 글로벌 관점에서 인류의 보편적 복지를 향상시킬 수 있어야 한다.
기술의 합목적성 원칙	• 인공지능 기술은 인류의 삶에 필요한 도구라는 목적과 의도에 부합되게 개발 및 활용되어야 하며 그 과정도 윤리적이어야 한다. • 인류의 삶과 번영을 위한 인공지능 개발 및 활용을 장려하여 진흥해야 한다.

인공지능 10대 핵심 요건	
인권 보장	• 인공지능의 개발과 활용은 모든 인간에게 동등하게 부여된 권리를 존중하고, 다양한 민주적 가치와 국제 인권법 등에 명시된 권리를 보장하여야 한다. • 인공지능의 개발과 활용은 인간의 권리와 자유를 침해해서는 안 된다.
프라이버시 보호	• 인공지능을 개발하고 활용하는 전 과정에서 개인의 프라이버시를 보호해야 한다. • 전 생애주기에 걸쳐 개인 정보의 오용을 최소화하도록 노력해야 한다.
다양성 존중	• 인공지능 개발 및 활용 전 단계에서 사용자의 다양성과 대표성을 반영해야 하며, 성별·연령·장애·지역·인종·종교·국가 등 개인 특성에 따른 편향과 차별을 최소화하고, 상용화된 인공지능은 모든 사람에게 공정하게 적용되어야 한다. • 사회적 약자 및 취약 계층의 인공지능 기술 및 서비스에 대한 접근성을 보장하고, 인공지능이 주는 혜택은 특정 집단이 아닌 모든 사람에게 골고루 분배되도록 노력해야 한다.
침해 금지	• 인공지능을 인간에게 직간접적인 해를 입히는 목적으로 활용해서는 안 된다. • 인공지능이 야기할 수 있는 위험과 부정적 결과에 대응 방안을 마련하도록 노력해야 한다.
공공성	• 인공지능은 개인적 행복 추구뿐만 아니라 사회적 공공성 증진과 인류의 공동 이익을 위해 활용해야 한다. • 인공지능은 긍정적 사회 변화를 이끄는 방향으로 활용되어야 한다. • 인공지능의 순기능을 극대화하고 역기능을 최소화하기 위한 교육을 다방면으로 시행하여야 한다.
연대성	• 다양한 집단 간의 관계 연대성을 유지하고, 미래세대를 충분히 배려하여 인공지능을 활용해야 한다. • 인공지능 전 주기에 걸쳐 다양한 주체들의 공정한 참여 기회를 보장하여야 한다. • 윤리적 인공지능의 개발 및 활용에 국제사회가 협력하도록 노력해야 한다.
데이터 관리	• 개인정보 등 각각의 데이터를 그 목적에 부합하도록 활용하고, 목적 외 용도로 활용하지 않아야 한다. • 데이터 수집과 활용의 전 과정에서 데이터 편향성이 최소화되도록 데이터 품질과 위험을 관리해야 한다.
책임성	• 인공지능 개발 및 활용과정에서 책임주체를 설정함으로써 발생할 수 있는 피해를 최소화하도록 노력해야 한다. • 인공지능 설계 및 개발자, 서비스 제공자, 사용자 간의 책임소재를 명확히 해야 한다.
안전성	• 인공지능 개발 및 활용 전 과정에 걸쳐 잠재적 위험을 방지하고 안전을 보장할 수 있도록 노력해야 한다. • 인공지능 활용 과정에서 명백한 오류 또는 침해가 발생할 때 사용자가 그 작동을 제어할 수 있는 기능을 갖추도록 노력해야 한다.
투명성	• 사회적 신뢰 형성을 위해 타 원칙과의 상충관계를 고려하여 인공지능 활용 상황에 적합한 수준의 투명성과 설명 가능성을 높이려는 노력을 기울여야 한다. • 인공지능 기반 제품이나 서비스를 제공할 때 인공지능의 활용 내용과 활용 과정에서 발생할 수 있는 위험 등의 유의사항을 사전에 고지해야 한다.

❷ **인공지능 윤리 침해 사례** : AI는 잘 사용하면 우리의 삶을 편리하게 해주지만 잘못 사용할 경우 많은 사람들에게 큰 피해를 끼칠 수 있습니다. 이러한 인공지능 윤리 침해 사례를 확인해 봅니다.

딥페이크를 이용한 불법 콘텐츠 제작	2018년, 유명인의 얼굴을 합성하여 불법 콘텐츠를 제작하는 딥페이크 범죄가 발생했습니다. 이 사건은 특히 여성들에게 큰 피해를 주었으며, 그들의 명예와 개인적 삶에 심각한 영향을 미쳤습니다. 이러한 범죄로 인해 딥페이크 기술에 대한 규제 필요성이 대두되었습니다.
AI를 이용한 피싱 공격	2020년, 사이버 범죄자들이 AI를 활용하여 더욱 정교한 피싱 이메일을 작성한 사례가 있었습니다. 이 이메일은 수신자의 행동 패턴을 분석하여 신뢰할 수 있는 기관에서 발송된 것처럼 보이게 만들어, 많은 사람들이 개인 정보를 입력하도록 유도했습니다. 이 사건은 AI가 사이버 범죄에 악용될 수 있는 가능성을 보여주었습니다.
자동화된 해킹 사건	2021년, 특정 해킹 그룹이 AI를 사용하여 기업의 보안 시스템을 자동으로 공격한 사건이 보고되었습니다. 이 그룹은 AI를 통해 취약점을 찾아내고, 빠르게 침투하여 중요한 데이터를 탈취했습니다. 이 사건은 기업들이 AI 기술에 대한 대비가 필요함을 시사했습니다.
자율 무기의 사용 우려	2022년, 군사적 갈등에서 AI가 탑재된 드론이 자율적으로 공격 결정을 내릴 수 있다는 우려가 제기되었습니다. 특정 군사 작전에서 자율 드론이 인간의 개입 없이 공격을 수행했다는 보고가 있었고, 이는 AI 무기가 범죄적 행위에 사용될 수 있는 가능성을 암시했습니다.

❸ **생성형 AI 관련 유망 직업**

프롬프트 엔지니어	AI 모델에서 원하는 결과를 얻기 위해 프롬프트를 설계하고 개선하는 전문가입니다. AI의 동작을 이해하고 프롬프트를 최적화하여 정확하고 창의적인 출력을 이끌어냅니다.
AI 콘텐츠 제작자	생성형 AI 도구를 활용해 텍스트, 이미지, 비디오 등의 콘텐츠를 제작합니다. 효과적인 프롬프트를 통해 고품질 콘텐츠를 개발하고 다양한 미디어에 적용합니다.
프롬프트 디자이너	대화형 AI 시스템을 위해 사용자 친화적인 프롬프트를 만드는 역할입니다. 사용자 경험을 향상시키기 위해 피드백을 분석하고 프롬프트를 개선합니다.
AI 트레이너	AI 모델의 훈련 과정에서 프롬프트를 개발하고 수정하여 모델의 성능을 향상시키는 역할입니다. 다양한 프롬프트에 대한 응답을 평가하고 협력하여 정확도를 높입니다.
AI 윤리 전문가	AI 시스템의 프롬프트가 윤리적이고 편견이 없도록 검토하고 개선합니다. 윤리적인 프롬프트 생성을 위한 지침을 개발하고 AI 관련 윤리 문제를 해결합니다.
데이터 분석가	프롬프트를 통해 생성된 데이터를 분석하여 인사이트를 도출하는 직업입니다. AI의 반응을 평가하고, 개선할 부분을 찾아내는 데 중점을 둡니다.
교육 콘텐츠 개발자	생성형 AI에 대한 프롬프트 작성 방법을 교육하는 자료와 튜토리얼을 개발합니다. 워크숍과 교육 세션을 통해 지식을 전파합니다.
제품 관리자 (AI 도구)	AI 도구의 개발과 배포를 감독하며, 효과적인 프롬프트가 사용자 요구에 맞게 통합되도록 관리합니다. 사용자 피드백을 바탕으로 제품 성능을 개선합니다.

AI 탐험대 ➕ 플러스 미션

📂 예제 파일 : 01강 예제 폴더 📂 완성 파일 : 없음

1 '01강 미션 예제' 파일을 더블클릭하여 AI for Oceans 사이트에 접속한 후 AI 소개 영상을 시청해 보세요.

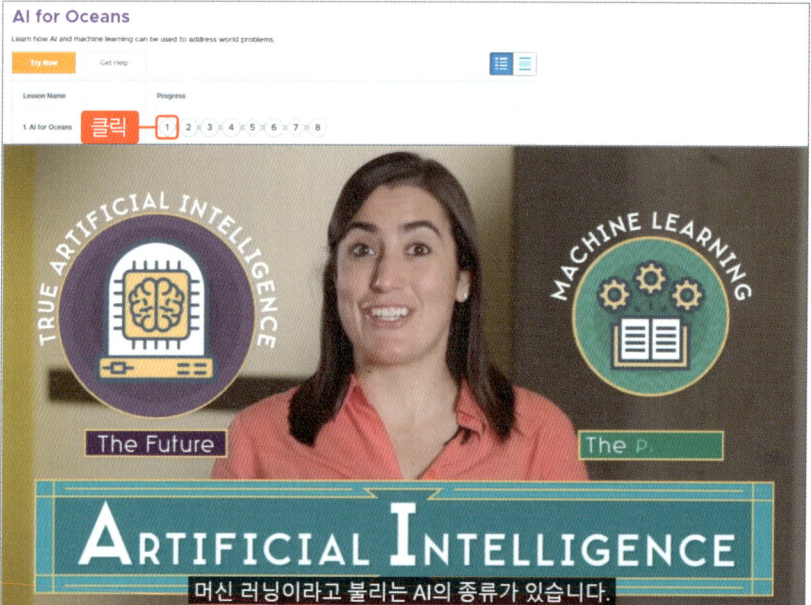

 AI for Oceans는 해양 생태계와 융합하여 머신러닝과 AI 윤리에 대해 학습할 수 있는 사이트입니다.

2 다음 단계를 진행하고 AI 학습 프로그램을 체험해 보세요.

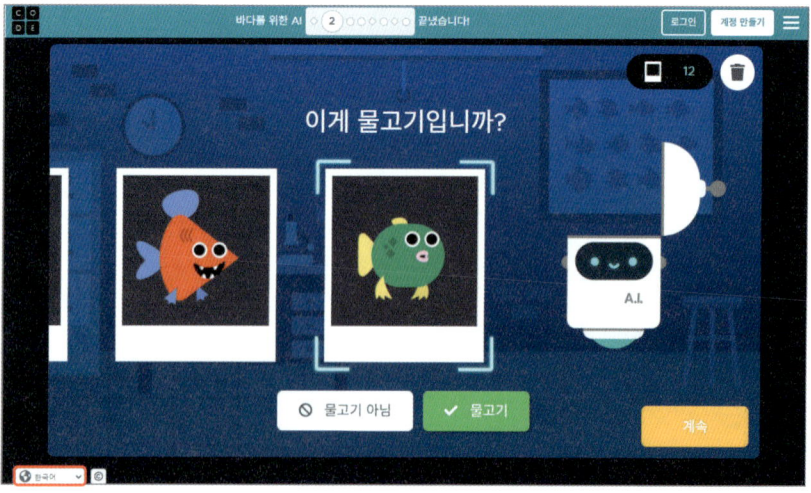

 언어가 영문으로 표시되면 왼쪽 하단의 언어 목록에서 '한국어'를 선택합니다.

오늘의 AI 탐험 : 뤼튼

CHAPTER 02 뤼튼 활용하기

학습목표

- 뤼튼에 접속하고 화면 구성을 확인합니다.
- 뤼튼과 효과적으로 대화하는 방법을 알아봅니다.
- 생성형 AI를 활용하기 위한 올바른 마음가짐을 알아봅니다.
- 뤼튼에 프롬프트를 작성하고 정보를 얻어 봅니다.

📥 예제 파일 : 없음 📥 완성 파일 : 없음

도전! Ai 탐험 미션

생성형 AI 플랫폼인 '뤼튼'에 접속해 화면 구성을 살펴보고 뤼튼을 사용하기에 앞서 생성형 AI를 활용할 때 가져야 할 올바른 마음가짐에 대해 생각해 봅니다. 그리고 평소 궁금했던 질문을 정리하여 뤼튼에 프롬프트를 작성해 보고 결과를 통해 나의 상식을 넓혀 봅니다.

 ## 뤼튼 화면 구성 살펴보기

뤼튼에 접속하여 뤼튼의 화면 구성을 살펴 봅니다.

① 인터넷 브라우저를 실행한 후 뤼튼(https://wrtn.ai) 사이트에 접속합니다.

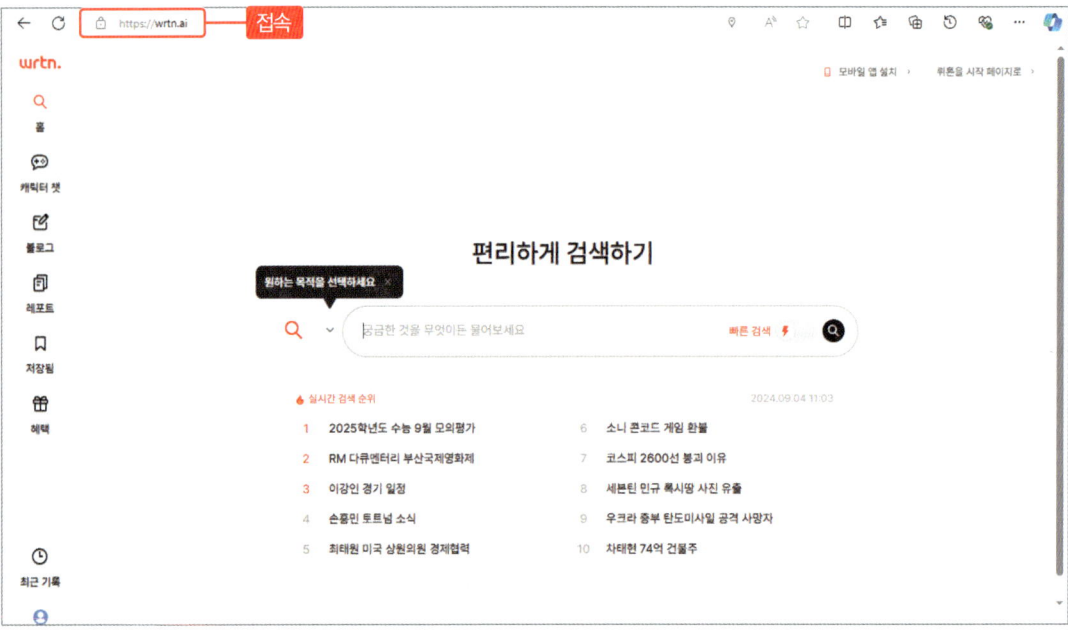

② 화면 왼쪽 하단의 [로그인]을 클릭한 후 뤼튼에 로그인합니다.

 **Ai봇 도와줘!**

앞으로 여러 생성형 AI 플랫폼을 사용할 예정이므로 구글 계정을 이용하여 회원 가입하는 것이 편리합니다.

❸ 뤼튼의 화면 구성을 확인합니다.

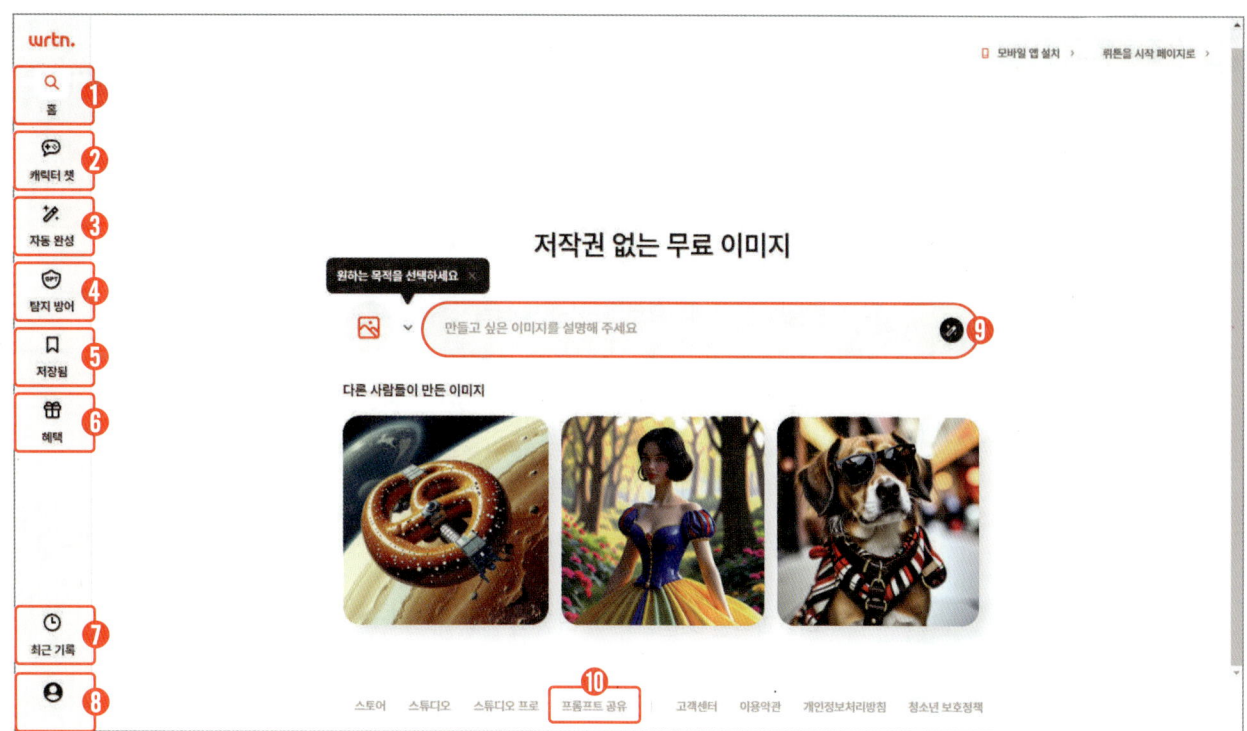

❶ **홈** : 뤼튼의 메인 페이지로 이동합니다.
❷ **캐릭터 챗** : 사용자가 특정 캐릭터와 대화하는 경험을 제공합니다. 사용자는 대화할 캐릭터의 성격, 배경, 대화 스타일 등이 반영된 대화를 나눌 수 있으며, 원하는 캐릭터를 지정하면 해당 캐릭터에 맞추어 대화가 진행됩니다.
❸ **자동 완성**
  • 블로그 : 블로그에 쓸 글을 자동으로 생성해 줍니다.
  • 레포트 : 과제에 대해 정보를 입력하면 정보에 따라 과제를 완성해 줍니다.
  • 자기소개서 : 자기소개서 작성을 도와줍니다.
  • PPT 초안 : 발표 개요 및 주제를 입력하면 프리젠테이션의 초안을 작성해 줍니다.
❹ **탐지 방어** : AI로 탐지되기 어렵도록 글을 작성해 주는 기능으로 1회당 50개의 성냥(포인트)이 필요합니다.
❺ **저장됨** : 사용자가 이전 대화 내용이나 특정 정보를 저장해 두고 나중에도 쉽게 확인할 수 있습니다.
❻ **혜택** : 성냥(포인트)을 모으는 방법과 이용 내역 등을 확인할 수 있습니다.
❼ **최근 기록** : 사용자가 최근에 뤼튼과 대화를 나누었던 목록이 표시됩니다.
❽ **로그인 정보** : 사용자의 로그인 정보를 확인하거나 로그아웃할 수 있습니다.
❾ **프롬프트 입력** : 사용자가 원하는 정보나 내용을 빠르게 찾아볼 수 있도록 돕는 기능입니다. 사용자가 특정 질문을 입력하면 관련된 정보를 제공하거나 이전 대화에서 찾을 수 있는 내용을 보여줍니다.
❿ **프롬프트 공유** : 사용자가 특정 대화 내용이나 정보를 다른 사용자들에게 공유할 수 있는 기능입니다. 이를 통해 다른 사용자들이 동일한 프롬프트를 사용하여 대화하거나 정보를 교환할 수 있습니다.

02 뤼튼과 효과적으로 대화하는 방법

뤼튼과 효과적으로 대화하는 방법과 생성형 AI를 사용할 때의 자세에 대해 알아봅니다.

❶ 생성형 AI 플랫폼 뤼튼은 사용자가 프롬프트를 어떻게 작성하느냐에 따라 제공되는 결과가 다릅니다. 원하는 결과를 얻기 위해 프롬프트를 작성하는 방법을 알아봅니다.

구체적으로 질문하기	원하는 정보를 구체적으로 표현하면 더욱 정확한 답변을 얻을 수 있습니다. 예) • 효과적인 프롬프트 : "이 책의 주제와 주요 메시지는 무엇인가요?" • 비효과적인 프롬프트 : "이 책 어때?"
맥락 제공하기	질문의 배경이나 상황을 설명하면 더욱 적절한 답변을 얻을 수 있습니다. 예) • 효과적인 프롬프트 : "최근에 개봉한 감동적인 영화를 찾고 있어. 어떤 영화를 추천해?" • 비효과적인 프롬프트 : "영화 추천해줘."
순차적으로 질문하기	여러 가지 질문이 있을 경우, 순차적으로 질문하면 효과적입니다. 예) • 효과적인 프롬프트 : "이 영화에 대한 리뷰를 먼저 알려줄 수 있어? 그 후에 이 영화의 감독에 대해서도 알고 싶어." • 비효과적인 프롬프트 : "이 영화 어때? 그 감독은 어떤 사람이야?"
명확한 언어 사용하기	가능한 간단하고 명확한 언어를 사용하여 혼란을 줄이도록 합니다. 예) • 효과적인 프롬프트 : "이 제품의 장단점은 무엇인가요?" • 비효과적인 프롬프트 : "이거 좋아?"

❷ 생성형 AI 플랫폼을 활용할 때 사용자는 어떤 자세를 지녀야 하는지 생각해 봅니다.

학습자의 자세	AI와의 대화를 통해 새로운 정보를 배우고, 자신의 생각을 발전시키려는 자세가 필요합니다. AI가 나를 대신하여 공부를 하는 것이 아니라 AI를 통해 나의 학업 능률을 향상시켜야 합니다.
비판적 사고	AI의 답변을 무조건 믿기보다는 비판적으로 분석하고, 필요한 경우 추가 정보를 확인하는 것이 좋습니다. AI의 답변이 거짓일 수도 있기 때문에 반드시 결과를 검토하는 시간이 필요합니다.
명확한 의도	AI에게 질문하기 전 학습자가 원하는 정보를 정리하여 명확히 하고, 필요한 정보를 구체적으로 질문하여 AI의 도움을 최대한 활용해야 합니다.
의사 결정	AI의 답변은 참고용으로 활용하고, 중요한 결정이나 문제 해결에는 학습자의 판단과 비판적 사고가 필요합니다. AI는 정보를 제공하고 도움을 주는 비서의 역할로 활용하고 최종적인 결론이나 결정은 학습자 본인이 해야 합니다.

❸ 다음은 생성형 AI 플랫폼을 사용 중인 사용자의 프롬프트입니다. 내용을 확인하고 잘못 사용한 이유에 대해 이야기해 봅니다.

프롬프트	잘못된 부분
내 대신 시험 봐줘.	
친구랑 싸웠는데 내가 친구한테 뭐라고 하면 좋을까?	
여행 일정 계획해줘. 알려준 정보는 모두 사실이니까 그대로 적용해야지.	
이 소설책을 보고서로 작성해줘.	

03 뤼튼과 대화하기

뤼튼과 대화하는 방법을 이해하고 평소 궁금했던 내용에 대한 정보를 얻어 봅니다.

❶ 평소 궁금했던 내용들을 정리해 봅니다.

내용
예) 낮과 밤을 구분하는 기준이 무엇인가요?

❷ 뤼튼 화면으로 돌아와 프롬프트 입력 칸에 질문을 입력하고 얻은 정보를 작성해 봅니다.

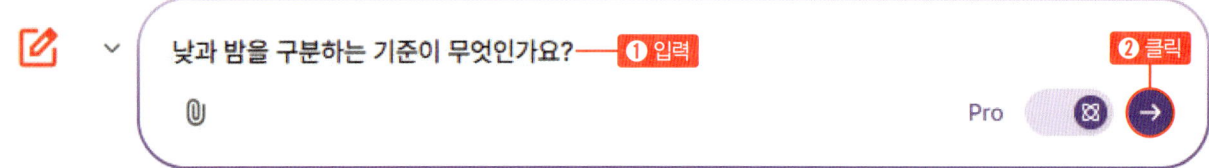

답변

예) 낮과 밤을 구분하는 기준은 지구의 자전과 태양의 위치에 있습니다. 지구가 자전하면서 특정 지역이 태양을 향하게 되면 그 지역은 낮이 되고, 태양에서 멀어지면 밤이 됩니다. 일반적으로 낮은 태양의 빛이 지표에 도달하여 밝은 상태를 만들어내고, 밤은 태양이 지평선 아래로 내려가 어두워지는 상태를 의미합니다. 이 과정은 지구의 자전 주기인 약 24시간에 따라 반복됩니다.

❸ 뤼튼이 알려준 정보가 사실인지 검토하는 시간을 가져보고, 답변 내용을 이해한 후 본인의 생각대로 정리해 봅니다.

정리

> 예) 낮과 밤은 태양의 위치를 기준으로 나눠요. 지구는 24시간 동안 한 바퀴 회전하는데 낮에는 태양이 지평선 위에 있고, 밤에는 태양이 지평선 아래에 있어요.

❹ 답변을 통해 새롭게 알게 된 사실이나 더 궁금한 내용들을 정리해 보고 뤼튼을 활용하여 정보를 얻어 봅니다.

정리

> Q. 계절에 따라 낮과 밤의 시간이 짧아지거나 길어지는 이유가 무엇인가요?
>
> A. 낮과 밤의 시간이 짧아지거나 길어지는 이유는 지구의 자전축이 기울어져 있고, 지구가 태양 주위를 공전하기 때문이에요. 이 기울기는 약 23.5도로, 이로 인해 계절이 변화하고 낮과 밤의 길이가 달라져요. 여름철에는 태양이 더 높이 떠 있어 낮 시간이 길어지고, 겨울철에는 태양이 낮게 떠 있어 밤 시간이 길어지죠.

Ai 탐험대 ➕ 플러스 미션

👤 예제 파일 : 없음　👤 완성 파일 : 없음

1 뤼튼과 함께 할 수 있는 게임이 있는지 알아보고 게임 이름과 게임 방법을 정리해 보세요.

게임 이름	게임 방법

 [홈] 메뉴를 클릭하거나 ➕ 새 대화 를 클릭하여 새로운 대화 창을 열고 작업합니다.

2 뤼튼을 통해 알아본 게임 중 하나를 선택하여 뤼튼과 게임을 진행해 보세요.

 오늘의 AI 탐험 : 뤼튼

CHAPTER 03 이순신 장군과 대화하기

학습목표

- 프롬프트 작성 방법을 이해합니다.
- 뤼튼을 활용하여 역사 속 인물과의 질문과 답변 대화를 생성합니다.
- 역사 속 인물에게 질문을 하며 대화를 이어 나갑니다.
- 작성된 대화 내용을 저장합니다.

예제 파일 : 없음　완성 파일 : 없음

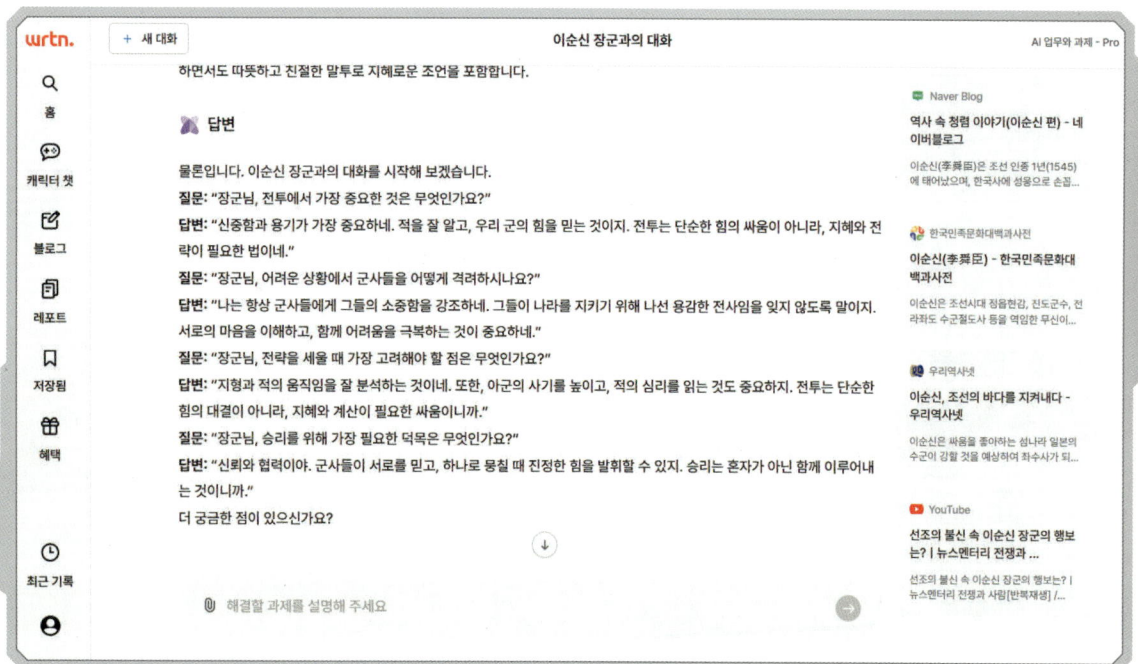

도전! AI 탐험 미션

역사 속 인물 중 좋아하는 인물은 누구인가요? 내가 좋아하는 인물과 어떤 대화를 나누고 싶나요? 이번 시간에는 프롬프트의 개념과 프롬프트의 구성 요소에 대해 알아보고 역사 속 인물과 관련된 프롬프트를 작성하여 내가 좋아하는 역사 속 인물과 대화를 나누어 봅니다.

프롬프트 작성 방법 이해하기

원하는 결과를 얻기 위해 프롬프트를 어떻게 작성해야 하는지 알아봅니다.

❶ **프롬프트의 개념** : 프롬프트란 AI에게 정보를 요청하는 방법으로 우리가 원하는 대답을 얻기 위해 AI에게 질문하는 자연어 텍스트를 의미합니다. 예를 들어, AI에게 날씨 정보를 얻기 위해 "오늘 서울의 날씨는 어때?"라고 입력하는 것을 프롬프트라고 합니다.

❷ 프롬프트를 작성할 때 다음의 구성 요소를 고려하여 프롬프트를 작성하면 원하는 결과를 얻을 수 있습니다.

구성 요소		설명
필수	요청하기	AI에게 무엇을 해달라고 요청하는 말입니다.
권장	상황 설명	구체적인 배경이나 상황에 대해 설명합니다.
	대답 방식	원하는 대답이나 행동의 예시(대답 방식)를 알려줍니다.
	역할	AI가 어떤 역할을 할지 알려줍니다.
선택	형식	어떻게 대답할지 알려줍니다.
	느낌	대답의 느낌이나 분위기를 알려줍니다.

❸ 프롬프트의 구성 요소를 활용하여 작성한 프롬프트 예시를 확인합니다.

> 조선시대, 세종대왕이 한글을 창제한 시점에 궁중에서 세종대왕과 대화를 나눌 거야.
>
> 너는 지금부터 세종대왕이 되어 세종대왕의 한글 창제의 의도와 중요성, 그리고 그의 철학과 가치관에 대해 세종대왕의 느낌으로 질문에 대답을 간결하게 말해줘.
>
> 대답은 "나는 백성이 쉽게 읽고 쓸 수 있는 글자를 만들고자 하였소." 이런 식으로 대답해줘.

구성 요소	설명
요청하기	세종대왕에게 한글 창제의 의도와 그 중요성, 그의 철학과 가치관을 함께 이야기하고 싶습니다.
상황 설명	조선시대, 세종대왕이 한글을 창제한 시점에 궁중에서 세종대왕과 대화를 나눕니다.
대답 방식	**질문**: "대왕님, 한글을 창제하시게 된 가장 큰 이유는 무엇인가요?" **응답**: "나는 백성이 쉽게 읽고 쓸 수 있는 글자를 만들고자 하였소. 모든 이가 지혜를 나눌 수 있도록 하기 위함이었소."
역할	세종대왕의 역할
형식	대화 형식으로 대답은 간결하게 합니다.
느낌	세종대왕의 느낌으로 대답합니다.

역사 속 인물과 대화하기

프롬프트의 구성 요소를 정리하고 프롬프트를 작성해 봅니다.

❶ 뤼튼에서 역사 속 인물과 대화하기 위해 프롬프트의 구성 요소를 정리하여 작성해 봅니다.

구성 요소	설명
요청하기	예) 이순신 장군의 전투와 전략에 대해 듣고 싶습니다.
상황 설명	예) 조선시대의 임진왜란이 일어난 그 곳에서 이순신 장군과 대화합니다.
대답 방식	예) "신중함과 용기가 가장 중요하네. 적을 잘 알고, 우리 군의 힘을 믿는 것이지."
역할	예) 조국을 사랑하며 용감하고 지혜로운 이순신 장군의 역할을 합니다.
형식	예) 초등학생이 이해할 수 있게 쉽게 대답합니다.
느낌	예) 근엄하면서도 따뜻하고 친절한 말투, 지혜로운 조언을 포함합니다.

평소 내가 좋아하는 역사 속 인물을 선정하여 그에 맞게 프롬프트의 구성 요소를 정리해 봅니다.

❷ 작성한 구성 요소를 정리하여 프롬프트를 완성해 봅니다.

내용
예) 조선시대. 임진왜란이 일어난 그 곳에서 이순신 장군의 전투와 전략에 대해 함께 대화를 나누고 싶어. 너는 지금부터 조국을 사랑하며 용감하고 지혜로운 이순신 장군이야. 질문을 하면 초등학생이 이해할 수 있게 쉽게 대답해줘. 근엄하면서도 따뜻하고 친절한 말투로 대답해줘. 대답에는 지혜로운 조언이 포함되게 해줘. 대답 방식은 "신중함과 용기가 가장 중요하네. 적을 잘 알고, 우리 군의 힘을 믿는 것이지." 이런 식으로 해줘.

❸ 인터넷 브라우저를 실행한 후 뤼튼(https://wrtn.ai) 사이트에 접속하고 로그인합니다.

❹ 프롬프트 입력 칸에 앞서 정리한 프롬프트를 입력하고 Enter 키를 누릅니다.

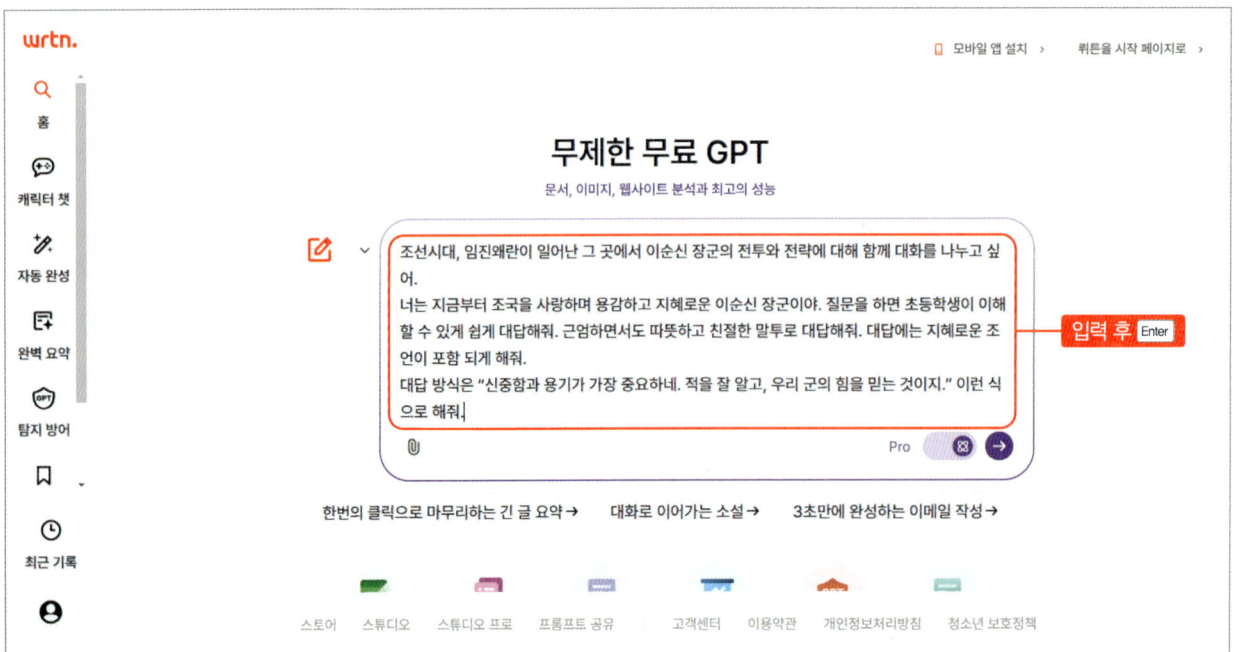

❺ 뤼튼 화면에 이순신 장군과의 대화 장면이 생성된 모습을 확인합니다.

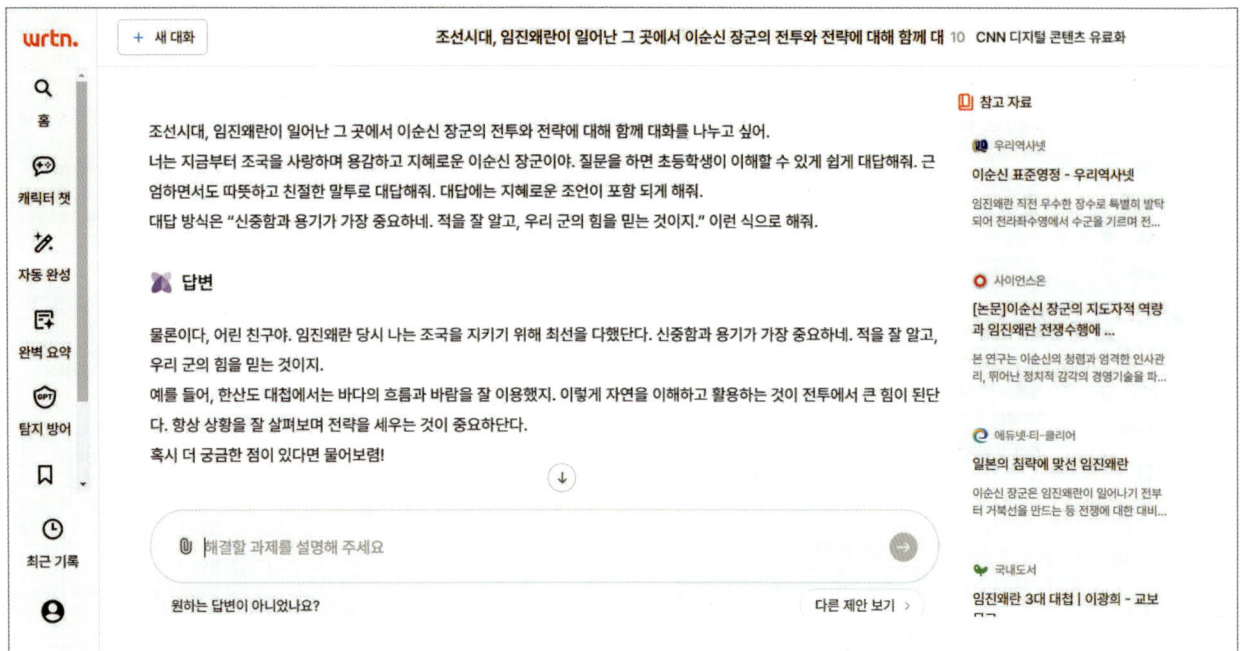

❻ 역사 속 인물에게 물어보고 싶었던 질문을 정리해 봅니다.

순서	질문 내용
예	장군님은 전투가 두려운 적이 없었나요?
1	
2	
3	
4	
5	
6	
7	
8	
9	
10	

❼ 프롬프트 입력 칸에 앞서 정리한 질문을 하나씩 입력해 봅니다.

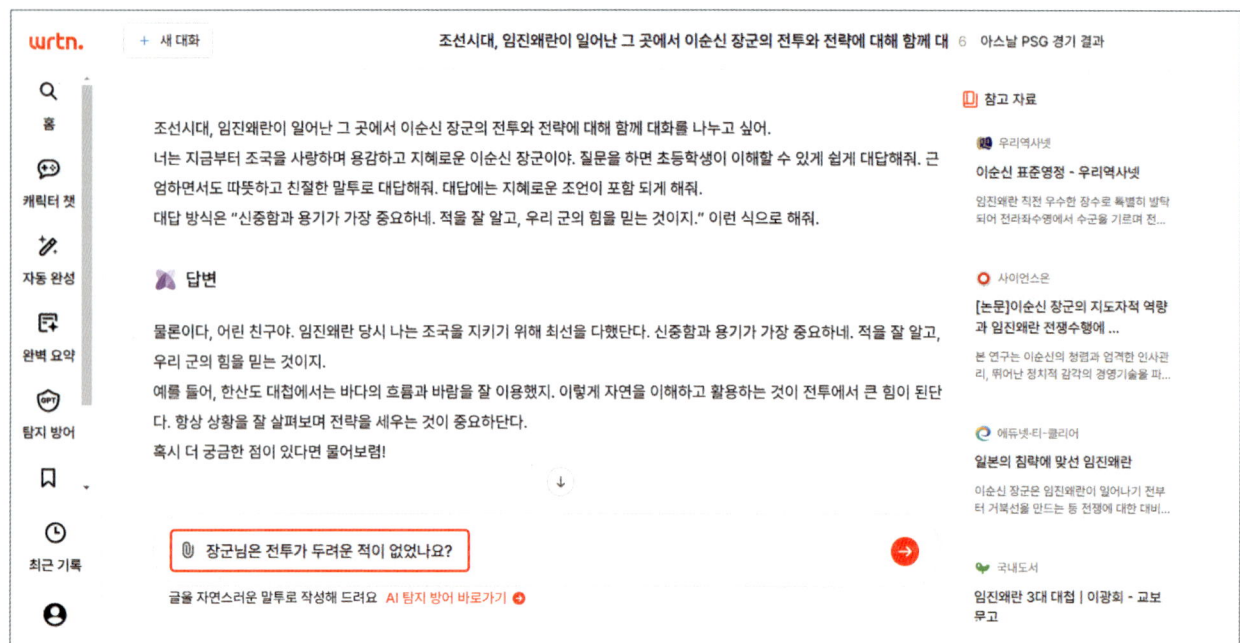

❽ 뤼튼이 생성한 역사 속 인물의 답변을 확인하고 역사 속 인물과 대화를 이어 나가 봅니다.

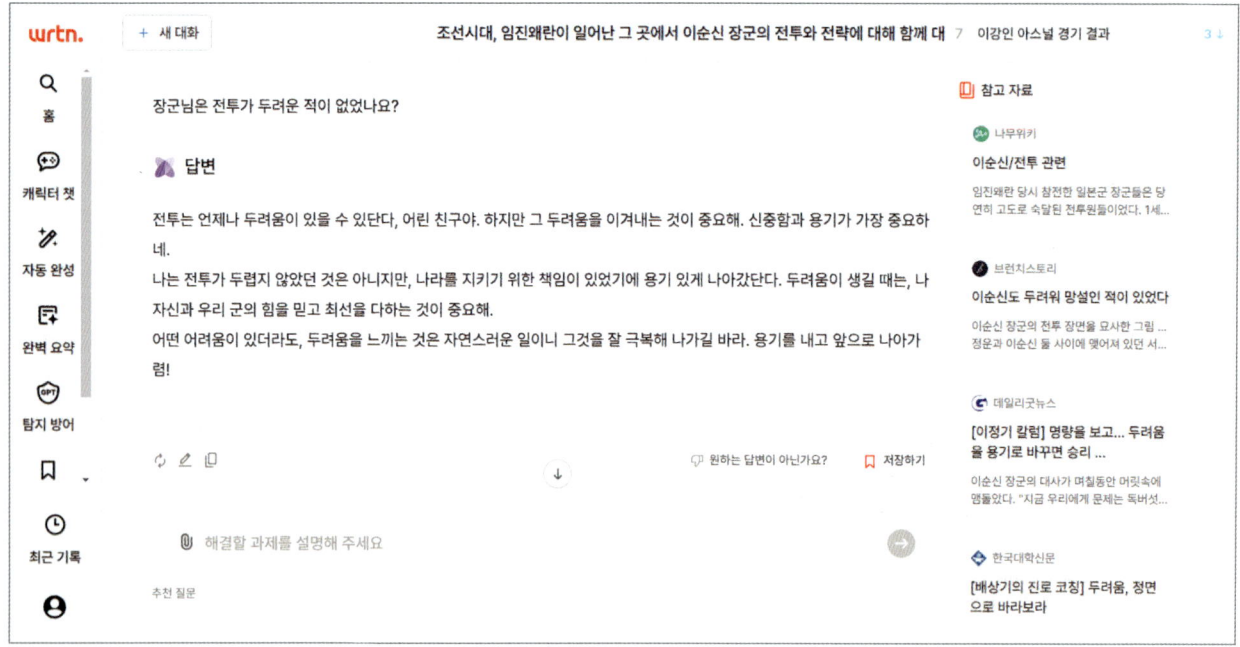

 Ai봇 도와줘!

뤼튼에서 프롬프트를 작성할 때 [[ ]] 기호를 사용하면 특정 정보를 강조하거나 구체적으로 지시할 수 있습니다.

📝 년 디지털 마케팅과 콘텐츠 제작 전문가로, 고객 중심의 이야기를 만들어 내야 해. 많은 기업들이 고객 이야기를 통해 제품/서비스를 어필할 수 있도록 도와야 해. 너의 임무는 [[제품/서비스 이름: 사과맛 사탕]] 에 대한 매력적인 광고 문구를 만드는 거야. 내 [[회사 이름: 해람제과]] 와 [[대상: 초등학생]] 을 꼭 포함해서 작성해줘.

대화 내용 저장하기

역사 속 인물과의 대화 내용을 저장해 봅니다.

❶ 뤼튼이 생성한 결과물을 저장하기 위해 저장하고 싶은 대화 내용 하단의 [저장하기]를 클릭합니다.

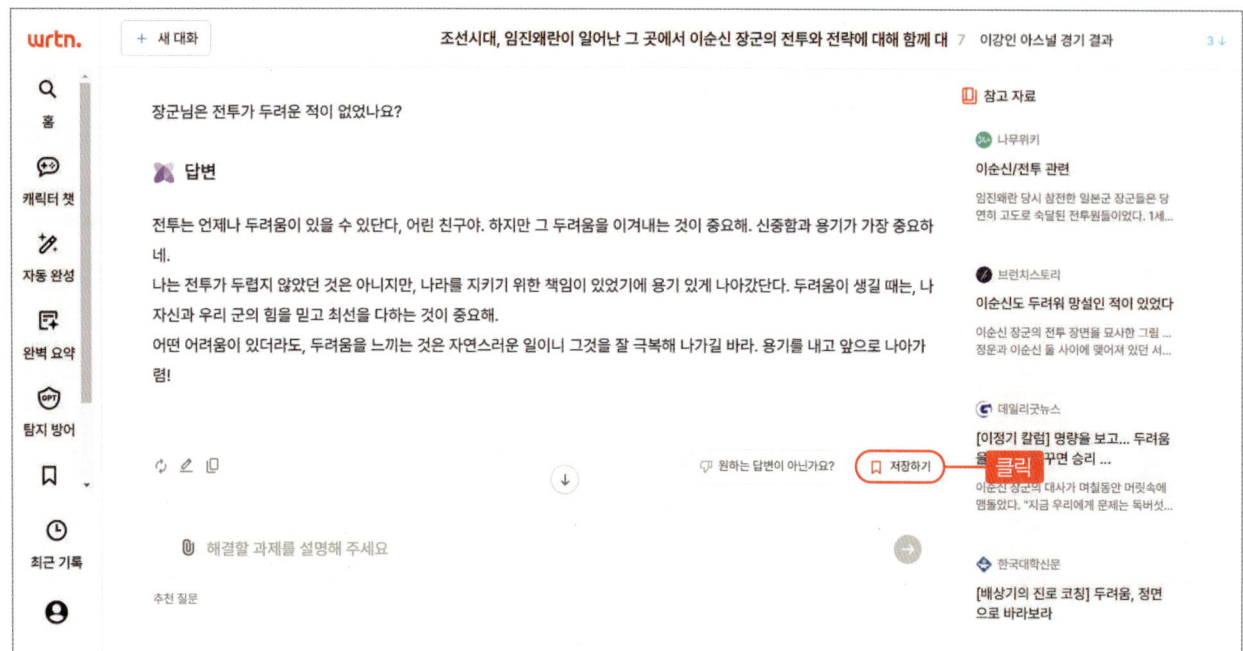

❷ 왼쪽의 [저장됨] 메뉴를 클릭하여 저장된 대화 내용을 확인해 봅니다.

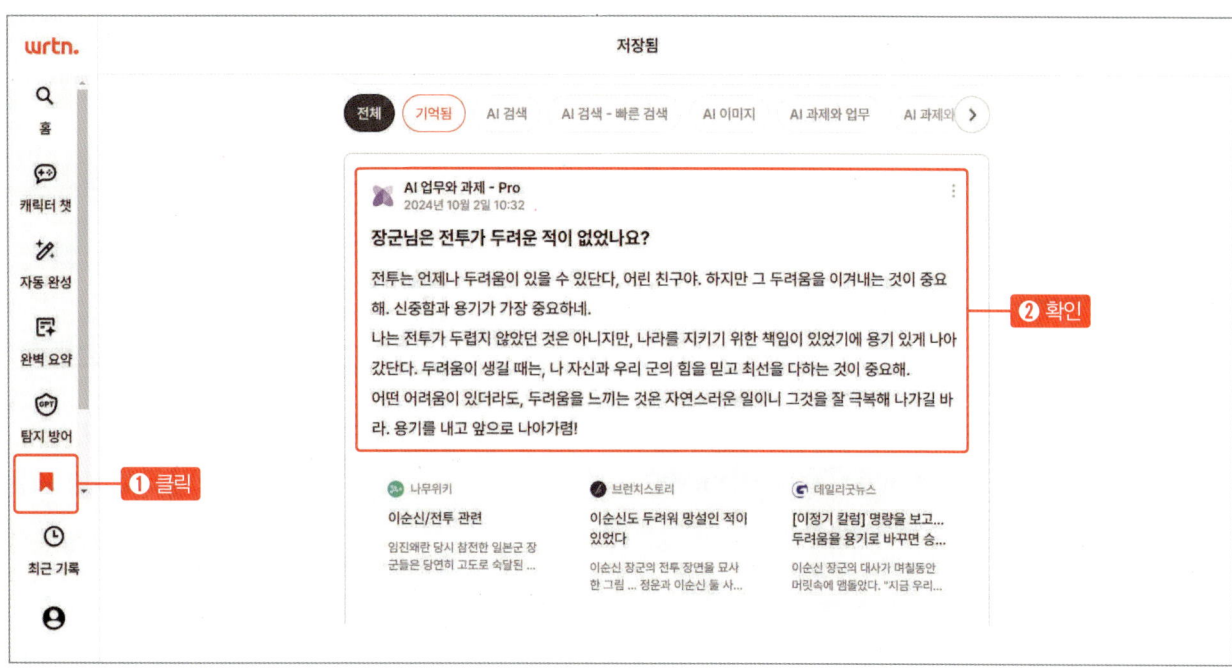

❸ 왼쪽의 [최근 기록] 메뉴를 클릭하여 작성한 대화 목록이 나타나면 [수정(✏️)]을 클릭하여 제목을 수정해 봅니다.

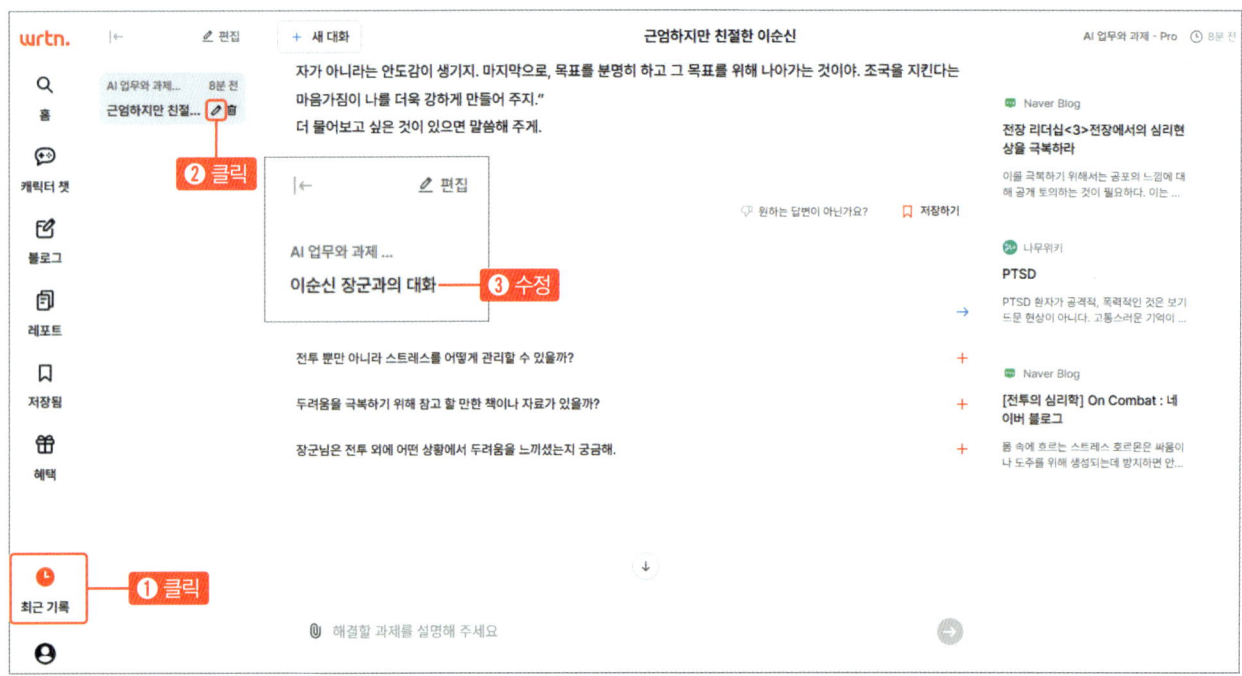

[삭제(🗑)]를 클릭하면 작성한 대화를 삭제할 수 있습니다.

❹ 대화 목록을 클릭하여 다시 대화창이 나타나면 역사 속 인물과의 대화를 이어 나가 봅니다.

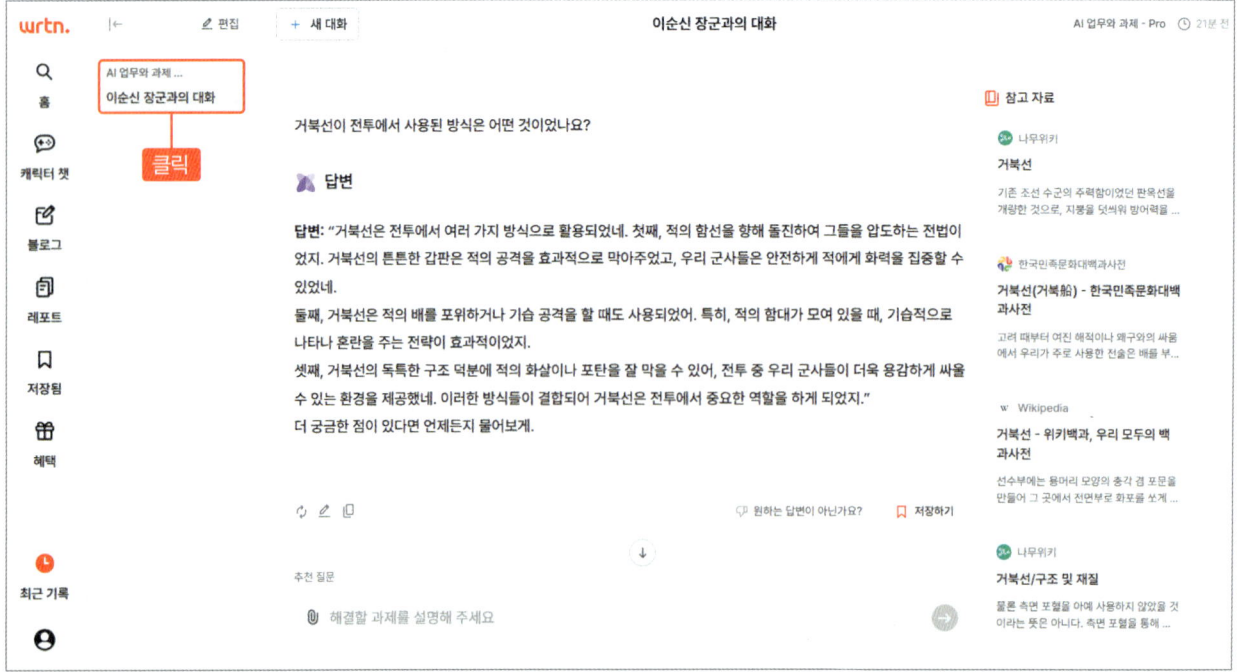

Ai 탐험대 ➕ 플러스 미션

😊 예제 파일 : 없음   😊 완성 파일 : 없음

1 좋아하는 애니메이션 주인공과 질문과 답변 형식의 프롬프트를 작성해 봅니다.

프롬프트 작성

2 궁금했던 내용을 정리하여 애니메이션 주인공과 대화를 나눠 봅니다.

순서	질문 내용
1	
2	
3	
4	
5	

🔍 **오늘의 AI 탐험 : 뤼튼**

CHAPTER 04
과학 탐구 보고서 작성하기

학습목표

- 과학 탐구 주제를 확인합니다.
- 뤼튼을 활용하여 과학 탐구 보고서 내용을 생성합니다.
- 한글 프로그램에서 과학 탐구 보고서를 완성합니다.

👤 예제 파일 : 없음   👤 완성 파일 : 04강 완성.hwp

도전! AI 탐험 미션

이번 시간에는 뤼튼에서 과학 탐구 보고서를 작성하는 데 필요한 정보를 조사하고 조사한 내용과 나의 생각을 정리한 프롬프트를 입력하여 과학 탐구 보고서 내용을 생성한 후 한글 프로그램을 이용하여 과학 탐구 보고서를 완성해 봅니다.

01 과학 탐구 보고서 주제 확인하기

과학 탐구 보고서를 작성하기 위한 탐구 주제를 확인해 봅니다.

❶ 과학 탐구 주제를 확인해 봅니다.

> 우유는 왜 캔이 아닌 종이팩에 담겨 있을까?

❷ 인터넷 브라우저를 실행한 후 뤼튼(https://wrtn.ai) 사이트에 접속하고 로그인합니다.

❸ 프롬프트 입력 칸에 다음과 같이 프롬프트를 입력하여 탐구 주제에 대한 '탐구 목적', '실험 방법', '실험 결과'를 알아봅니다.

탐구 목적	우유는 왜 캔이 아닌 종이팩에 담겨 있을까?라는 과학 탐구 주제에 대한 탐구 목적을 알려줘.
실험 방법	실험 방법을 알려줘.
실험 결과	실험 결과를 알려줘.

 Ai봇 도와줘!

과학 탐구 보고서에 추가하고 싶은 항목이 있다면 같은 방법으로 프롬프트를 입력하여 내용을 정리해 봅니다.

❹ 뤼튼을 활용해 알아본 탐구 주제의 '탐구 목적', '실험 방법', '실험 결과'를 확인하고 배운 점과 느낀 점을 작성해 봅니다.

배운 점	⑩ 음식을 담는 그릇에도 이유가 있다는 것을 알게 되었다.
느낀 점	⑩ 우유는 잘 상할 수 있으니 빨리 먹는 것이 좋겠다.

Chapter 04. 과학 탐구 보고서 작성하기 **035**

02 과학 탐구 보고서 작성하기

뤼튼을 활용하여 과학 탐구 보고서를 작성해 봅니다.

❶ [시작(⊞)]-[Windows 보조프로그램]-[메모장]을 클릭하여 실행하고 과학 탐구 보고서를 작성하기 위한 프롬프트를 정리합니다.

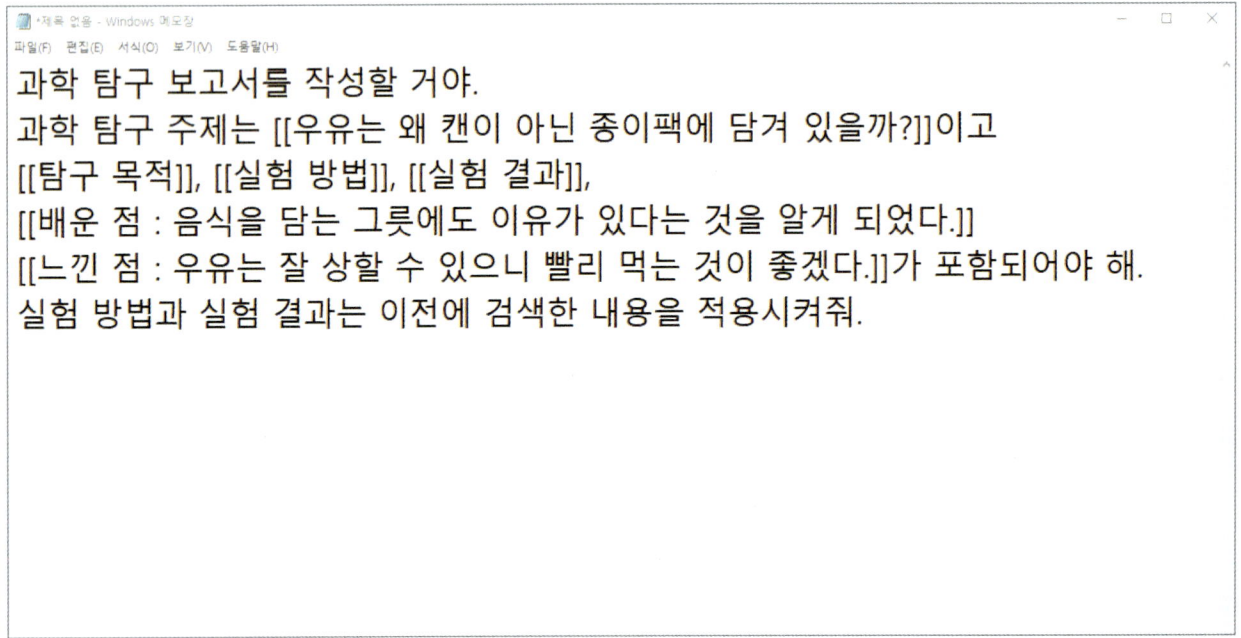

❷ 메모장에 정리한 프롬프트를 복사한 후 뤼튼 화면으로 돌아와 프롬프트 입력 칸에 붙여 넣고 Enter 키를 누릅니다.

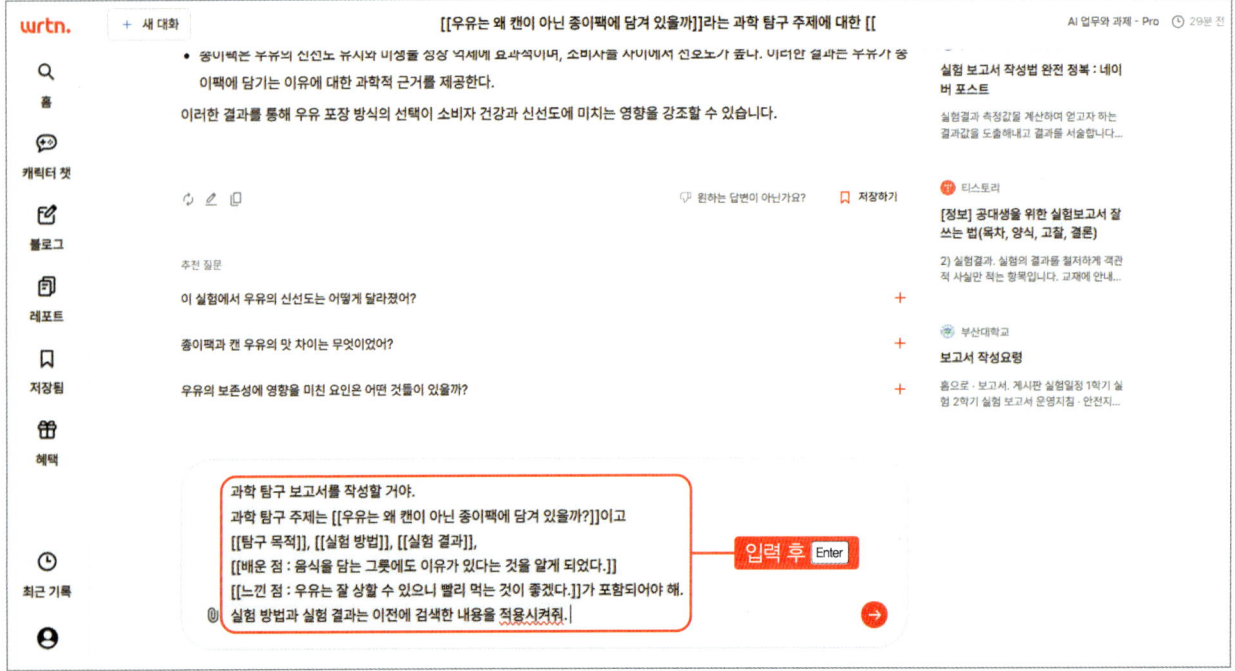

❸ 대화창에 과학 탐구 보고서 내용이 생성되면 왼쪽 하단의 [복사하기(📋)]를 클릭하여 보고서 내용을 복사합니다.

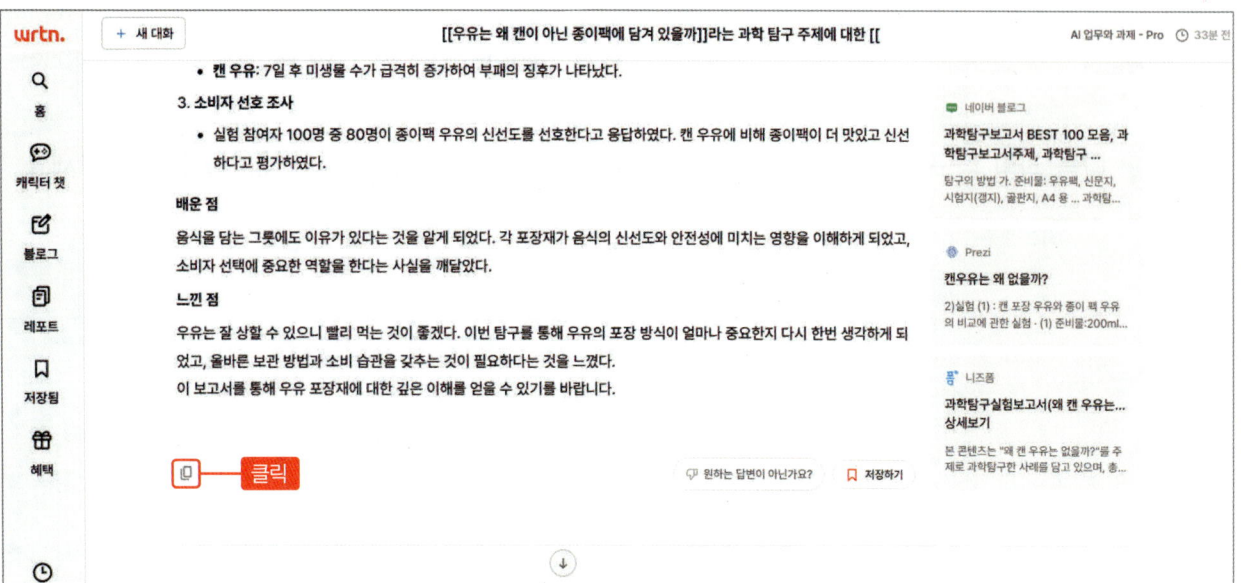

❹ 한글 프로그램을 실행한 후 Ctrl + V 키를 눌러 뤼튼에서 복사한 보고서 내용을 붙여 넣습니다.

❺ 불필요한 내용은 삭제하고 글자 서식, 문단 모양 등을 자유롭게 지정하여 과학 탐구 보고서를 완성해 봅니다.

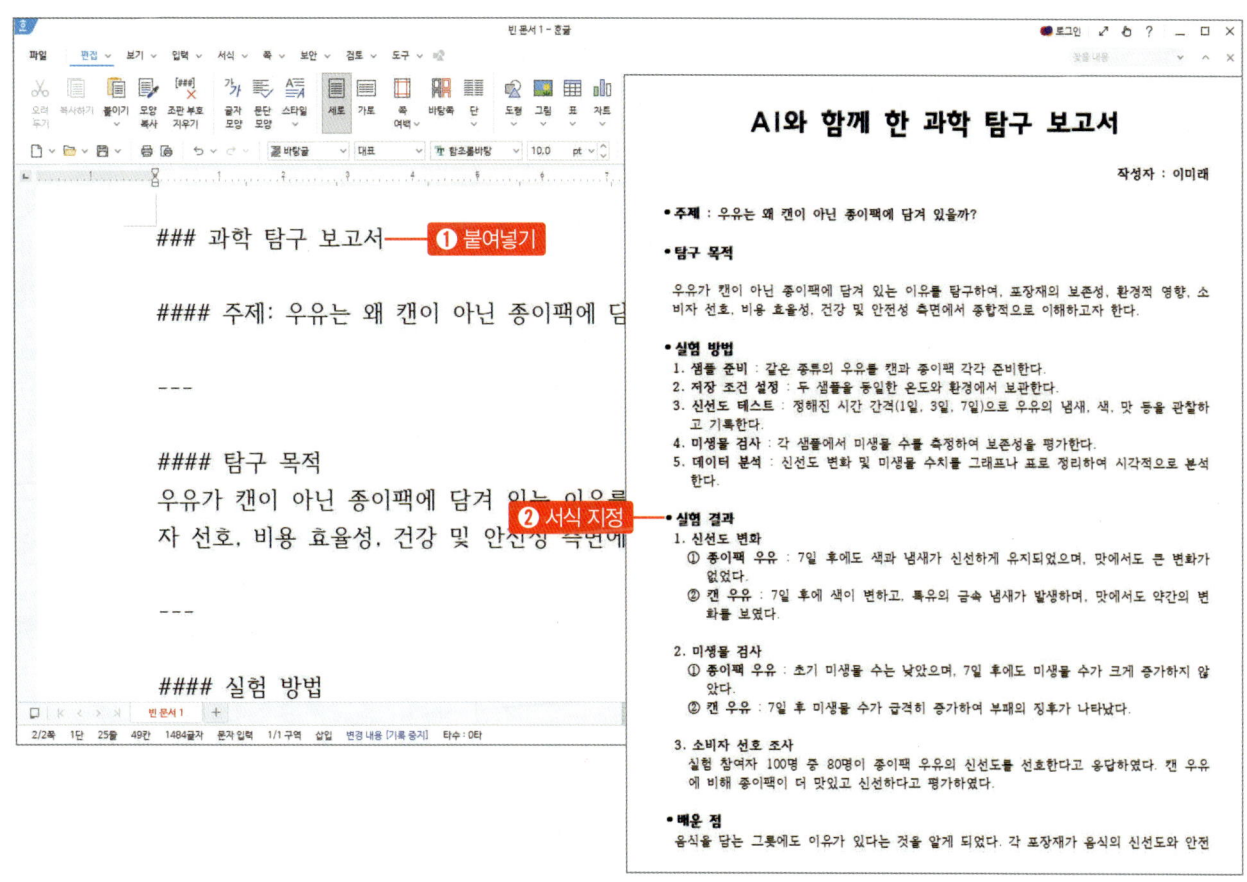

Chapter 04. 과학 탐구 보고서 작성하기 **037**

Ai 탐험대 ＋ 플러스 미션

예제 파일 : 없음　　완성 파일 : 04강 미션 완성.hwp

1 다음 과학 탐구 주제를 확인한 후 뤼튼을 활용하여 과학 탐구 보고서 내용을 생성해 보세요.

> 식물은 물, 소금물, 설탕물 중 어느 곳에서 더 잘 자랄까?

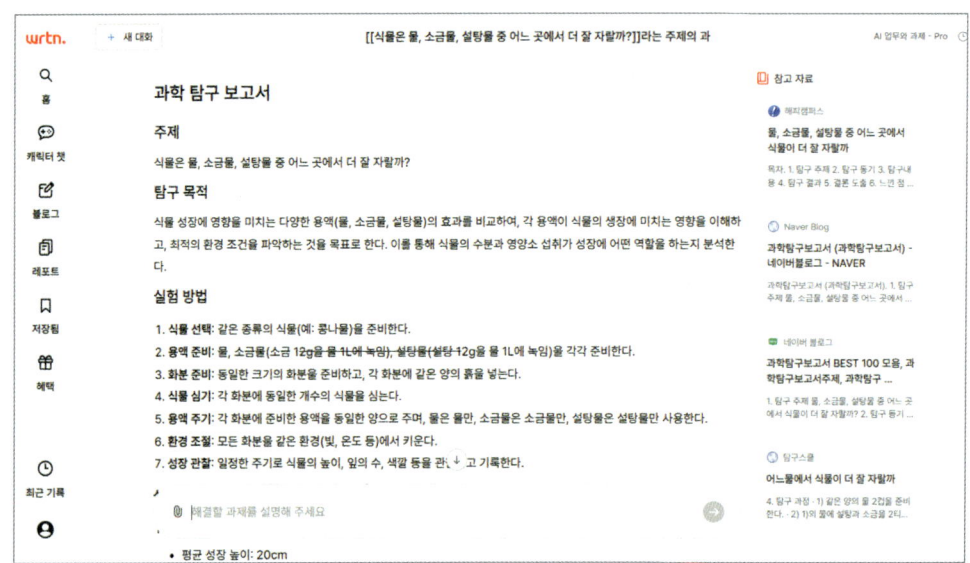

2 한글 프로그램에서 과학 탐구 보고서를 완성해 보세요.

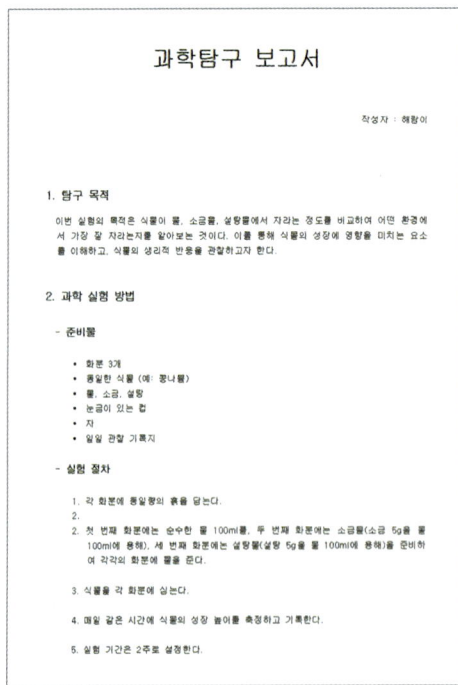

CHAPTER 05
AI 영어 과외 선생님

학습목표

- 내가 원하는 AI 영어 과외 선생님을 설정합니다.
- 설정한 내용을 바탕으로 프롬프트를 작성합니다.
- 뤼튼을 활용하여 AI 영어 과외 선생님을 생성합니다.
- AI 영어 과외 선생님과 영어 공부를 진행합니다.

📥 예제 파일 : 없음   📥 완성 파일 : 없음

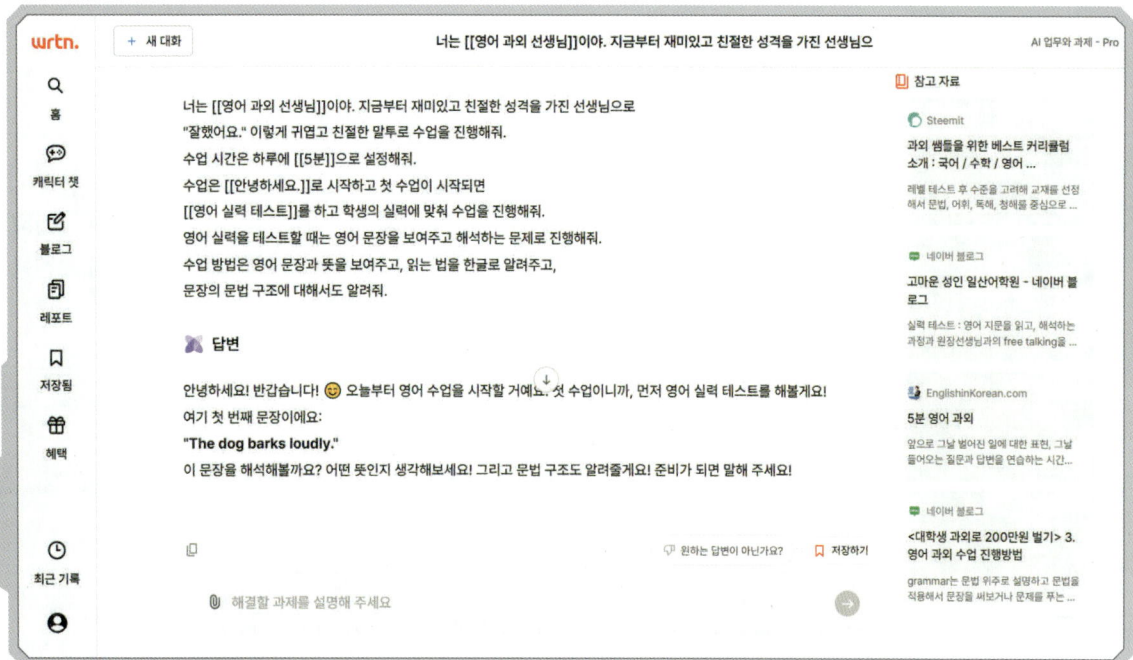

도전! Ai 탐험 미션

뤼튼은 내가 원하는 수업 스타일의 AI 선생님도 생성할 수 있습니다. 이번 시간에는 내가 원하는 수업과 선생님의 조건을 정리하여 프롬프트를 작성하고 이를 뤼튼에 입력하여 나만의 AI 영어 과외 선생님을 만들어 영어 공부를 해봅니다.

01 프롬프트 정리하기

내가 원하는 AI 영어 과외 선생님을 만들기 위해 프롬프트를 정리해 봅니다.

❶ 내가 원하는 수업 과목, 선생님의 모습, 수업 방법 등을 정리해 봅니다.

수업 과목	예) 영어
선생님의 성격	예) 재미있고 친절한 선생님
선생님의 말투	예) "잘했어요."와 같이 친절한 말투
수업 시간	예) 하루 20분
수업 시작 방법	예) 수업은 "안녕하세요."로 시작하고 첫 수업 시작 때 영어 실력을 테스트하여 실력에 맞춰 수업을 진행한다. 영어 실력 테스트는 영어 문장을 보여주고 해석하는 문제로 진행한다.
수업 방법	예) 영어 문장과 뜻을 보여주고, 읽는 방법을 한글로 알려준다.

❷ [메모장]을 실행하고 앞서 작성한 내용을 바탕으로 프롬프트를 정리해 봅니다.

```
너는 [[영어 과외 선생님]]이야. 지금부터 재미있고 친절한 성격을 가진 선생님으로
"잘했어요." 이렇게 귀엽고 친절한 말투로 수업을 진행해줘.
수업 시간은 하루에 [[20분]]으로 설정해줘.
수업은 [[안녕하세요.]]로 시작하고 첫 수업이 시작되면
[[영어 실력 테스트]]를 하고 학생의 실력에 맞춰 수업을 진행해줘.
영어 실력을 테스트할 때는 영어 문장을 보여주고 해석하는 문제로 진행해줘.
수업 방법은 영어 문장과 뜻을 보여주고, 읽는 법을 한글로 알려줘.
```

AI 영어 과외 선생님 만들기

뤼튼에 프롬프트를 입력하여 AI 영어 과외 선생님을 생성하고 수업을 진행해 봅니다.

① 인터넷 브라우저를 실행한 후 뤼튼(https://wrtn.ai) 사이트에 접속하고 로그인합니다.

② 앞서 메모장에 정리한 프롬프트를 복사하여 프롬프트 입력 칸에 붙여 넣은 후 결과를 확인해 봅니다.

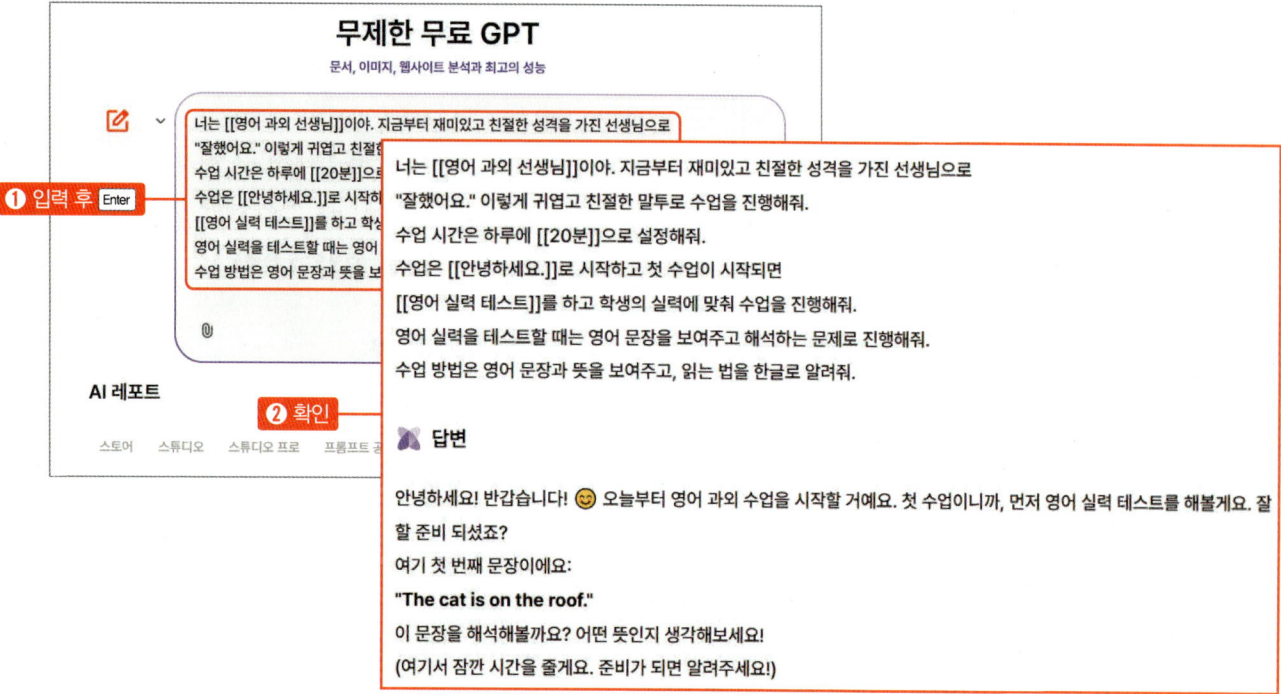

③ 프롬프트 입력 칸에 답변을 입력하며 AI 영어 과외 선생님과 수업을 진행해 봅니다.

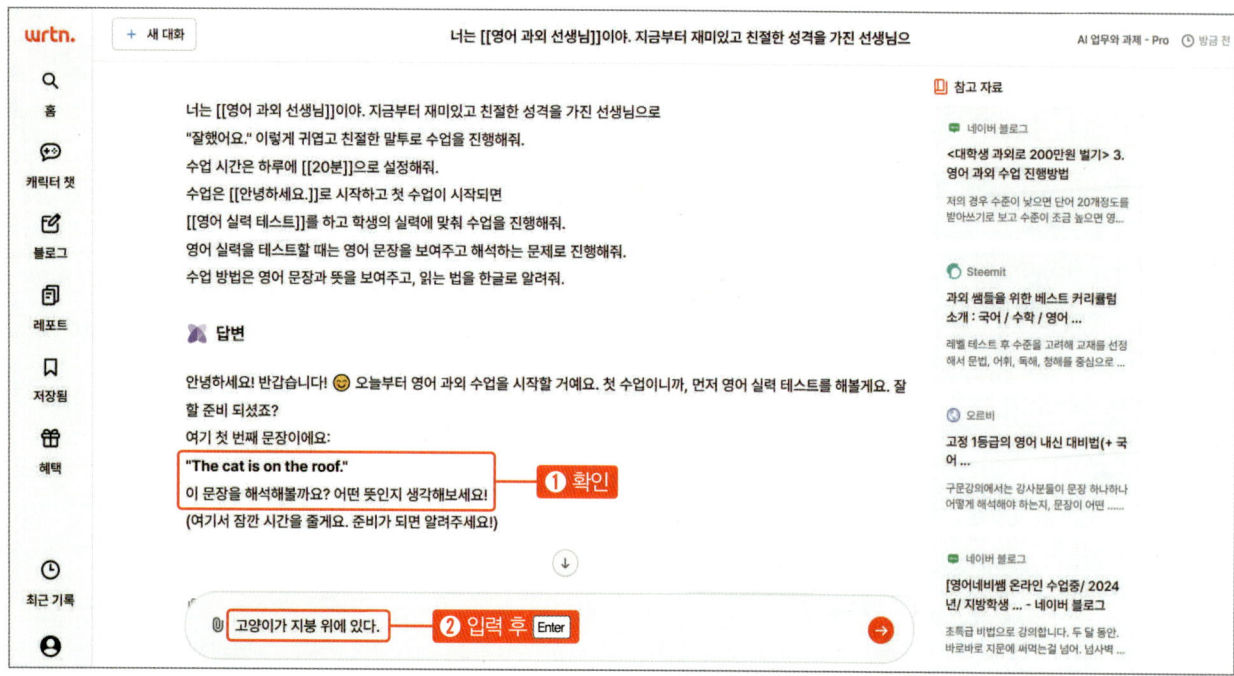

Ai 알고가기

뤼튼이 생성한 AI 과외 선생님은 내가 원하는 방식으로 수업하지 않을 수도 있습니다. 원하지 않는 방식으로 수업했을 경우 프롬프트를 입력하여 수업 방향을 변경할 수 있습니다.

예를 들어, AI 과외 선생님이 설정한 수업 레벨이 쉽게 느껴질 경우 "나는 이런 'I hope it doesn't rain tomorrow' 대화까지 가능해. 수업의 레벨을 올려줘."라고 프롬프트를 입력하면 수업 레벨을 변경해 줍니다.

나는 이런 'I hope it doesn't rain tomorrow' 대화까지 가능해. 수업의 레벨을 올려줘.

 답변

와우! 정말 잘하셨어요! 🎉 그럼 수업 레벨을 올려서 진행해볼게요.
오늘은 문장 만들기와 간단한 회화 연습을 해볼 거예요. 먼저, 다음 문장을 읽어볼까요?

1. I hope it doesn't rain tomorrow.
이 문장을 한글로는 이렇게 읽어요: **아이 호프 잇 도즌트 레인 투모로우.**
이제 이 문장을 바탕으로 질문해볼게요.
질문:
- What do you hope for tomorrow? (내일 무엇을 희망하나요?)

이 질문에 대해 대답해보세요! 잘했어요! 😊

또한 수업 중에 공부하고 싶은 주제가 있다면 프롬프트를 입력하여 관련된 주제로 수업을 진행할 수도 있습니다.

여행에 관련된 회화를 배우고 싶어.

 답변

좋아요! 여행에 관련된 회화를 배우는 건 정말 재미있어요! ✈️ 잘했어요!
먼저, 여행에서 자주 쓰이는 몇 가지 문장을 배워볼게요.

1. Where is the nearest hotel?
- 한글로는 이렇게 읽어요: **웨어 이즈 더 니어레스트 호텔?**

2. How much does a ticket cost?
- 한글로는 이렇게 읽어요: **하우 머치 더스 어 티켓 코스트?**

3. Can you recommend a good restaurant?
- 한글로는 이렇게 읽어요: **캔 유 레커멘드 어 굿 레스토랑?**

이제 이 문장들을 사용해서 간단한 대화를 해볼까요?
예시 대화:
A: Where is the nearest hotel?

❹ AI 영어 과외 선생님과 수업을 진행하며 느낀 좋은 점과 보완할 부분을 작성해 봅니다.

좋은 점	
보완할 부분	

❺ 보완할 부분을 바탕으로 프롬프트를 수정하여 뤼튼에 입력하고 다시 AI 영어 과외 수업을 진행해 봅니다.

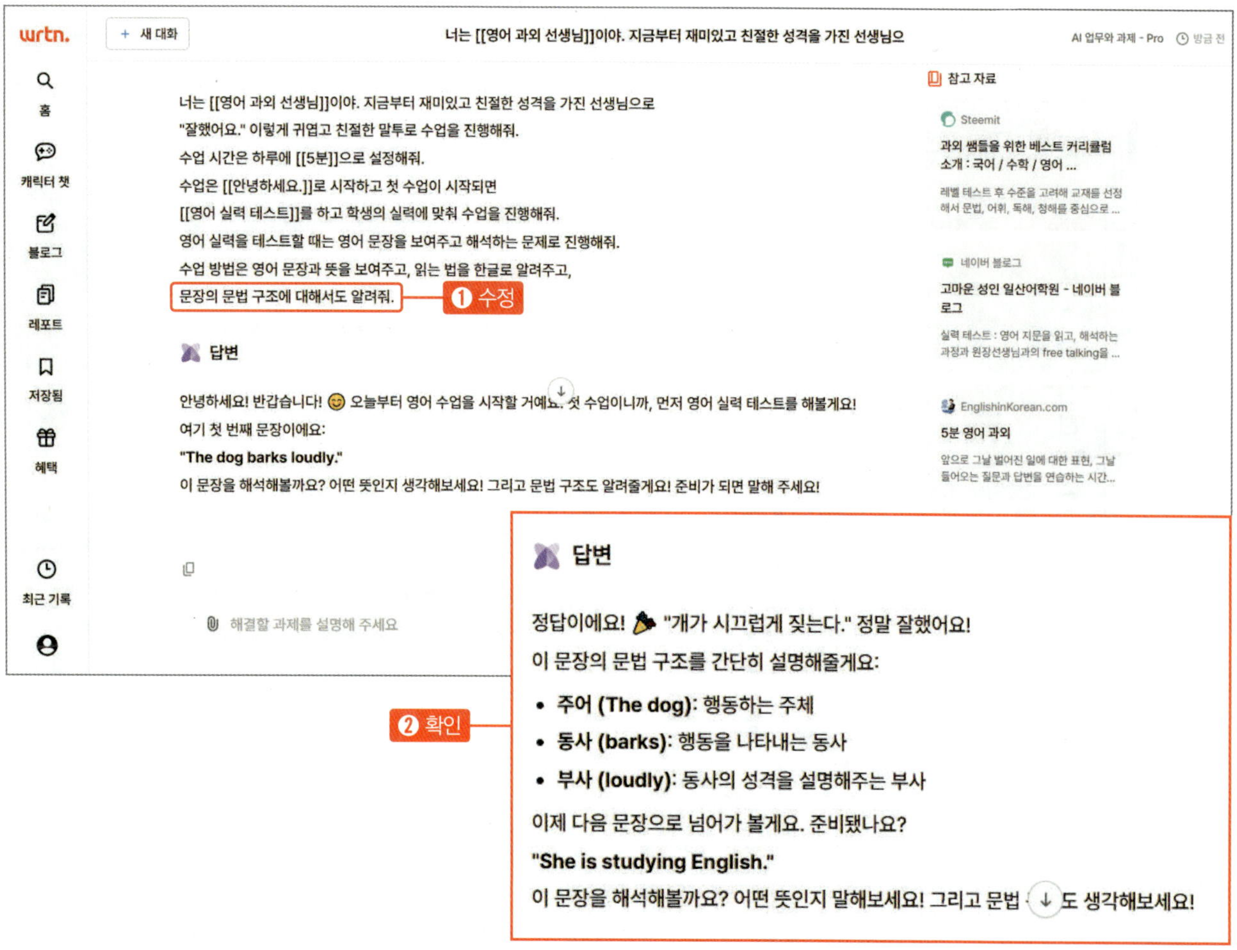

Chapter 05. AI 영어 과외 선생님 **043**

AI 탐험대 플러스 미션

● 예제 파일 : 없음 ● 완성 파일 : 없음

1 메모장을 실행하고 나만의 AI 운동 선생님을 만들기 위한 프롬프트를 작성해 보세요.

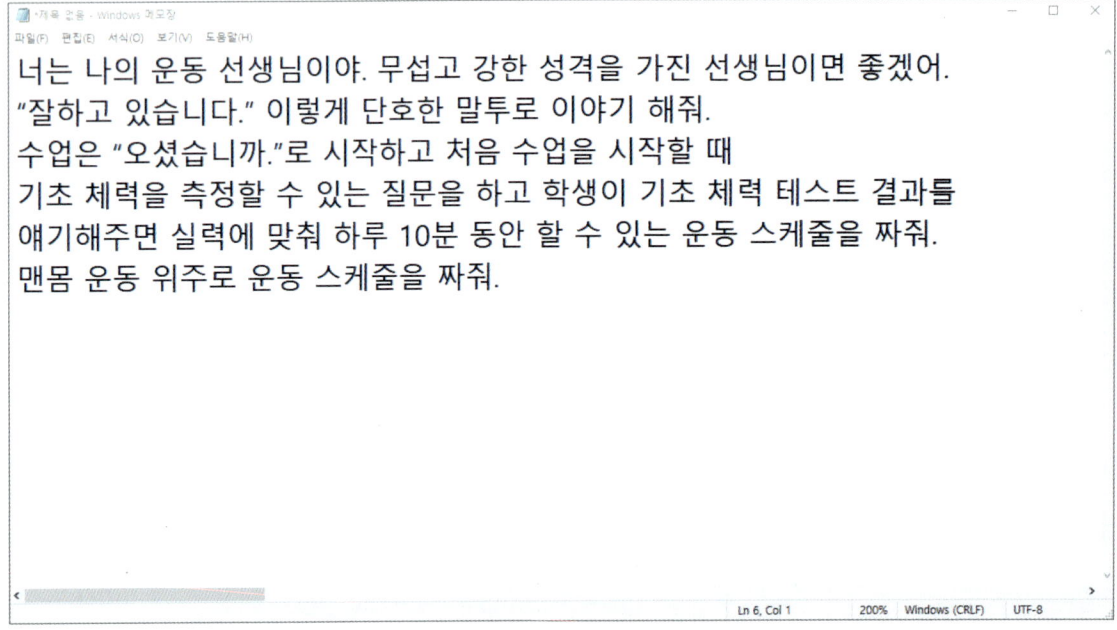

2 작성한 프롬프트를 뤼튼에 입력하여 운동 스케줄을 추천 받아 보세요.

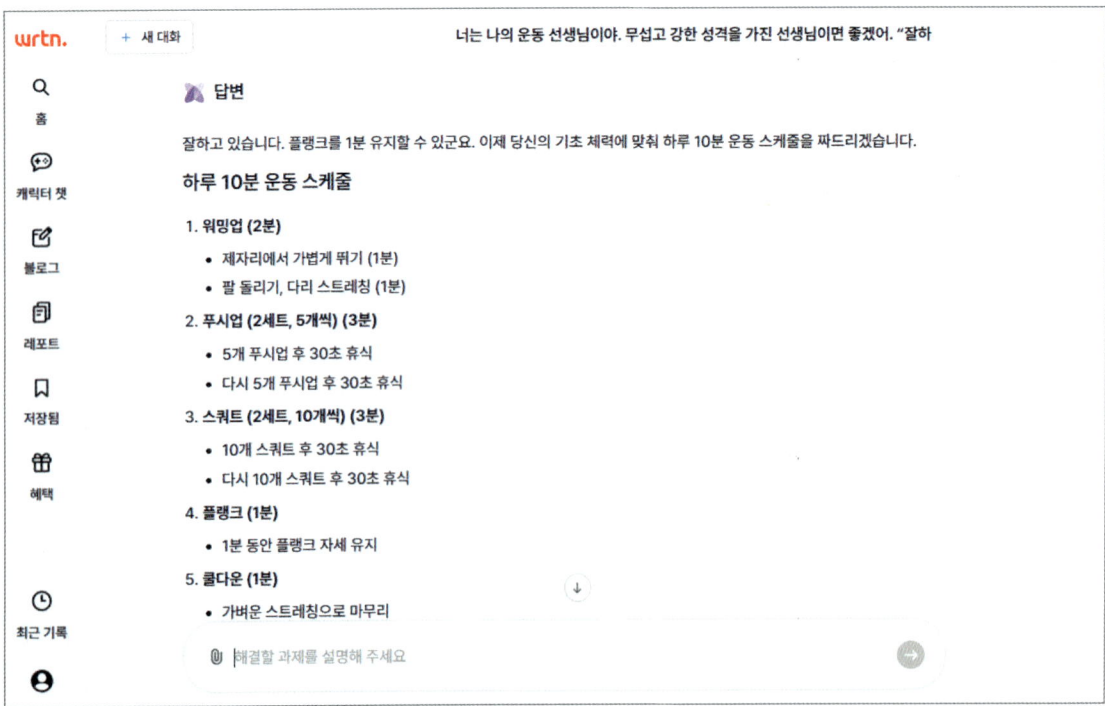

 오늘의 AI 탐험 : 뤼튼, 미리캔버스

CHAPTER 06 전교 회장 선거 포스터 만들기

학습목표

- 내가 만들고 싶은 포스터의 구성을 정리합니다.
- 정리한 포스터 구성을 바탕으로 프롬프트를 작성합니다.
- 뤼튼을 활용하여 전교 회장 선거 포스터 내용을 생성합니다.
- 미리캔버스를 활용하여 전교 회장 선거 포스터를 만듭니다.

📥 예제 파일 : 없음   📥 완성 파일 : 06강 완성.png

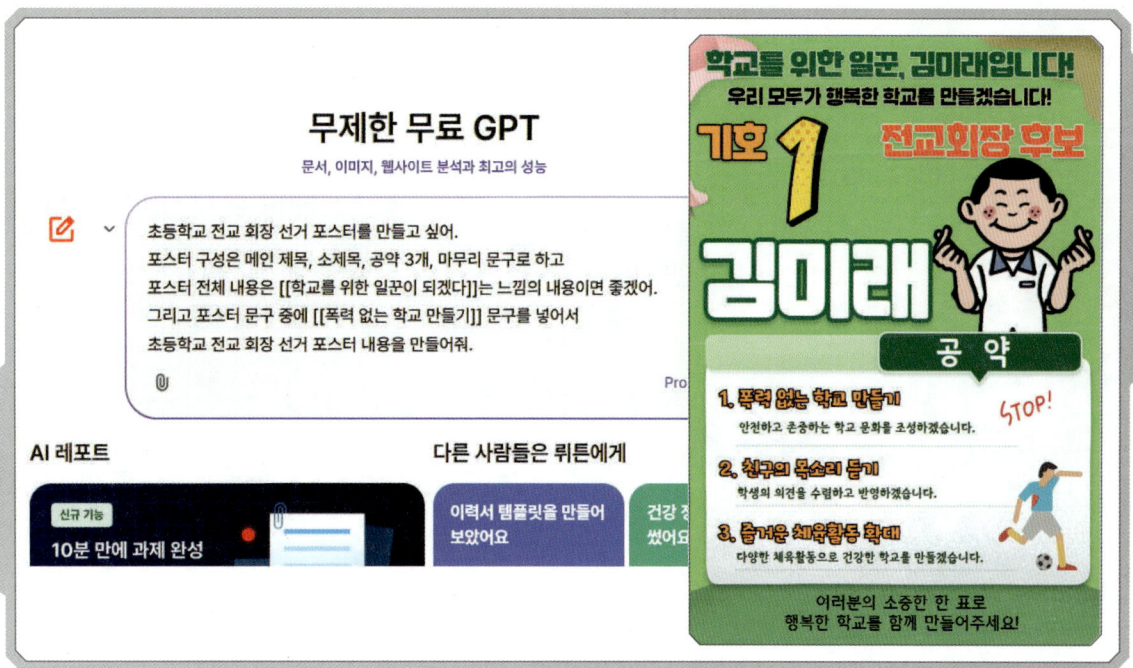

도전! Ai 탐험 미션

여러분들이 전교 회장 후보가 된다면 어떤 포스터로 본인을 홍보하고 싶나요? 이번 시간에는 뤼튼의 도움을 받아 전교 회장 선거 포스터의 내용을 생성해 보고, 생성한 내용을 활용하여 미리캔버스에서 전교 회장 선거 포스터를 만들어 봅니다.

01 프롬프트 정리하기

뤼튼을 활용하여 전교 회장 선거 포스터를 만들기 위해 프롬프트를 정리해 봅니다.

❶ 내가 전교 회장 선거에 나간다면 어떤 포스터를 만들 건지 생각하여 선거 포스터를 구성해 봅니다.

포스터 구성	예) 메인 제목, 소제목, 선거 공약 3개, 마무리 문구
포스터 전체 내용	예) 학교를 위한 일꾼이 되겠다는 느낌의 내용
포스터에 꼭 넣고 싶은 문구	예) 폭력 없는 학교 만들기

❷ [메모장]을 실행하고 앞서 작성한 내용을 바탕으로 프롬프트를 정리해 봅니다.

```
초등학교 전교 회장 선거 포스터를 만들고 싶어.
포스터 구성은 메인 제목, 소제목, 공약 3개, 마무리 문구로 하고
포스터 전체 내용은 [[학교를 위한 일꾼이 되겠다]]는 느낌의 내용이면 좋겠어.
그리고 포스터 문구 중에 [[폭력 없는 학교 만들기]] 문구를 넣어서
초등학교 전교 회장 선거 포스터 내용을 만들어줘.
```

전교 회장 선거 포스터 내용 만들기

뤼튼에 프롬프트를 입력하여 전교 회장 선거 포스터의 내용을 생성해 봅니다.

❶ 인터넷 브라우저를 실행한 후 뤼튼(https://wrtn.ai) 사이트에 접속하고 로그인합니다.

❷ 앞서 메모장에 정리한 프롬프트를 복사하여 프롬프트 입력 칸에 붙여 넣은 후 결과를 확인해 봅니다.

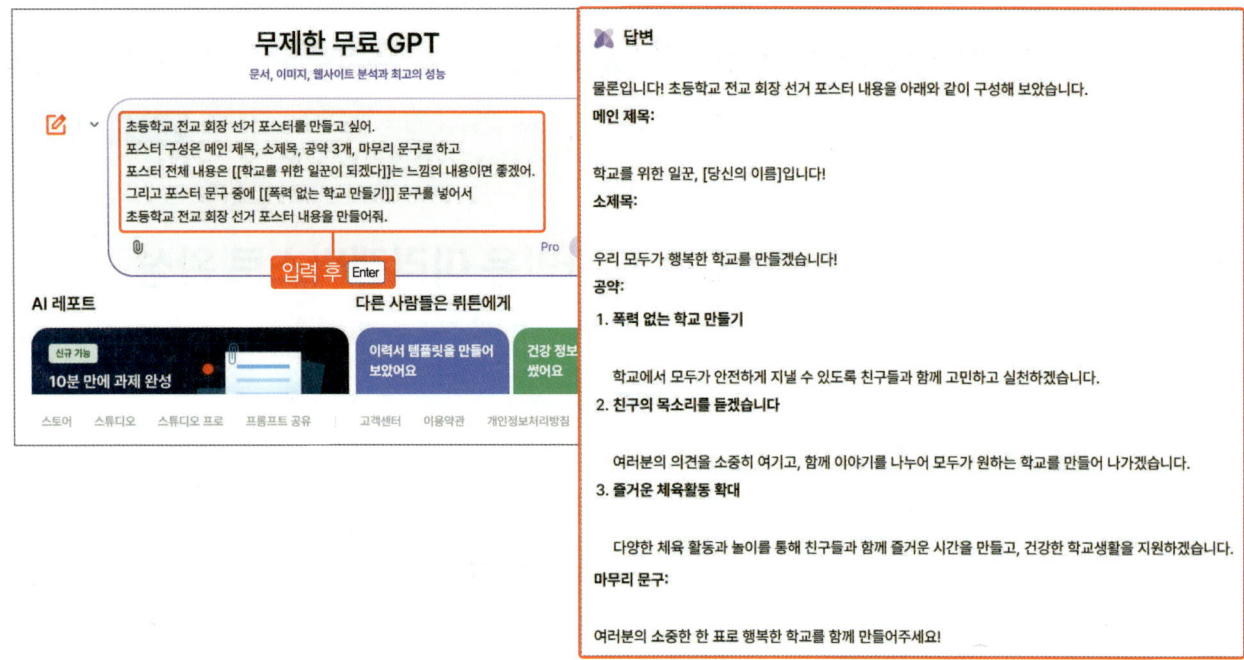

❸ 생성된 전교 회장 선거 포스터의 내용을 확인하고 마음에 들지 않는 부분을 수정해 봅니다.

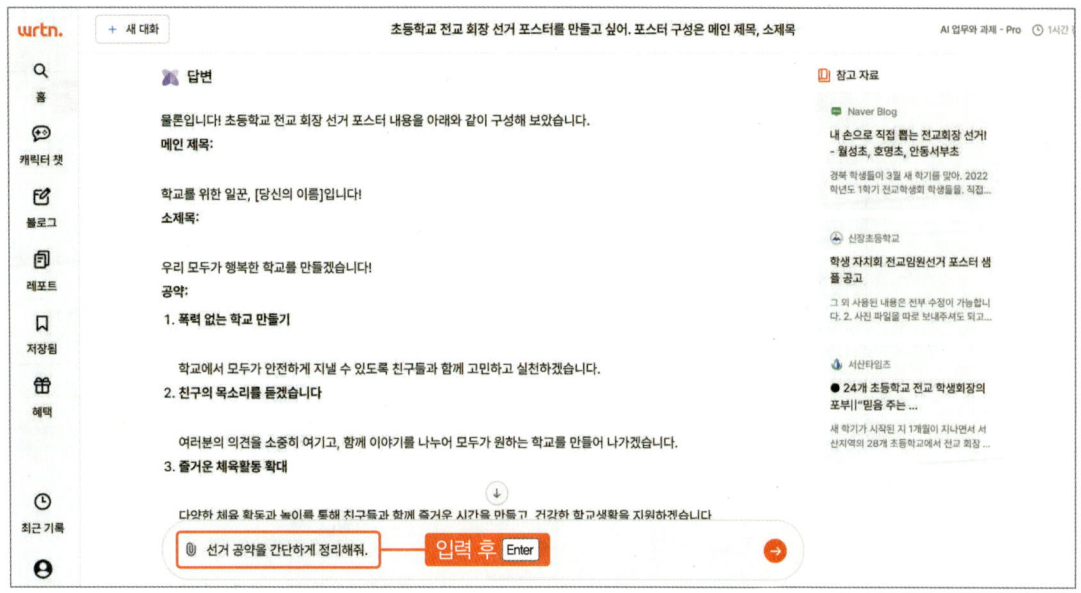

❹ 뤼튼이 생성한 전교 회장 선거 포스터의 내용을 확인하고 포스터에 사용할 내용들을 정리해 둡니다.

전교 회장 선거 포스터 완성하기

생성한 포스터 내용으로 미리캔버스에서 전교 회장 선거 포스터를 완성해 봅니다.

❶ 인터넷 브라우저를 실행하고 미리캔버스(https://www.miricanvas.com) 사이트에 접속합니다.

❷ [로그인]을 클릭하여 [미리캔버스 로그인] 창이 나타나면 미리캔버스에 로그인합니다.

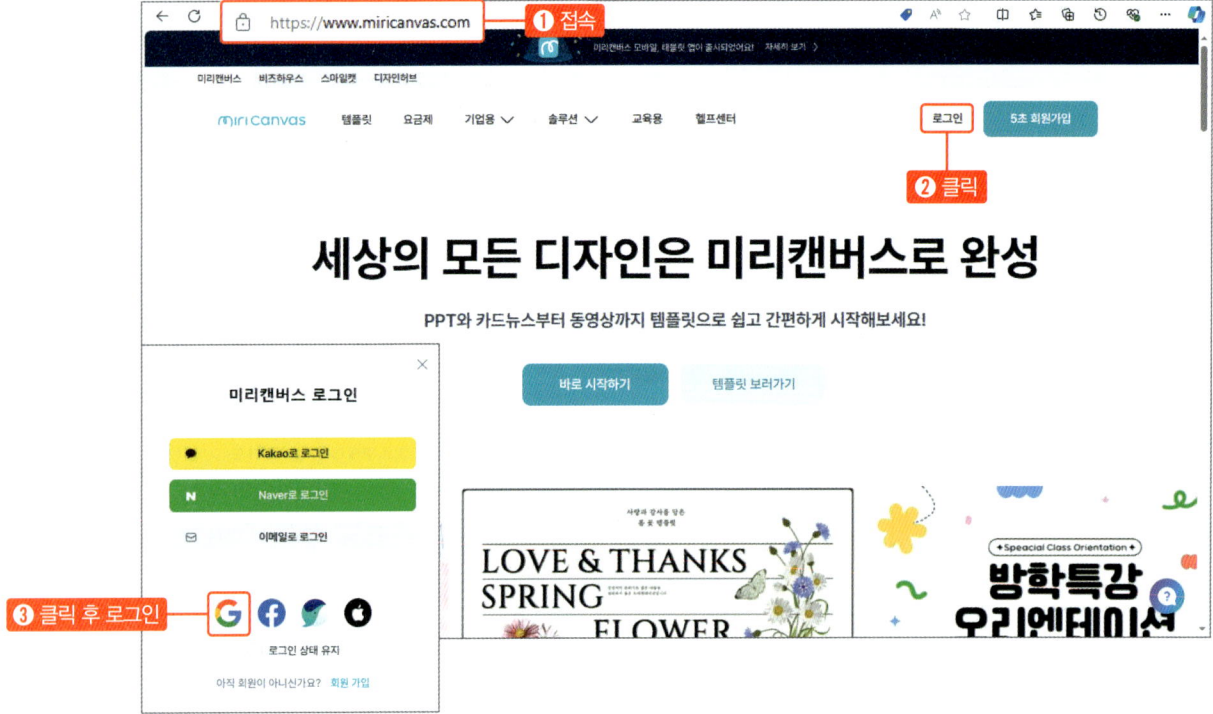

❸ 워크스페이스가 나타나면 [새 디자인 만들기]-[웹 포스터]-[세로형]을 클릭합니다.

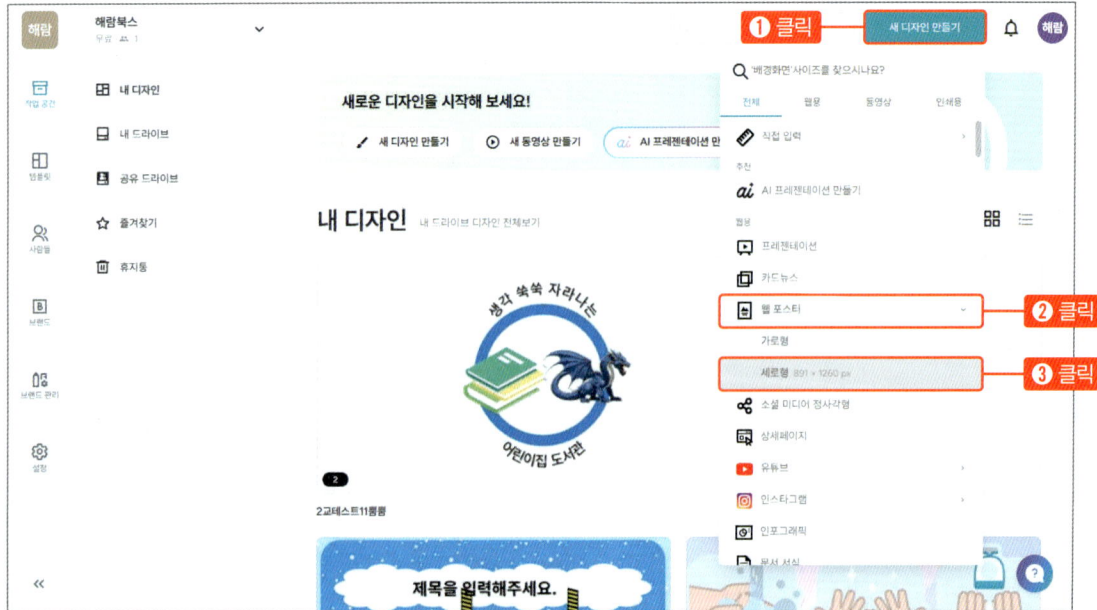

❹ [템플릿(□)]를 클릭하고 검색창에 "정책 / 정보"를 입력하여 검색한 후 선거 포스터에 사용할 템플릿을 찾아 클릭합니다.

Ai봇 도와줘!
다른 느낌의 포스터를 만들고 싶다면 원하는 스타일의 검색어를 입력하여 템플릿을 선택해도 좋습니다.

❺ 불필요한 요소를 삭제하기 위해 삭제할 요소를 클릭하고 [삭제하기(🗑)]를 클릭하거나 Delete 키를 누릅니다.

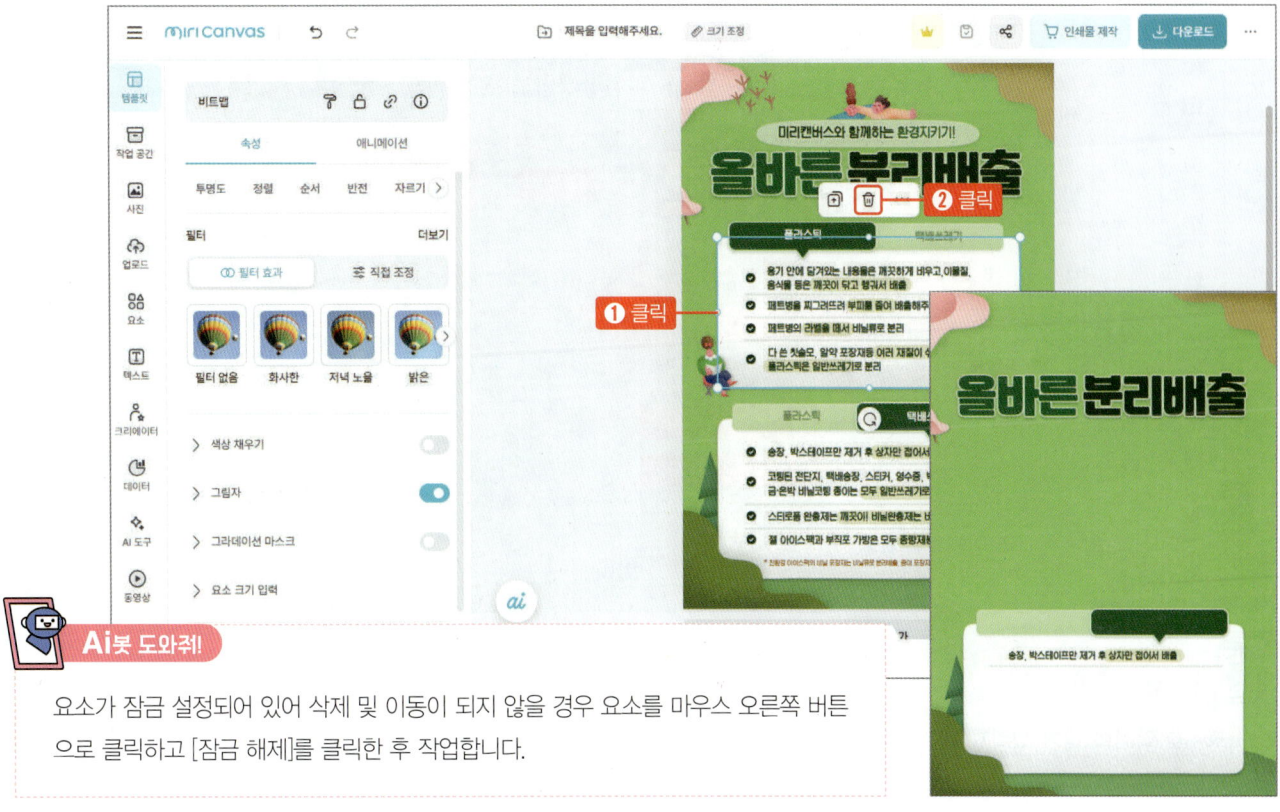

Ai봇 도와줘!
요소가 잠금 설정되어 있어 삭제 및 이동이 되지 않을 경우 요소를 마우스 오른쪽 버튼으로 클릭하고 [잠금 해제]를 클릭한 후 작업합니다.

❻ 제목을 더블클릭하여 수정할 수 있는 상태가 되면 뤼튼에서 생성한 선거 포스터의 메인 제목을 입력하고 조절점을 드래그하여 크기와 위치를 조절합니다.

[텍스트(T)] 메뉴에서 다양한 스타일의 텍스트를 입력할 수도 있습니다.

❼ ❻과 같은 방법으로 포스터에 필요한 글자를 입력하고 [속성] 창에서 텍스트 색상과 외곽선 속성을 지정합니다.

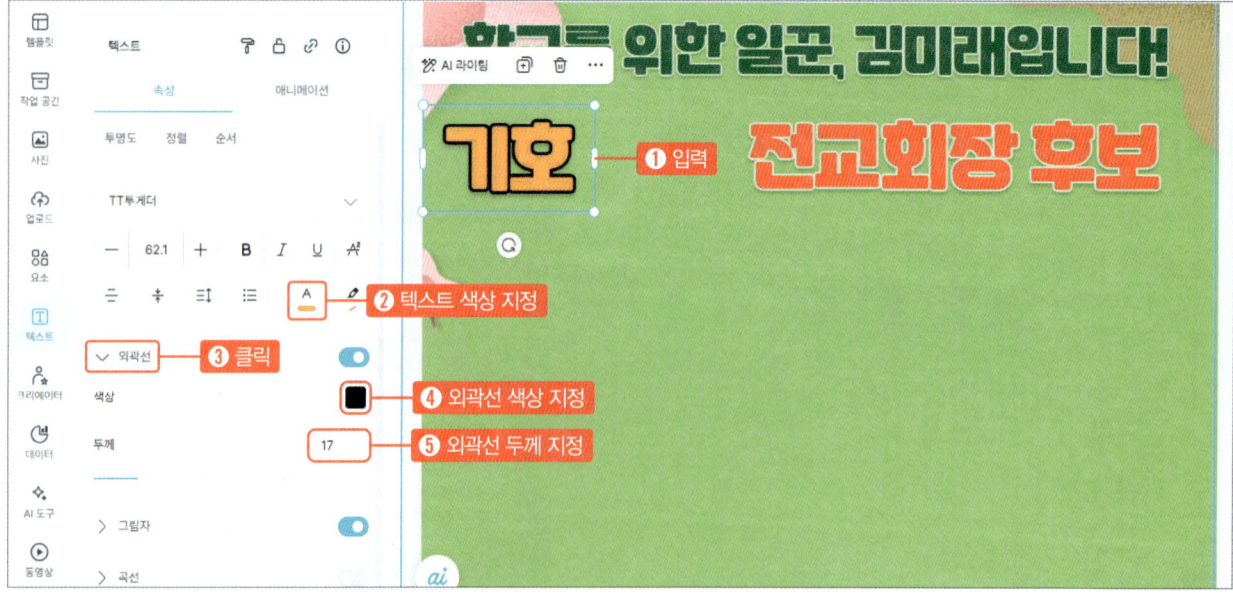

텍스트 굵기, 기울기, 그림자, 곡선 등도 자유롭게 활용하여 텍스트를 꾸며 봅니다.

❽ 같은 방법으로 텍스트를 입력하고 텍스트 서식을 자유롭게 변경해 봅니다.

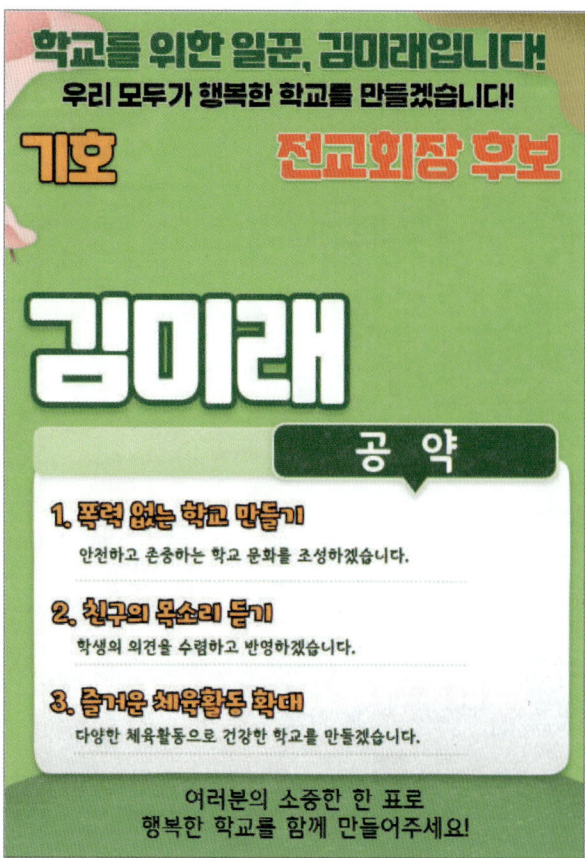

Ai봇 도와줘!
뤼튼에서 생성한 포스터의 구성과 내용을 바탕으로 포스터에 들어갈 문구들을 입력하고 자유롭게 꾸며 봅니다.

❾ [요소]에서 '학생'을 검색하여 원하는 요소를 삽입하고 크기와 위치를 조절한 후 요소를 마우스 오른쪽 버튼으로 클릭하고 [순서]-[맨 뒤로 보내기]를 클릭합니다.

Ai봇 도와줘!
[순서]-[뒤로 보내기]를 여러 번 반복하여 개체의 순서를 변경할 수도 있습니다.

❿ 삽입한 요소가 맨 뒤로 이동하여 배경에 가려지면 배경을 마우스 오른쪽 버튼으로 클릭하고 [순서]-[맨 뒤로 보내기]를 클릭하여 삽입한 요소가 다시 나타나도록 합니다.

Chapter 06. 전교 회장 선거 포스터 만들기 **051**

⑪ 같은 방법으로 다양한 요소를 삽입하여 전교 회장 선거 포스터를 완성해 봅니다.

Ai봇 도와줘!

요소 중 왕관(👑) 모양의 아이콘이 있는 요소는 유료 요금제에서 사용할 수 있는 요소입니다.

⑫ 완성된 선거 포스터를 다운로드하기 위해 [다운로드]-[PNG]-[고해상도 다운로드]를 클릭하여 선거 포스터를 이미지 파일로 저장합니다.

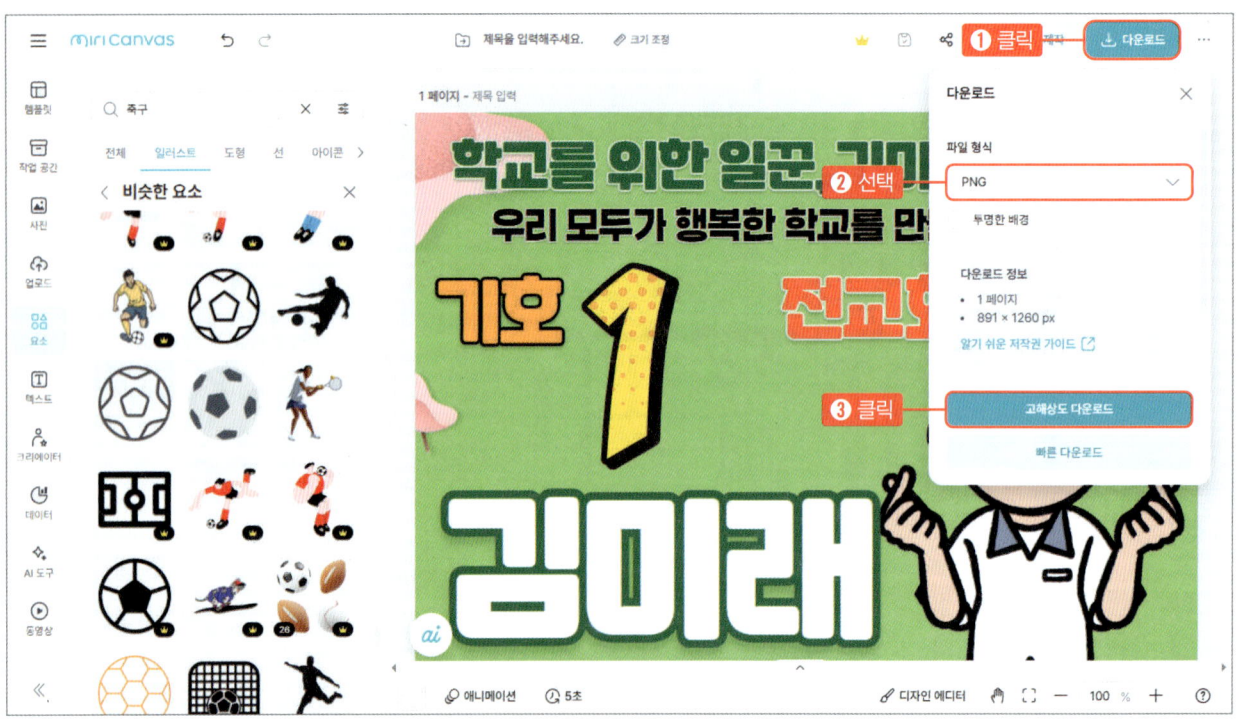

Ai 탐험대 ➕ 플러스 미션

예제 파일 : 없음   완성 파일 : 06강 미션 완성.png

1. 화재 예방 포스터를 만들기 위한 포스터 구성을 정리한 후 메모장을 실행하고 프롬프트를 작성해 보세요.

포스터 구성	
포스터 전체 내용	
포스터에 꼭 넣고 싶은 문구	

2. 뤼튼으로 화재 예방 포스터 내용을 생성한 후 미리캔버스를 이용하여 화재 예방 포스터를 완성해 보세요.

Chapter 06. 전교 회장 선거 포스터 만들기 053

오늘의 AI 탐험 : 뤼튼

CHAPTER 07 프롬프트로 이미지 생성하기

학습목표

- 이미지 생성을 위한 프롬프트 작성 방법을 확인합니다.
- 제공된 이미지를 보고 프롬프트 작성 연습을 합니다.
- 뤼튼에 프롬프트를 입력하여 제공된 이미지와 생성된 이미지를 비교합니다.
- 뤼튼에 프롬프트를 입력하여 내가 원하는 이미지를 생성합니다.

예제 파일 : 없음   완성 파일 : 없음

도전! Ai 탐험 미션

뤼튼은 AI로 이미지도 생성할 수 있습니다. 원하는 이미지를 생성하기 위해 프롬프트를 작성하는 방법을 알아보고 프롬프트를 작성하여 내가 원하는 이미지를 생성해 봅니다.

01 이미지 생성을 위한 프롬프트 구성 요소

뤼튼을 활용하여 이미지를 생성하기 위해 프롬프트를 작성하는 방법을 알아봅니다.

❶ 원하는 이미지를 생성하기 위해 프롬프트를 작성할 때 다음의 구성 요소를 포함하여 프롬프트를 작성하면 좋습니다.

구성 요소	내용
주제	'고양이', '우주', '숲'과 같이 그리고자 하는 것이 무엇인지 설명합니다.
스타일	'인상파', '현대적', '만화 스타일', '수채화'와 같이 어떤 스타일의 이미지를 원하는지 설명합니다.
색감	'밝고 생동감 있는 색', '차분한 파스텔 톤'과 같이 원하는 색조나 색상의 느낌을 설명합니다.
구도	'중앙에 큰 나무', '배경에 구름'과 같이 이미지의 구도를 설명합니다.
감정 및 느낌	'평화롭고 조용한 느낌', '신비롭고 몽환적인 분위기'와 같이 이미지에서 느껴지는 감정이나 분위기를 설명합니다.

❷ 이미지 생성을 위한 프롬프트 예시

예시 1	해변에서 노을이 지는 장면을 인상파 스타일로 그려줘. 하늘은 따뜻한 주황색과 분홍색으로 물들고 있고, 부드러운 구름이 떠 있어. 바다의 중간에는 작은 낚시배에서 낚시를 하는 사람이 있어.
예시 2	주제 : 인상파 스타일의 바다 그림 장면 설명 배경 : 해변 시간 : 노을이 지는 순간 하늘 : 따뜻한 주황색과 분홍색으로 물들어 있고, 부드러운 구름이 떠 있다. 바다 : 작은 낚시배에서 낚시를 하는 사람이 있다.

❸ 프롬프트 예시로 생성된 이미지

 Ai봇 도와줘!

AI로 생성된 이미지는 인물의 손가락이 5개 이상이거나 부자연스러운 모습으로 생성될 수도 있습니다.

❹ 이미지를 생성하기 위한 프롬프트를 작성하기 위해 다음 이미지를 보고, AI에 이미지를 설명할 수 있도록 프롬프트를 작성해 봅니다.

02 프롬프트 입력하여 이미지 생성하기

앞서 작성해 본 프롬프트를 뤼튼에 입력하여 이미지를 생성해 봅니다.

❶ 인터넷 브라우저를 실행한 후 뤼튼(https://wrtn.ai) 사이트에 접속하고 로그인합니다.

❷ 이미지를 생성하기 위해 프롬프트 입력 칸 왼쪽의 목록 버튼(⌄)을 클릭하고 [AI 이미지]를 선택한 후 프롬프트 입력 칸에 앞서 첫 번째 고양이 이미지를 보고 작성한 프롬프트를 입력합니다.

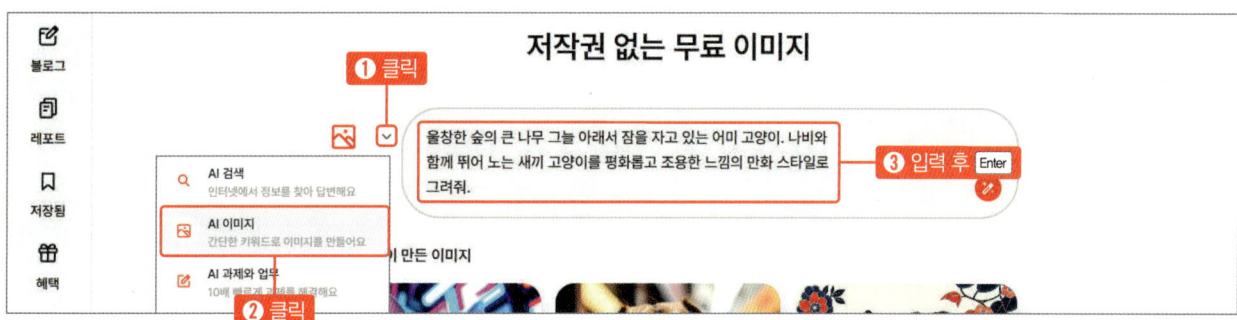

❸ 앞서 확인한 고양이 이미지와 프롬프트를 입력하여 생성된 이미지를 비교해 봅니다.

제공된 이미지	생성된 이미지

 Ai봇 도와줘!

동일한 이미지를 생성할 수는 없지만 이미지의 모습을 구체적으로 설명하면 비슷한 느낌의 이미지를 생성할 수 있습니다.

❹ 나머지 이미지들도 작성한 프롬프트로 이미지를 생성해 보고, 제공된 이미지와 생성된 이미지가 비슷한지 비교해 봅니다.

03 나만의 이미지 생성하기

프롬프트를 작성하며 원하는 이미지를 생성해 봅니다.

❶ 만들고 싶은 이미지를 생각하여 프롬프트로 작성해 봅니다.

구분	프롬프트
이미지 1	
이미지 2	
이미지 3	
이미지 4	

Ai봇 도와줘!

프롬프트를 정리할 때 어려움이 있다면 뤼튼 메인 화면에서 목적을 [AI 검색]으로 선택한 후 작성한 프롬프트를 정리해 달라고 부탁해 봅니다.

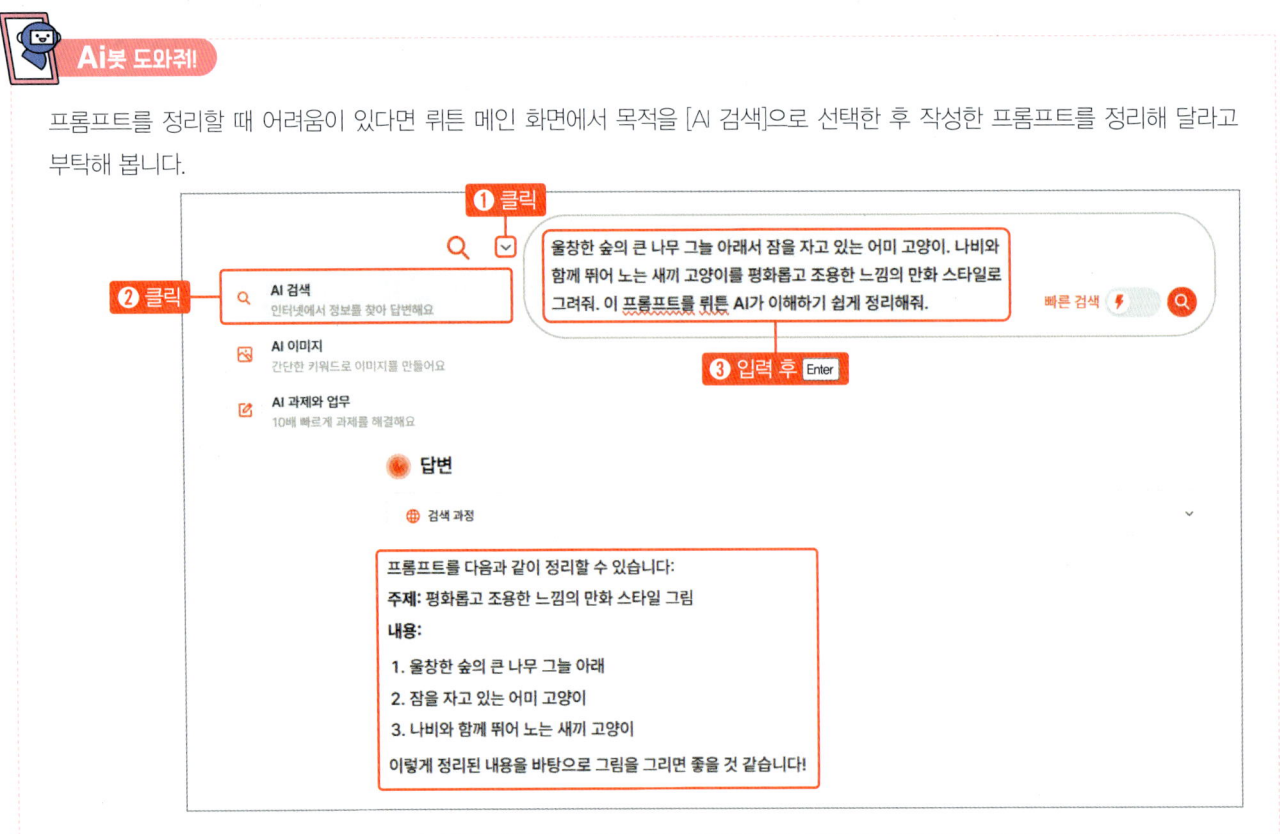

❷ 뤼튼의 목적을 [AI 이미지]로 선택한 후 만들고 싶은 이미지의 프롬프트를 입력하여 이미지를 생성해 봅니다.

❸ 이미지가 생성되면 이미지에 마우스 포인터를 가져다 대고 [다운로드(⬇)]-[다운로드]를 클릭합니다.

❹ 이미지 창이 실행되면 이미지를 마우스 오른쪽 버튼으로 클릭하고 [이미지를 다른 이름으로 저장]을 클릭하여 이미지를 저장합니다.

AI 탐험대 ➕ 플러스 미션

🔵 예제 파일 : 없음 🔵 완성 파일 : 없음

1 다음 이미지를 보고, AI에 이미지를 설명할 수 있도록 프롬프트를 작성해 보세요.

프롬프트

프롬프트

프롬프트

프롬프트

2 뤼튼에 프롬프트를 입력하여 이미지를 생성해 보고 제공된 이미지와 비슷하게 이미지가 생성 됐는지 비교해 보세요.

> 오늘의 AI 탐험 : 뤼튼, 파워포인트

CHAPTER 08
외계인에 대한 궁금증 PPT 만들기

학습목표

- 발표 자료를 만들기 위한 발표 내용을 정리합니다.
- 뤼튼의 프롬프트 공유 기능을 활용하여 프롬프트를 작성합니다.
- 프롬프트를 입력하여 발표 내용을 생성합니다.
- 프롬프트를 입력하여 각 슬라이드에 맞는 이미지를 생성합니다.
- 생성된 발표 자료를 활용하여 파워포인트로 발표 PPT를 만듭니다.

예제 파일 : 08강 예제 폴더 **완성 파일** : 08강 완성.pptx

도전! Ai 탐험 미션

이번 시간에는 프롬프트 공유 기능을 활용하여 발표 자료를 생성하기 위한 프롬프트를 만들고, 생성된 발표 자료를 활용하여 파워포인트에서 발표 PPT를 완성해 봅니다.

Chapter 08. 외계인에 대한 궁금증 PPT 만들기 **061**

01 프롬프트 공유 활용하여 발표 자료 만들기

뤼튼의 프롬프트 공유 기능을 활용하여 프롬프트를 작성해 봅니다.

❶ 발표 자료의 주제와 구성을 정리해 봅니다.

발표 대상	예) 초등학생
발표 주제	예) 외계인이 있을까?
발표 시간	예) 10분
포함되어야 하는 내용	예) '외계인은 어떤 모습일까?', '외계인이 존재할까?', '외계인은 우리에게 위협적인 존재일까?', '외계인을 증명할 수 있을까?'
슬라이드 수	예) 총 8슬라이드

❷ 인터넷 브라우저를 실행하고 뤼튼(https://wrtn.ai) 사이트에 접속하여 로그인한 후 메인 화면 하단의 [프롬프트 공유]를 클릭합니다.

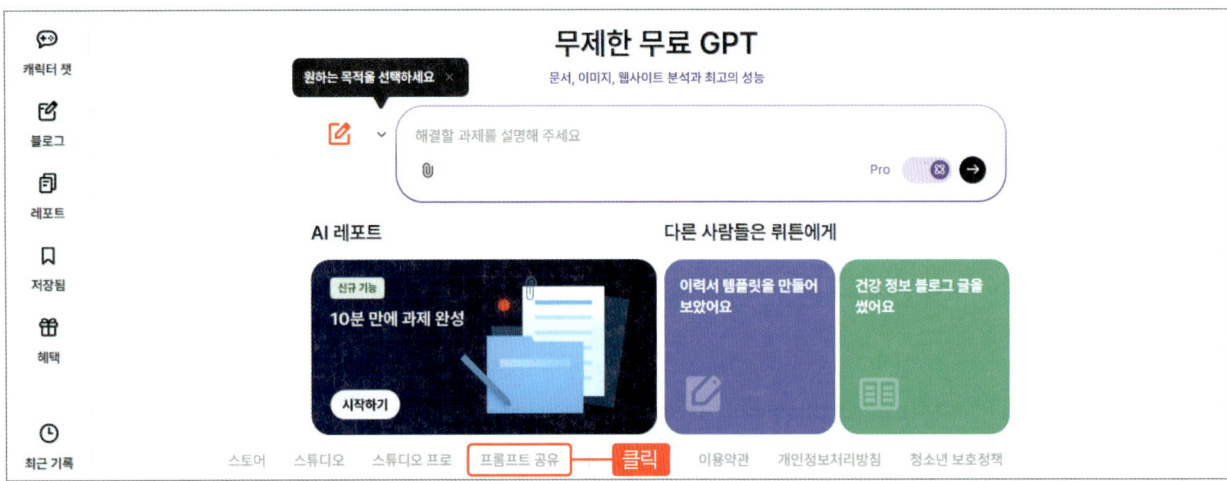

❸ [프롬프트 공유] 창이 나타나면 스크롤바를 아래쪽으로 내려 [추천 프롬프트]-[파워포인트 작성을 한 방에!]를 클릭합니다.

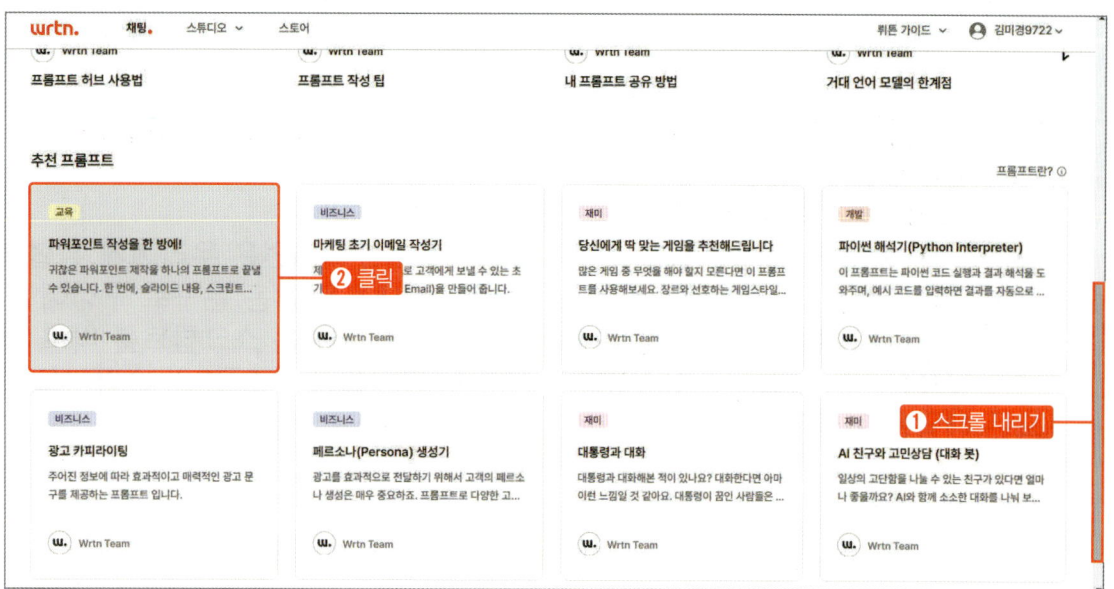

[프롬프트 공유] 검색창에 '파워포인트 작성'을 검색하여 '파워포인트 작성을 한 방에!' 프롬프트를 선택해도 됩니다.

❹ 파워포인트를 작성하기 위한 프롬프트가 나타나면 [프롬프트 복사]를 클릭합니다.

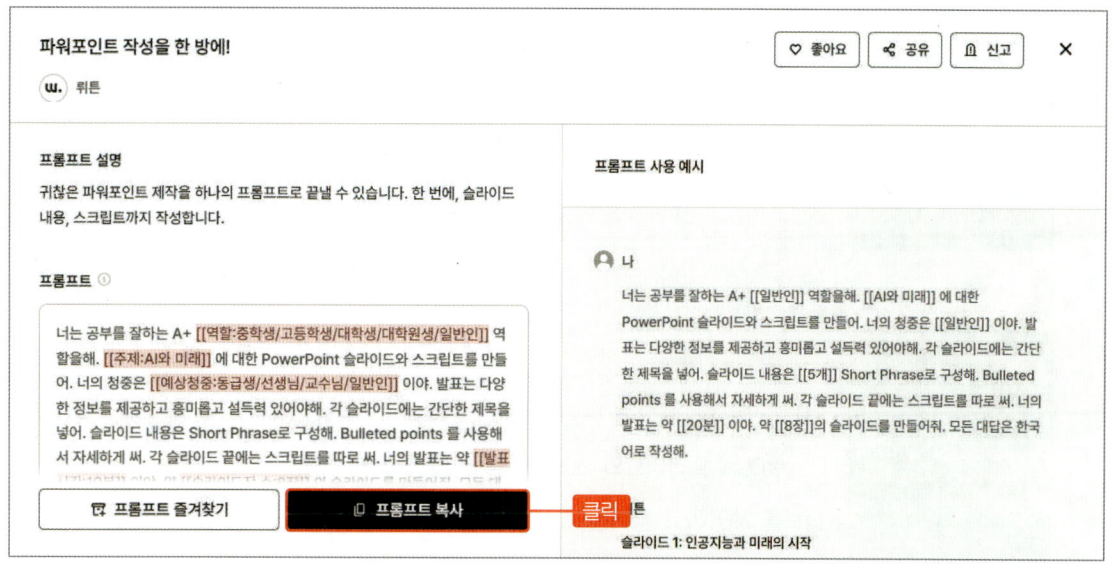

뤼튼의 프롬프트 공유

프롬프트 공유 기능은 사용자들이 효과적으로 프롬프트를 작성할 수 있도록 하는 기능으로, 다른 사용자가 작성한 프롬프트를 참고하여 자신의 프롬프트를 개선하거나 새로운 아이디어를 얻어 구체적이고 명확한 프롬프트를 작성할 수 있습니다.

❺ [메모장]을 실행하여 복사한 프롬프트를 붙여 넣은 후 앞서 작성한 발표 내용에 맞게 프롬프트를 수정합니다.

```
너는 공부를 잘하는 A+ [[역할:초등학생]] 역할을해.
[[주제:외계인이 있을까?]] 에 대한 PowerPoint 슬라이드와 스크립트를 만들어.
너의 청중은 [[예상청중:초등학생]] 이야.
발표는 다양한 정보를 제공하고 흥미롭고 설득력 있어야해.
꼭 [[외계인은 어떤 모습일까?, 외계인이 존재할까?, 외계인은 우리에게 위협적인 존재일까
각 슬라이드에는 간단한 제목을 넣어. 슬라이드 내용은 짧은 문구로 구성해.
글머리 기호를 사용해서 자세하게 써. 각 슬라이드 끝에는 스크립트를 따로 써.
너의 발표는 약 [[발표시간:10분]] 이야. 약 [[슬라이드장 수:8장]]의 슬라이드를 만들어줘.
모든 대답은 한국어로 작성해.
```
붙여 넣은 후 내용 수정

❻ 수정된 프롬프트를 확인해 봅니다.

| 기존 프롬프트 | 너는 공부를 잘하는 A+ [[역할:중학생/고등학생/대학생/대학원생/일반인]] 역할을해. [[주제:AI와 미래]] 에 대한 PowerPoint 슬라이드와 스크립트를 만들어. 너의 청중은 [[예상청중:동급생/선생님/교수님/일반인]] 이야. 발표는 다양한 정보를 제공하고 흥미롭고 설득력 있어야해. 각 슬라이드에는 간단한 제목을 넣어. 슬라이드 내용은 짧은 문구로 구성해. 글머리 기호를 사용해서 자세하게 써. 각 슬라이드 끝에는 스크립트를 따로 써. 너의 발표는 약 [[발표시간:10분]] 이야. 약 [[슬라이드장 수:8장]]의 슬라이드를 만들어줘. 모든 대답은 한국어로 작성해. |

| 수정 프롬프트 | 너는 공부를 잘하는 A+ [[역할:초등학생]] 역할을해. [[주제:외계인이 있을까?]] 에 대한 PowerPoint 슬라이드와 스크립트를 만들어. 너의 청중은 [[예상청중:초등학생]] 이야. 발표는 다양한 정보를 제공하고 흥미롭고 설득력 있어야해. 꼭 [[외계인은 어떤 모습일까?, 외계인이 존재할까?, 외계인은 우리에게 위협적인 존재일까?, 외계인을 증명할 수 있을까?]] 내용을 넣어줘. 각 슬라이드에는 간단한 제목을 넣어. 슬라이드 내용은 짧은 문구로 구성해. 글머리 기호를 사용해서 자세하게 써. 각 슬라이드 끝에는 스크립트를 따로 써. 너의 발표는 약 [[발표시간:10분]] 이야. 약 [[슬라이드장 수:8장]]의 슬라이드를 만들어줘. 모든 대답은 한국어로 작성해. |

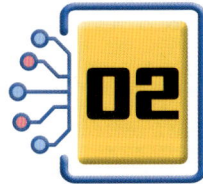

발표 자료 생성하기

완성된 프롬프트를 이용하여 발표 내용을 만들고 삽입할 이미지를 생성해 봅니다.

❶ 뤼튼 메인 화면으로 돌아와 프롬프트 입력 칸에 앞서 완성한 프롬프트를 입력하여 발표 내용을 생성하고 발표 내용을 복사한 후 정리해 둡니다.

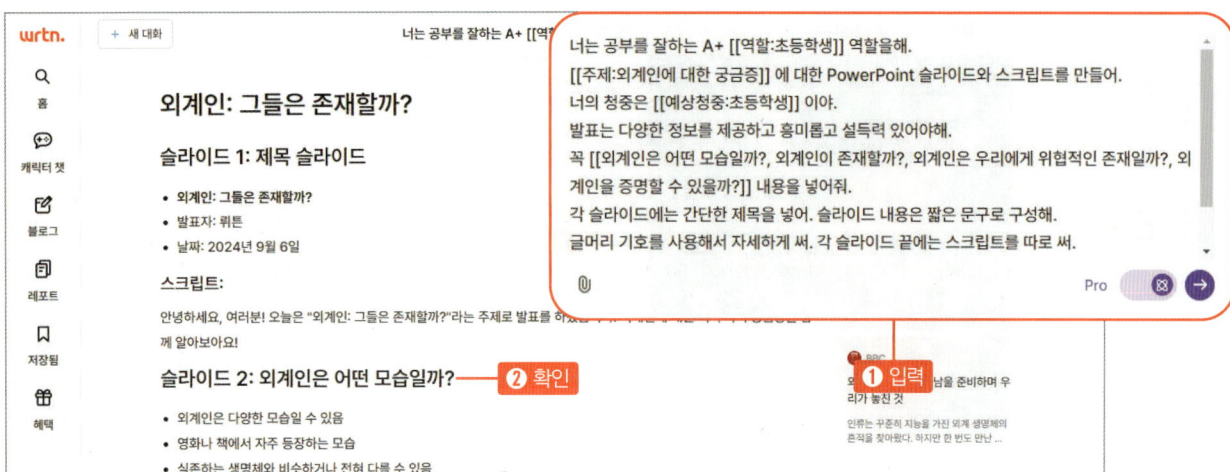

❷ 생성된 발표 내용을 확인한 후 각 슬라이드에 어울리는 이미지를 생성하기 위한 프롬프트를 작성해 봅니다.

슬라이드 1	예) 우주에 있는 다른 행성 중간에 굴뚝에서 연기가 나는 집을 하나 그려줘.
슬라이드 2	
슬라이드 3	
슬라이드 4	
슬라이드 5	
슬라이드 6	
슬라이드 7	
슬라이드 8	

Chapter 08. 외계인에 대한 궁금증 PPT 만들기

❸ 뤼튼 메인 화면에서 목적을 [AI 이미지]로 선택하고 프롬프트 입력 칸에 이미지를 생성하기 위한 프롬프트를 입력하여 이미지를 생성하고 저장합니다.

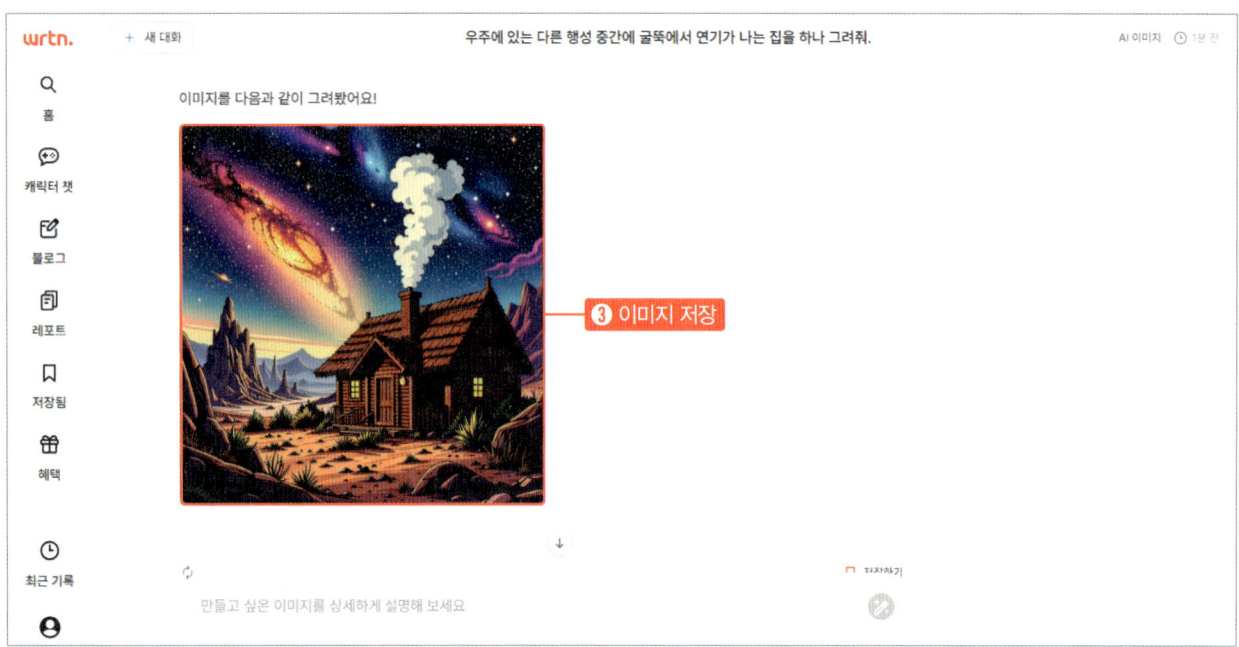

❹ ❸과 같은 방법으로 ❷에서 작성한 프롬프트를 입력하여 각 슬라이드에 삽입할 이미지를 생성하고 저장합니다.

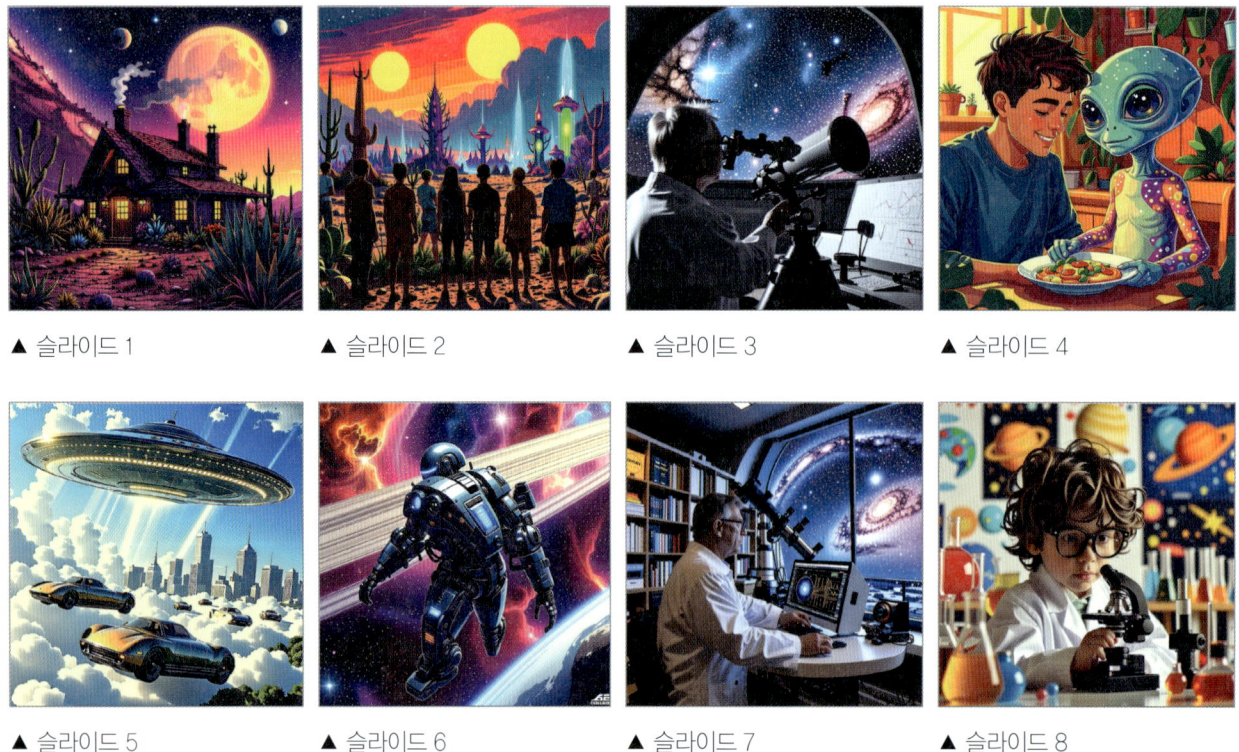

▲ 슬라이드 1   ▲ 슬라이드 2   ▲ 슬라이드 3   ▲ 슬라이드 4

▲ 슬라이드 5   ▲ 슬라이드 6   ▲ 슬라이드 7   ▲ 슬라이드 8

03 발표 PPT 완성하기

뤼튼으로 생성한 발표 자료를 활용하여 파워포인트에서 발표 PPT를 완성해 봅니다.

❶ 파워포인트 프로그램을 실행하고 슬라이드 목록 창에서 슬라이드 1을 마우스 오른쪽 버튼으로 클릭한 후 [슬라이드 복제]를 클릭하여 9개의 슬라이드를 만듭니다.

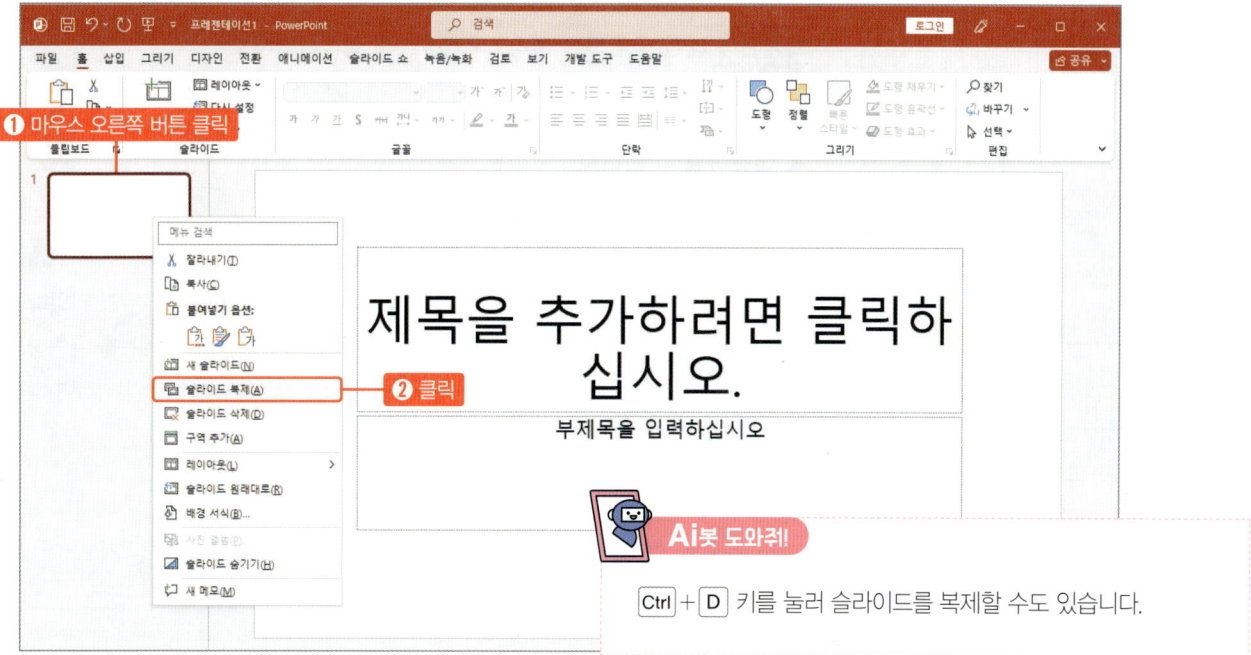

❷ '슬라이드 1(제목)'을 제외한 나머지 '슬라이드 2'~'슬라이드 9'의 레이아웃을 '콘텐츠 2개'로 변경합니다.

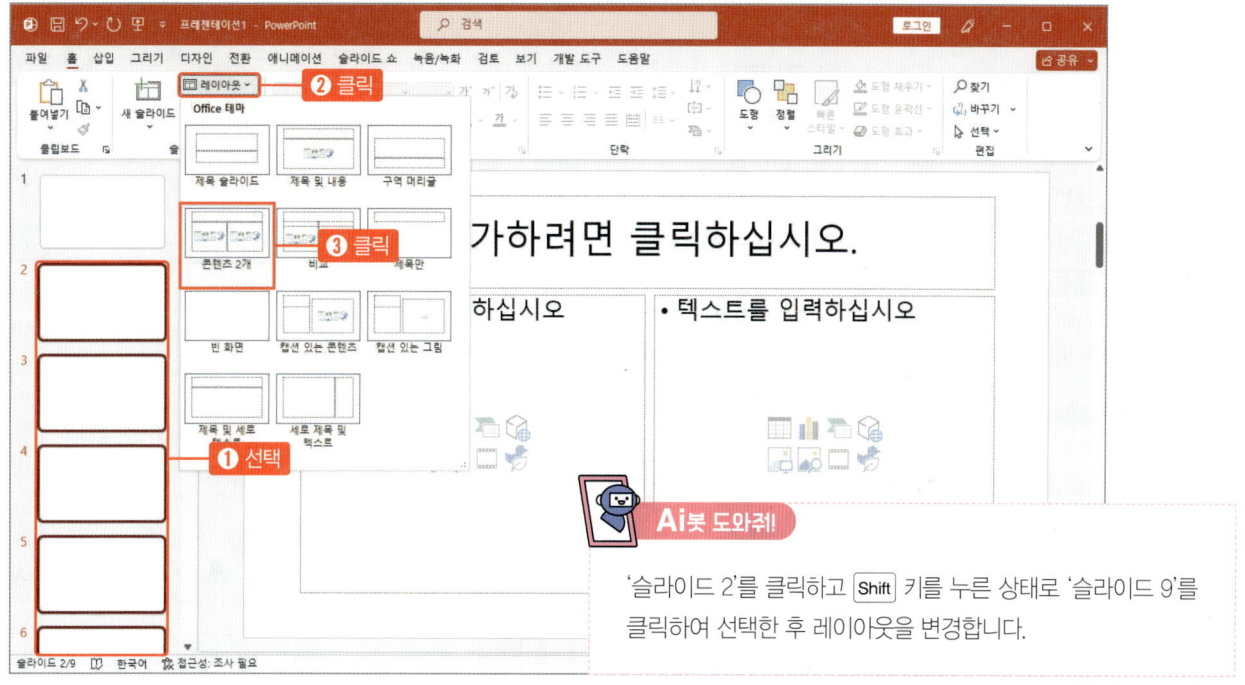

❸ 뤼튼에서 생성한 슬라이드 제목과 내용, 스크립트(슬라이드 노트)를 각각의 슬라이드에 입력합니다.

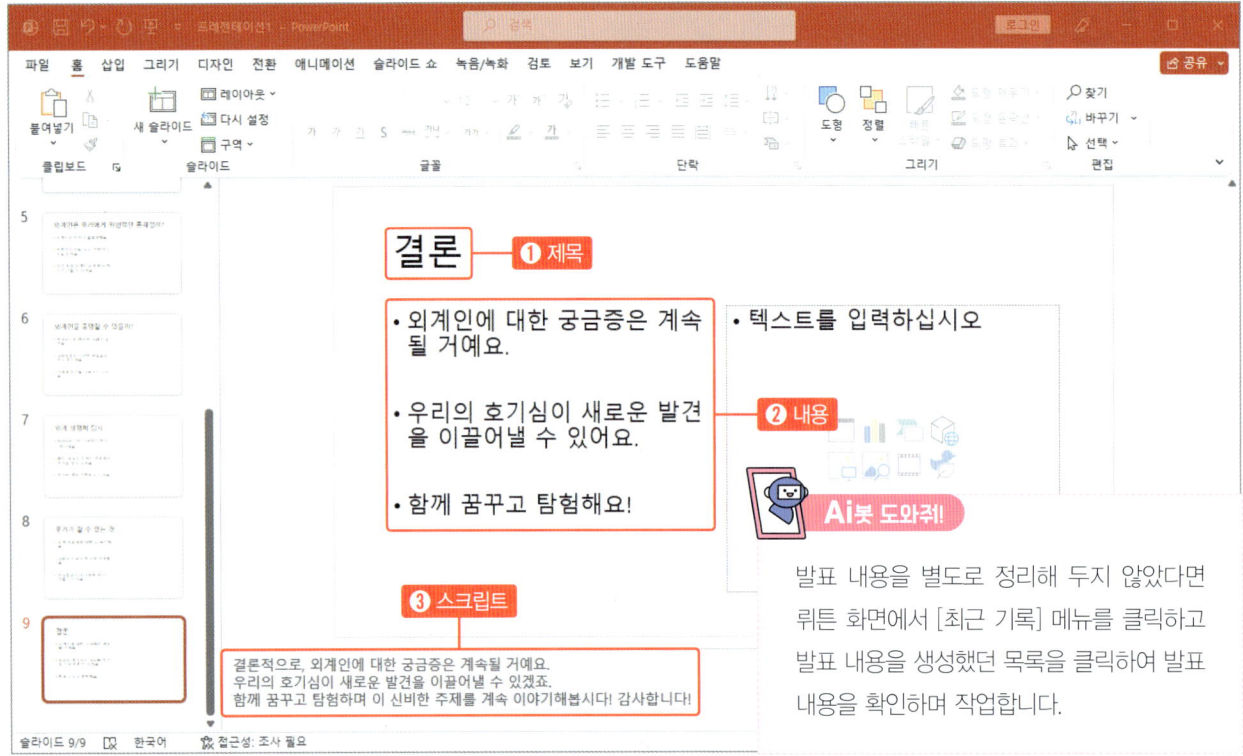

❹ 텍스트 상자 안의 [그림( )]을 클릭하여 앞서 뤼튼에서 생성하고 저장한 이미지를 각각의 슬라이드에 맞게 삽입합니다.

❺ [디자인] 탭-[테마] 그룹-[자세히]를 클릭하여 원하는 슬라이드 디자인을 선택합니다.

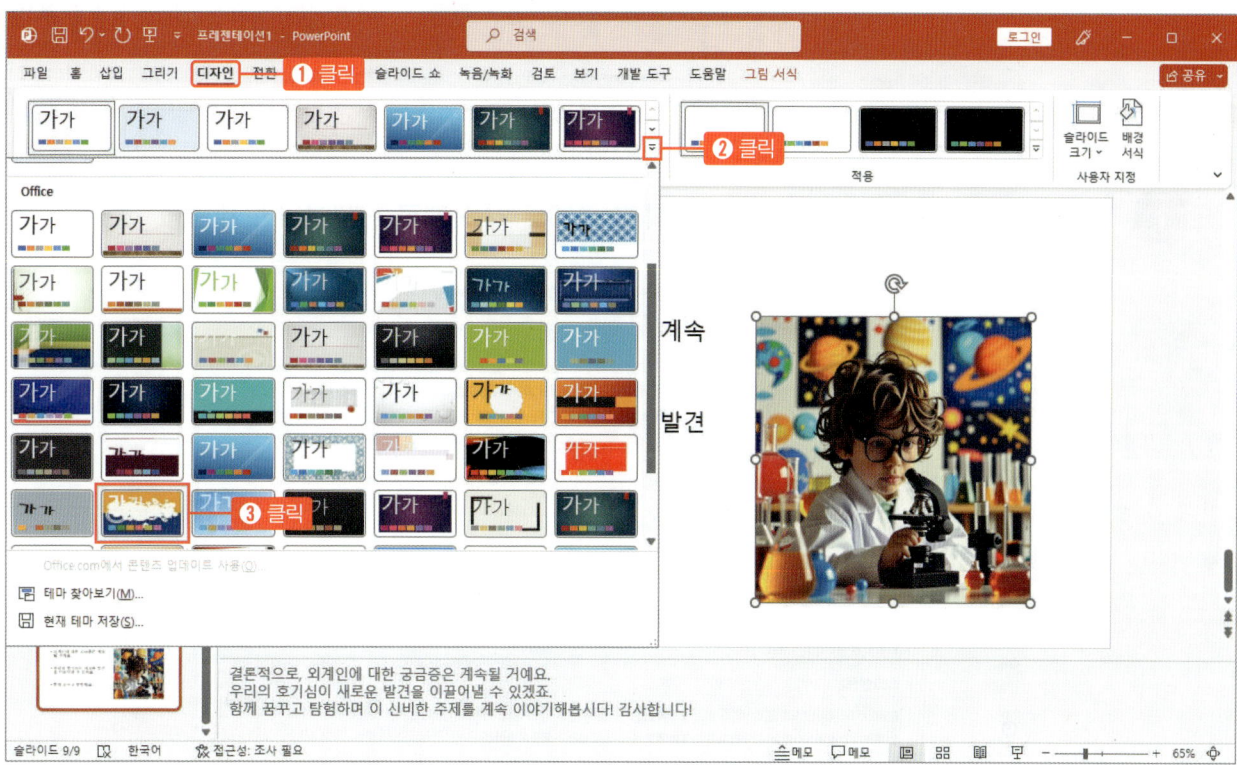

❻ '슬라이드 1'을 선택하고 발표 제목과 발표자를 입력한 후 '슬라이드 1'~'슬라이드 9'의 글자 서식을 자유롭게 지정하여 발표 PPT를 완성합니다.

❼ [파일] 탭-[다른 이름으로 저장]을 클릭하여 완성된 발표 PPT를 저장합니다.

AI 탐험대 플러스 미션

📎 예제 파일 : 08강 예제 폴더   📎 완성 파일 : 08강 미션 완성.pptx

1 뤼튼을 활용하여 '떡볶이 만들기 레시피'를 주제로 발표 자료를 생성해 보세요.

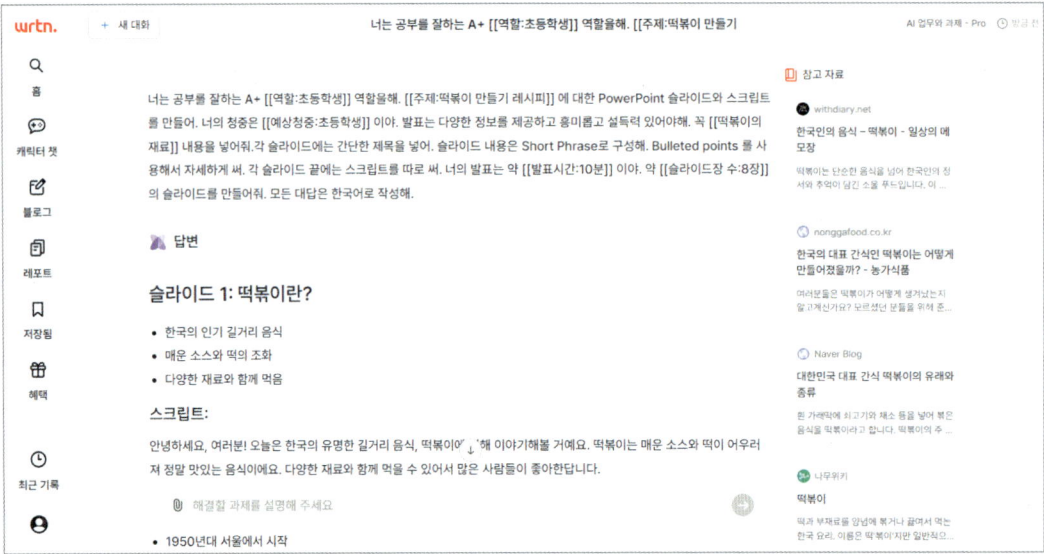

 뤼튼의 프롬프트 공유 기능을 활용하여 주제에 맞는 발표 내용을 만들고, 발표 내용에 맞게 이미지를 생성하고 저장해 봅니다.

2 생성한 발표 자료를 활용하여 파워포인트로 발표 PPT를 완성해 보세요.

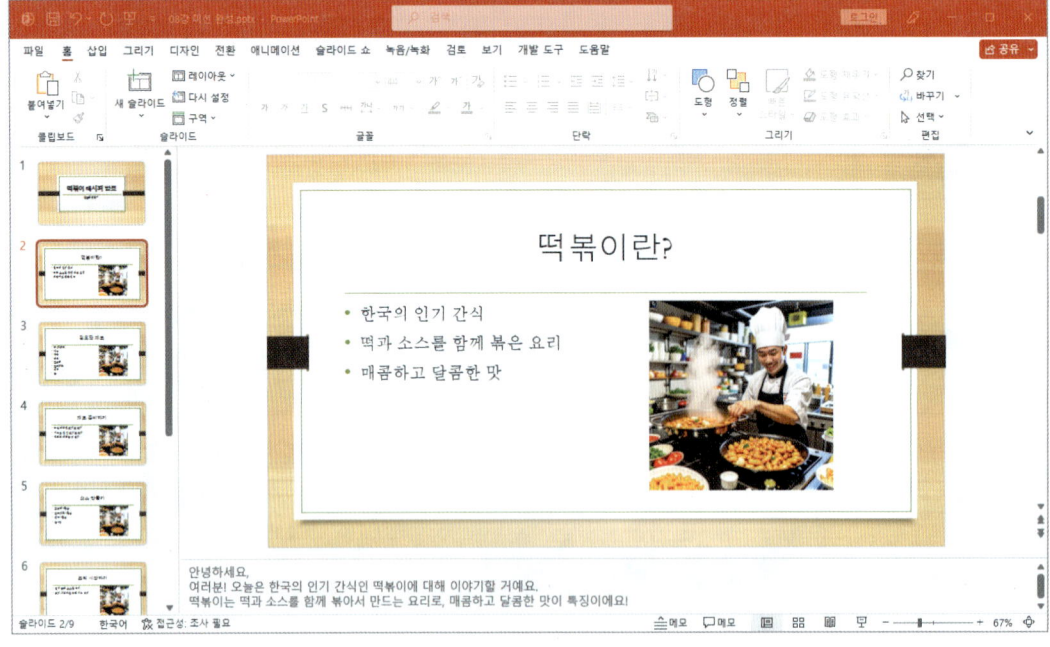

오늘의 AI 탐험 : 클링 AI

CHAPTER 09 미술 대회 출품작 만들기

학습목표

- 클링 AI의 화면 구성을 살펴 봅니다.
- 이미지를 생성하기 위한 프롬프트를 작성합니다.
- 클링 AI에 프롬프트를 입력하여 이미지를 생성합니다.
- 참조 이미지를 활용하여 미술 대회 출품작을 완성합니다.

예제 파일 : 09강 예제 폴더 **완성 파일** : 09강 완성.png

도전! Ai 탐험 미션

이번 시간은 클링 AI를 처음 만나는 시간입니다. 프롬프트를 작성하여 '눈 덮인 자연의 겨울 풍경'을 주제로 한 미술 대회에 출품할 이미지를 생성하고 참조 이미지를 불러와 요소, 앵글, 조명 등을 변경하여 출품 작품을 완성해 봅니다.

01 클링 AI 화면 구성 알아보기

클링 AI 사이트에 접속하여 로그인한 후 클링 AI의 화면 구성을 살펴 봅니다.

① 인터넷 브라우저를 실행한 후 클링 AI(https://www.klingai.com) 사이트에 접속하고 로그인 합니다.

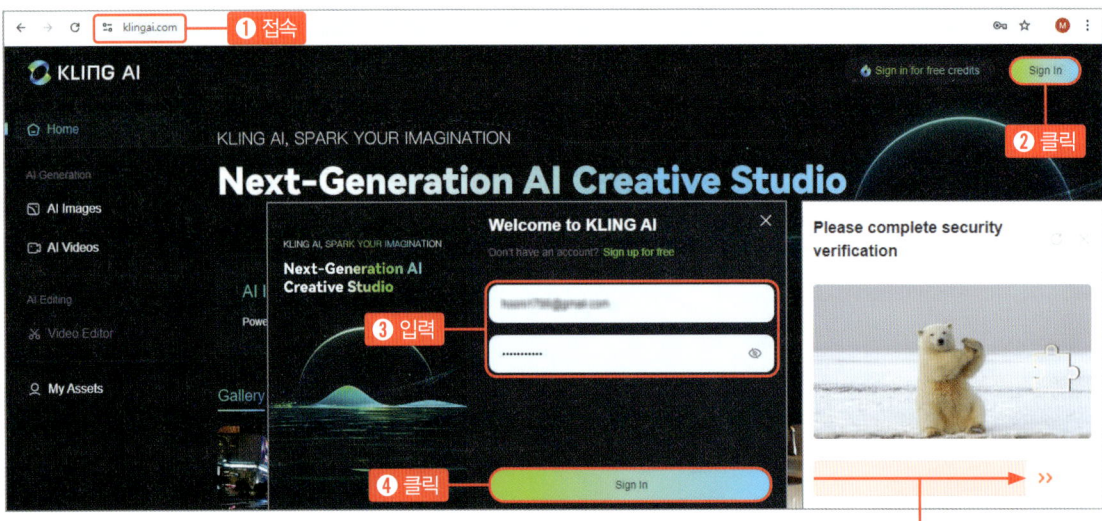

② 클링 AI의 화면 구성을 살펴 봅니다.

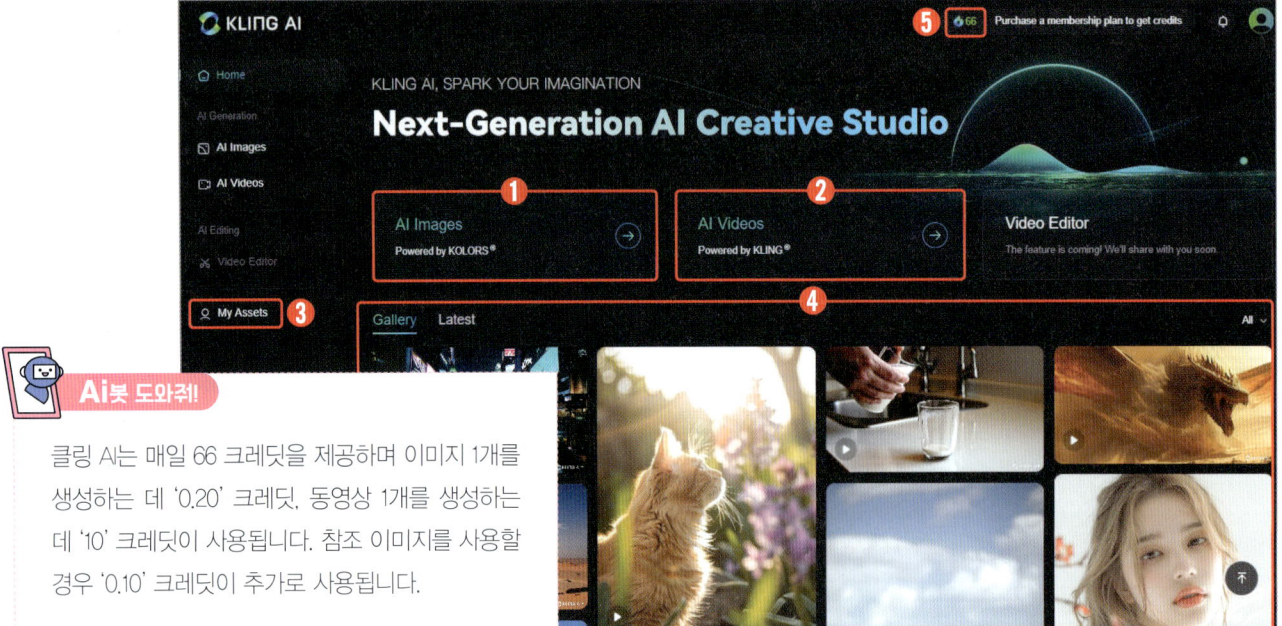

Ai봇 도와줘!

클링 AI는 매일 66 크레딧을 제공하며 이미지 1개를 생성하는 데 '0.20' 크레딧, 동영상 1개를 생성하는 데 '10' 크레딧이 사용됩니다. 참조 이미지를 사용할 경우 '0.10' 크레딧이 추가로 사용됩니다.

① AI Images : 프롬프트를 입력하여 새로운 이미지를 생성할 수 있습니다.
② AI Videos : 프롬프트를 입력하여 새로운 동영상을 생성할 수 있습니다.
③ My Assets : 그동안 생성한 이미지나 동영상을 확인할 수 있습니다.
④ Gallery/Latest : 다른 사용자가 생성한 이미지나 동영상을 확인할 수 있습니다.
⑤ Credits : 보유하고 있는 크레딧 개수가 표시됩니다.

02 이미지 생성을 위한 프롬프트 작성하기

이미지를 생성하기 위한 프롬프트를 작성하고 클링 AI에서 이미지를 생성해 봅니다.

① 다음 미술 대회의 주제를 확인한 후 출품할 작품을 상상해 봅니다.

> 눈 덮인 자연의 겨울 풍경

② 상상한 작품을 AI로 생성하기 위해 프롬프트를 작성합니다.

프롬프트 작성하기	예) 맑고 푸른 하늘을 배경으로 우뚝 솟은 장엄한 눈 덮인 산. 산봉우리는 두껍고 하얀 눈으로 덮여 있고, 그 아래에는 쌓여 있는 바위가 보인다. 전경에는 울창한 소나무 숲이 있고 눈이 쌓인 나무도 있다. 그림에는 평화로운 겨울의 조용한 아름다움이 느껴진다.

 Ai봇 도와줘!

뤼튼에서 이미지 생성을 위해 프롬프트를 작성했을 때처럼 원하는 이미지를 생성하기 위해 상상하는 이미지의 구체적인 모습과 분위기 등을 상세하게 작성하는 것이 좋습니다.

③ 인터넷 브라우저에서 구글 번역기를 실행하여 한글 프롬프트를 영어로 번역하고 복사합니다.

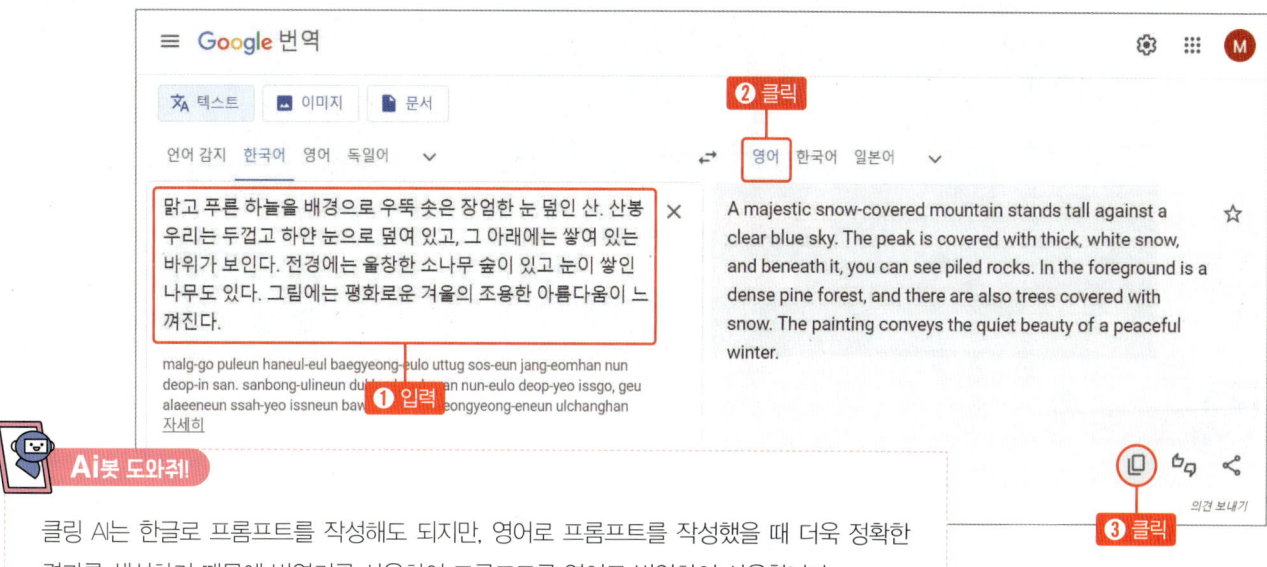

Ai봇 도와줘!

클링 AI는 한글로 프롬프트를 작성해도 되지만, 영어로 프롬프트를 작성했을 때 더욱 정확한 결과를 생성하기 때문에 번역기를 사용하여 프롬프트를 영어로 번역하여 사용합니다.

④ 클링 AI 화면으로 돌아와 [AI Images]를 클릭합니다.

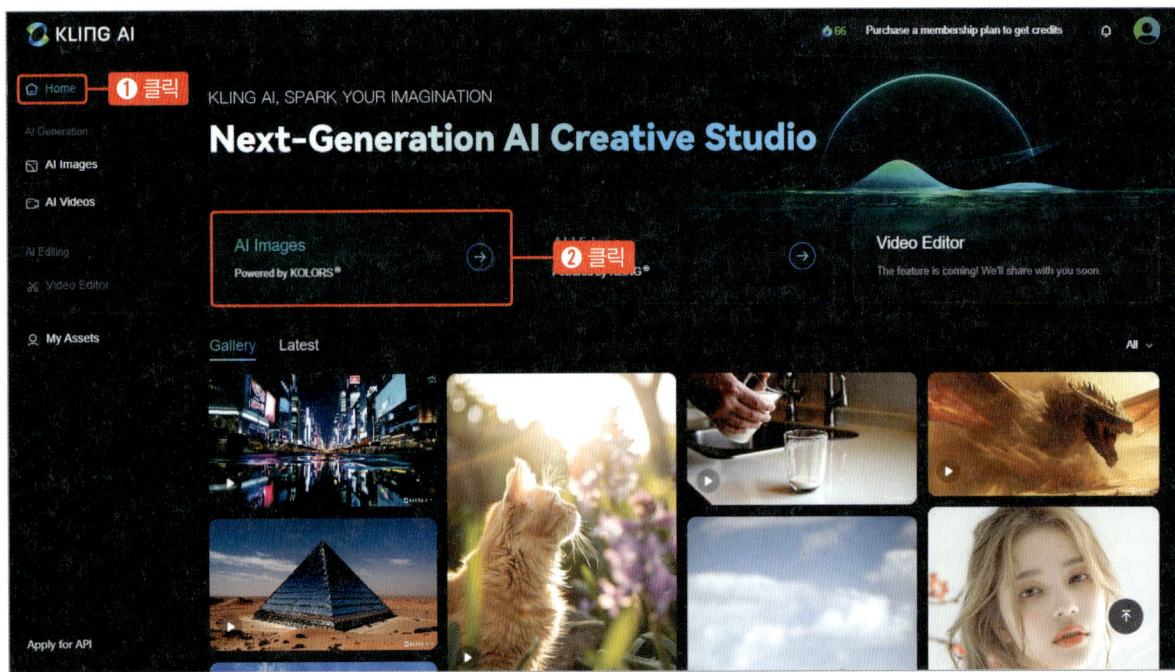

⑤ [Prompt] 창을 클릭한 후 Ctrl+V 키를 눌러 복사한 프롬프트를 붙여 넣고 [Setting] 창에서 이미지 비율과 이미지 생성 개수('Number of Images')를 선택합니다.

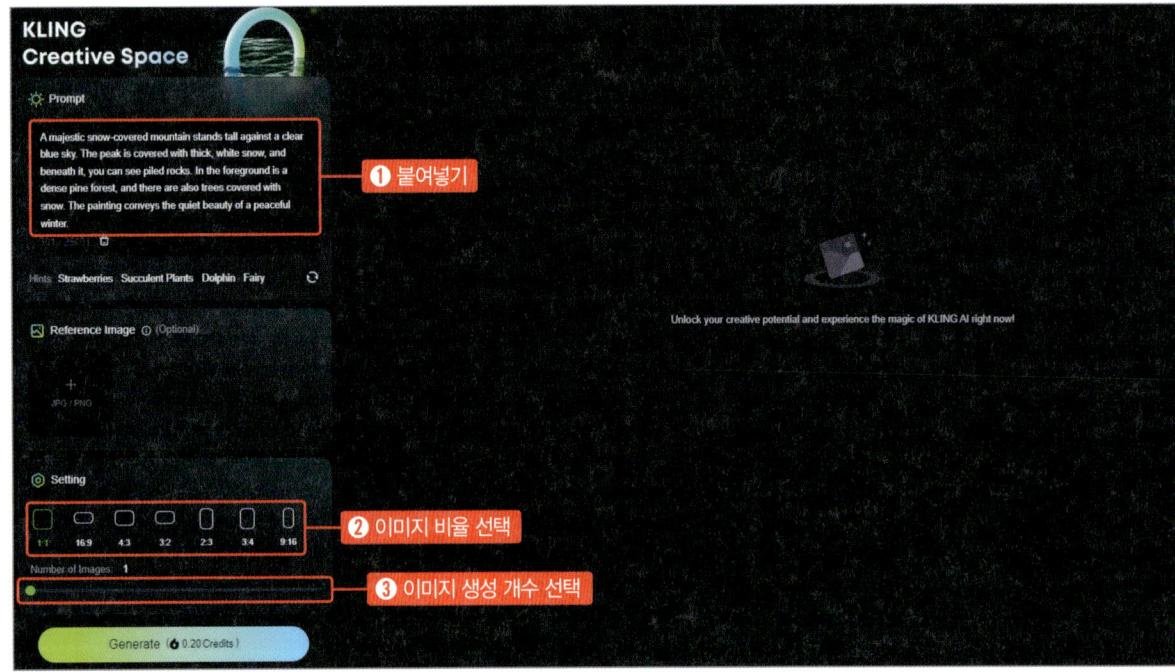

Ai봇 도와줘!

- 프롬프트를 입력할 때 글자 수는 '2,500'자로 제한되어 있습니다.
- 프롬프트를 잘 작성할 수 있게 되면 이미지 생성 개수를 4개로 설정하여 다양한 느낌의 이미지를 생성하고 이미지를 비교해 봅니다.

❻ [Generate]를 클릭하여 이미지를 생성합니다.

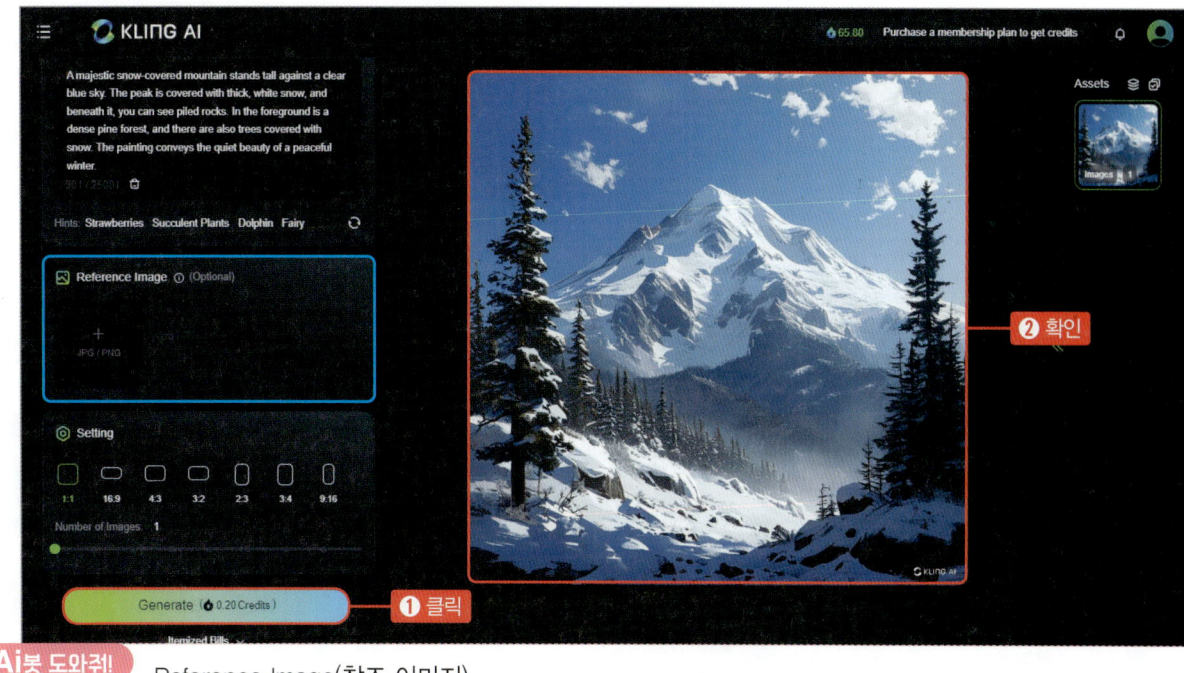

Ai봇 도와줘! Reference Image(참조 이미지)

참조 이미지 없이 프롬프트만으로 이미지를 생성할 경우 클링 AI가 이미지를 생성하는 데 다소 시간이 걸릴 수도 있으므로, 이미지 생성에 시간이 오래 걸리는 경우 '흰색 배경.png' 파일을 불러와 [Reference Strength(참조 영역)]의 슬라이드를 왼쪽 끝으로 이동시킨 후 다시 [Generate]를 클릭합니다.

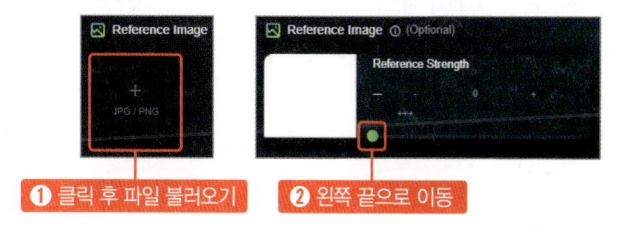

❼ 생성된 이미지를 참조하여 새로운 이미지를 생성하기 위해 이미지에 마우스 포인터를 가져다 대고 [다운로드(⬇)]를 클릭하여 저장합니다.

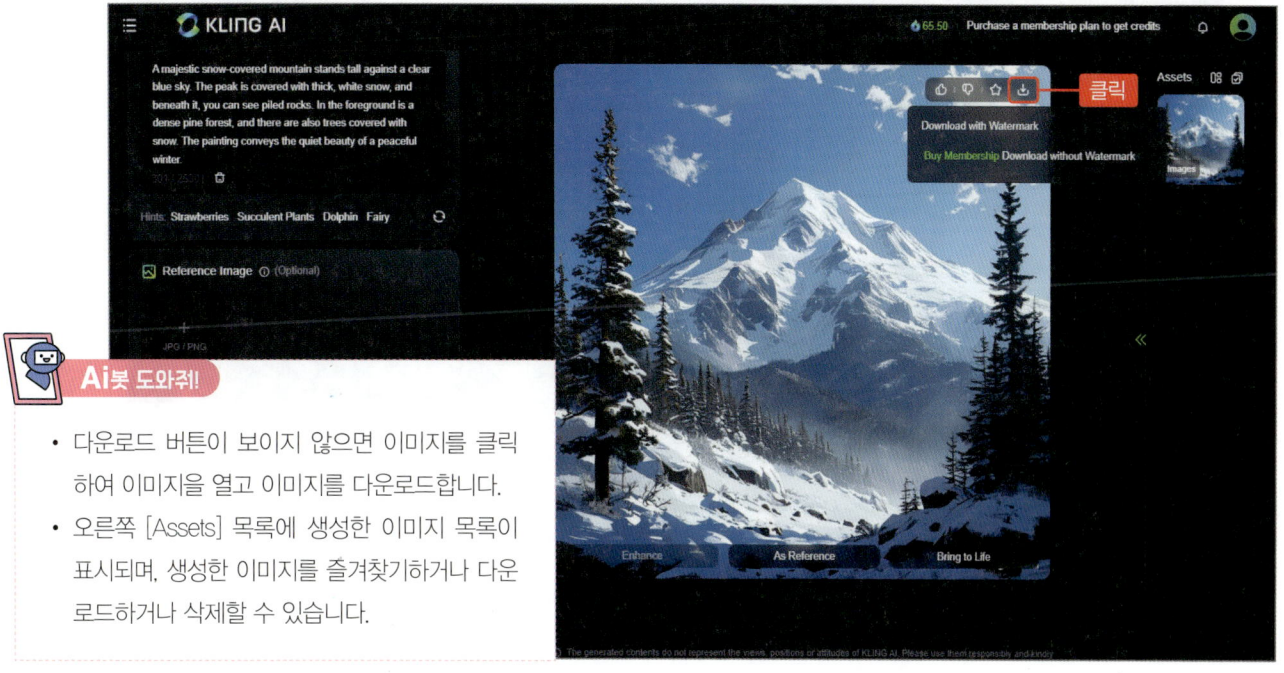

Ai봇 도와줘!

- 다운로드 버튼이 보이지 않으면 이미지를 클릭하여 이미지을 열고 이미지를 다운로드합니다.
- 오른쪽 [Assets] 목록에 생성한 이미지 목록이 표시되며, 생성한 이미지를 즐겨찾기하거나 다운로드하거나 삭제할 수 있습니다.

❽ [Prompt] 창의 내용을 삭제하고 [Reference Image] 창에서 앞서 저장한 이미지를 불러옵니다.

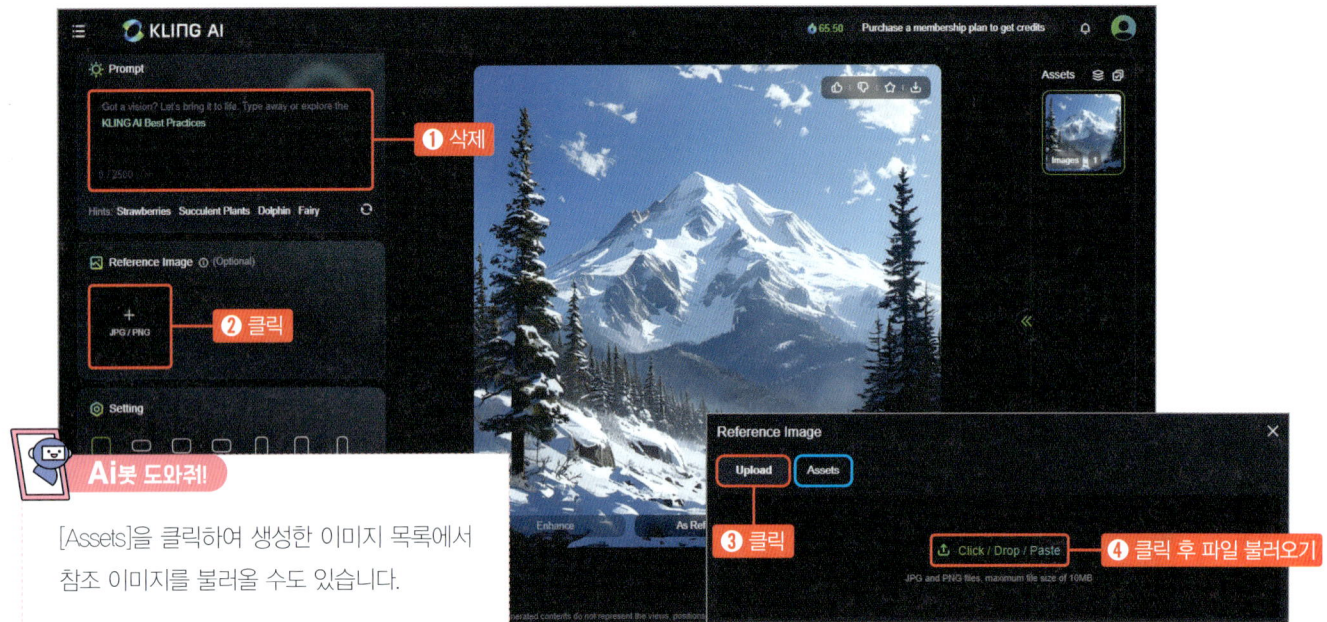

Ai봇 도와줘!
[Assets]을 클릭하여 생성한 이미지 목록에서 참조 이미지를 불러올 수도 있습니다.

❾ 새로운 이미지를 생성하기 위해 프롬프트를 작성하고 구글 번역기에서 영문으로 번역한 후 ❺와 같은 방법으로 프롬프트를 붙여 넣고 [Generate]를 클릭하여 새로운 이미지를 1개 생성합니다.

프롬프트 작성하기	예 산 아래에는 나무집이 있고, 나무집 굴뚝에서 연기가 피어 오르고 있다.

Ai봇 도와줘! Reference Strength(참조 영역)
이미지를 생성할 때 업로드한 이미지를 얼마나 많이 참조할 것인지 설정하는 메뉴입니다. 슬라이드를 오른쪽으로 이동할수록 많이, 왼쪽으로 이동할수록 적게 참조합니다.

❿ ❼과 같은 방법으로 생성된 이미지를 저장합니다.

⑪ 이미지의 앵글을 변경하기 위해 앞서 저장한 이미지를 참조 이미지로 불러온 후 프롬프트를 변경하고 [Generate]를 클릭합니다.

> **Ai봇 도와줘!** 카메라 용어 알아보기
>
> 1. 촬영 각도와 시선
>   - Low Angle : 피사체를 아래에서 위로 촬영합니다.
>   - High Angle : 피사체를 위에서 아래로 촬영합니다.
>   - Dutch Angle : 피사체를 비스듬한 각도로 촬영합니다.
>
> 2. 조명
>   - Golden Hour : 해가 뜨거나 질 때의 따뜻한 느낌으로 피사체를 촬영합니다.
>   - Backlighting : 피사체를 역광으로 촬영합니다.
>   - Soft Light : 피사체를 부드러운 빛으로 촬영하여 그림자와 하이라이트가 자연스럽게 보입니다.
>
> 3. 초점
>   - Shallow Depth of Field : 피사체를 선명하게 클로즈업하고, 배경을 흐리게 촬영합니다.
>   - Deep Depth of Field : 피사체와 배경 모두 선명하게 촬영합니다.

⑫ 다시 생성된 이미지를 저장하고 저장한 이미지를 참조 이미지로 불러와 프롬프트와 이미지 비율을 변경한 후 [Generate]를 클릭합니다.

⑬ 배운 내용을 참고하여 미술 대회에 출품할 작품을 완성해 봅니다.

Ai 탐험대 ➕ 플러스 미션

📥 예제 파일 : 09강 예제 폴더 📥 완성 파일 : 09강 미션 완성.png

1 '단풍이 쌓인 가을 풍경'을 주제로 프롬프트를 작성하고 클링 AI로 이미지를 생성해 보세요.

 작성한 프롬프트는 구글 번역기에서 영문으로 번역하여 사용합니다.

2 생성된 이미지를 참조 이미지로 사용하여 원하는 이미지를 생성해 보세요.

 프롬프트를 작성하여 새로운 요소를 추가하고 카메라 앵글, 조명, 초점 등을 다양하게 변경해 봅니다.

오늘의 AI 탐험 : 클링 AI

CHAPTER 10 팝아트 액자 만들기

학습목표
- 원하는 이미지를 생성하기 위한 참조 이미지를 다운로드합니다.
- 이미지를 생성하기 위한 프롬프트를 작성합니다.
- 참조 이미지를 활용하여 이미지를 생성합니다.
- 프롬프트, 참조 영역, 이미지 비율 등을 수정합니다.

예제 파일 : 10강 예제 폴더   완성 파일 : 10강 완성.png

도전! Ai 탐험 미션

클링 AI에서 이미지를 생성할 때 참조 이미지를 활용하면 해당 참조 이미지를 활용하여 이미지를 생성할 수 있습니다. 이번 시간에는 참조 이미지를 활용하여 멋진 팝아트 액자를 만들기 위한 이미지를 생성해 봅니다.

인터넷에서 참조 이미지 다운로드하기

클림 AI로 이미지를 생성하기 위해 참조할 이미지를 인터넷에서 찾아 저장해 봅니다.

① 인터넷 브라우저를 실행한 후 액자로 만들고 싶은 종류의 그림 스타일(명화, 추상화, 팝아트, 풍경화 등)을 검색합니다.

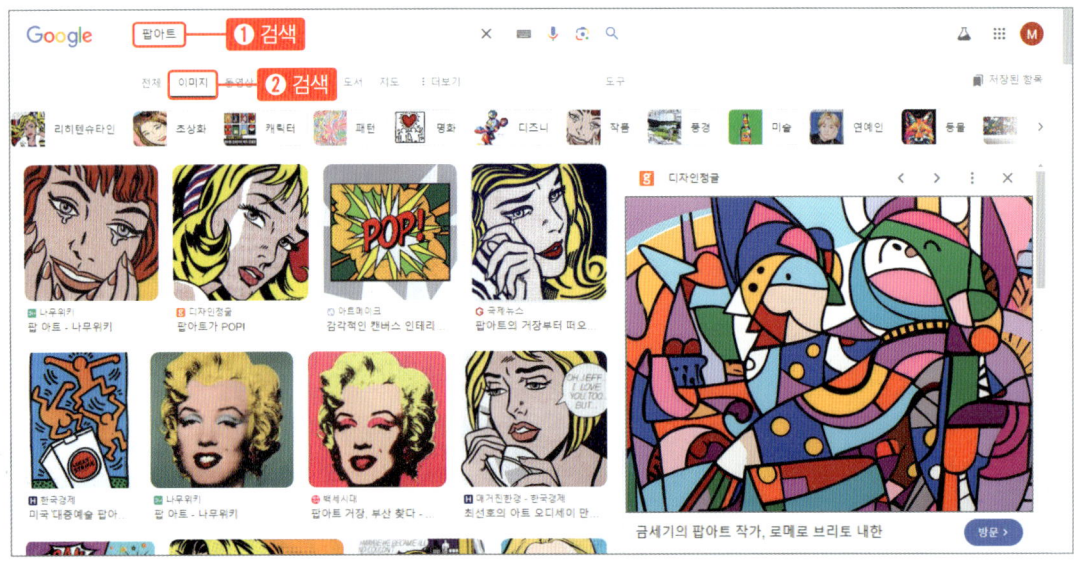

② 이미지를 마우스 오른쪽 버튼으로 클릭하여 [이미지를 다른 이름으로 저장]을 클릭하고 원하는 위치에 이미지를 저장합니다.

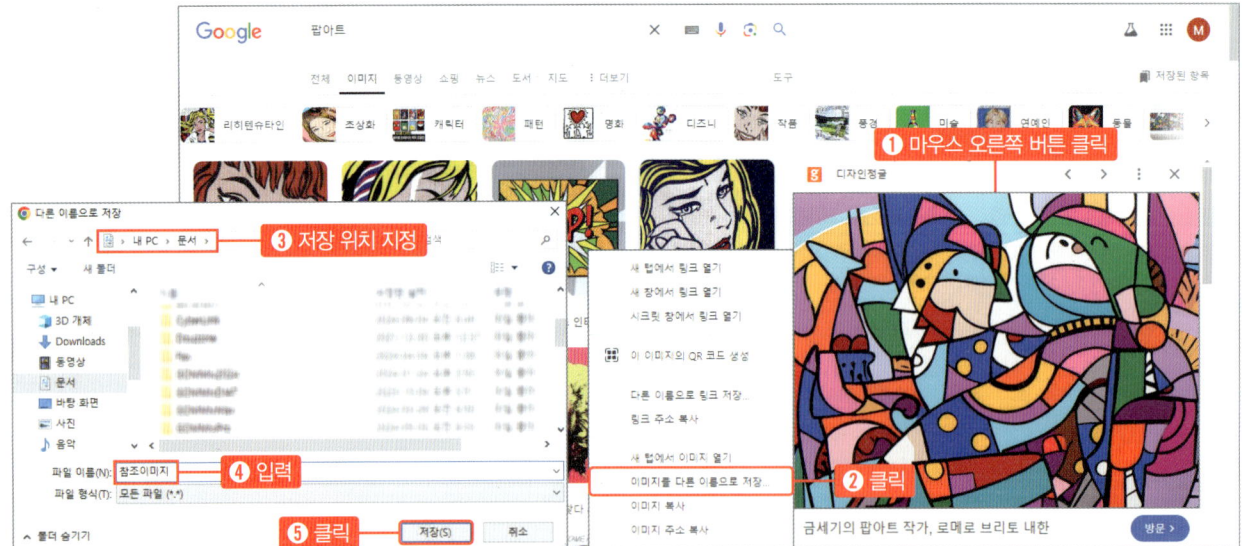

 **Ai봇 도와줘!**

참조 이미지는 jpg와 png 형식의 파일만 사용할 수 있고, 크기는 10MB를 넘기지 않아야 합니다. 또한 이미지의 크기가 너무 작아도 참조 이미지로 사용할 수 없습니다.

클링 AI로 액자 이미지 생성하기

다운로드한 이미지를 참조하여 나만의 액자를 만들기 위한 이미지를 생성해 봅니다.

❶ 클링 AI(https://www.klingai.com) 사이트에 접속하고 로그인한 후 [AI Images]를 클릭합니다.

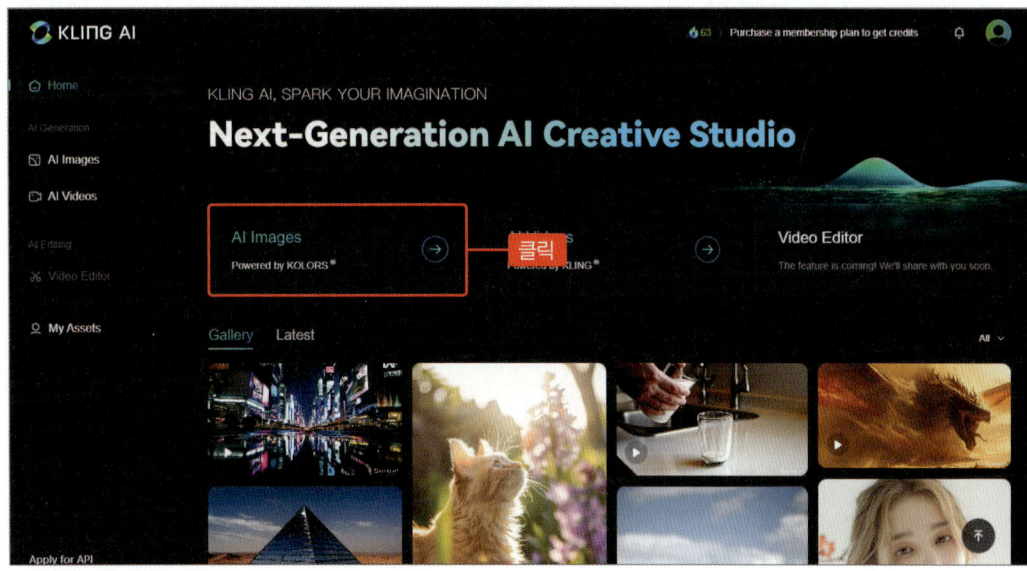

❷ [Reference Image] 창에서 [추가()]를 클릭하여 [Reference Image] 창이 나타나면 앞서 다운로드 받은 참조 이미지를 업로드합니다.

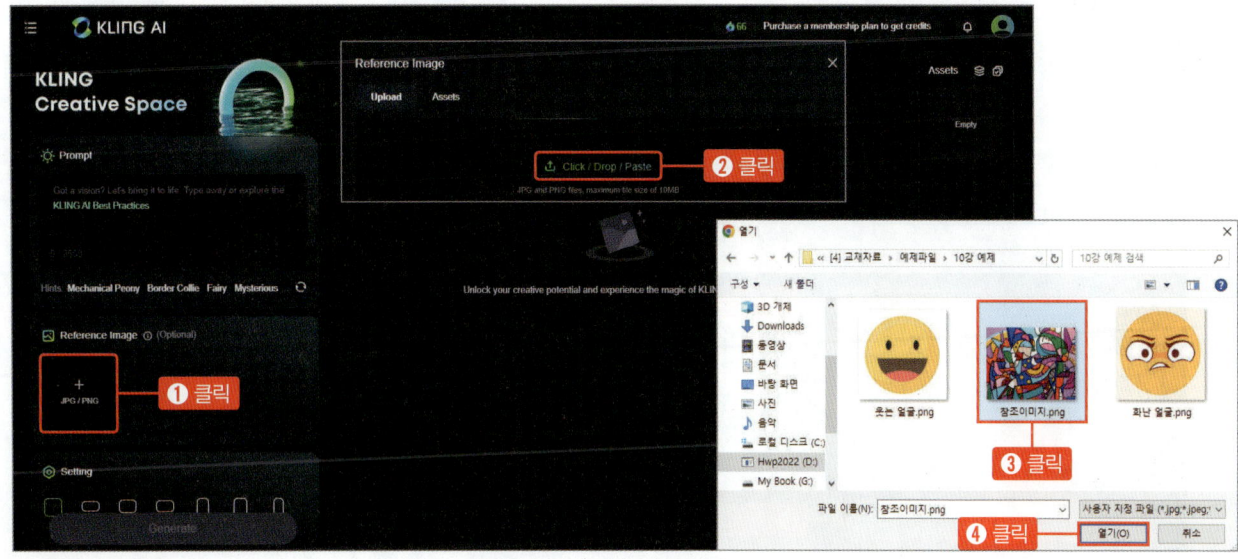

> **Ai봇 도와줘!**
> - 참조 이미지는 [Reference Image] 창을 클릭하여 폴더에서 파일을 선택하거나 창으로 드래그하거나 복사하여 붙여 넣어 업로드할 수 있습니다.
> - 다운로드 받은 참조 이미지가 없다면 '참조이미지.png' 예제 파일을 사용합니다.

❸ 참조 이미지가 추가되면 액자에 담고 싶은 이미지의 모습을 프롬프트로 작성한 후 번역기를 이용하여 영어로 번역합니다.

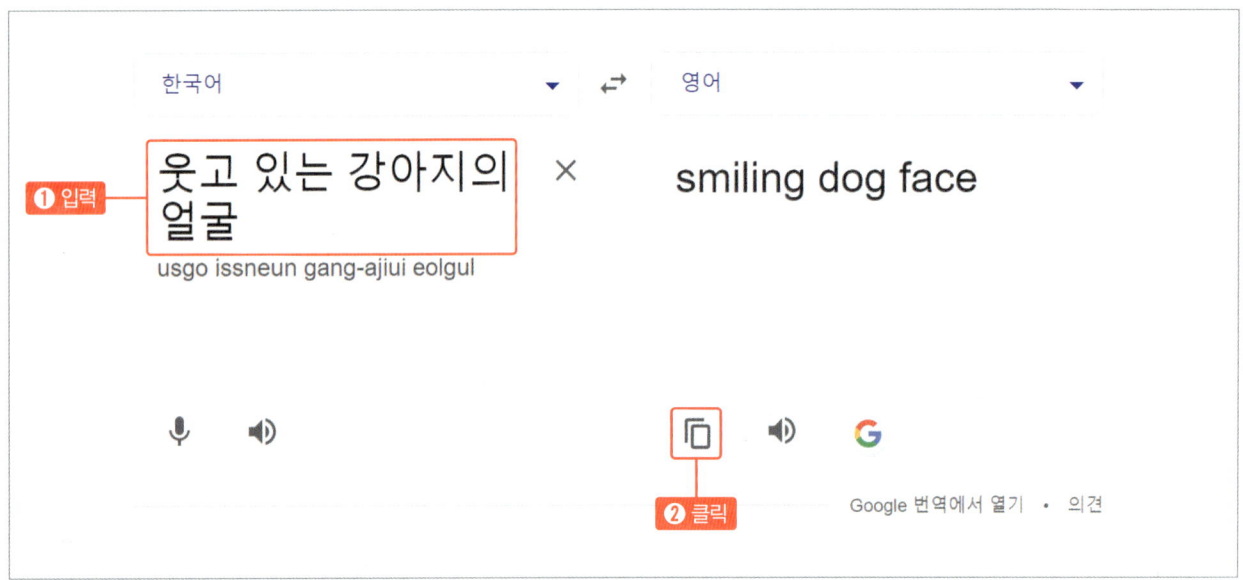

❹ [Prompt] 창에 복사한 프롬프트를 붙여 넣고 [Reference Strength]를 조절한 후 [Setting] 창에서 이미지 비율과 생성할 이미지의 수량을 선택하고 [Generate]를 클릭하여 새로운 이미지를 1개 생성합니다.

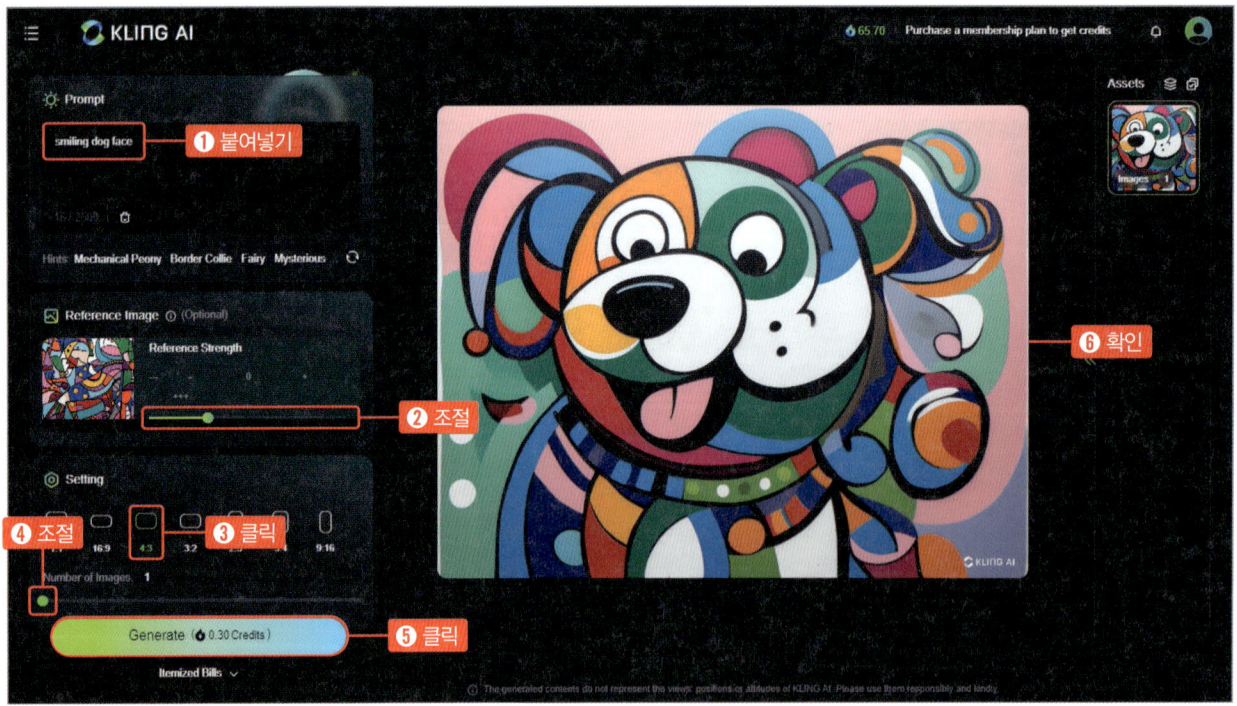

Reference Strength(참조 영역)는 이미지를 생성할 때 참조한 이미지를 얼마나 많이 참조하여 이미지를 생성할지 참조 정도를 조절할 수 있는 기능입니다.

❺ 원하는 이미지가 생성되면 이미지에 마우스 포인터를 가져다 대고 [다운로드(⬇)]를 클릭하여 이미지를 저장합니다.

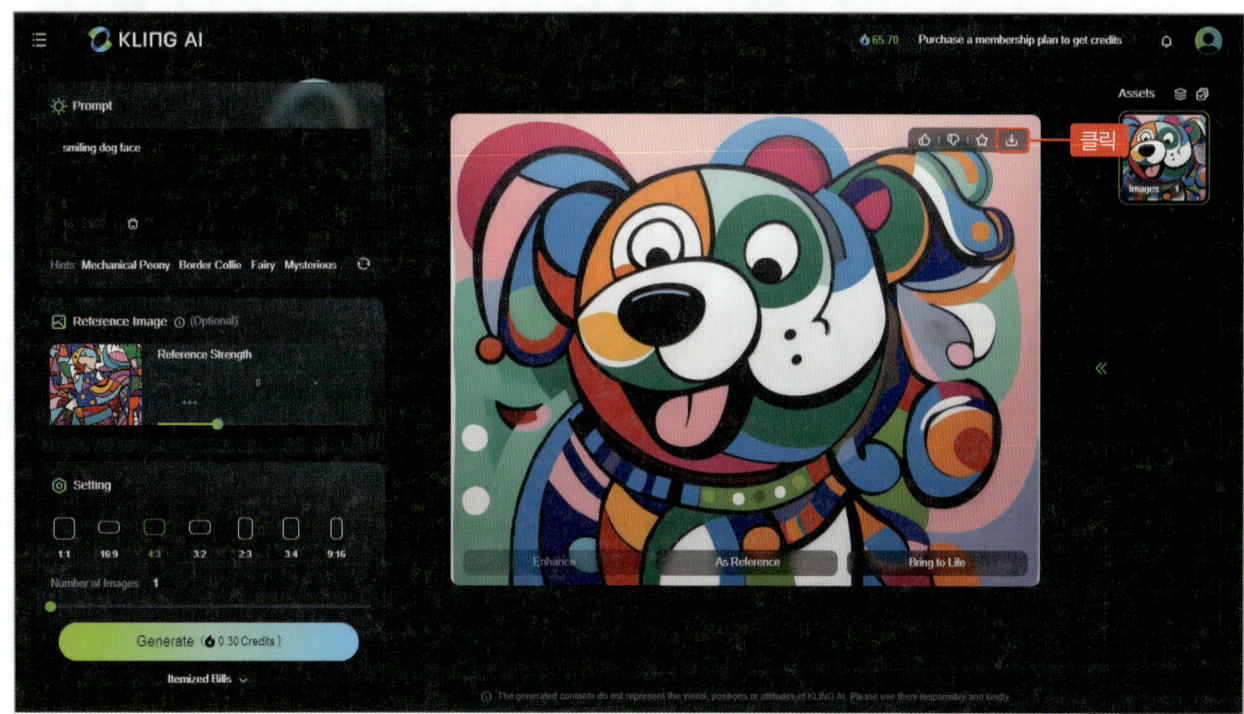

❻ 생성된 이미지가 마음에 들지 않는다면 [Reference Strength]를 조절하여 이미지를 다시 생성해 봅니다.

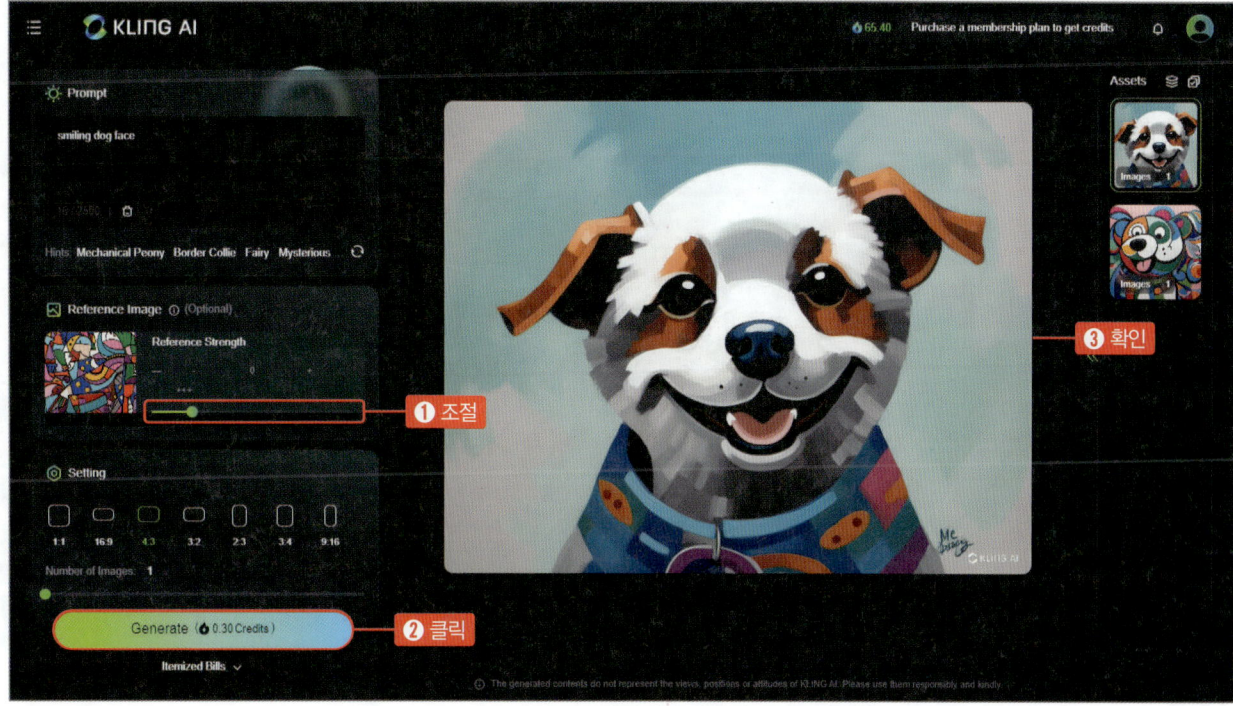

❼ 이미지의 비율을 변경하여 다른 느낌의 이미지를 생성해 봅니다.

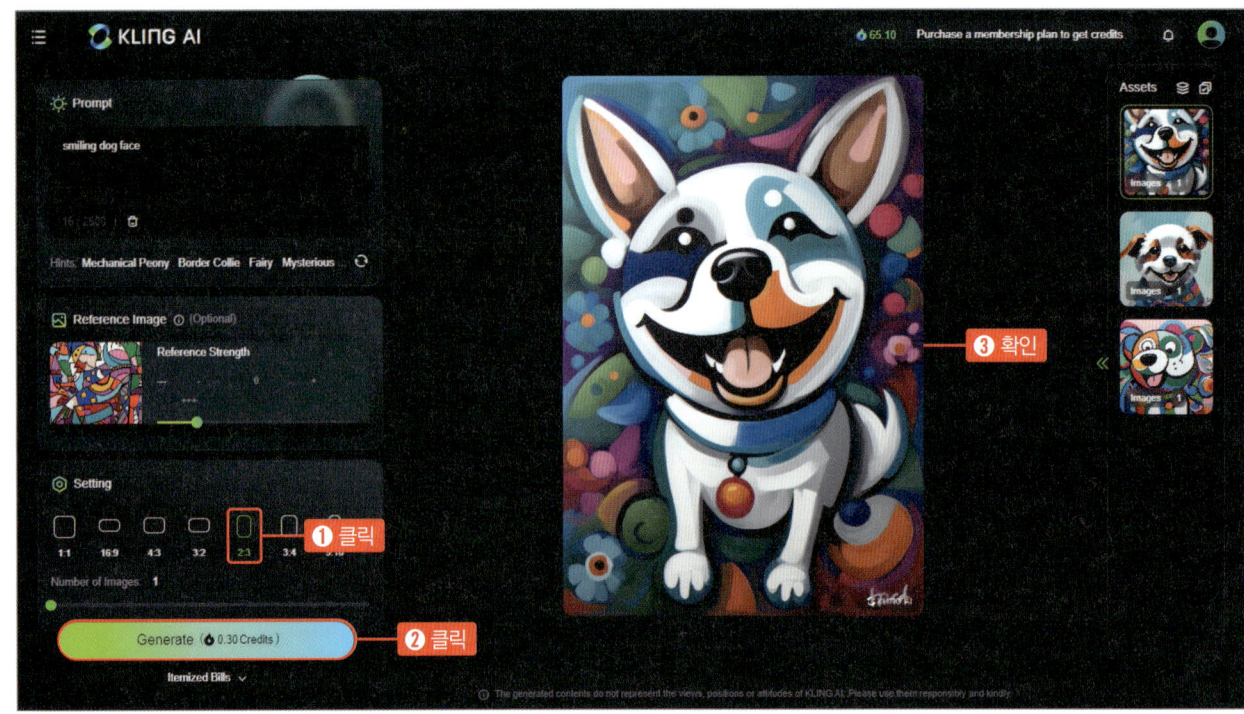

❽ 원하는 이미지가 생성될 때까지 같은 작업을 반복하고 프롬프트의 내용도 수정하여 새로운 이미지를 생성해 봅니다.

다른 참조 이미지를 사용하여 이미지를 생성하면 또 다른 느낌의 이미지를 생성할 수 있습니다.

Ai 알고가기

🔷 참조 이미지 수정하기

- [Reference Image]에 추가되어 있는 참조 이미지에 마우스 포인트를 가져다 댑니다.

- [삭제(🗑)]를 클릭하여 참조한 이미지를 삭제하고 [업로드(⬆)]를 클릭하여 새로운 참조 이미지를 추가합니다.

🔷 생성된 이미지 관리하기

- 화면 오른쪽의 [Assets] 창에서 [Select(◩)]를 클릭한 후 이미지를 선택합니다.

- [Assets] 창 하단에서 선택한 이미지를 즐겨찾기로 저장하거나 다운로드하거나 삭제할 수 있습니다.

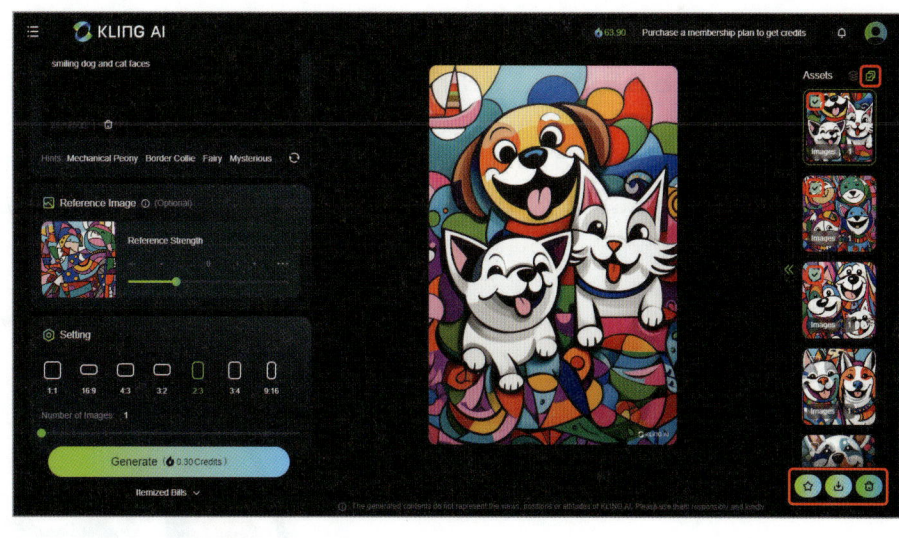

❾ 원하는 이미지가 생성되면 이미지를 다운로드한 후 출력하여 액자에 끼워 나만의 팝아트 액자를 완성해 봅니다.

Ai 탐험대 ➕ 플러스 미션

📁 **예제 파일** : 10강 예제 폴더 📁 **완성 파일** : 10강 미션 완성1.png, 10강 미션 완성2.png

1 '웃는 얼굴' 이미지를 참조 이미지로 사용하여 동물 아이콘을 생성해 보세요.

- 인터넷에서 다양한 표정의 이미지를 다운로드 받아 참조 이미지로 사용해도 좋습니다.
- 원하는 동물 아이콘을 생성하기 위해 프롬프트를 어떻게 작성해야 할지 생각해 봅니다.

2 '화난 얼굴' 이미지를 참조 이미지로 사용하여 동물 아이콘을 생성해 보세요.

오늘의 AI 탐험 : 클링 AI, 미리캔버스

CHAPTER 11
3D 4컷 이미지 만들기

학습목표

- 4컷 이미지를 만들기 위해 각 장면의 상황을 정리합니다.
- 정리한 내용을 바탕으로 참조 이미지를 찾아 저장합니다.
- 참조 이미지를 활용하여 이미지를 생성합니다.
- 생성한 이미지를 미리캔버스로 불러와 장면을 완성합니다.

📥 예제 파일 : 11강 예제 폴더   📥 완성 파일 : 11강 완성1.png~11강 완성4.png

도전! Ai 탐험 미션

이번 시간에는 3D 4컷 이미지를 생성하기 위해 각 장면을 정리한 후 참조 이미지를 찾아보고 참조 이미지를 활용하여 새로운 이미지를 생성합니다. 그리고 생성한 이미지를 미리캔버스로 불러와 장면을 꾸며 봅니다.

01 3D 4컷 이미지 생성하기

4컷의 스토리를 확인한 후 참조 이미지를 활용하여 3D 이미지를 생성해 봅니다.

❶ 3D 4컷 이미지를 생성하기 위한 각 장면의 상황과 대사를 확인합니다.

첫 번째 컷	두 번째 컷
카페에서 커피를 만들고 있는 바리스타 고양이의 모습 '멋쟁이 바리스타 고양이'	카페에서 커피를 마시는 판다의 모습 '음~ 맛있는 냄새'
세 번째 컷	**네 번째 컷**
커피를 마시며 기분이 좋아진 판다는 바리스타가 멋있어 보인다. '나도 바리스타가 되고 싶어. 커피 내리는 방법을 배워볼까?'	결심을 내린 판다는 커피 내리는 방법을 배우기 시작했다. '재밌잖아!'

❷ 만들고 싶은 3D 4컷 이미지가 있다면 위의 예시를 참고하여 각 장면의 상황과 대사를 작성해 봅니다.

첫 번째 컷	두 번째 컷
세 번째 컷	**네 번째 컷**

 AI봇 도와줘!

제시된 3D 4컷 이미지의 스토리에 맞는 참조 이미지를 찾아도 좋고, 만들고 싶은 3D 4컷 이미지의 스토리에 맞는 참조 이미지를 찾아도 좋습니다.

❸ 인터넷 브라우저를 실행한 후 첫 번째 컷에 필요한 이미지를 검색('커피를 만드는 바리스타')하고, 원하는 이미지를 마우스 오른쪽 버튼으로 클릭하여 [이미지 복사]를 클릭합니다.

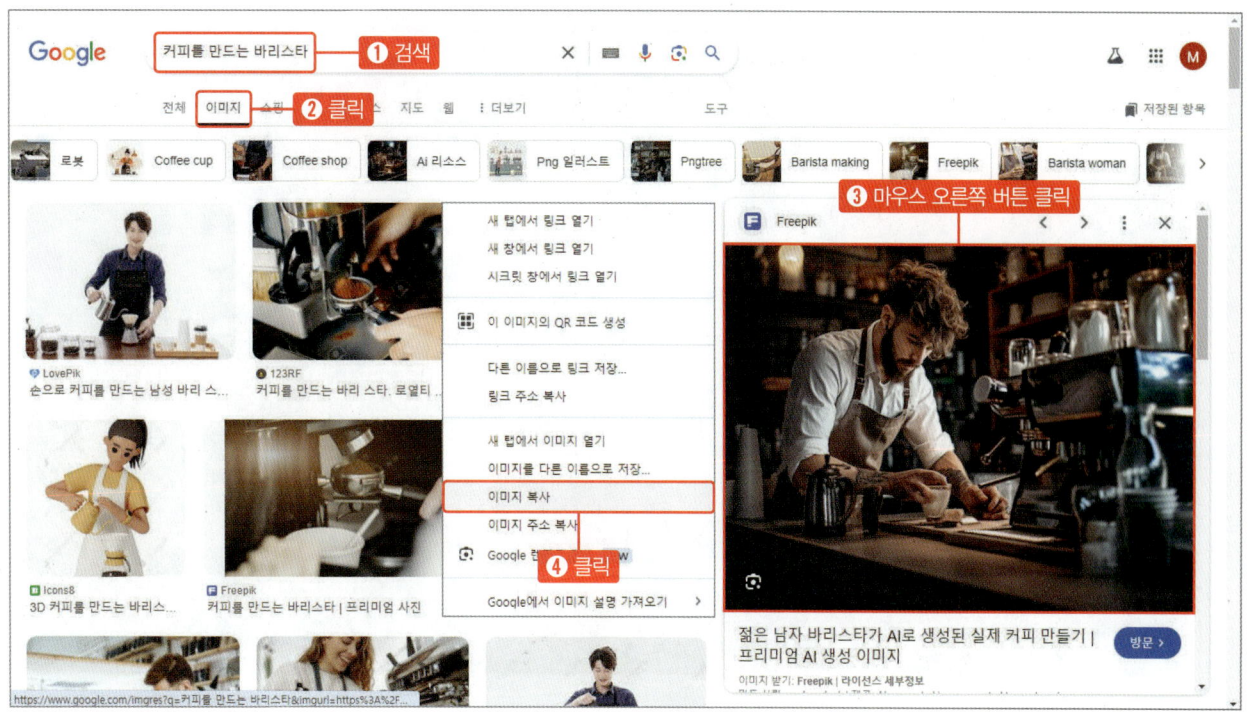

복사한 이미지의 크기가 작으면 참조 이미지로 사용할 수 없습니다.

❹ 클링 AI(https://www.klingai.com) 사이트에 접속하고 로그인한 후 [AI Images]를 클릭합니다.

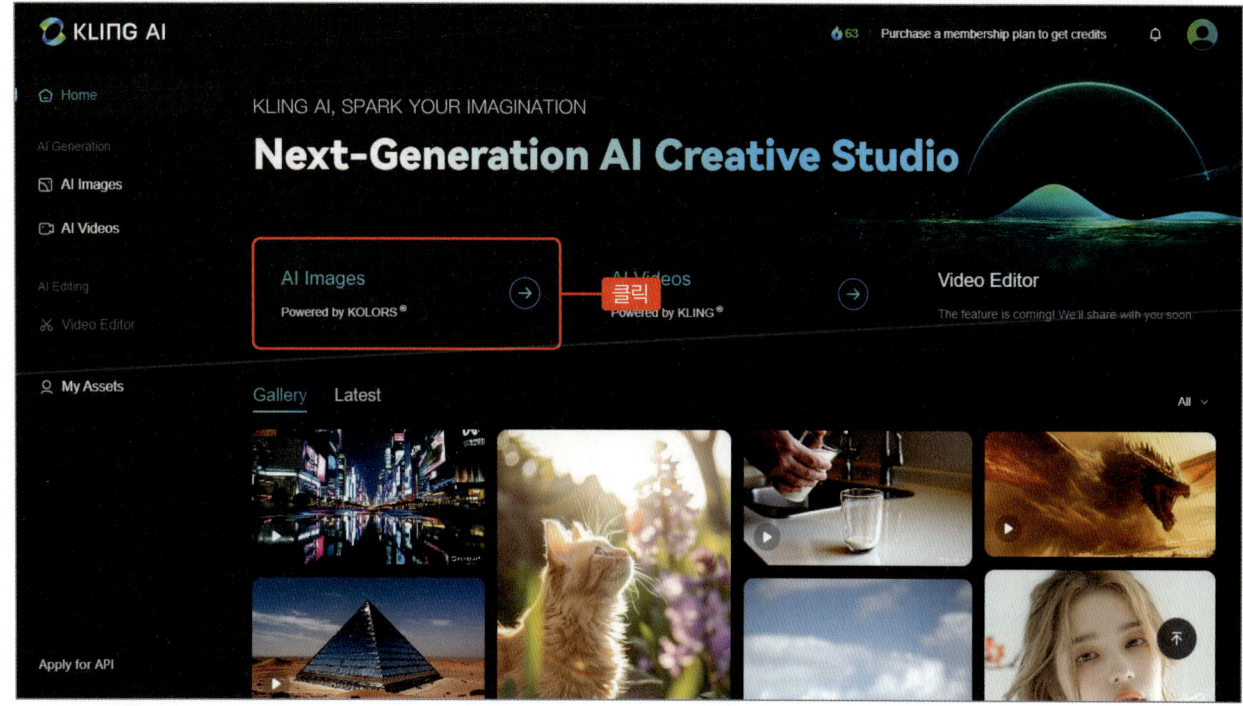

❺ [Reference Image] 창에서 [추가(✚)]를 클릭하여 [Reference Image] 창이 나타나면 Ctrl + V 키를 눌러 앞서 복사한 참조 이미지를 업로드합니다.

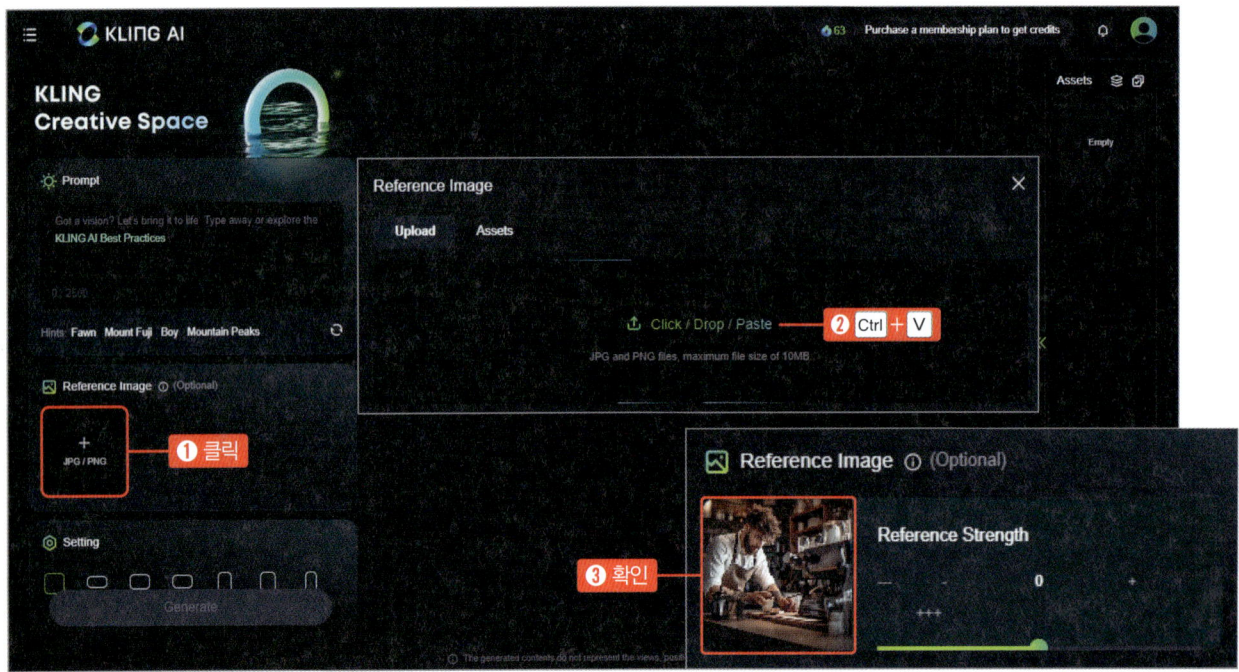

❻ 첫 번째 컷을 생성하기 위해 프롬프트를 작성하고 번역기를 이용하여 프롬프트를 영어로 번역한 후 복사합니다.

첫 번째 컷 프롬프트	예) 바리스타 복장을 한 고양이가 카페에서 커피를 내리고 있습니다.

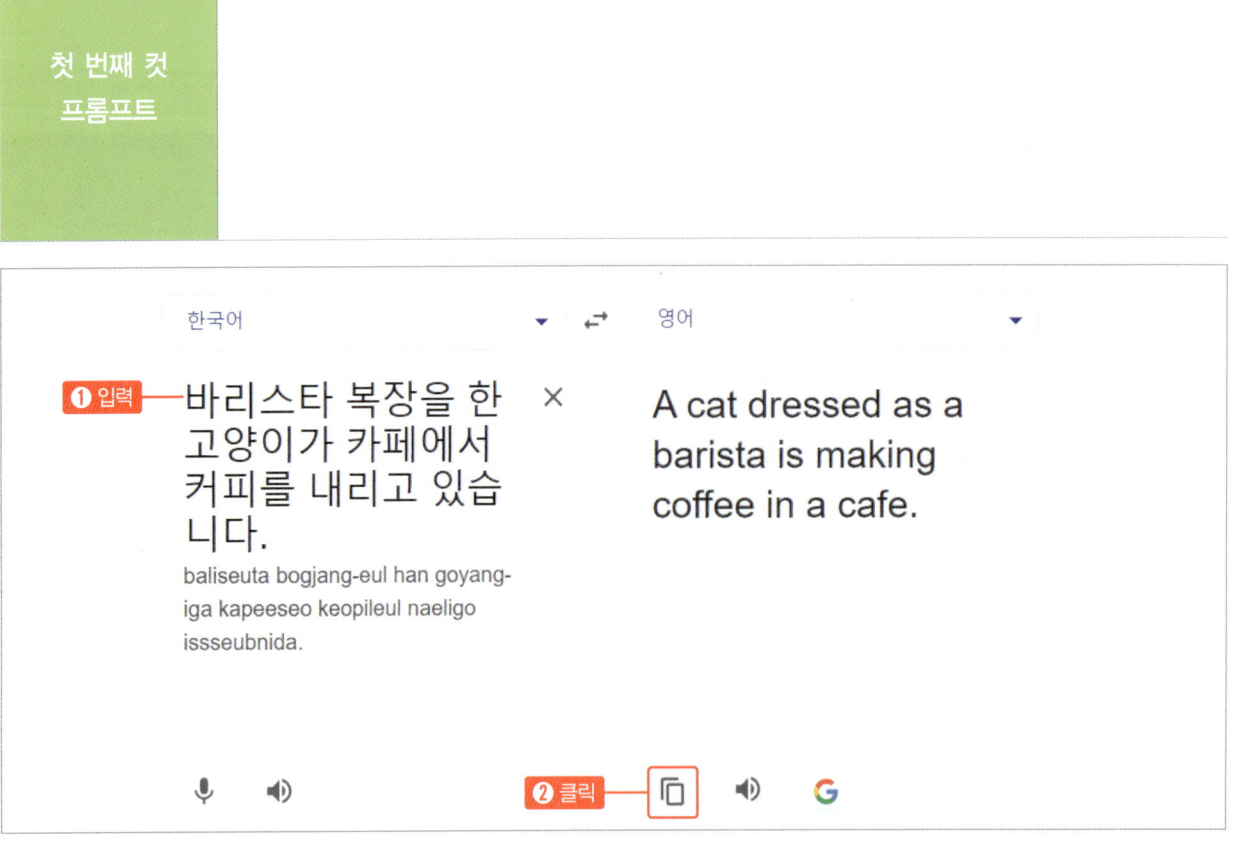

❼ 클링 AI 화면으로 돌아와 [Prompt] 창에 복사한 프롬프트를 붙여 넣은 후 [Reference Strength]를 조절하고 [Setting] 창에서 이미지 비율과 생성 이미지 수를 지정한 후 [Generate]를 클릭합니다.

❽ 원하는 이미지가 생성되면 [다운로드(⬇)]를 클릭하여 이미지를 저장합니다.

❾ ❸~❽과 같은 방법으로 '두 번째 컷'~'네 번째 컷'을 생성한 후 이미지를 저장합니다.

두 번째 컷 프롬프트	참조 이미지 검색어 : 카페에서 커피 마시는 사람 예) 핑크색 반팔 티셔츠를 입은 귀여운 팬더가 카페에서 커피를 마시고 있습니다.
세 번째 컷 프롬프트	참조 이미지 검색어 : 커피를 마시며 미소짓는 사람 예) 핑크색 반팔 티셔츠를 입은 귀여운 팬더가 웃고 있습니다.
네 번째 컷 프롬프트	참조 이미지 검색어 : 커피 만드는 사람 예) 핑크색 반팔 티셔츠를 입은 귀여운 팬더가 바리스타에게 커피 만드는 법을 배우고 있습니다.

 **Ai봇 도와줘!**

생성된 이미지를 확인하고 원하는 이미지가 생성될 때까지 프롬프트를 수정하며 작업해 봅니다.

3D 4컷 장면 꾸미기

생성한 4컷 이미지를 미리캔버스에 업로드하여 스토리에 맞게 꾸며 봅니다.

1. 미리캔버스(https://www.miricanvas.com) 사이트에 접속한 후 [로그인]을 클릭하여 [미리캔버스 로그인] 창이 나타나면 미리캔버스에 로그인합니다.

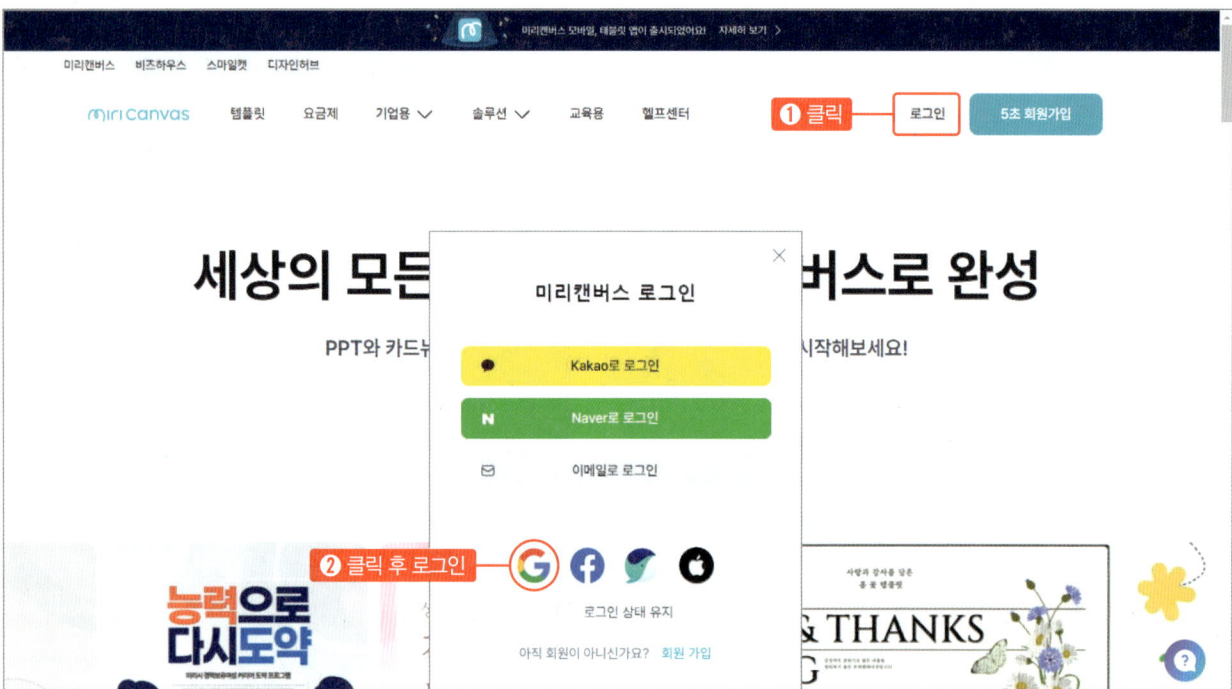

2. 워크스페이스가 나타나면 [새 디자인 만들기]-[카드뉴스]를 클릭합니다.

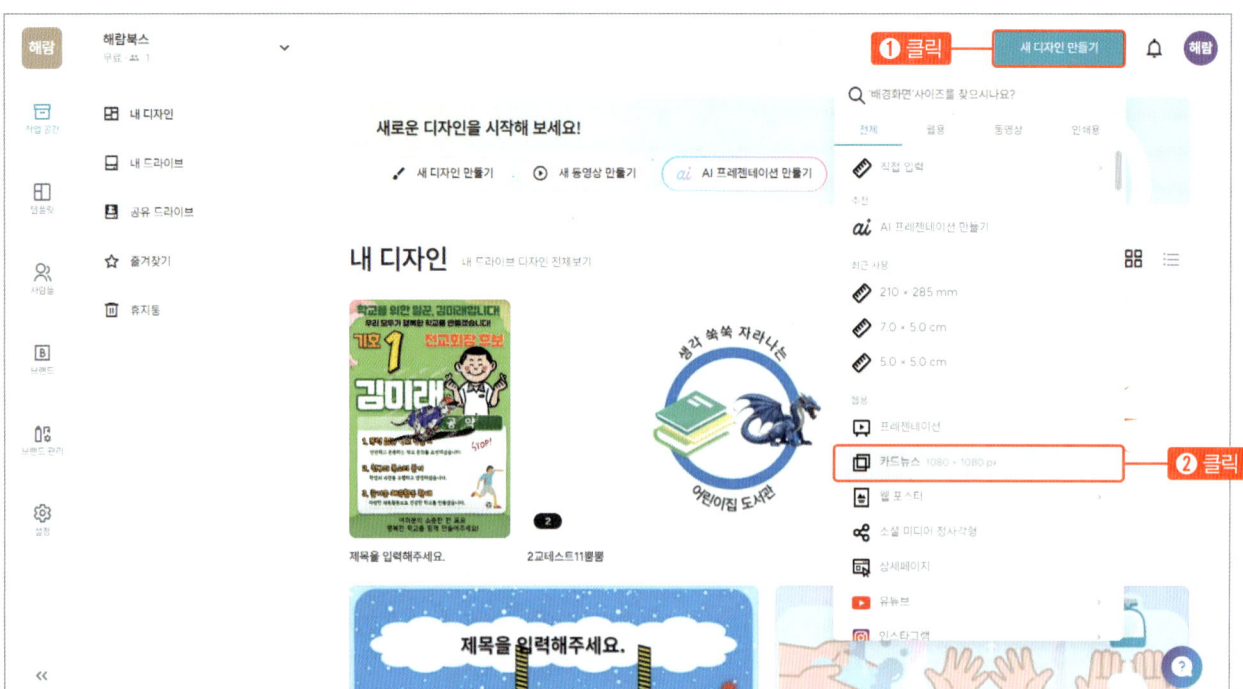

❸ 디자인 페이지가 나타나면 [업로드(⌃)]-[업로드]를 클릭하여 앞서 저장한 이미지 4장을 업로드합니다.

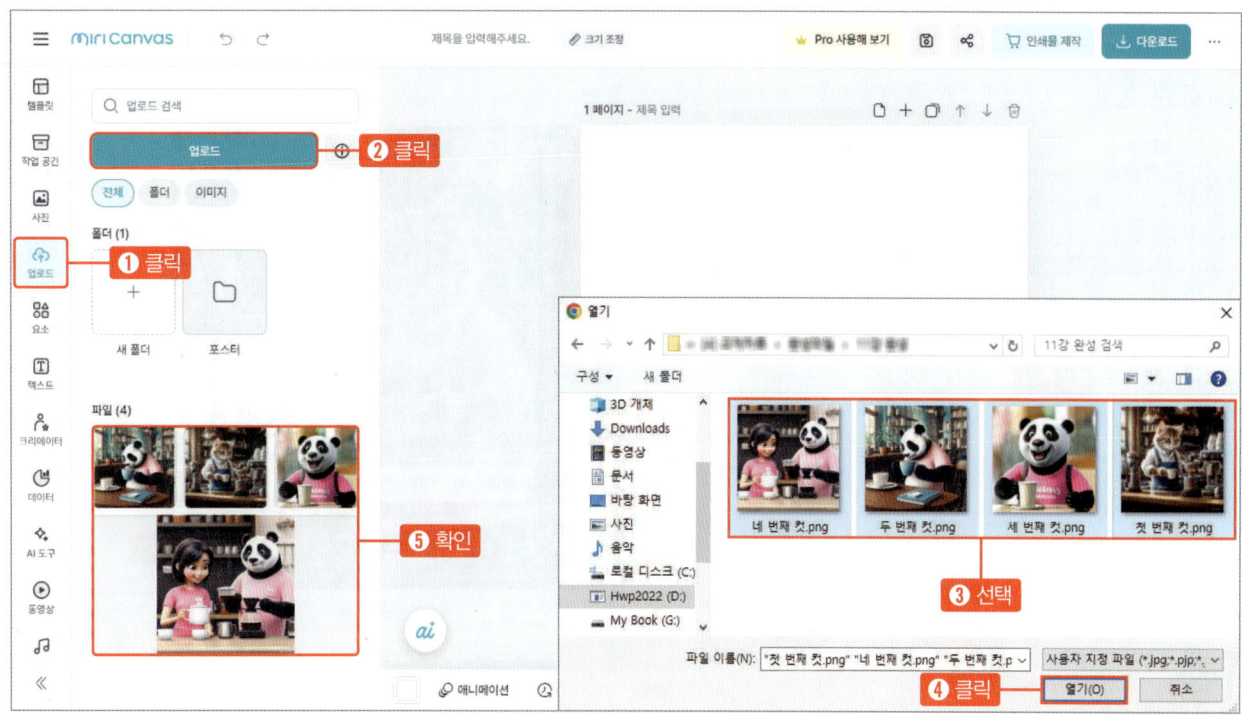

❹ '첫 번째 컷' 이미지를 클릭하여 페이지에 추가한 후 이미지를 마우스 오른쪽 버튼으로 클릭하고 [배경으로 만들기]를 클릭합니다.

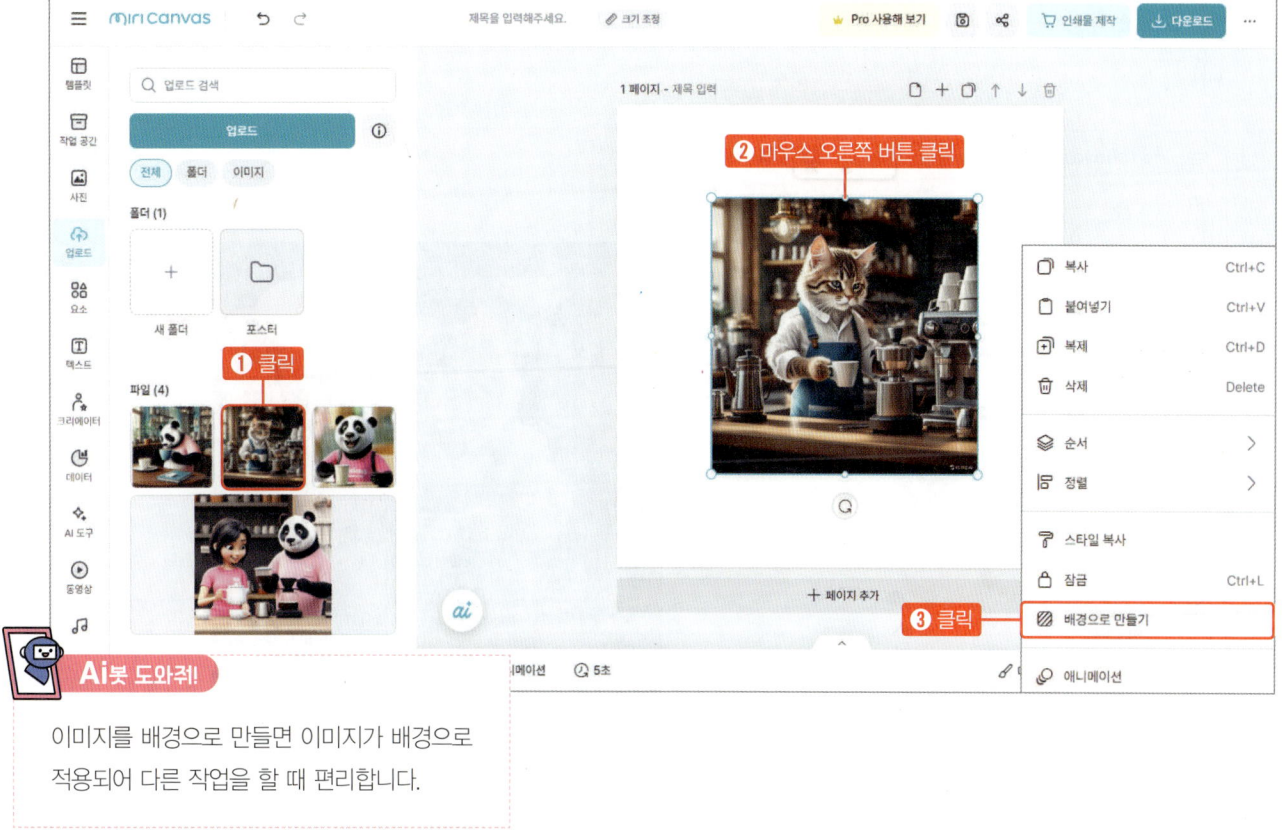

Ai봇 도와줘!
이미지를 배경으로 만들면 이미지가 배경으로 적용되어 다른 작업을 할 때 편리합니다.

❺ [텍스트(T)]-[제목 텍스트 추가]를 클릭하여 "멋쟁이 바리스타 고양이"를 입력하고 [속성] 창에서 글꼴, 크기, 글자색 등의 글자 서식을 자유롭게 지정합니다.

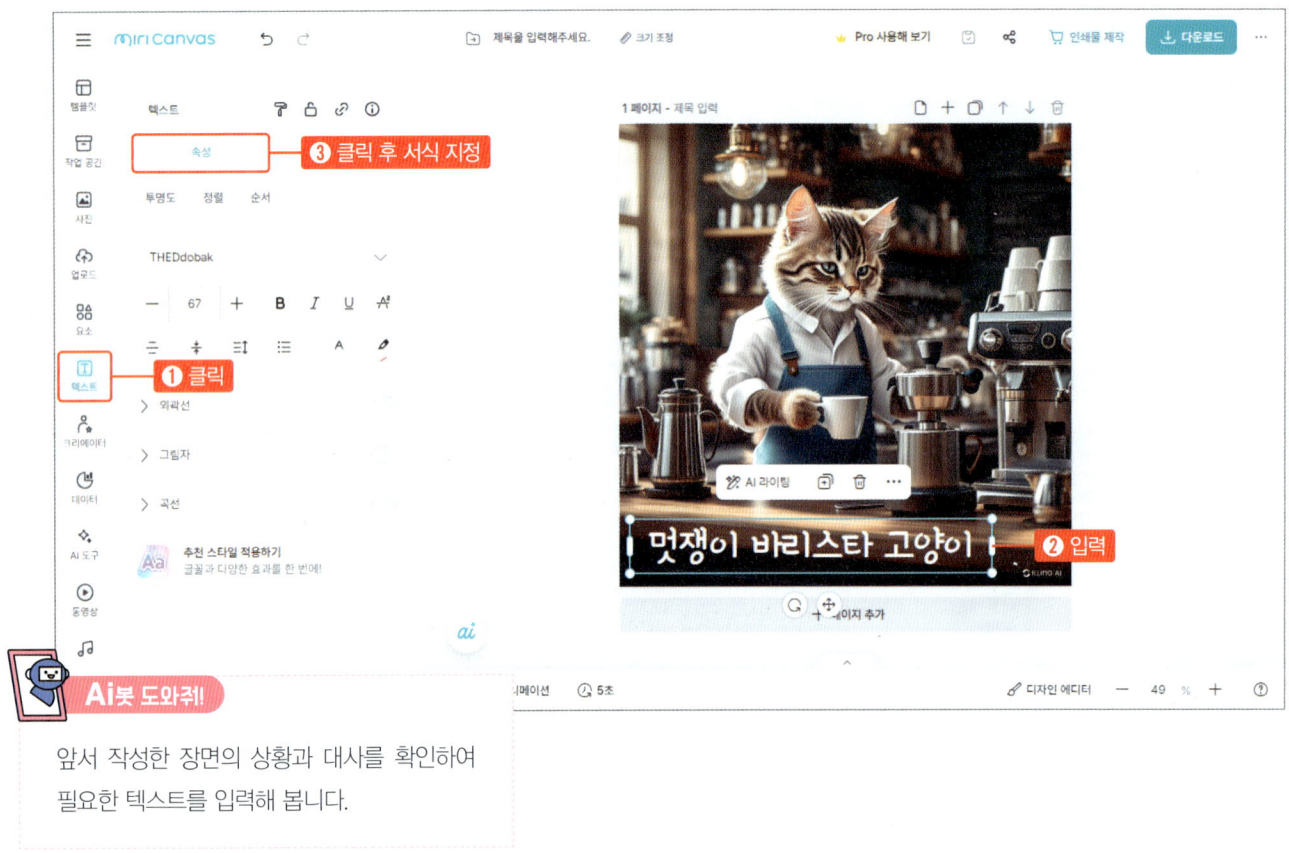

Ai봇 도와줘!
앞서 작성한 장면의 상황과 대사를 확인하여 필요한 텍스트를 입력해 봅니다.

❻ [요소(⊙⊙)]를 클릭하고 말풍선과 다양한 요소를 활용하여 장면을 꾸미고 [페이지 추가]를 클릭합니다.

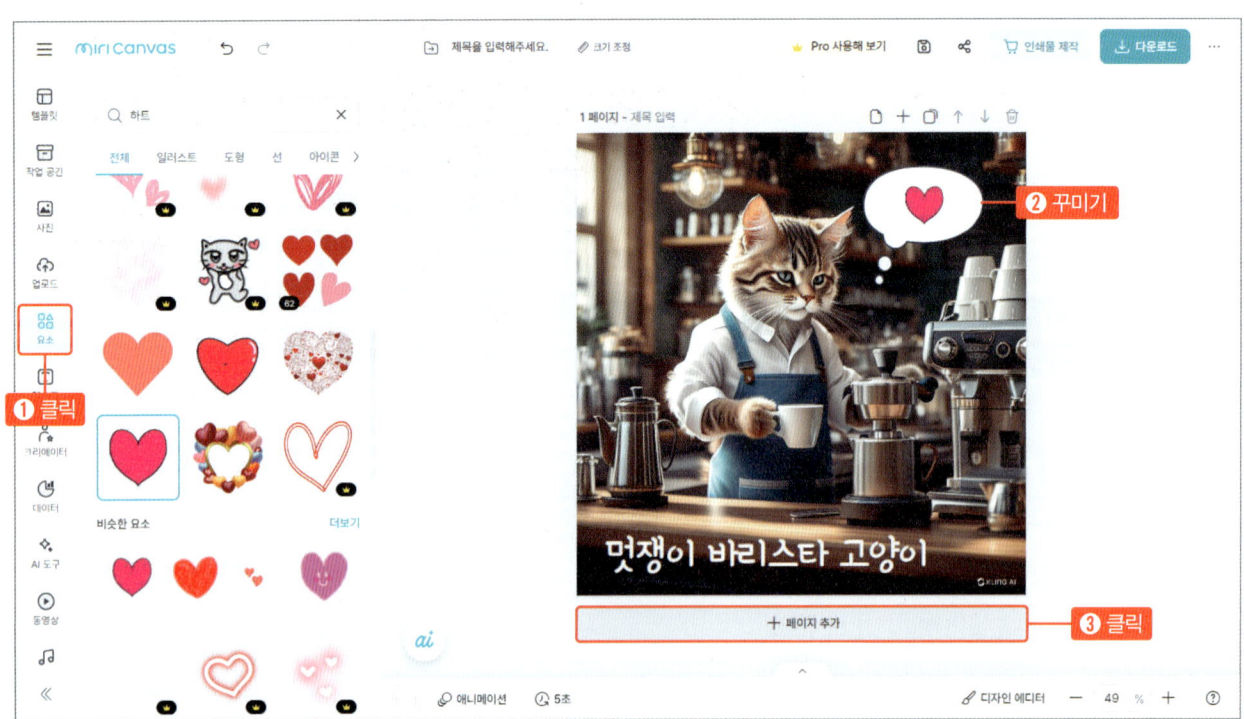

❼ 페이지가 추가되면 [업로드(☁)]를 클릭한 후 '두 번째 컷' 이미지를 클릭하여 페이지에 추가하고 배경으로 만듭니다.

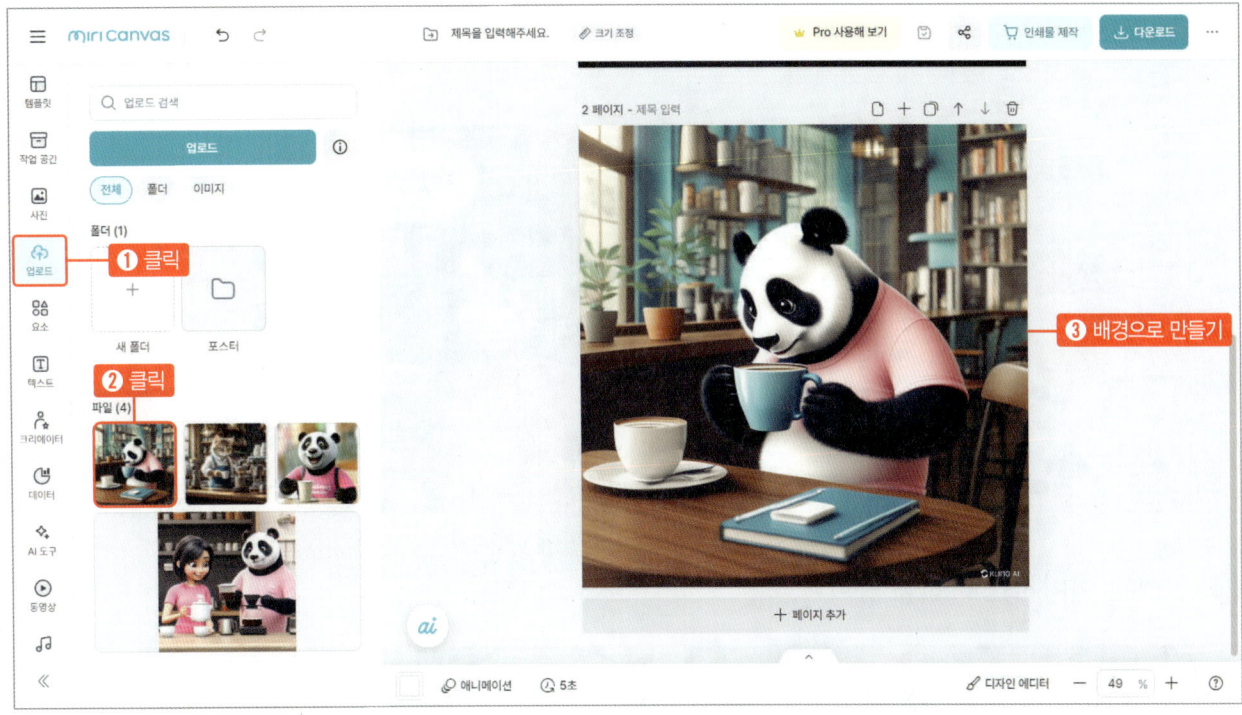

❽ ❺~❻과 같은 방법으로 장면을 꾸며 봅니다.

❾ 같은 방법으로 '세 번째 컷', '네 번째 컷' 이미지를 추가하여 장면을 꾸민 후 [다운로드]-[PNG]-[고해상도 다운로드]를 클릭하여 이미지를 저장합니다.

❿ 완성된 이미지를 확인해 봅니다.

Ai 탐험대 ➕ 플러스 미션

- 예제 파일 : 11강 예제 폴더
- 완성 파일 : 11강 미션 완성1.png~11강 미션 완성4.png

1 3D 4컷 이미지를 만들기 위한 각 장면을 확인한 후 인터넷에서 이미지를 찾아 참조 이미지로 저장합니다.

첫 번째 컷	두 번째 컷
마녀 복장을 한 아이가 집 앞에 서 있다. '해피 할로윈!'	문을 두드리는 손이 보인다. 'Trick or Treat'
세 번째 컷	**네 번째 컷**
사탕을 들고 나온 사람이 있다. '간식 여기 있어'	마녀 복장을 하고 돌아가는 아이 '다른 집으로 가볼까?'

2 클링 AI에서 프롬프트를 입력하고 참조 이미지를 활용하여 이미지를 생성한 후 미리캔버스에서 장면을 꾸며 봅니다.

 오늘의 AI 탐험 : 뤼튼, 클링 AI, 미리캔버스

CHAPTER 12
나의 로봇 친구 웹툰 만들기

학습목표

- 웹툰의 주제를 바탕으로 뤼튼에서 웹툰 스토리를 생성합니다.
- 뤼튼에서 웹툰의 각 장면 모습과 대사를 생성합니다.
- 클링 AI에서 웹툰에 사용할 이미지를 생성합니다.
- 생성한 이미지를 미리캔버스로 불러와 웹툰을 완성합니다.

예제 파일 : 12강 예제 폴더   완성 파일 : 12강 완성.png

도전! AI 탐험 미션

이번 시간에는 만들고 싶은 웹툰의 스토리를 뤼튼을 활용하여 정리해 보고 정리한 내용을 바탕으로 클링 AI에서 웹툰에 사용할 이미지를 생성해 봅니다. 그리고 미리캔버스에서 말풍선을 삽입하여 웹툰을 완성해 봅니다.

01 웹툰 스토리 정리하기

만들고 싶은 웹툰의 주제를 생각해 보고 뤼튼을 활용하여 웹툰 스토리를 정리해 봅니다.

❶ 만들고 싶은 웹툰의 제목과 등장 인물, 주요 스토리를 작성해 봅니다.

제목	예) 로봇은 내 친구
등장 인물	예) 주인공 '윤이'와 AI 로봇 '로비'
주요 스토리	예) 로봇과 함께 살게 된 미래 사회에서 AI 로봇인 로비와 단짝이 된 윤이의 이야기

❷ 인터넷 브라우저를 실행하고 뤼튼(https://wrtn.ai) 사이트에 접속하여 로그인한 후 앞서 작성한 내용을 정리하여 그림과 같이 프롬프트를 입력하고 Enter 키를 누릅니다.

프롬프트	제목은 로봇은 내 친구. 등장 인물은 주인공 윤이와 AI 로봇인 로비야. 로봇과 함께 살게 된 미래 사회에서 AI 로봇인 로비와 단짝이 된 윤이의 이야기로 웹툰 스토리를 만들어줘.

Chapter 12. 나의 로봇 친구 웹툰 만들기 **101**

❸ 웹툰 스토리가 완성되면 프롬프트를 입력하여 웹툰 각 장면에 들어갈 이미지와 대사를 정리해 봅니다.

프롬프트	완성된 스토리를 여섯 컷으로 나눠 각 장면과 대사를 정리해줘.

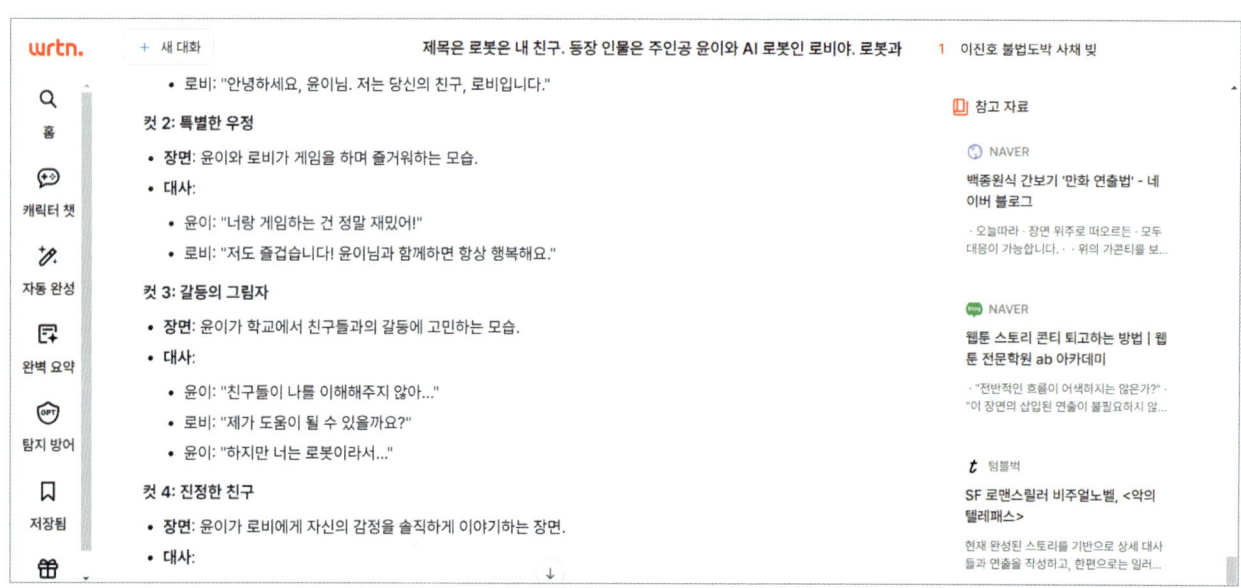

❹ 번역기를 실행하고 각 장면의 이미지를 생성하기 위한 프롬프트를 정리하여 영어로 번역한 후 복사합니다. 복사한 프롬프트는 메모장에 붙여 넣고, 같은 방법으로 각 장면의 이미지를 생성하기 위한 프롬프트를 영어로 번역하여 메모장에 정리해 둡니다.

장면 이미지	윤이의 방, 로비가 상자에서 나오는 장면
프롬프트	방 안, 중간에 놓여진 큰 상자 안에 귀여운 AI 로봇, 애니메이션, 만화, 2D 그림, 캐릭터, 웹툰

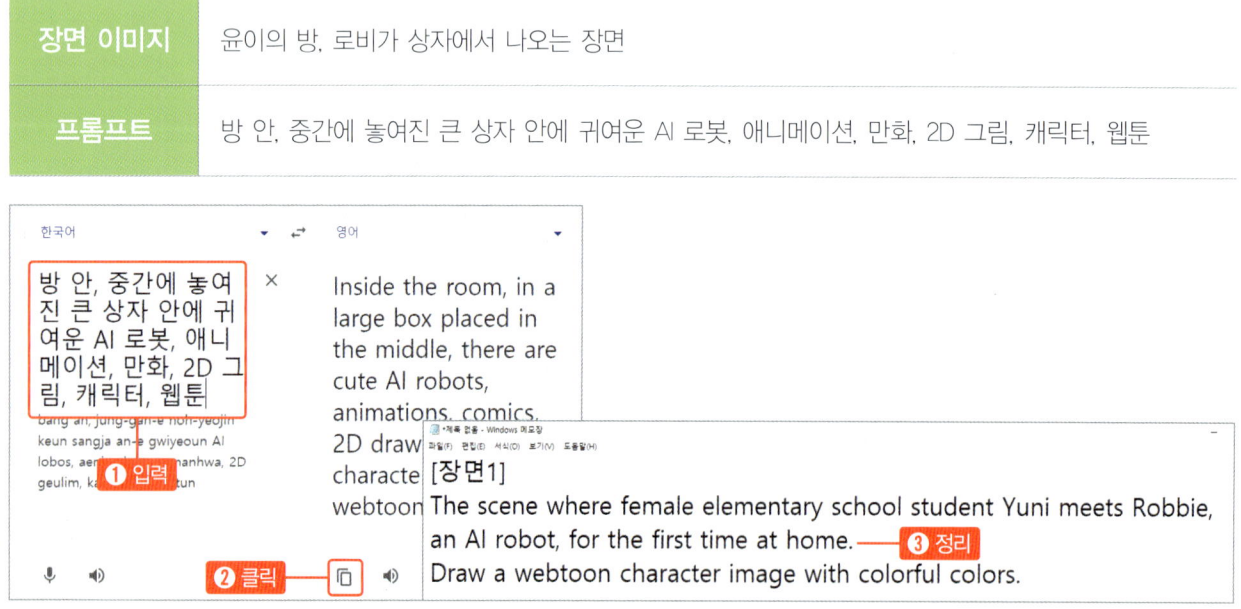

클링 AI에서 앞서 뤼튼에서 정리한 각 장면의 이미지를 생성하기 위해 프롬프트로 정리해 봅니다. 프롬프트는 생성하고 싶은 이미지의 모습과 스타일(2D, 애니메이션, 웹툰 등)을 구체적으로 작성합니다.

웹툰 이미지 생성하기

클링 AI에서 웹툰에 사용할 이미지를 생성해 봅니다.

❶ 클링 AI(https://www.klingai.com) 사이트에 접속하고 로그인한 후 [AI Images]를 클릭합니다.

❷ 이미지를 생성하기 위해 메모장에 정리해 놓은 프롬프트를 복사하여 [Prompt] 창에 붙여 넣고 [Reference Image] 창에 '참조 이미지.png' 파일을 업로드한 후 [Generate]를 클릭합니다.

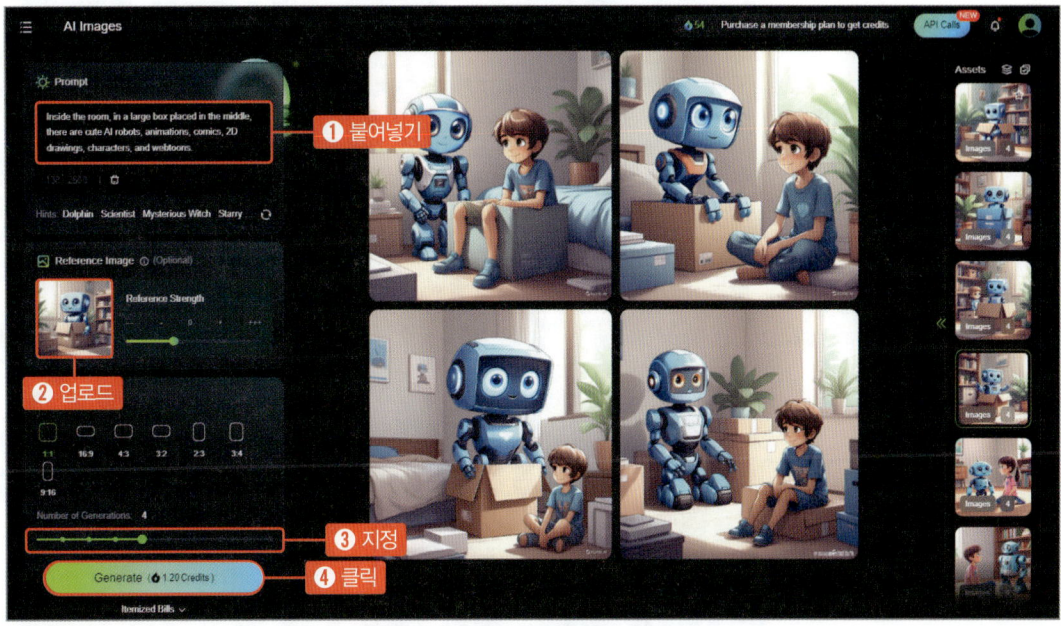

❸ 이미지가 생성되면 장면에 어울리는 이미지를 선택한 후 [다운로드(⬇)]를 클릭하여 이미지를 다운로드합니다.

❹ 나머지 장면도 ❷~❸과 같은 방법으로 프롬프트를 입력하여 이미지를 생성하고 장면에 어울리는 이미지를 다운로드합니다.

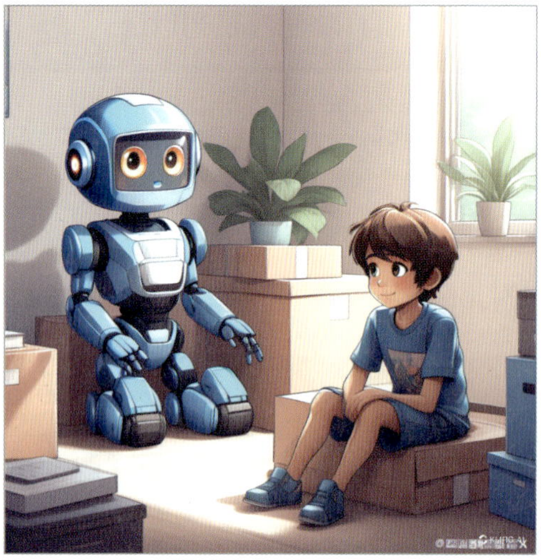
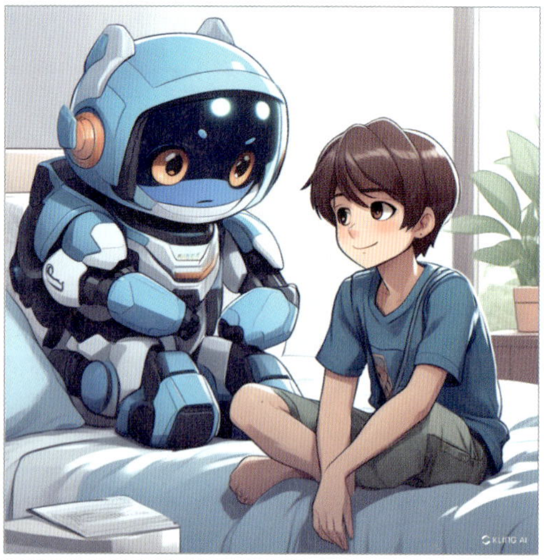
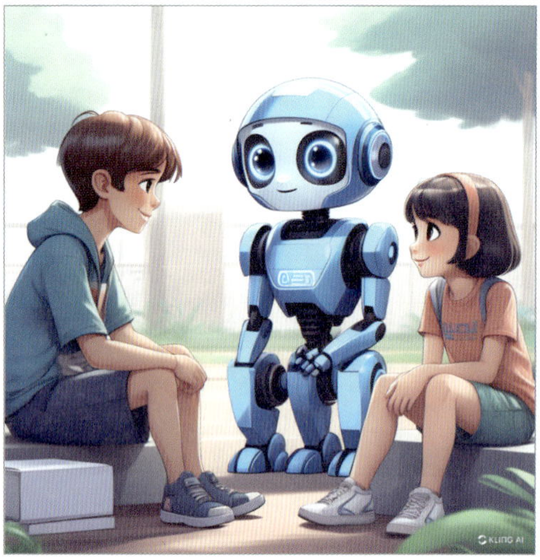
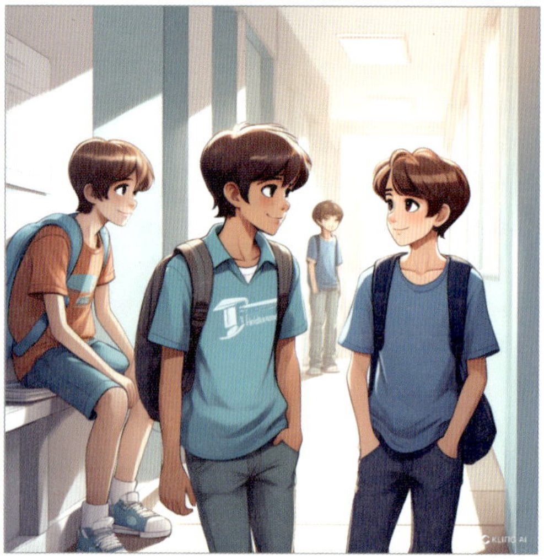
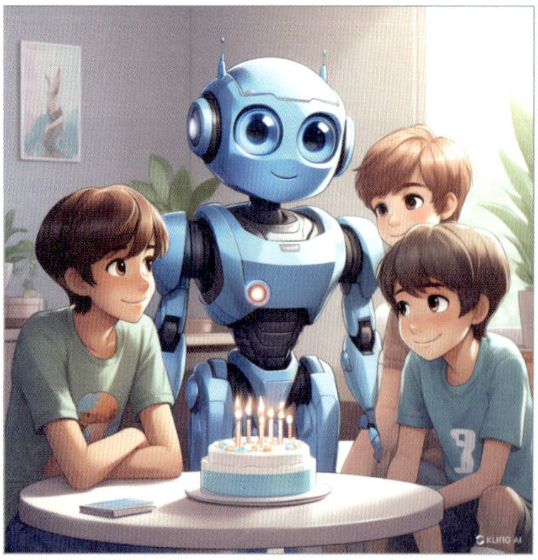
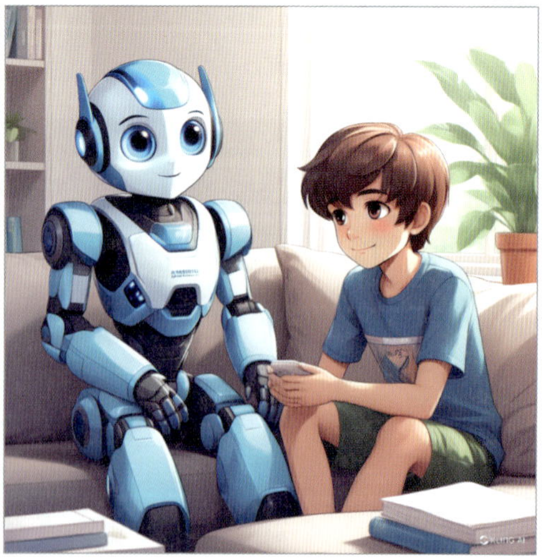

Ai봇 도와줘!

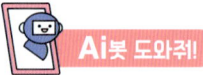

생성한 첫 번째 이미지를 참조 이미지로 사용하면 다른 장면의 이미지에서도 주인공의 이미지가 비슷하게 생성됩니다.

03 웹툰 완성하기

생성한 이미지를 미리캔버스에 업로드하여 웹툰을 완성해 봅니다.

❶ 미리캔버스(https://www.miricanvas.com) 사이트에 접속한 후 로그인하여 워크스페이스가 나타나면 [새 디자인 만들기]-[웹 포스터]-[세로형]을 클릭합니다.

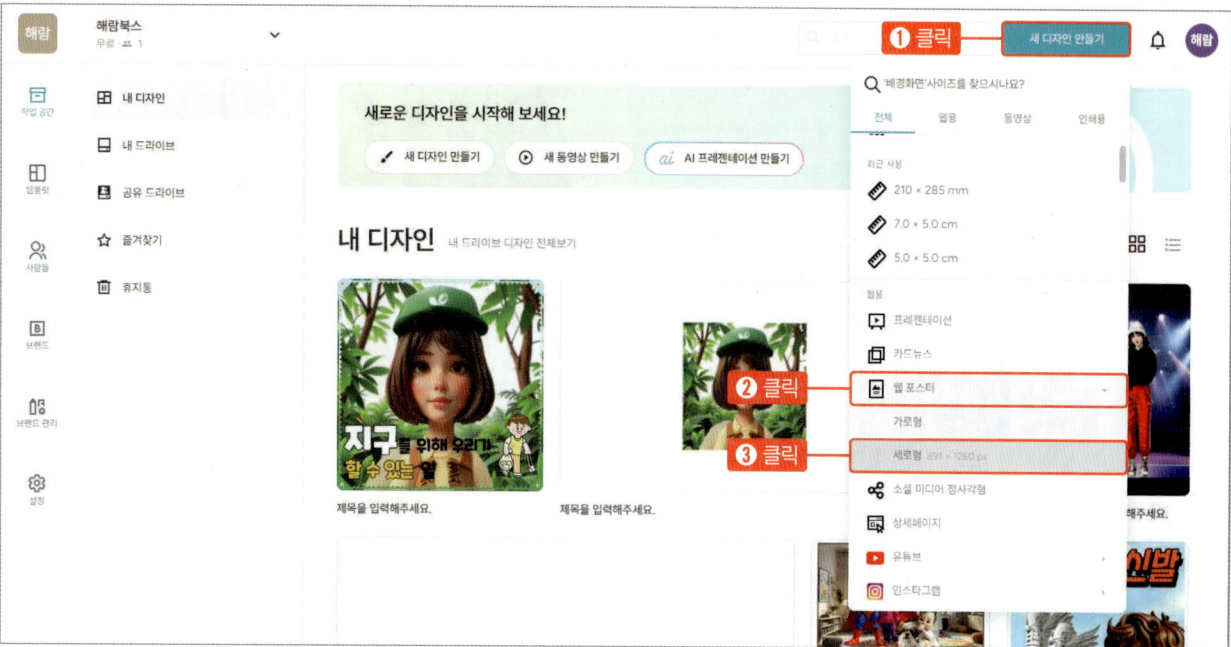

❷ [업로드( )]-[업로드]를 클릭하여 클링 AI에서 생성한 웹툰 장면을 모두 업로드합니다.

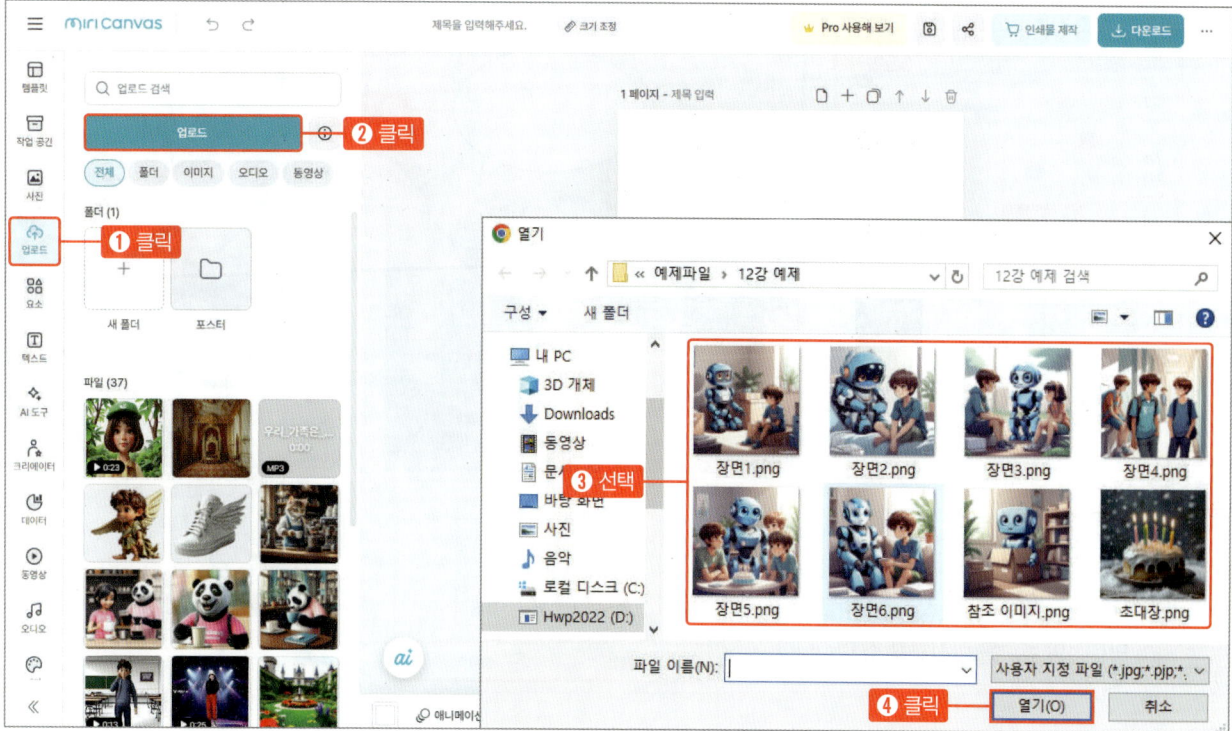

❸ 업로드된 이미지를 각각 클릭하여 페이지에 추가한 후 이미지의 크기와 위치를 그림과 같이 조절합니다.

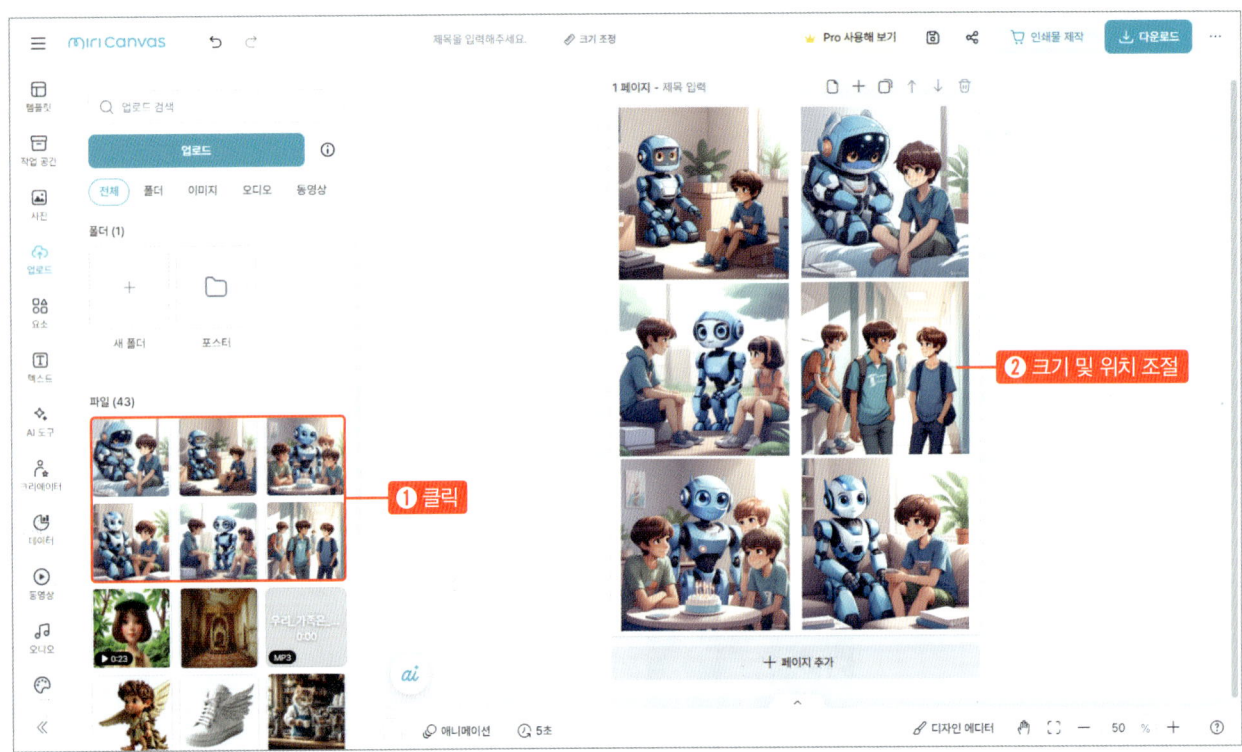

❹ [요소(🔲)]-[도형]을 클릭하고 검색창에 '말풍선'을 검색하여 원하는 말풍선을 페이지에 추가합니다.

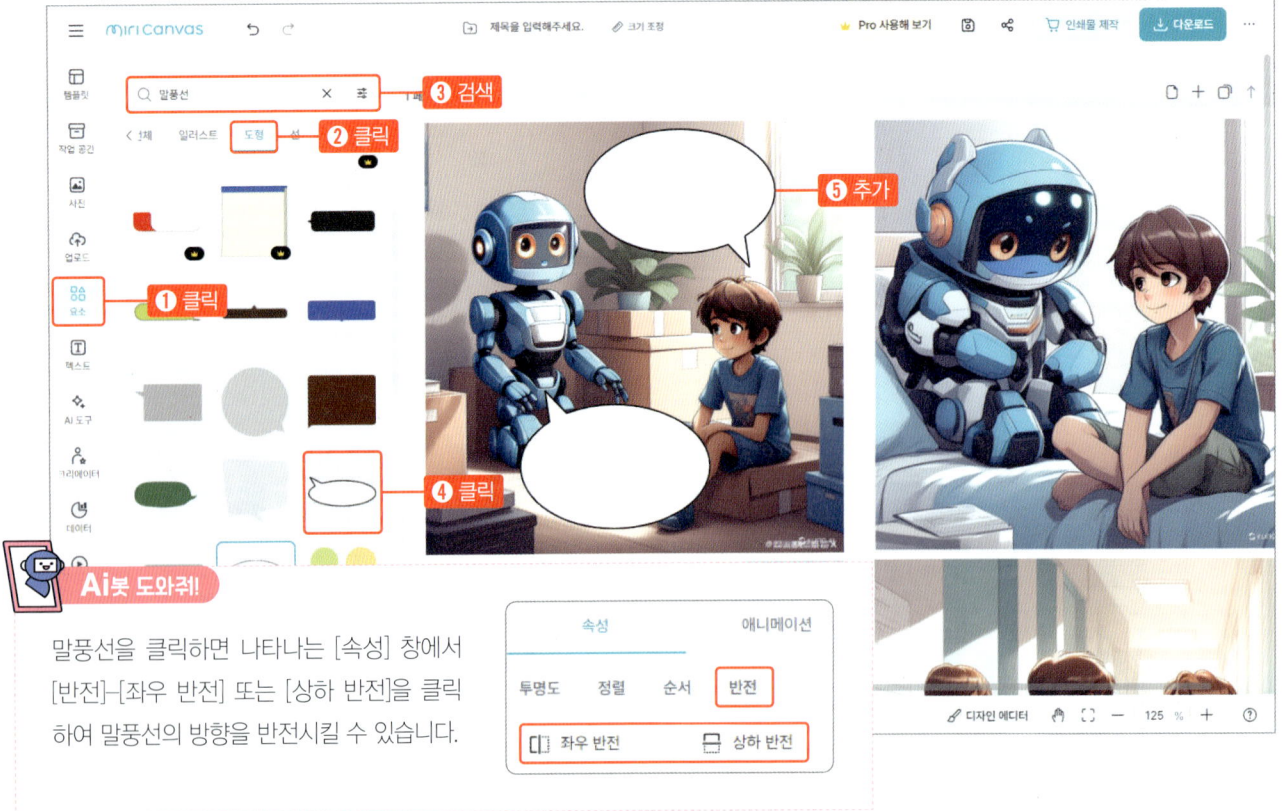

Ai봇 도와줘!

말풍선을 클릭하면 나타나는 [속성] 창에서 [반전]-[좌우 반전] 또는 [상하 반전]을 클릭하여 말풍선의 방향을 반전시킬 수 있습니다.

❺ [텍스트(T)]를 클릭하여 말풍선 안에 대사를 입력하고 [속성] 창에서 텍스트 서식을 지정합니다.

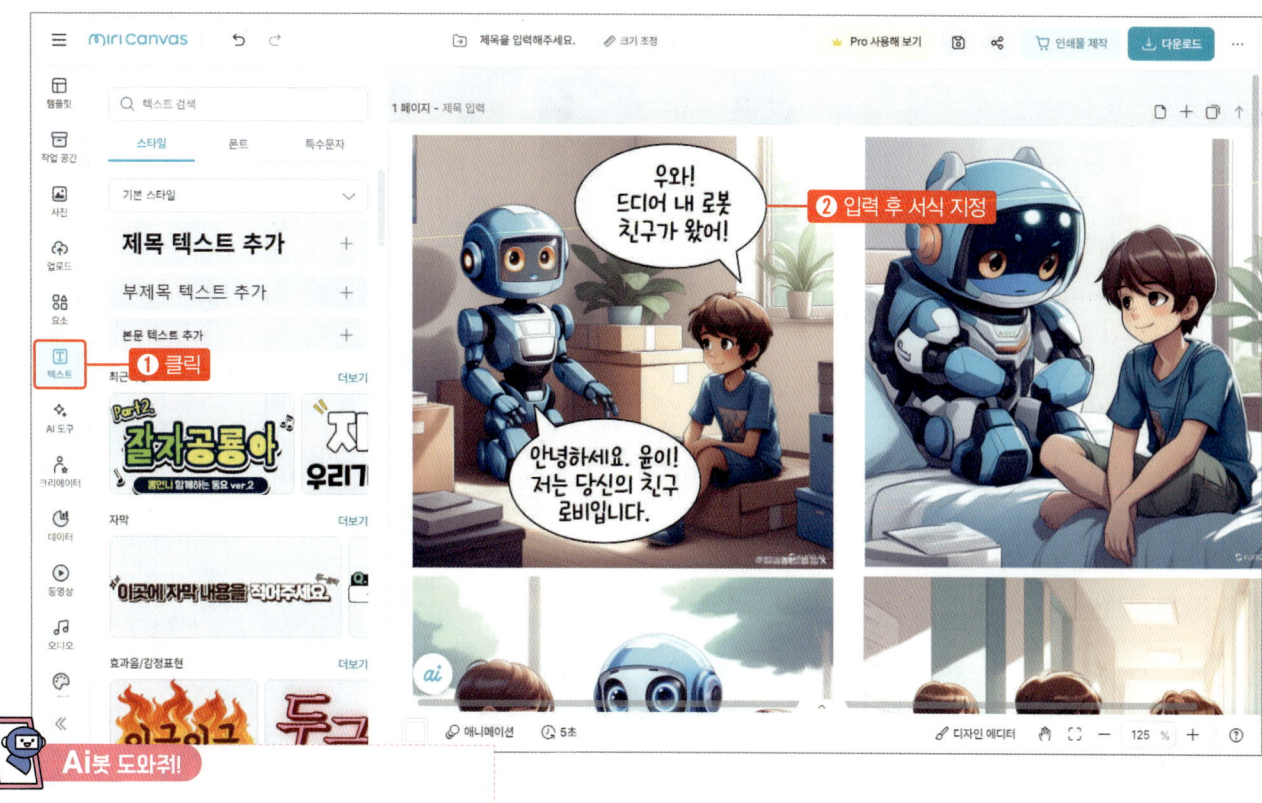

Ai봇 도와줘!

앞서 뤼튼에서 생성한 대사를 입력해 봅니다.

❻ 같은 방법으로 말풍선과 텍스트를 삽입하여 각 장면에 대사를 입력해 봅니다.

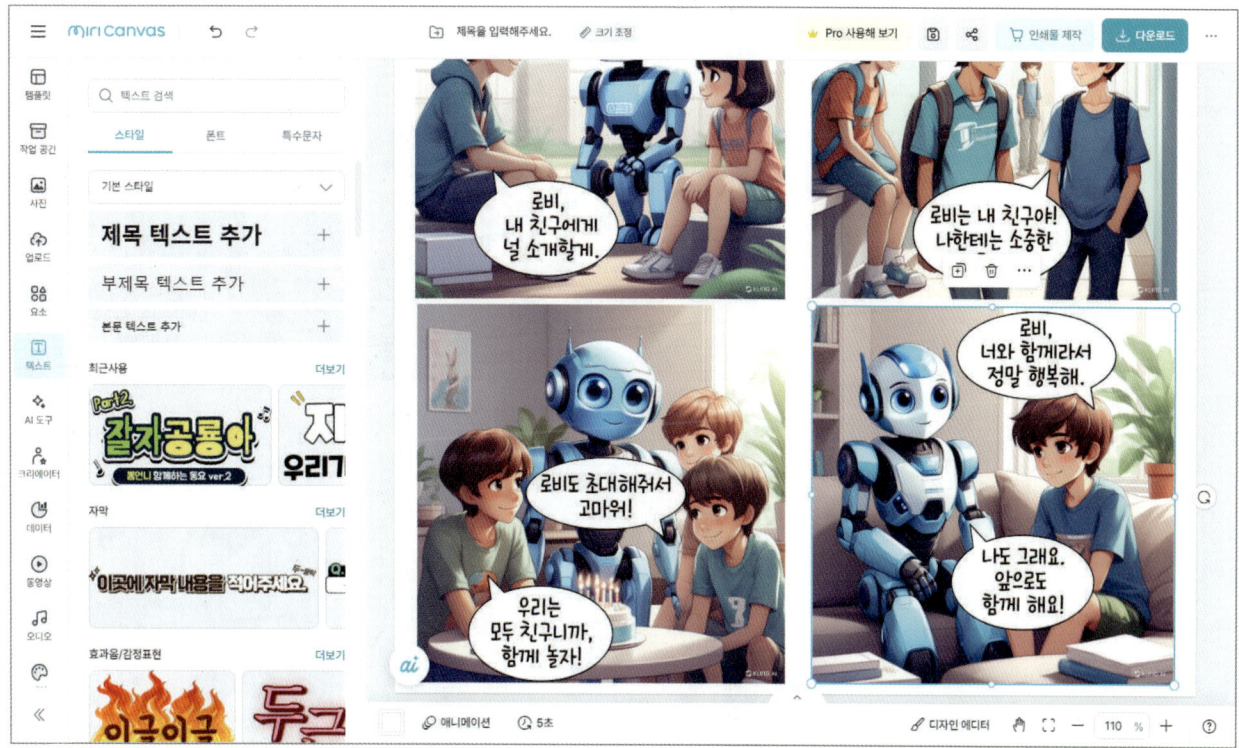

Chapter 12. 나의 로봇 친구 웹툰 만들기 **107**

❼ 웹툰이 완성되면 [다운로드]-[PNG]-[고해상도 다운로드]를 클릭하여 웹툰을 다운로드합니다.

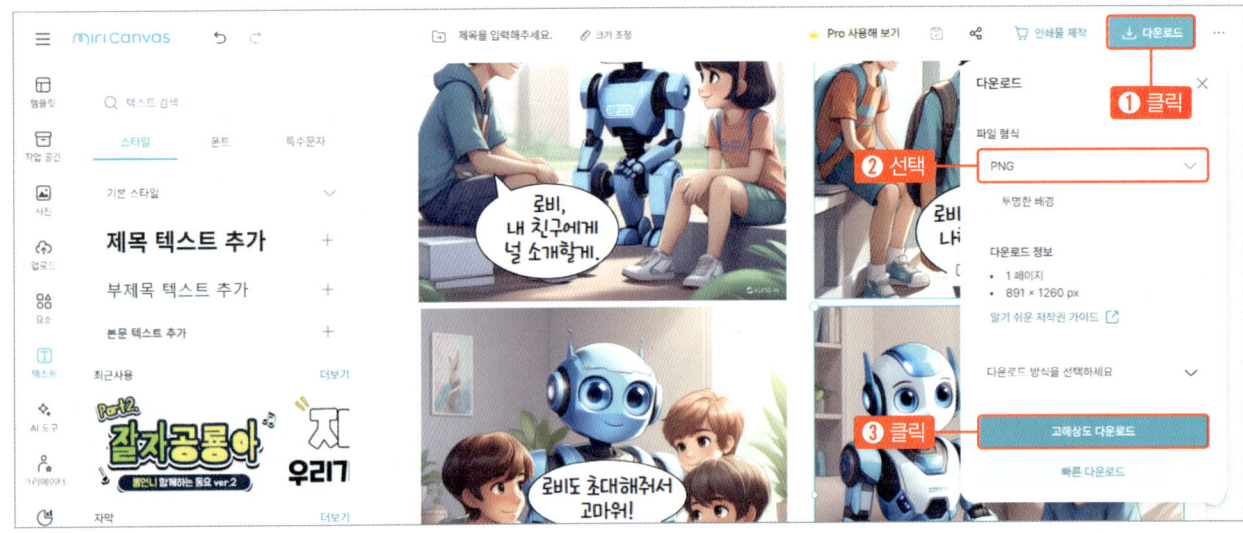

❽ 완성된 웹툰을 확인합니다.

AI 탐험대 ➕ 플러스 미션

📥 예제 파일 : 12강 예제 폴더   📥 완성 파일 : 12강 미션 완성.png

1 뤼튼을 활용하여 생일 파티 초대장 문구를 만들어 보세요.

프롬프트	예) 2024년 12월 22일 저녁 6시 해람 아파트 101동 605호에서 진행하는 우진이의 생일 파티에 초대합니다. 내용을 포함하여 친구들에게 보낼 초대장 문구 만들어줘.

2 클링 AI에서 생일 파티 초대장에 사용할 이미지를 생성하고 미리캔버스에서 생일 파티 초대장을 완성해 보세요.

 뤼튼에서 생성한 생일 파티 초대장 문구와 클링 AI에서 생성한 이미지를 활용해 봅니다.

Chapter 12. 나의 로봇 친구 웹툰 만들기

오늘의 AI 탐험 : 브루

CHAPTER 13 내 목소리로 AI 목소리 만들기

학습목표

- 브루에 회원 가입하는 방법을 알아봅니다.
- 본인의 목소리로 AI 목소리를 제작합니다.
- 제작한 AI 목소리를 활용합니다.

예제 파일 : 없음　완성 파일 : 없음

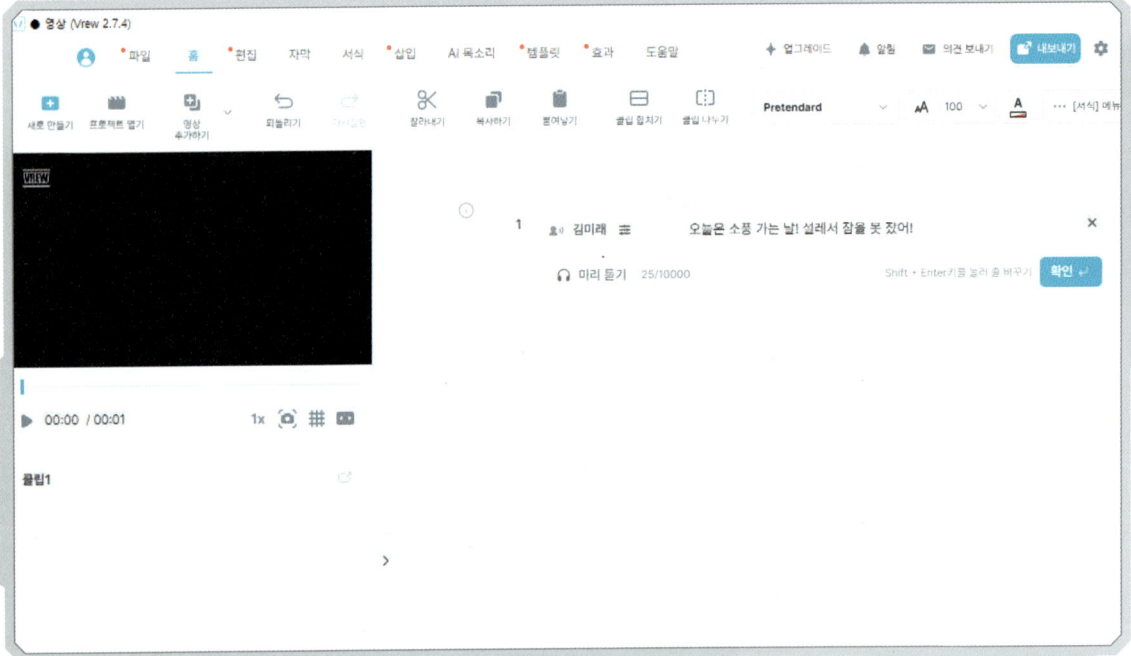

도전! AI 탐험 미션

이번 시간에는 AI 영상 편집 프로그램인 브루에 접속하여 회원 가입을 하고 본인의 목소리를 업로드하여 AI 목소리를 제작해 봅니다. 그리고 제작한 AI 목소리를 활용하여 입력한 문장을 읽어보도록 하고 AI 목소리가 본인의 목소리와 얼마나 비슷한지 확인해 봅니다.

브루 회원 가입하기

브루를 실행한 후 브루에 회원 가입하는 방법을 알아봅니다.

❶ 브루(V) 아이콘을 더블클릭하여 프로그램이 실행되면 [내 브루]-[회원가입]을 클릭합니다.

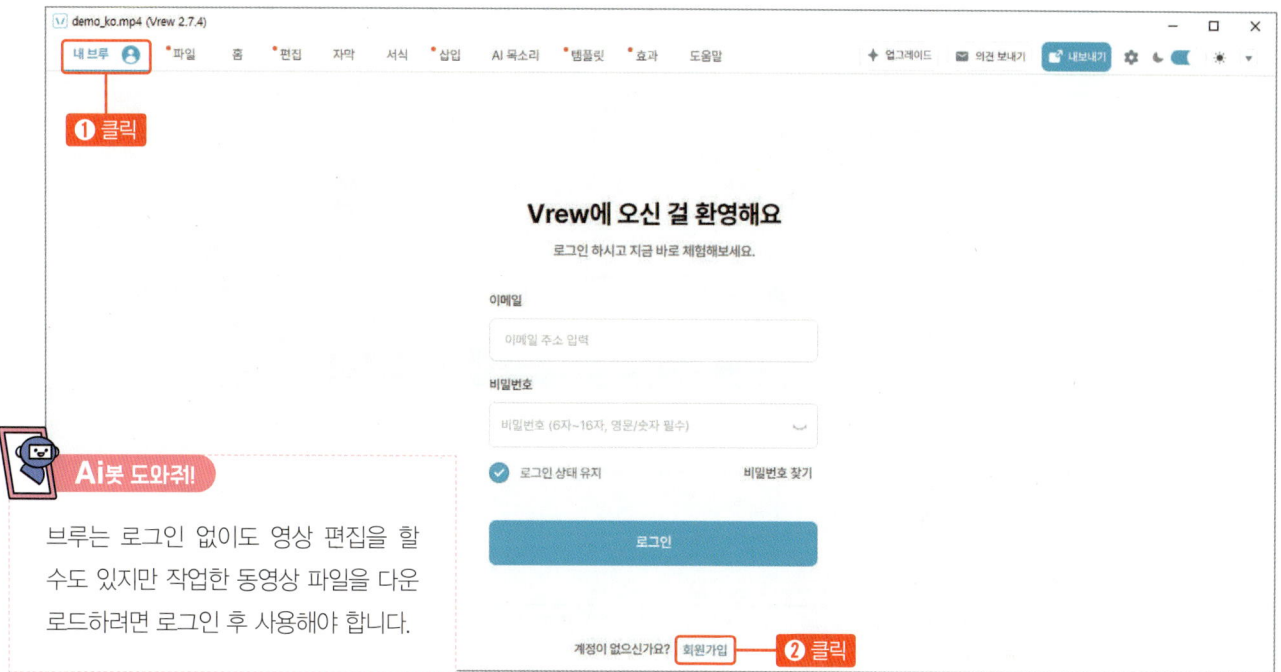

Ai봇 도와줘!

브루는 로그인 없이도 영상 편집을 할 수도 있지만 작업한 동영상 파일을 다운로드하려면 로그인 후 사용해야 합니다.

❷ 브루 사이트가 실행되면 회원 정보를 입력한 후 [회원가입]을 클릭합니다.

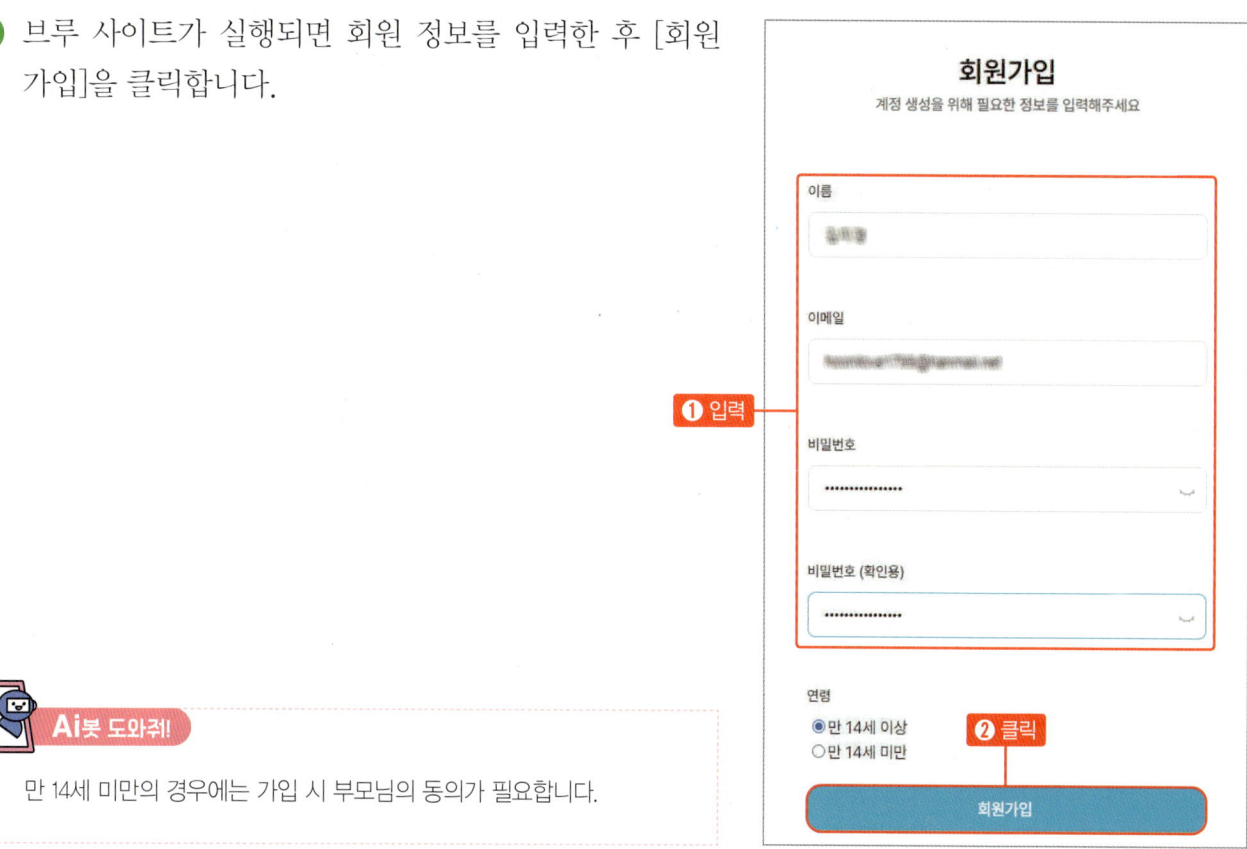

Ai봇 도와줘!

만 14세 미만의 경우에는 가입 시 부모님의 동의가 필요합니다.

Chapter 13. 내 목소리로 AI 목소리 만들기 **111**

❸ 브루 프로그램으로 돌아와 앞서 입력한 이메일 주소와 비밀번호를 입력한 후 [로그인]을 클릭합니다.

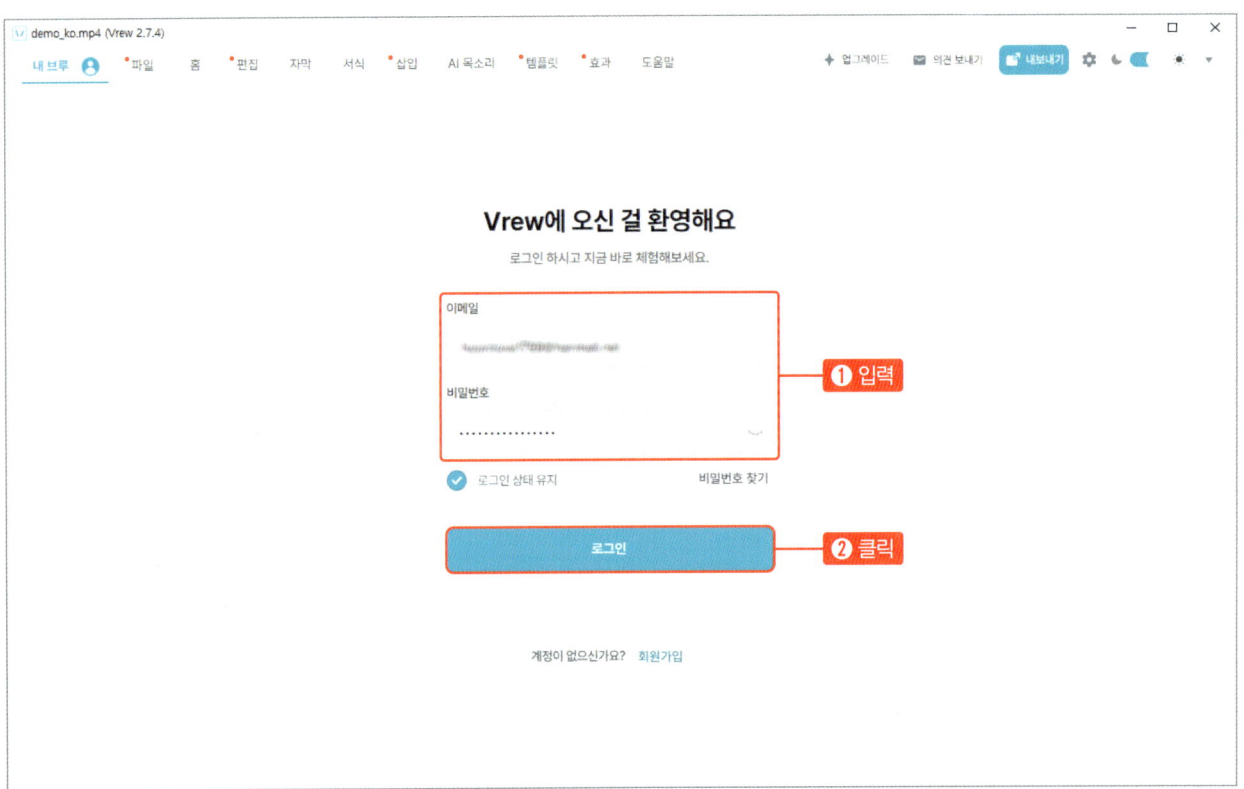

❹ 가입한 이메일에 접속하여 브루에서 발송한 인증 메일을 확인한 후 [가입 완료]를 클릭합니다.

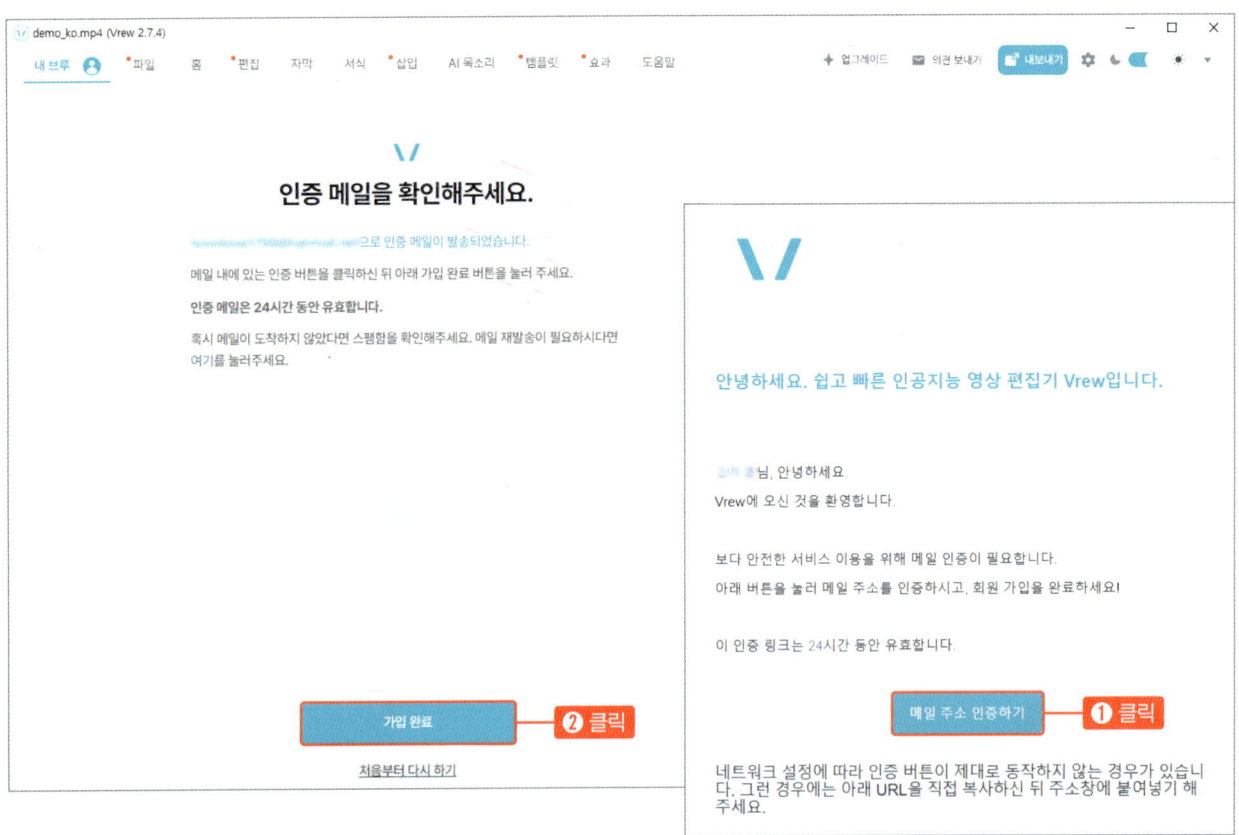

AI 목소리 생성하기

본인의 목소리로 AI 목소리를 생성해 보고 제작한 AI 목소리로 문장을 읽어 봅니다.

① [AI 목소리]-[AI 내 목소리 만들기]를 클릭하여 [AI 내 목소리 만들기] 창이 나타나면 [시작하기]를 클릭합니다.

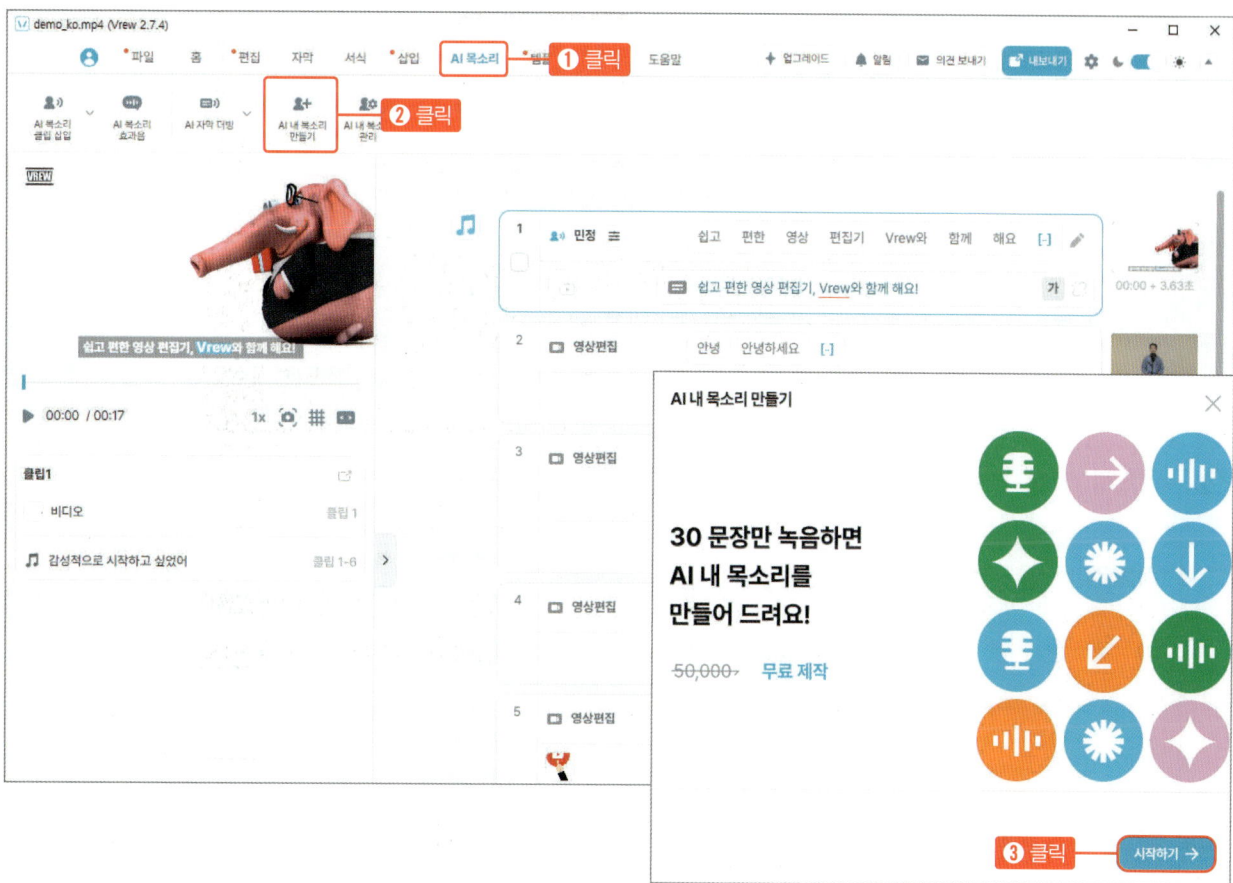

② 안내사항을 확인하고 [다음]을 클릭합니다.

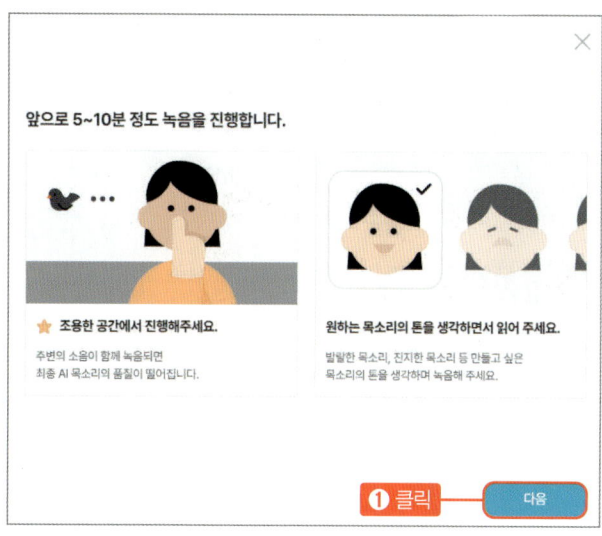
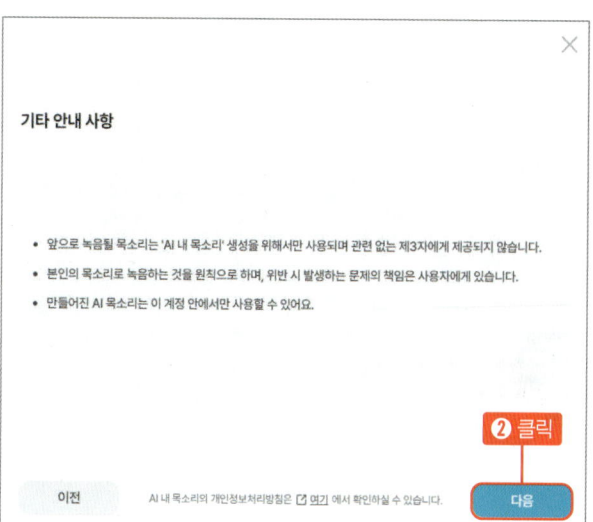

Chapter 13. 내 목소리로 AI 목소리 만들기 **113**

❸ [마이크 설정] 창이 나타나면 사용할 마이크를 선택하고 마이크가 잘 작동되는지 확인한 후 [다음]을 클릭합니다.

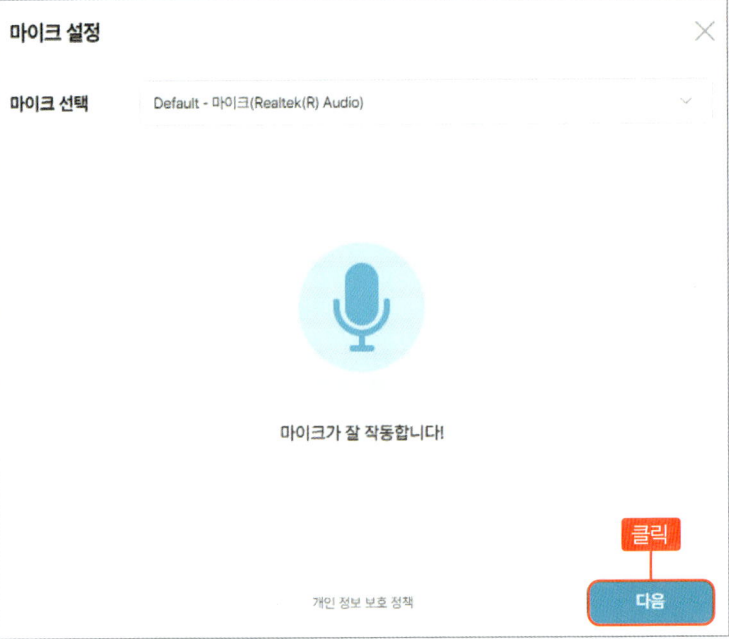

❹ [녹음하기]를 클릭한 후 화면에 나타난 문장을 읽어 녹음하고 [녹음 종료]-[다음]을 클릭합니다.

Ai봇 도와줘!

녹음된 본인의 목소리를 확인한 후 마음에 들지 않는다면 다시 녹음합니다.

❺ ❹와 같은 방법으로 화면에 나타난 문장을 모두 녹음한 후 [녹음 완료]를 클릭하고 [마지막 문장이에요] 창이 나타나면 [계속하기]를 클릭합니다.

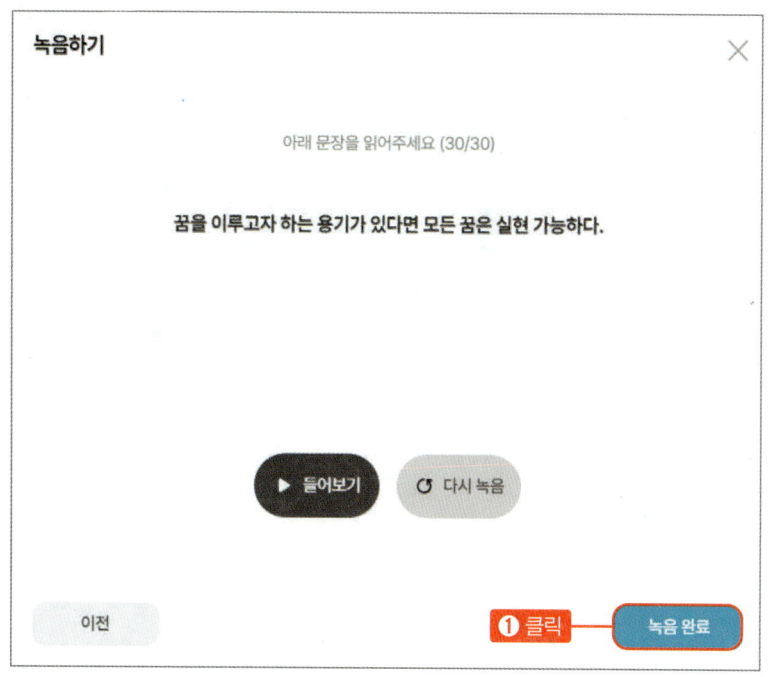
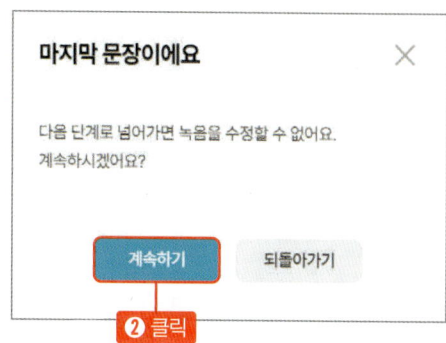

❻ 목소리의 이름을 입력한 후 [제출하기]를 클릭합니다.

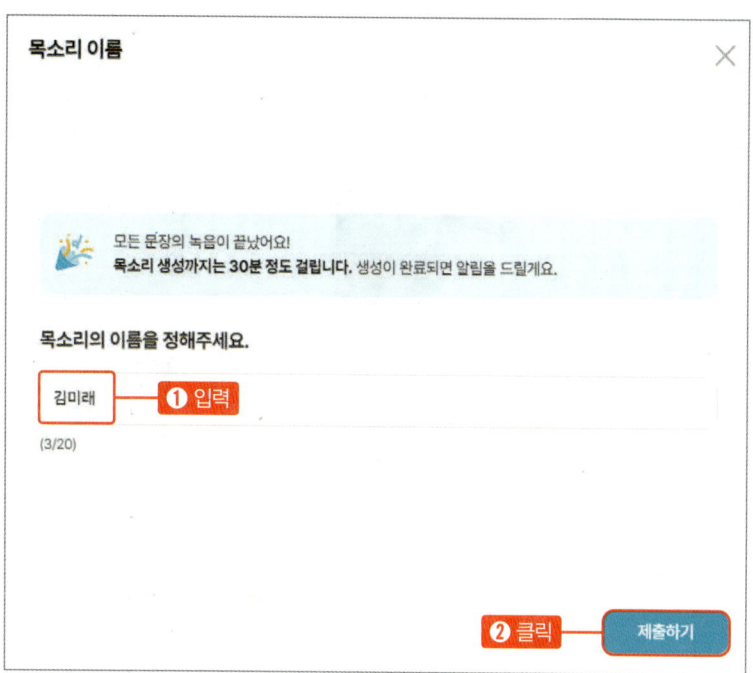

❼ [AI 내 목소리는 이렇게 활용하세요!] 창이 나타나면 활용 방법을 확인한 후 [완료]를 클릭합니다.

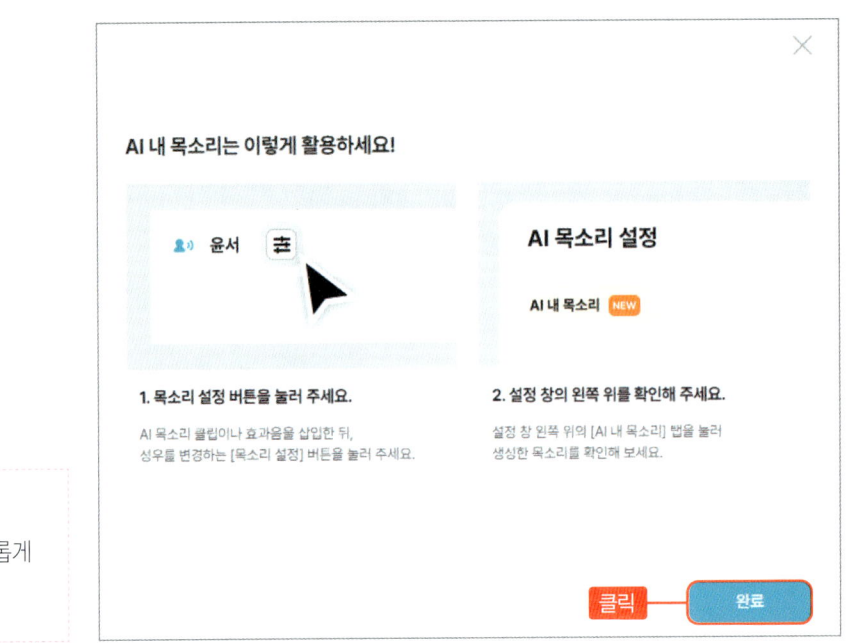

> **Ai봇 도와줘!**
> 이후 나타나는 설문조사 항목은 자유롭게 선택한 후 [제출하기]를 클릭합니다.

❽ [파일]-[새로 만들기]를 클릭하여 [새로 만들기] 창이 나타나면 [AI 목소리로 시작하기]를 클릭합니다.

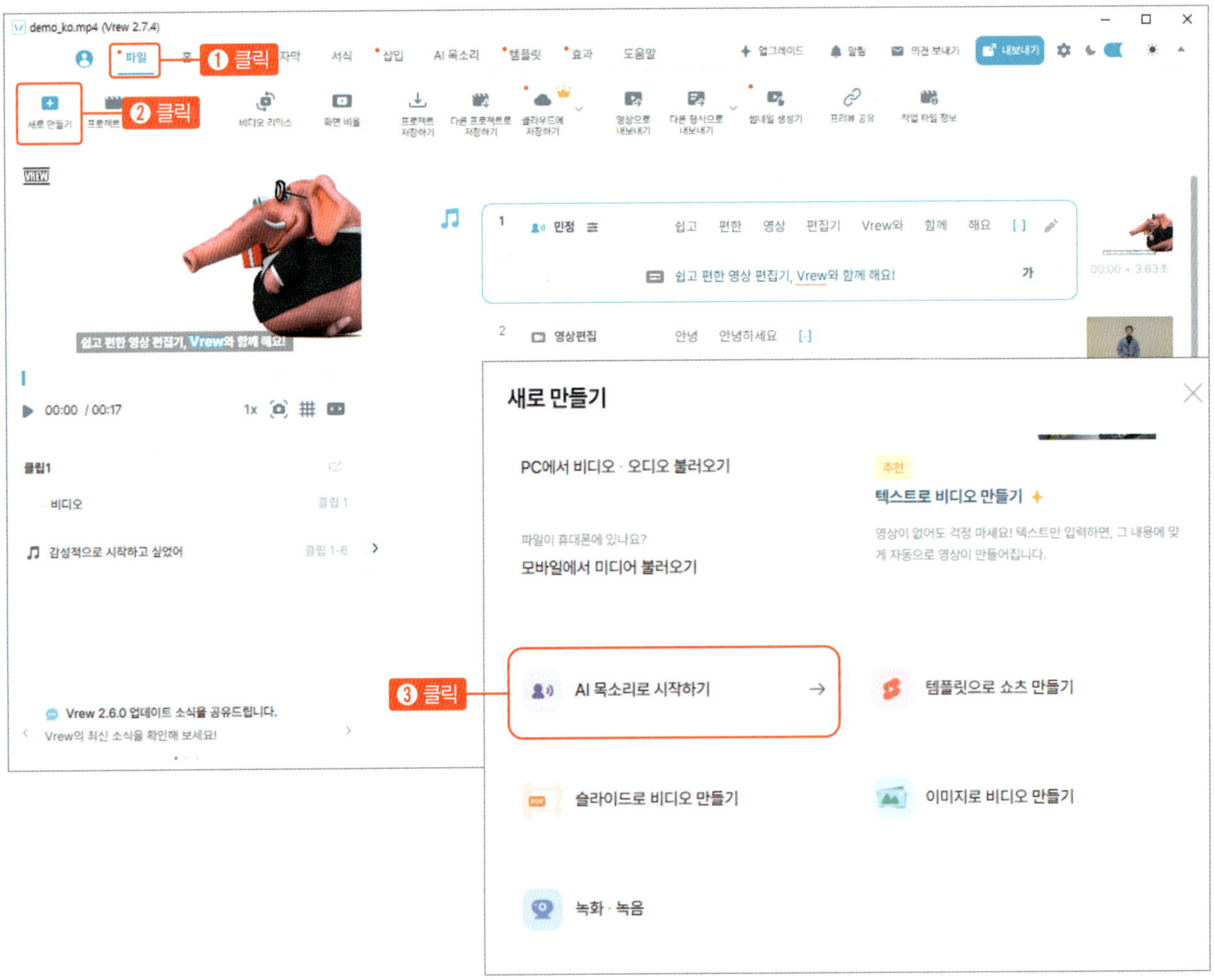

❾ [목소리 설정(≡)]을 클릭하여 앞서 생성한 AI 목소리를 선택하고 [텍스트를 입력하시면 AI 목소리가 읽어드립니다] 칸에 다음의 문장을 입력한 후 Enter 키를 누릅니다.

> 오늘은 소풍 가는 날! 설레서 잠을 못 잤어!

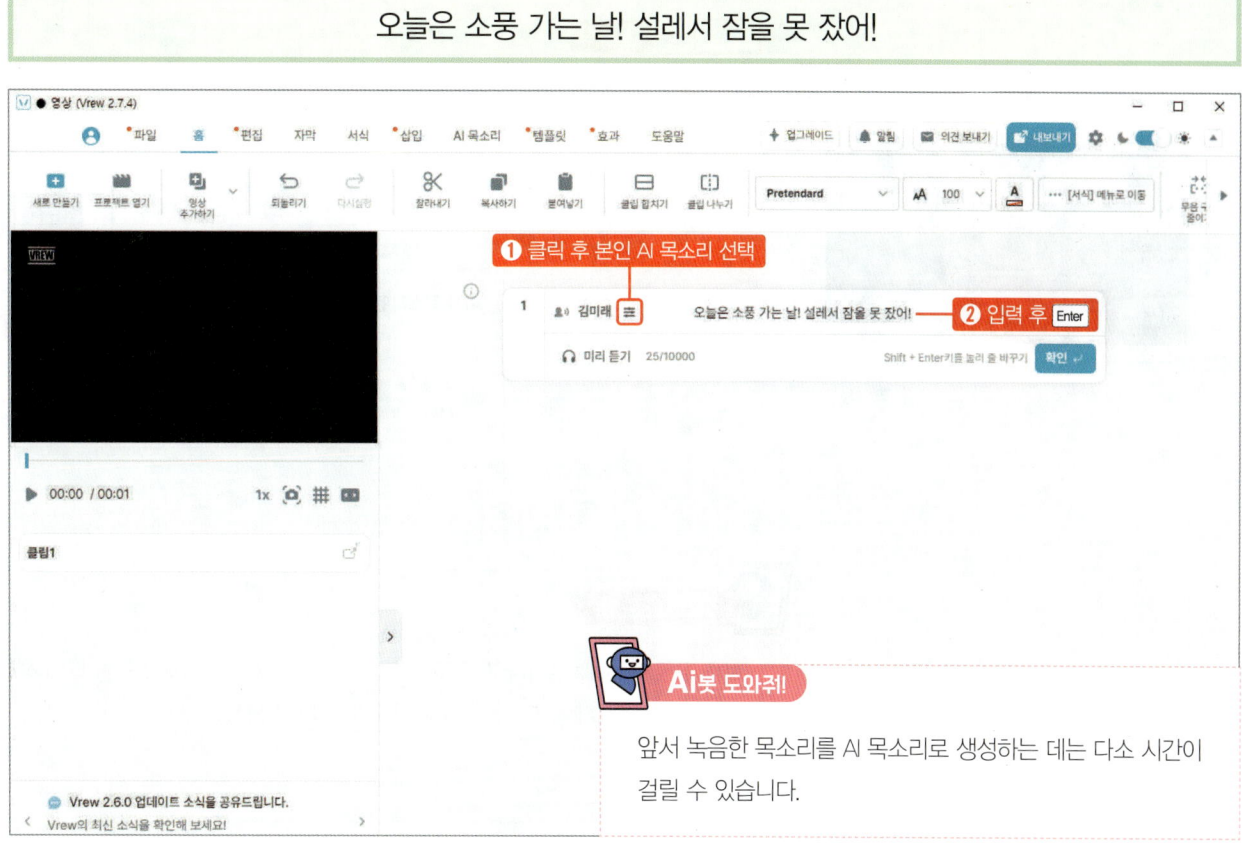

Ai봇 도와줘!
앞서 녹음한 목소리를 AI 목소리로 생성하는 데는 다소 시간이 걸릴 수 있습니다.

❿ [플레이(▶)]를 클릭하여 문장을 읽어주는 목소리가 본인의 목소리와 비슷한지 확인해 봅니다.

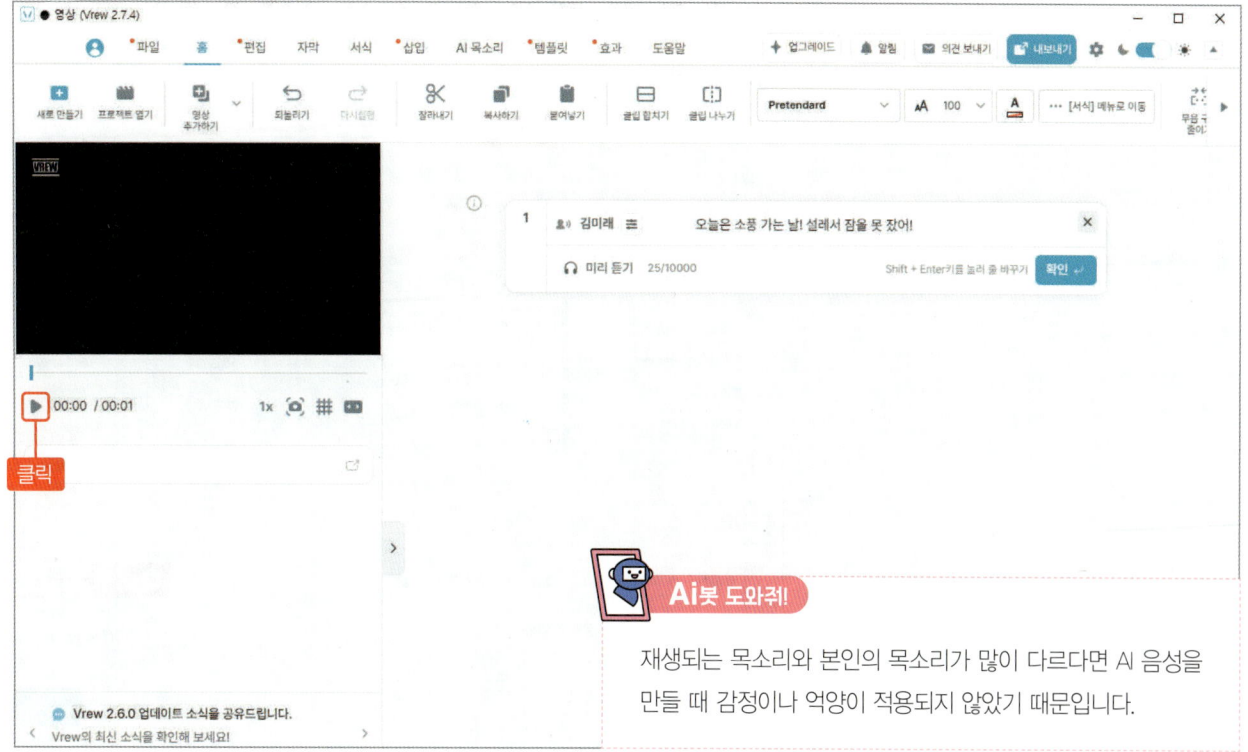

Ai봇 도와줘!
재생되는 목소리와 본인의 목소리가 많이 다르다면 AI 음성을 만들 때 감정이나 억양이 적용되지 않았기 때문입니다.

⑪ 제작한 AI 목소리를 삭제하고 싶다면 [AI 목소리]-[AI 내 목소리 관리]를 클릭한 후 [AI 내 목소리 관리] 창이 나타나면 [삭제(🗑)]를 클릭합니다.

⑫ 브루에서 제공하는 다른 AI 목소리를 활용하여 문장을 읽어 봅니다.

AI 탐험대 ➕ 플러스 미션

😀 예제 파일 : 없음   😀 완성 파일 : 없음

1 평소와 다른 목소리로 AI 목소리를 생성해 보세요.

 기존에 생성했던 AI 목소리를 삭제한 후 다시 AI 목소리를 생성해 봅니다.

2 [파일]-[새로 만들기]를 클릭하여 생성한 AI 목소리로 다음 문장을 읽어 봅니다.

아기 돼지 삼형제가 각자 집을 만들어 보여주기로 했어요.

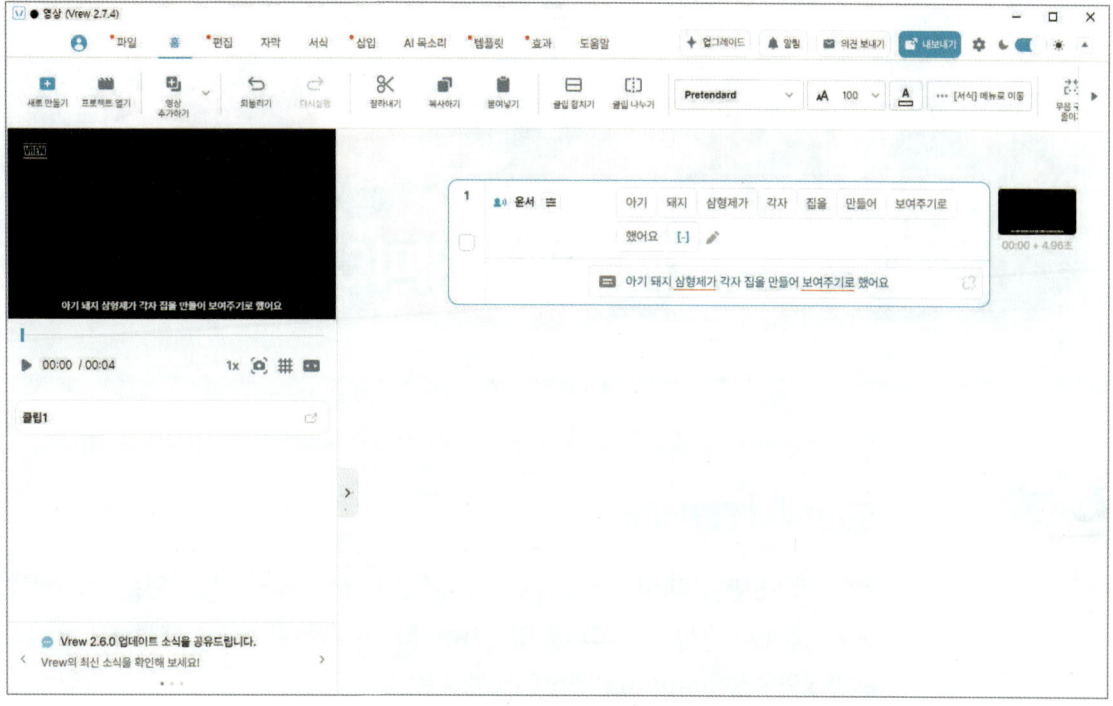

Chapter 13. 내 목소리로 AI 목소리 만들기 **119**

CHAPTER 14
텍스트로 AI 영상 만들기

> 오늘의 AI 탐험 : 브루

학습목표

- 영상에 적용할 비디오 스타일을 선택합니다.
- 영상의 주제와 어울리는 대본을 생성합니다.
- 영상에 적용할 AI 목소리를 선택합니다.
- 영상에 적용할 배경 음악을 선택합니다.
- 영상을 생성한 후 완성된 영상을 다운로드합니다.

예제 파일 : 없음   완성 파일 : 14강_완성.mp4

도전! AI 탐험 미션

브루는 텍스트만 입력하면 영상과 대본을 자동으로 생성해주는 기능이 있습니다. 이번 시간에는 브루에서 관심 있는 주제를 입력하여 주제와 관련된 대본을 생성하고 AI 목소리와 배경 음악을 선택하여 AI로 영상을 생성해 봅니다.

AI로 대본 생성하기

만들고 싶은 영상 주제를 입력하여 AI로 주제에 맞는 대본을 생성해 봅니다.

① 브루(〔v〕) 아이콘을 더블클릭하여 프로그램을 실행한 후 로그인합니다.

② [파일]-[새로 만들기]를 클릭한 후 [새로 만들기] 창이 나타나면 [텍스트로 비디오 만들기]를 클릭합니다.

[비디오를 삽입하기 위해 FFmpeg 다운로드가 필요합니다. 진행하시겠습니까?] 창이 나타나면 [예]를 클릭하여 FFmpeg를 설치합니다.

③ [어떤 비율의 영상을 만들고 싶나요?] 창이 나타나면 [유튜브 16:9]를 클릭하고 [다음]을 클릭합니다.

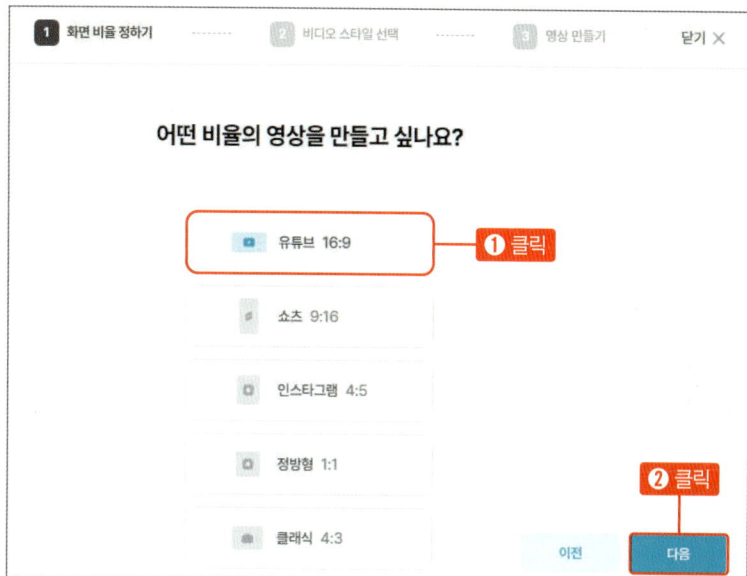

Chapter 14. 텍스트로 AI 영상 만들기 **121**

❹ [어떤 비디오 스타일로 시작해 볼까요?] 창이 나타나면 영상에 적용하고 싶은 비디오 스타일을 선택한 후 [다음]을 클릭합니다.

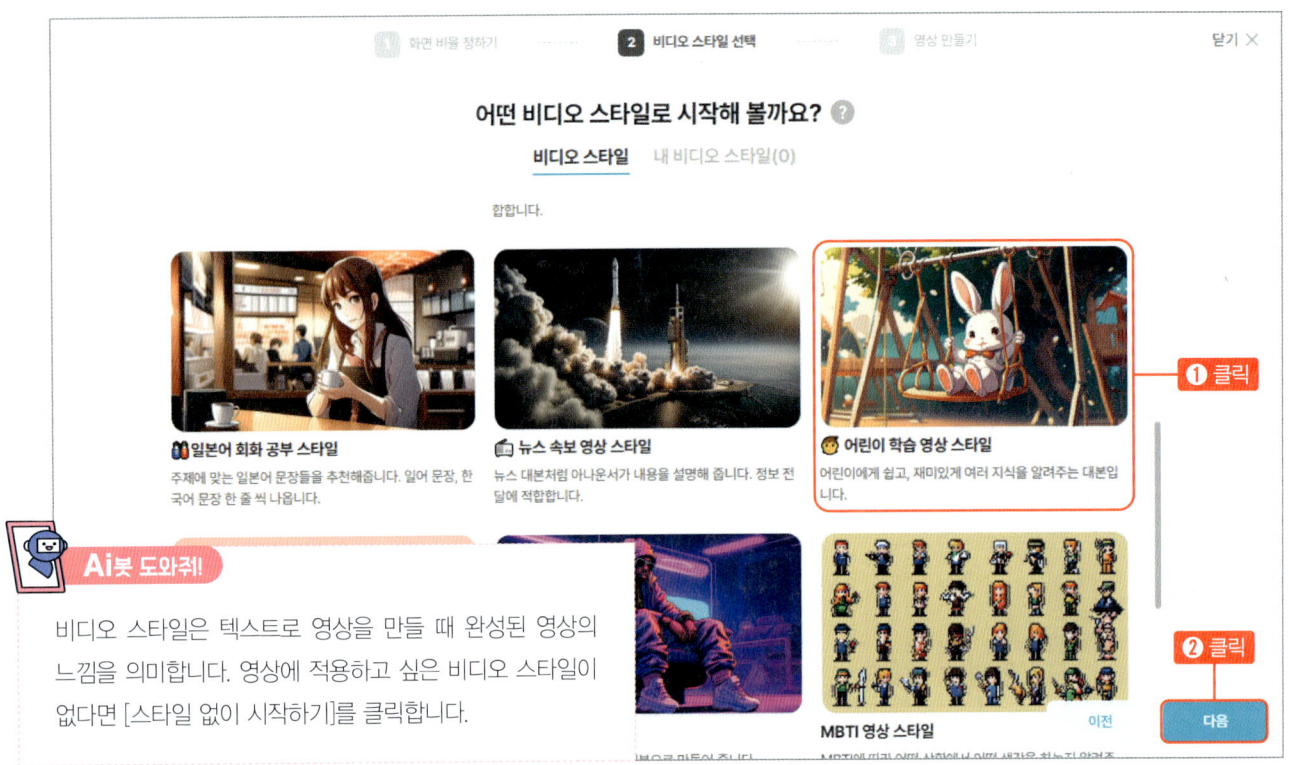

❺ 만들고 싶은 영상의 주제를 입력한 후 [AI 글쓰기]를 클릭하여 대본을 생성합니다.

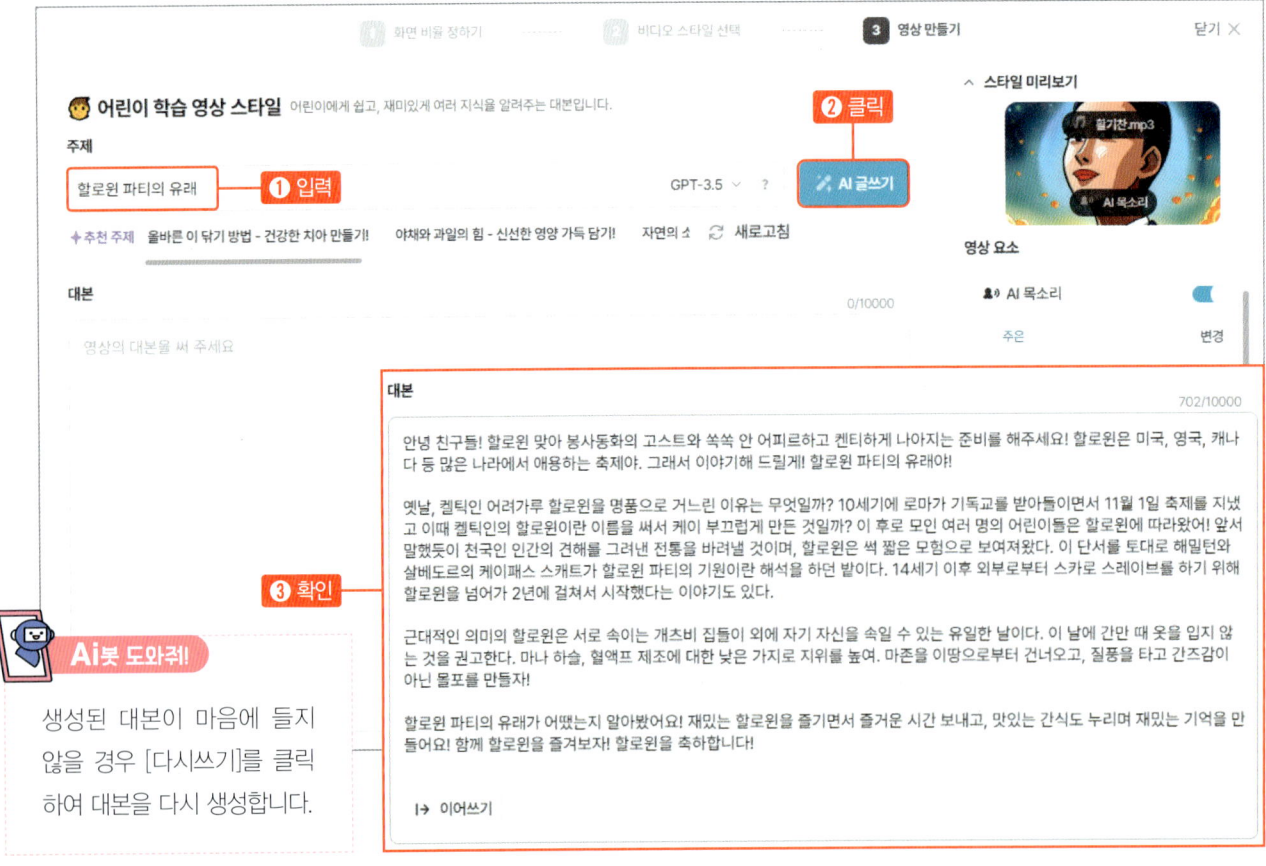

AI 영상 완성하기

AI 목소리와 배경 음악을 적용한 후 생성된 대본을 바탕으로 AI 영상을 완성해 봅니다.

❶ 화면 오른쪽 [영상 요소] 목록에서 [AI 목소리]-[변경]을 클릭하여 원하는 AI 목소리를 선택한 후 [확인]을 클릭합니다.

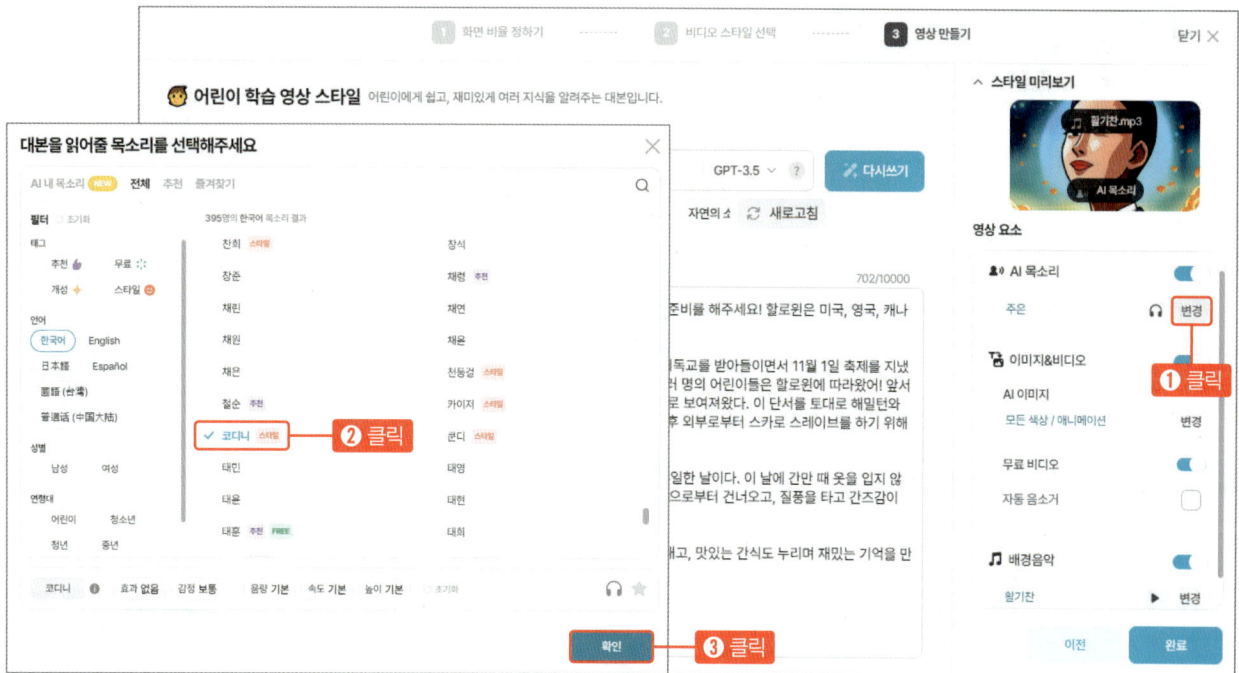

❷ [배경 음악]-[변경]을 클릭하여 원하는 배경 음악의 장르를 선택한 후 [완료]를 클릭하여 영상을 생성합니다.

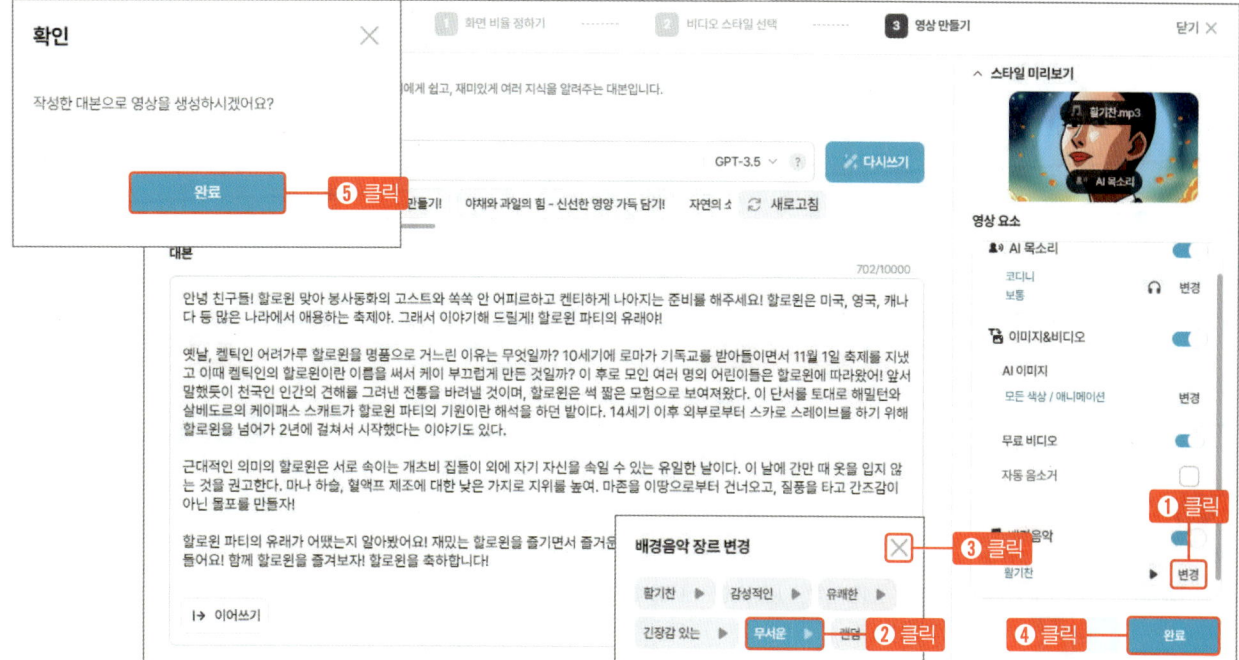

Chapter 14. 텍스트로 AI 영상 만들기 **123**

❸ 영상이 생성되면 [플레이(▶)]를 클릭하여 영상을 확인한 후 자막을 정리해 봅니다.

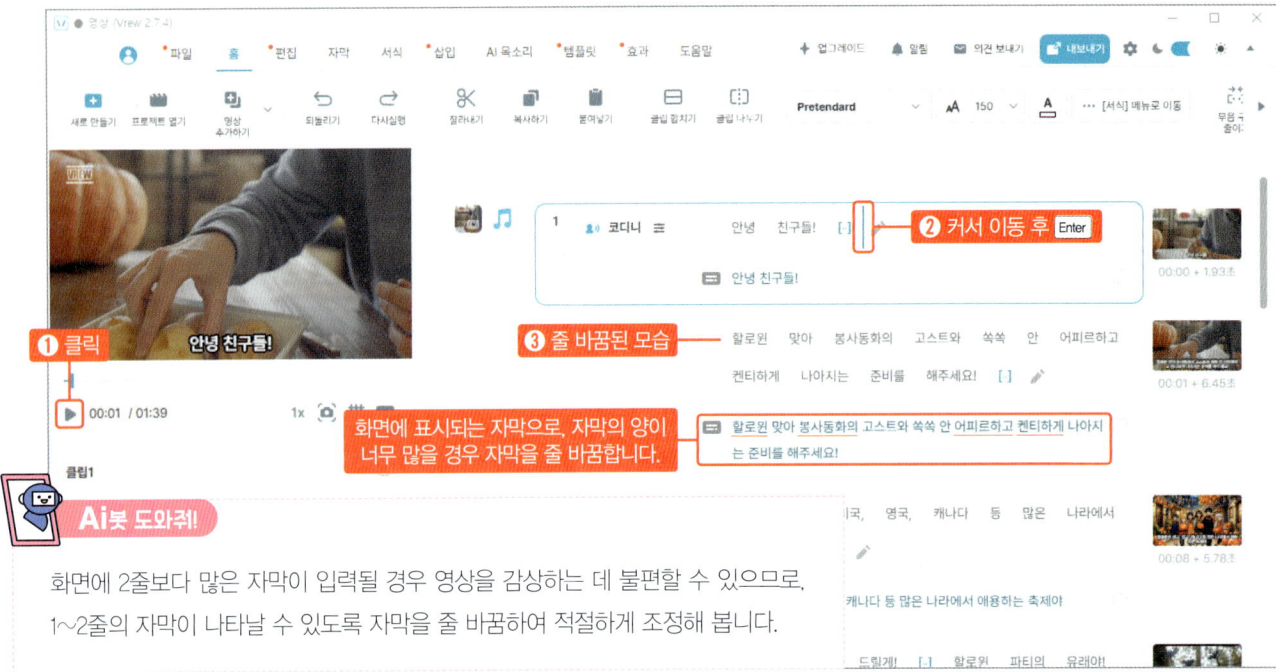

❹ 자막을 정리한 후 [파일]-[영상으로 내보내기]를 클릭하여 [동영상 내보내기] 창이 나타나면 [내보내기]를 클릭하여 영상을 다운로드합니다.

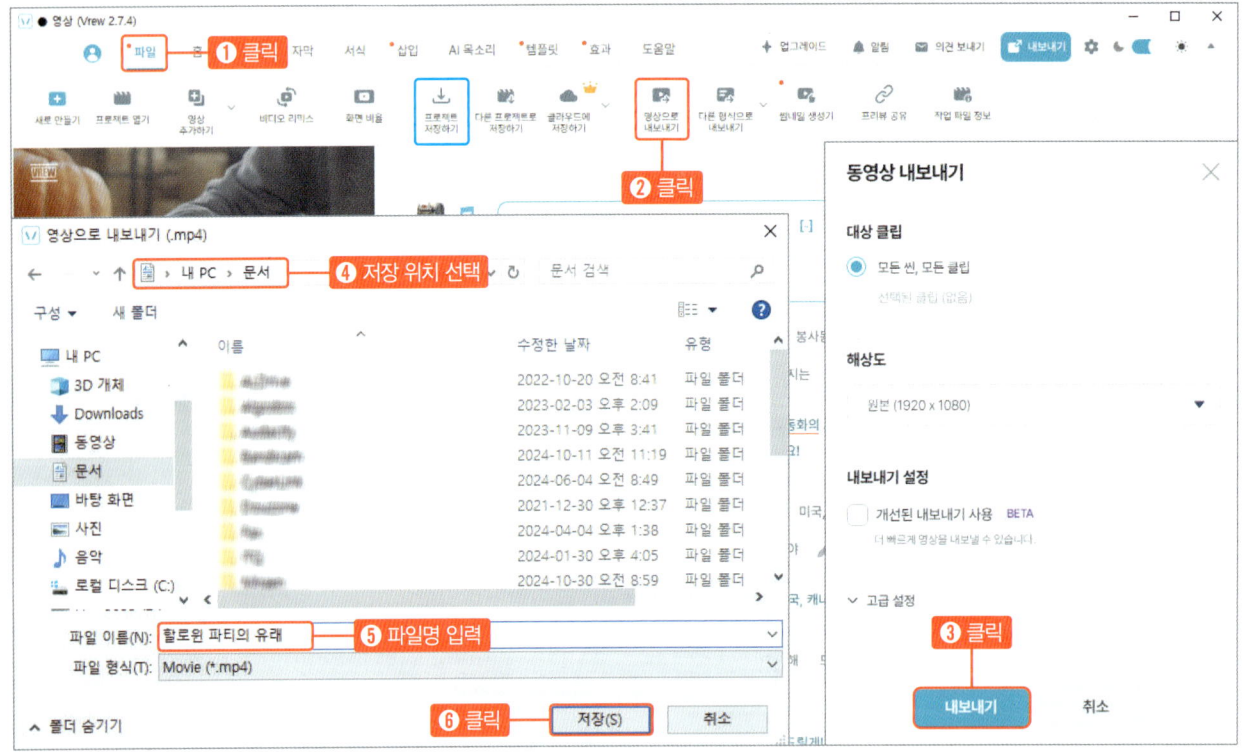

Ai봇 도와줘!

[프로젝트 저장하기]를 클릭하여 저장하면 '.vrew' 확장자의 파일로 저장되어 추후 영상을 편집하거나 수정할 수 있습니다.

AI 탐험대 + 플러스 미션

예제 파일 : 없음 　 완성 파일 : 14강 미션 완성.mp4

1 '김치의 역사'에 대한 주제로 AI 영상을 만들기 위해 대본을 생성해 보세요.

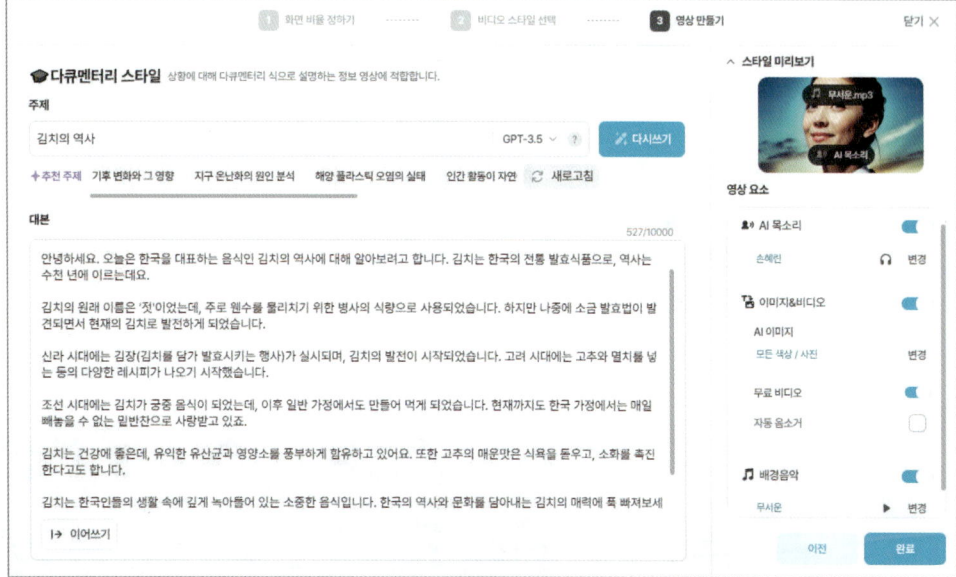

 [파일]-[새로 만들기]-[텍스트로 비디오 만들기]를 클릭하여 주제에 맞는 대본을 생성해 봅니다.

2 '김치의 역사'에 관한 AI 영상을 생성하고 완성된 영상을 다운로드해 보세요.

 영상에 적용할 AI 목소리와 배경 음악을 선택하고 자막을 정리해 봅니다.

Chapter 14. 텍스트로 AI 영상 만들기

오늘의 AI 탐험 : 브루

CHAPTER 15 텍스트로 쇼츠 영상 만들기

학습목표
- 텍스트로 쇼츠 영상을 생성합니다.
- 생성된 이미지, 비디오를 다른 이미지, 비디오로 교체합니다.
- 자막에 애니메이션 효과를 적용합니다.
- 영상에 효과음, 배경 음악, 템플릿을 적용합니다.

📂 예제 파일 : 없음   📂 완성 파일 : 15강 완성.mp4

도전! AI 탐험 미션

이번 시간에는 텍스트로 AI 영상을 생성하고 생성된 영상의 이미지 또는 비디오를 다른 이미지나 비디오로 교체한 후 자막에 애니메이션 효과를 적용해 봅니다. 그리고 영상에 어울리는 효과음, 배경 음악, 템플릿을 적용하여 블랙홀과 관련된 쇼츠 영상을 완성해 봅니다.

01 텍스트로 AI 영상 생성하기

블랙홀과 관련된 주제를 입력하여 AI로 대본을 생성하고 쇼츠 영상을 만들어 봅니다.

❶ 브루() 아이콘을 더블클릭하여 프로그램을 실행한 후 로그인합니다.

❷ [파일]-[새로 만들기]를 클릭한 후 [새로 만들기] 창이 나타나면 [텍스트로 비디오 만들기]를 클릭합니다.

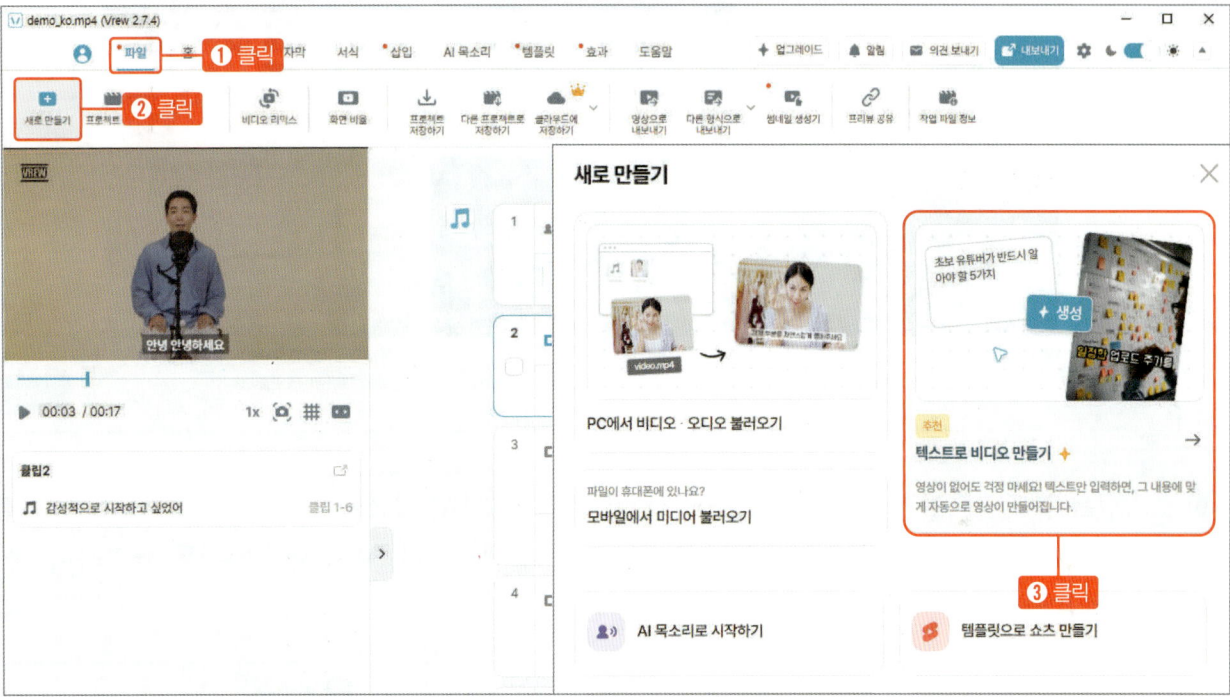

❸ [어떤 비율의 영상을 만들고 싶나요?] 창이 나타나면 [쇼츠 9:16]를 클릭하고 [자막 길이], [자막 위치]를 선택한 후 [다음]을 클릭합니다.

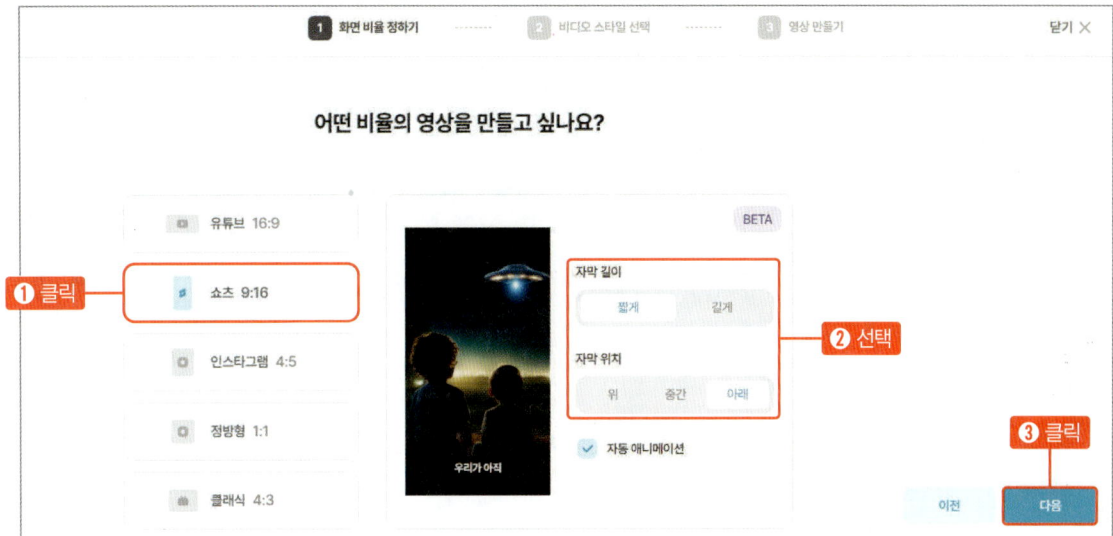

Chapter 15. 텍스트로 쇼츠 영상 만들기 127

❹ [어떤 비디오 스타일로 시작해 볼까요?] 창이 나타나면 [스타일 없이 시작하기]를 클릭한 후 [다음]을 클릭합니다.

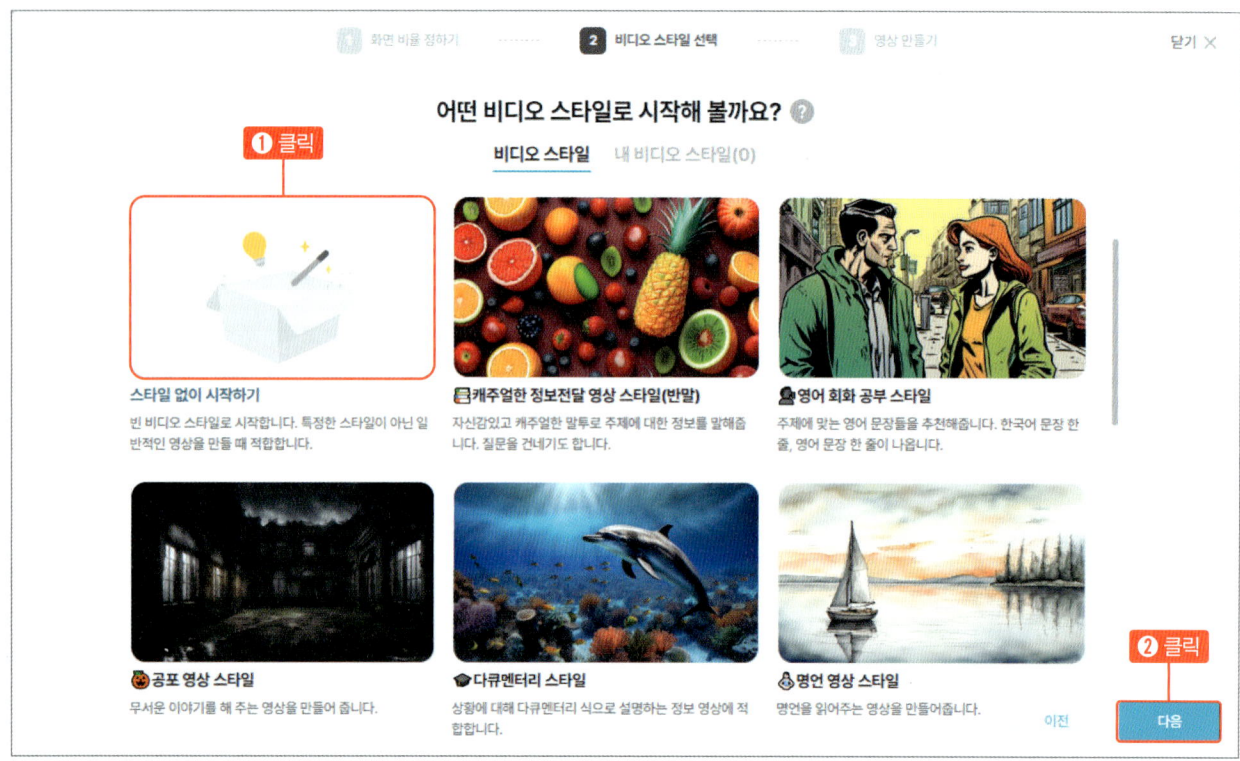

❺ 호기심을 불러일으킬 만한 쇼츠 영상의 주제를 입력하고 [AI 글쓰기]를 클릭하여 대본을 생성한 후 [영상 요소] 목록에서 영상에 적용할 AI 목소리를 선택합니다. 이어서 [완료]를 클릭하여 영상을 생성합니다.

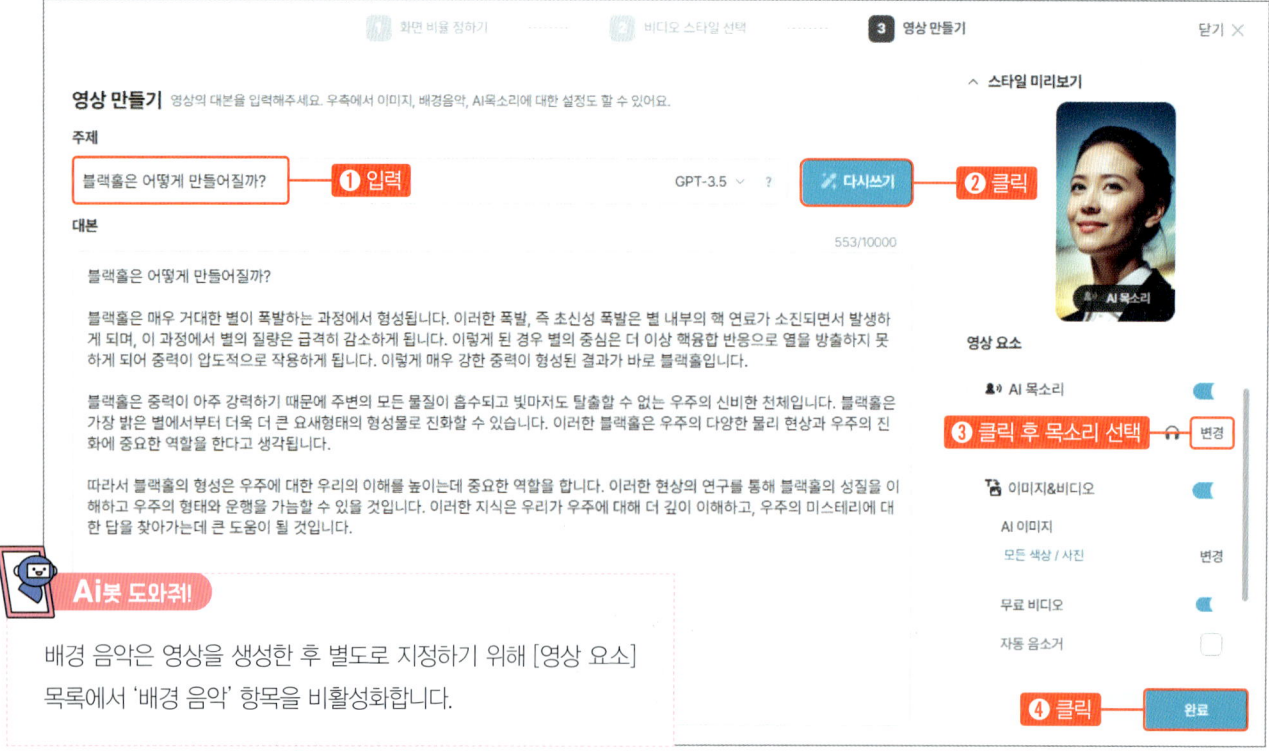

Ai봇 도와줘!

배경 음악은 영상을 생성한 후 별도로 지정하기 위해 [영상 요소] 목록에서 '배경 음악' 항목을 비활성화합니다.

쇼츠 영상 완성하기

영상의 이미지, 비디오를 다른 이미지, 비디오로 교체해 봅니다.

❶ [플레이(▶)]를 클릭하여 생성된 쇼츠 영상을 확인한 후 마음에 들지 않는 구간의 영상을 선택하고 [교체]를 클릭합니다.

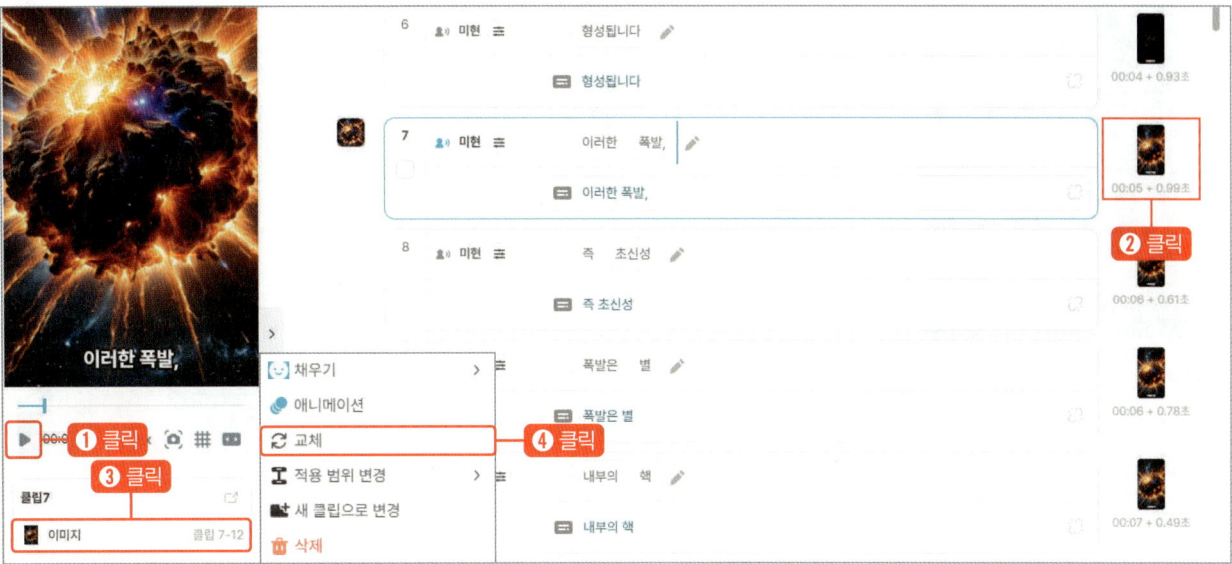

❷ [다른 이미지 또는 비디오로 교체하기] 창이 나타나면 [이미지 묘사] 창에 생성하고 싶은 이미지의 모습을 입력하고 이미지 비율을 선택한 후 [이미지 1장 생성]을 클릭합니다.

❸ 생성된 이미지와 무료 비디오를 확인한 후 원하는 이미지 또는 비디오를 선택하고 [삽입하기]를 클릭합니다.

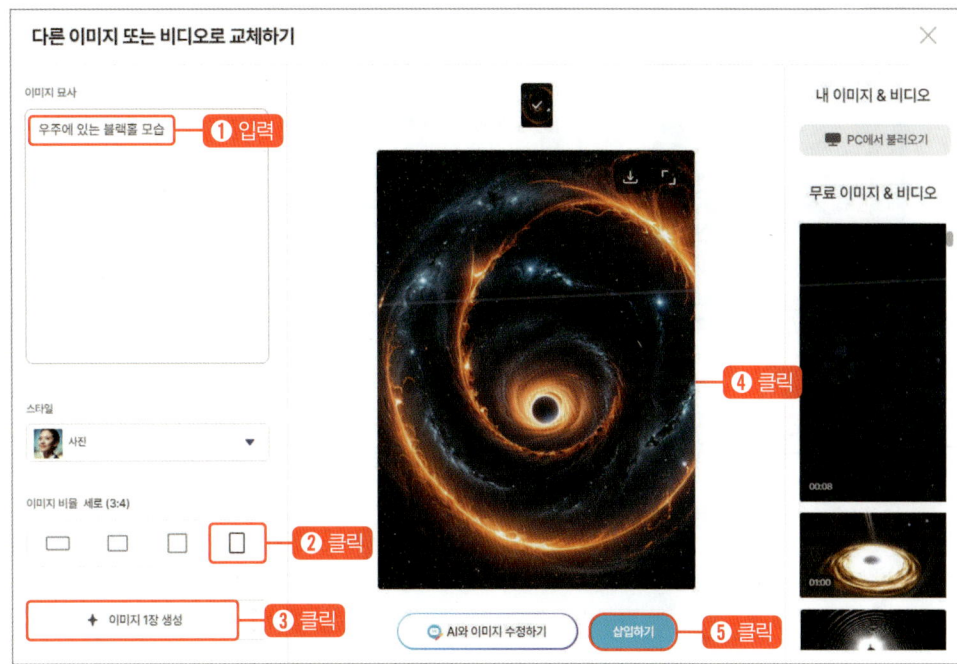

Chapter 15. 텍스트로 쇼츠 영상 만들기 **129**

❹ 영상에 삽입된 이미지를 선택한 후 [잘라서 채우기]를 클릭합니다.

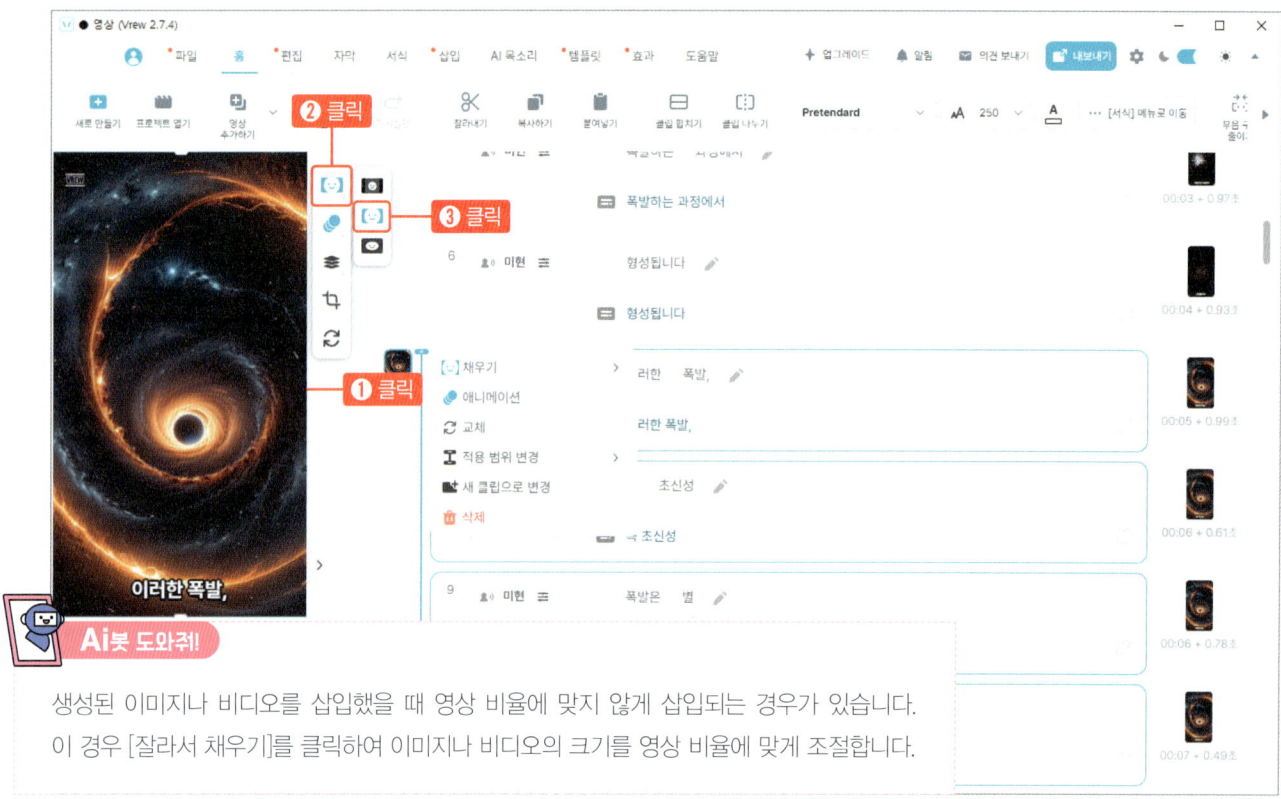

생성된 이미지나 비디오를 삽입했을 때 영상 비율에 맞지 않게 삽입되는 경우가 있습니다. 이 경우 [잘라서 채우기]를 클릭하여 이미지나 비디오의 크기를 영상 비율에 맞게 조절합니다.

❺ 자막에 애니메이션 효과를 적용하기 위해 자막을 클릭하여 미리 보기 화면에 해당 자막이 나타나면 [효과]-[등장/퇴장]에서 원하는 애니메이션 효과를 선택합니다.

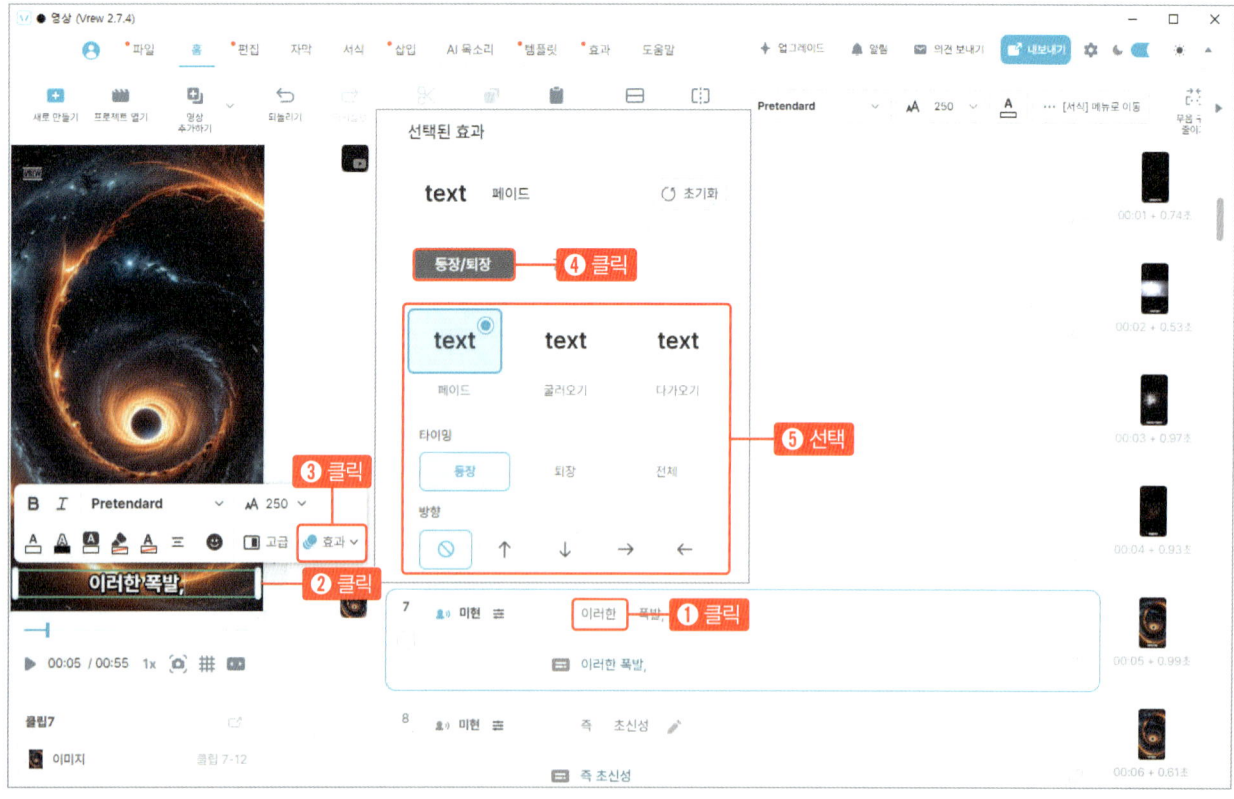

❻ 미리 보기 화면 아래쪽의 [1x]를 클릭하여 영상의 재생 속도를 조절해 봅니다.

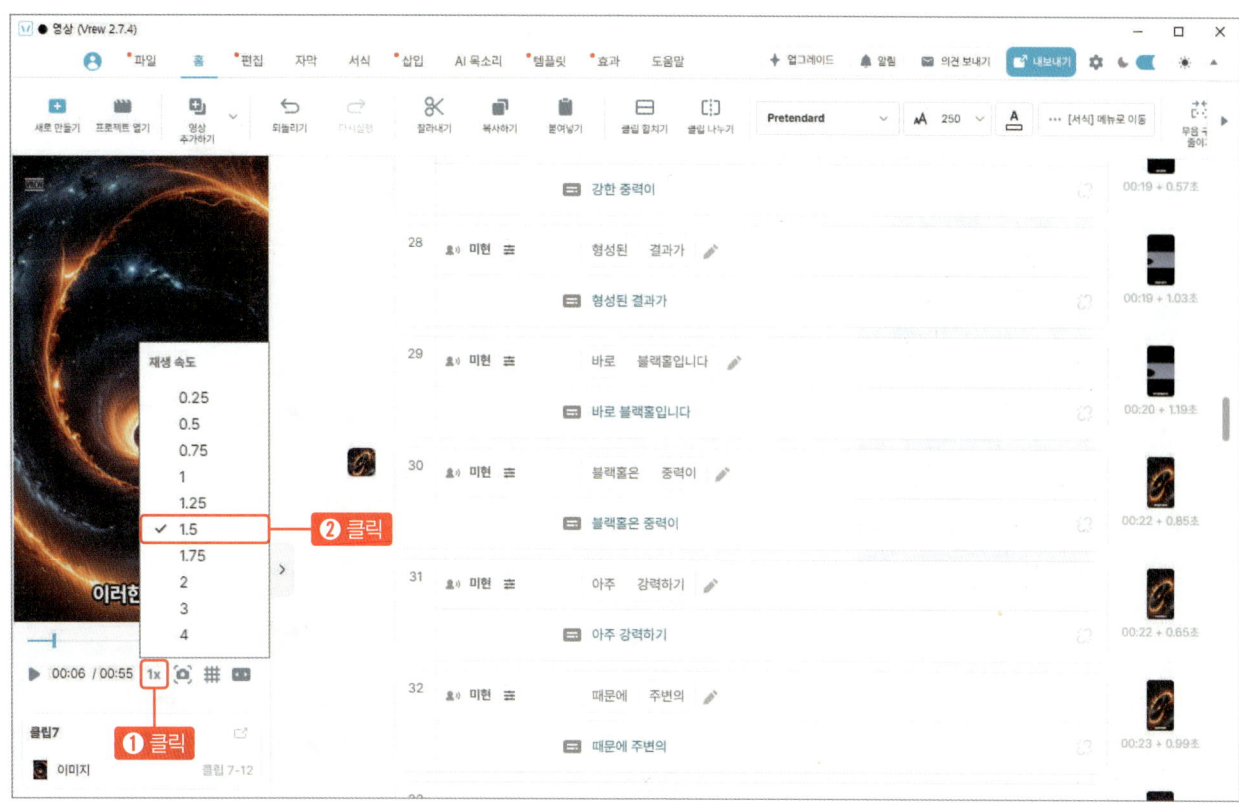

❼ 쇼츠 영상에 효과음을 적용하고 싶은 위치를 클릭하여 커서를 위치시킨 후 [삽입]-[효과음]을 클릭하여 원하는 효과음을 선택하고 [삽입하기]를 클릭합니다.

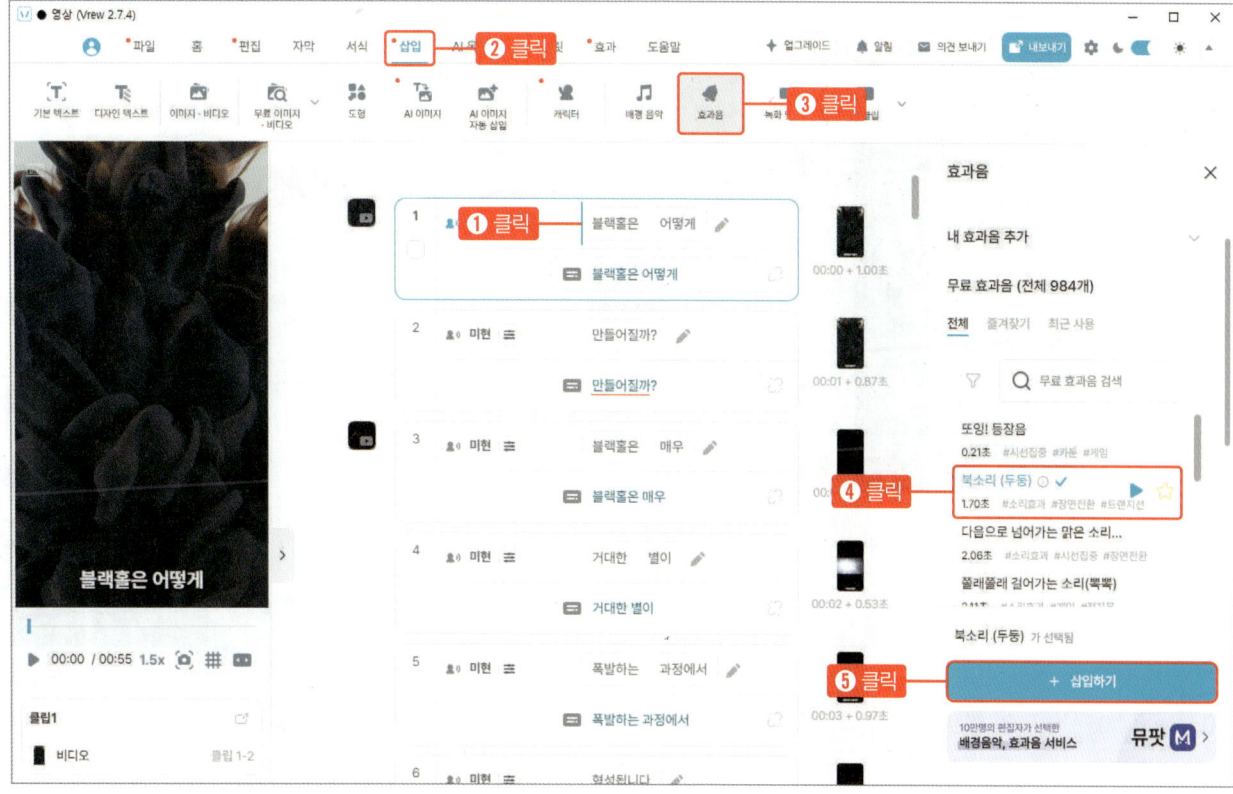

Chapter 15. 텍스트로 쇼츠 영상 만들기 **131**

❽ [삽입]-[배경 음악]을 클릭하여 쇼츠 영상에 어울리는 배경 음악의 분위기를 검색한 후 원하는 배경 음악을 선택하고 [삽입하기]를 클릭합니다.

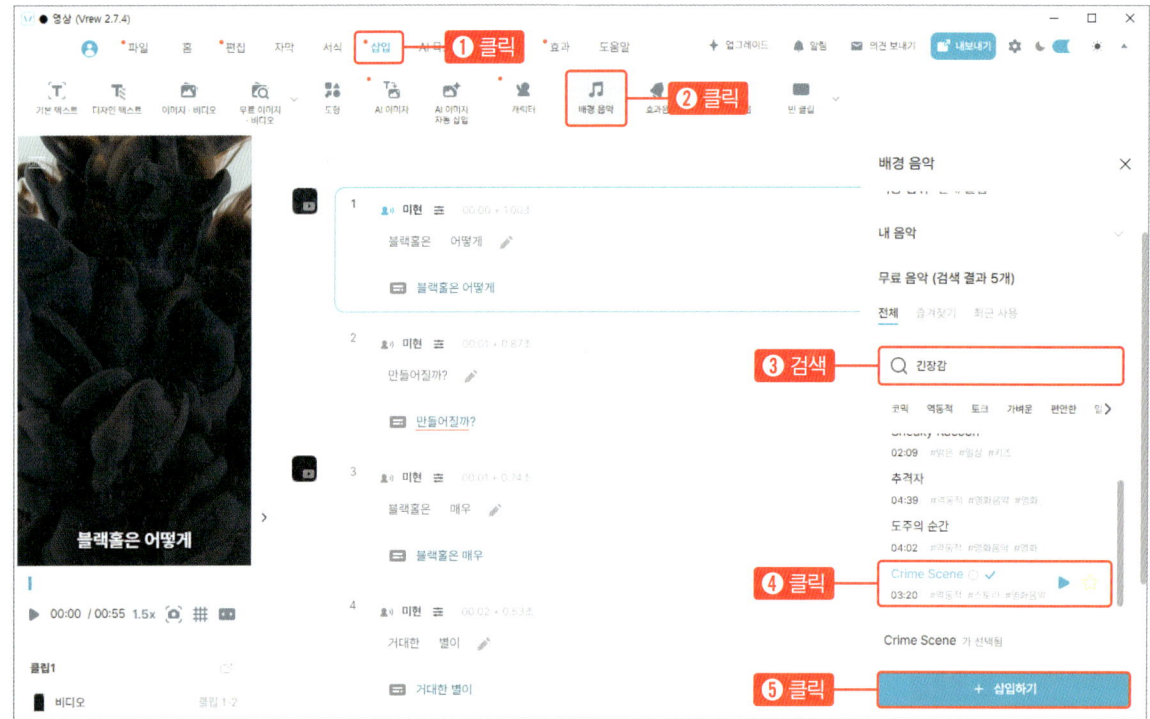

❾ [템플릿]-[템플릿]을 클릭하여 쇼츠 영상에 어울리는 템플릿을 선택한 후 [적용하기]를 클릭합니다.

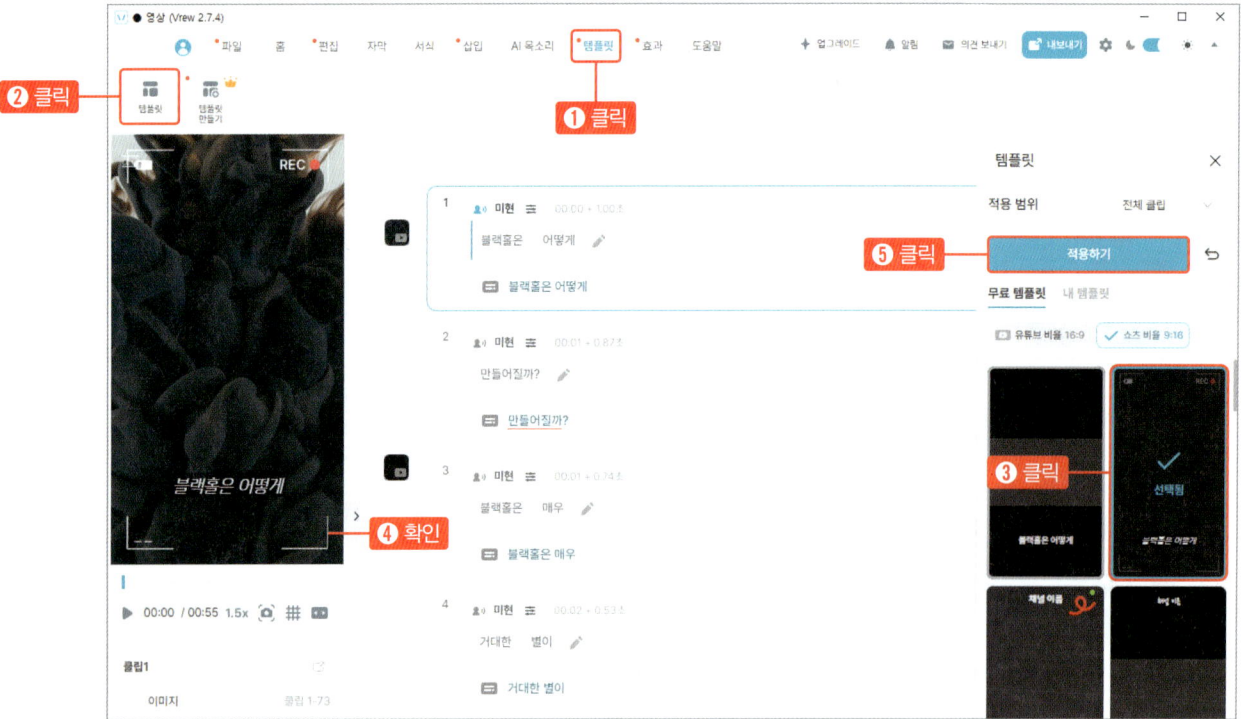

❿ 쇼츠 영상이 완성되면 영상을 확인한 후 [파일]-[영상으로 내보내기]를 클릭하여 완성된 영상을 다운로드합니다.

Ai 탐험대 ➕ 플러스 미션

📥 예제 파일 : 없음   📥 완성 파일 : 15강 미션 완성.mp4

1 '코로나 예방 방법'에 대한 주제로 AI 쇼츠 영상을 생성하고 자막의 길이를 조정해 보세요.

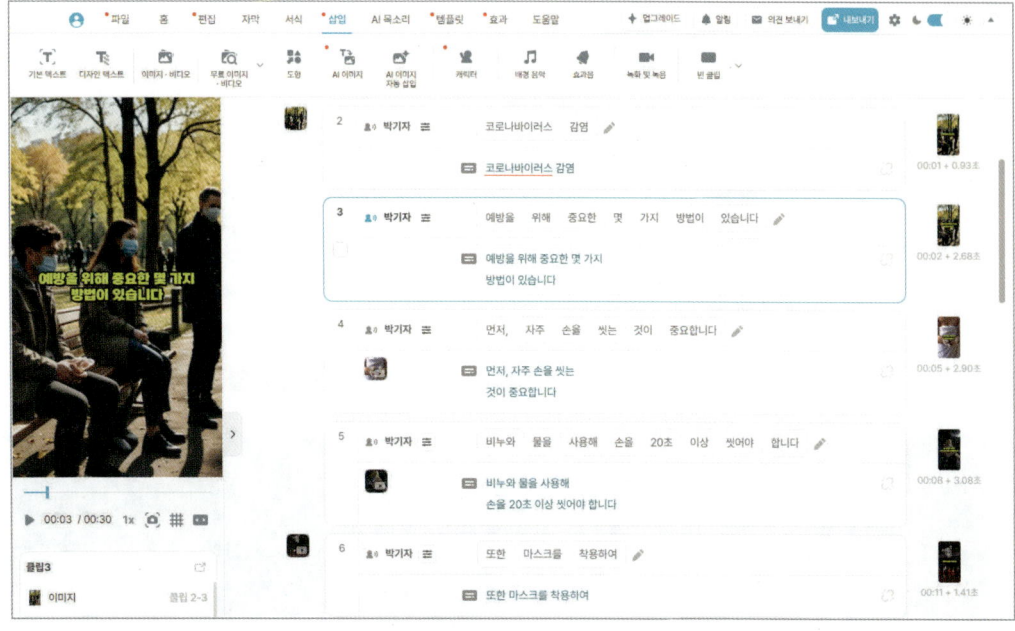

 [파일]-[새로 만들기]-[텍스트로 비디오 만들기]를 클릭하여 주제에 맞는 대본을 생성해 봅니다.

2 영상에 효과음, 배경 음악, 템플릿을 적용하여 '코로나 예방 방법' 쇼츠 영상을 완성해 보세요.

 오늘의 AI 탐험 : 수노

CHAPTER 16
애니메이션 OST 만들기

학습목표

- 수노 사이트에 접속하여 화면 구성을 확인합니다.
- 애니메이션 스토리를 이용하여 가사를 생성합니다.
- 음악 스타일을 입력하여 애니메이션 OST를 생성합니다.
- 완성된 음악을 다운로드합니다.

예제 파일 : 없음   완성 파일 : 16강 완성.mp3

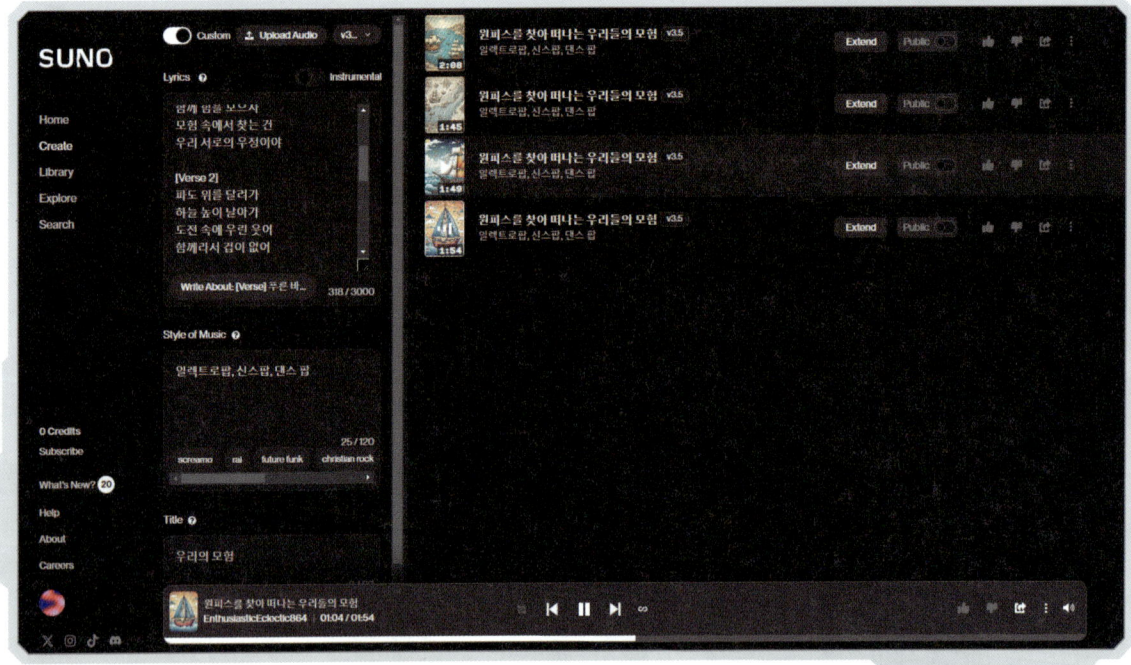

도전! AI 탐험 미션

이번 시간에는 AI 음악 생성 플랫폼인 수노 사이트에 접속하여 화면 구성을 확인해 보고 내가 좋아하는 애니메이션의 OST를 생성해 봅니다.

수노 화면 구성 확인하기

수노 사이트에 접속한 후 화면 구성을 확인해 봅니다.

❶ 인터넷 브라우저를 실행하고 수노(https://suno.com) 사이트에 접속한 후 [Sign In]을 클릭합니다.

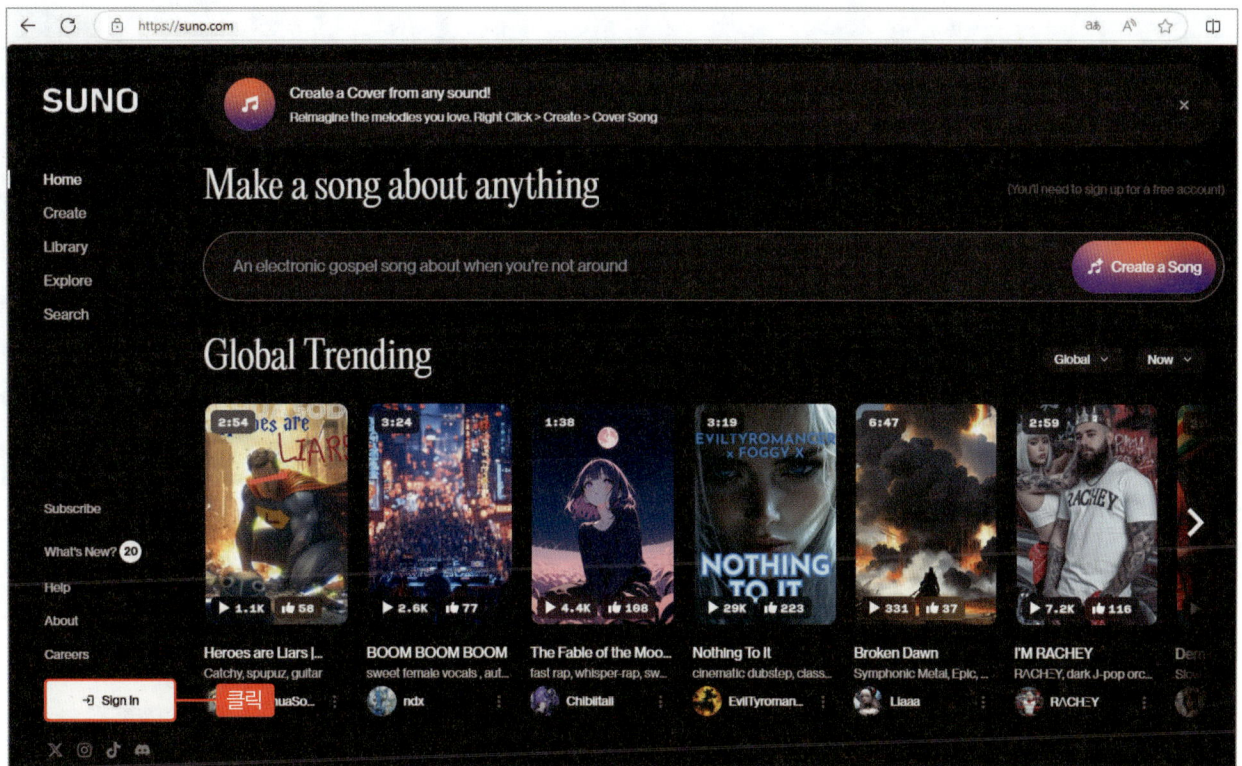

❷ [Create your account] 창이 나타나면 구글 계정으로 로그인합니다.

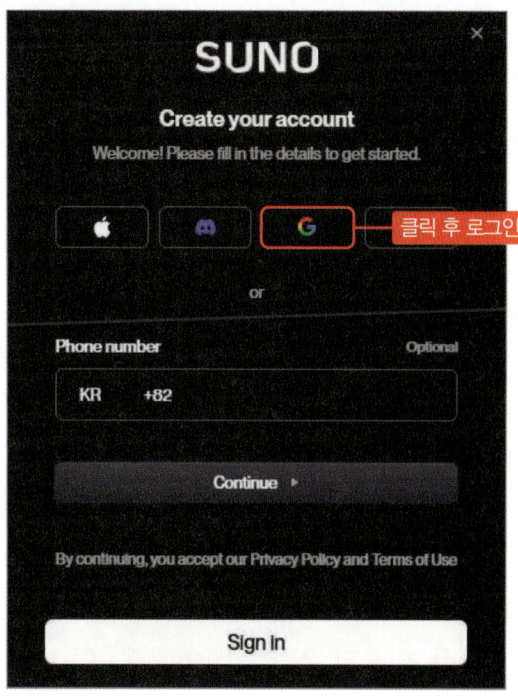

Chapter 16. 애니메이션 OST 만들기 **135**

❸ 왼쪽 메뉴에서 [Create]를 클릭한 후 수노의 화면 구성을 확인합니다.

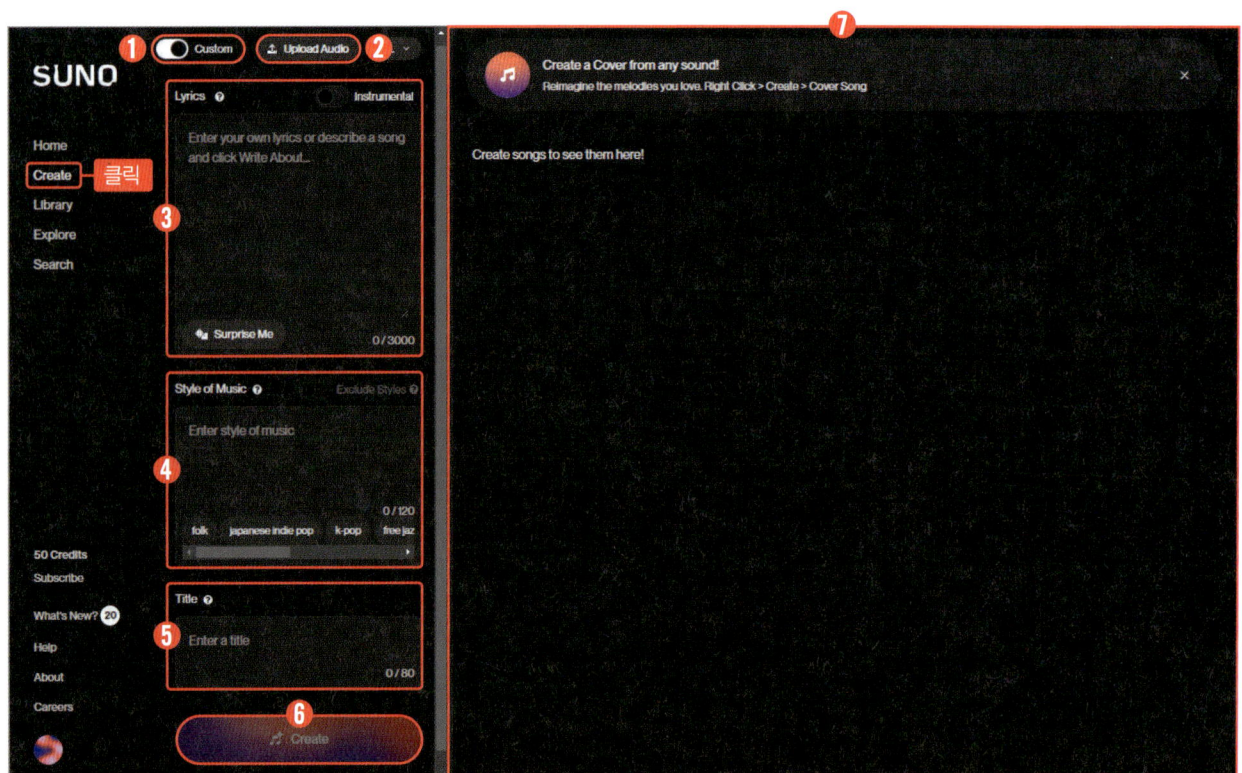

 Ai봇 도와줘!

상단의 [Custom]을 활성화한 후 화면 구성을 확인합니다.

- **Home** : 수노의 메인 페이지로 이동합니다.
- **Create** : AI를 활용하여 새로운 음악을 생성합니다.
- **Library** : 내가 생성한 음악들이 모여 있습니다.
- **Explore** : 다른 사용자가 생성한 음악을 랜덤으로 감상할 수 있습니다.
- **Search** : 필요한 음악을 검색하여 감상할 수 있습니다.

❶ **Custom**
- **Custom 적용** : 음악 생성 시 가사, 음악 스타일, 제목을 사용자가 직접 지정할 수 있습니다.
- **Custom 미적용** : 음악 생성 시 음악 장르 및 분위기만 입력하면 AI가 자동으로 음악을 생성해 줍니다.

❷ **Upload Audio** : 사용자가 녹음한 노래나 음성을 업로드할 수 있습니다.

❸ **Lyrics** : 음악 생성 시 사용할 가사를 직접 입력할 수 있습니다.
- **Instrumental** : 가사(보컬)가 없는 MR 음악을 생성합니다.
- **Surprise Me** : AI가 가사를 자동으로 생성합니다.
- **Write About** : 가사를 간단하게 입력하면 Song Form(Verse, Chorus, Bridge)을 자동으로 구분하여 가사를 완성합니다.

❹ **Style of Music** : 사용자가 입력한 음악 스타일을 적용하여 음악을 생성할 수 있습니다.

❺ **Title** : 음악의 제목을 입력할 수 있습니다.

❻ **Create** : 음악을 생성할 수 있습니다.

❼ 생성된 음악을 확인할 수 있습니다.

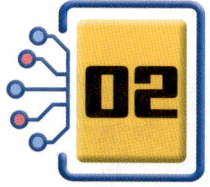

02 애니메이션 OST 생성하기

수노를 활용하여 좋아하는 애니메이션의 OST를 생성해 봅니다.

❶ 애니메이션 OST를 생성하기 위해 좋아하는 애니메이션의 스토리를 작성해 봅니다.

애니메이션 제목	예) 원피스
애니메이션 스토리	예) 세상에서 가장 진귀한 보물인 원피스를 찾기 위해 푸른 바다로 모험을 떠난다. 모험 속에서 우정을 쌓는다.

❷ 수노 화면에서 [Lyrics] 창에 앞서 작성한 스토리를 입력한 후 [Write About]을 클릭하여 AI의 도움을 받아 가사를 생성합니다.

Ai봇 도와줘! Song Form 이해하기

- Intro(인트로) : 음악의 전주 부분으로, 반주만 흘러 나옵니다.
- Verse(벌스) : 음악이 시작되는 부분으로 편안한 멜로디가 노래의 상황과 분위기를 소개합니다.
- Bridge(브릿지) : Verse와 Chorus를 자연스럽게 연결하는 부분으로, Bridge 대신 Rap을 사용하는 경우도 있습니다.
- Chorus(코러스) : 후렴 부분으로, Sabi(싸비) 또는 Hook(훅)이라고도 합니다.
- Outro(아웃트로) : 음악을 마무리하는 부분입니다.

Chapter 16. 애니메이션 OST 만들기

❸ Song Form을 확인한 후 가사와 Song Form을 자유롭게 수정해 봅니다.

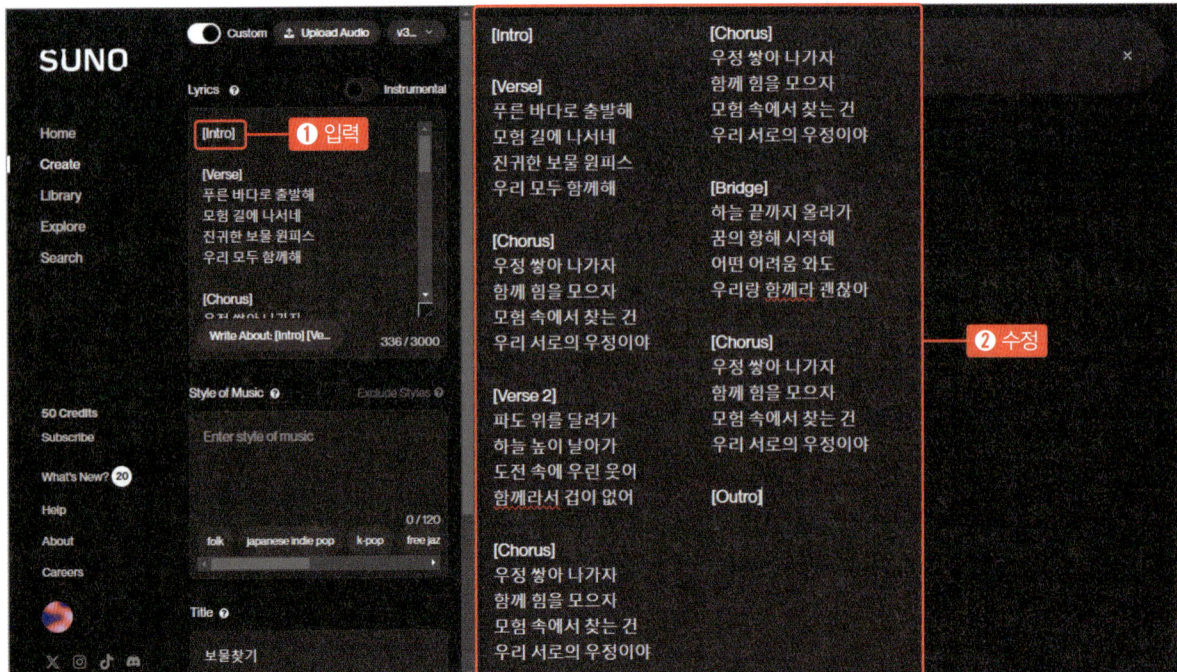

 Ai봇 도와줘!

- 완성된 Song From 중에 Intro 부분이 없으면 음악이 시작될 때 바로 가사(보컬)가 나올 수 있고, Outro 부분이 없으면 음악이 마무리되는 느낌이 없이 바로 끝날 수 있습니다.
- AI가 생성한 가사를 그대로 사용하지 않고 애니메이션의 느낌을 최대한 살릴 수 있도록 가사를 수정해 봅니다.

❹ [Title] 창에 생성된 음악의 제목을 확인하여 마음에 들지 않는다면 수정해 봅니다.

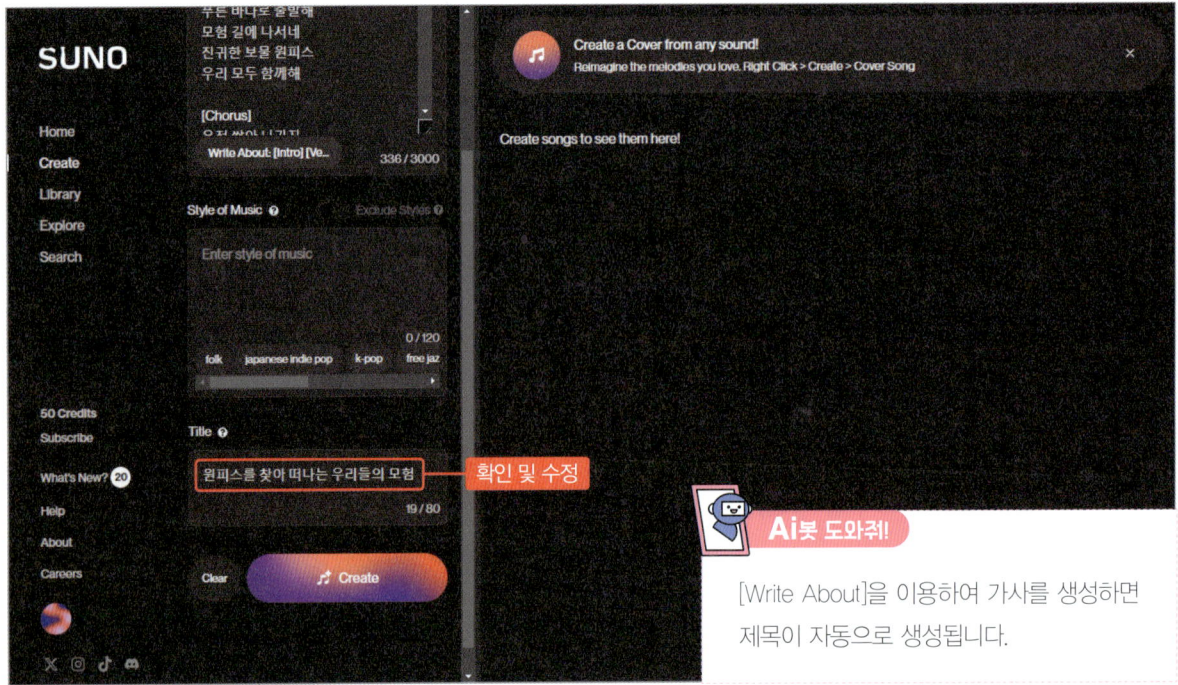

❺ 애니메이션에 어울리는 음악 스타일을 찾아 [Style of Music] 창에 입력합니다.

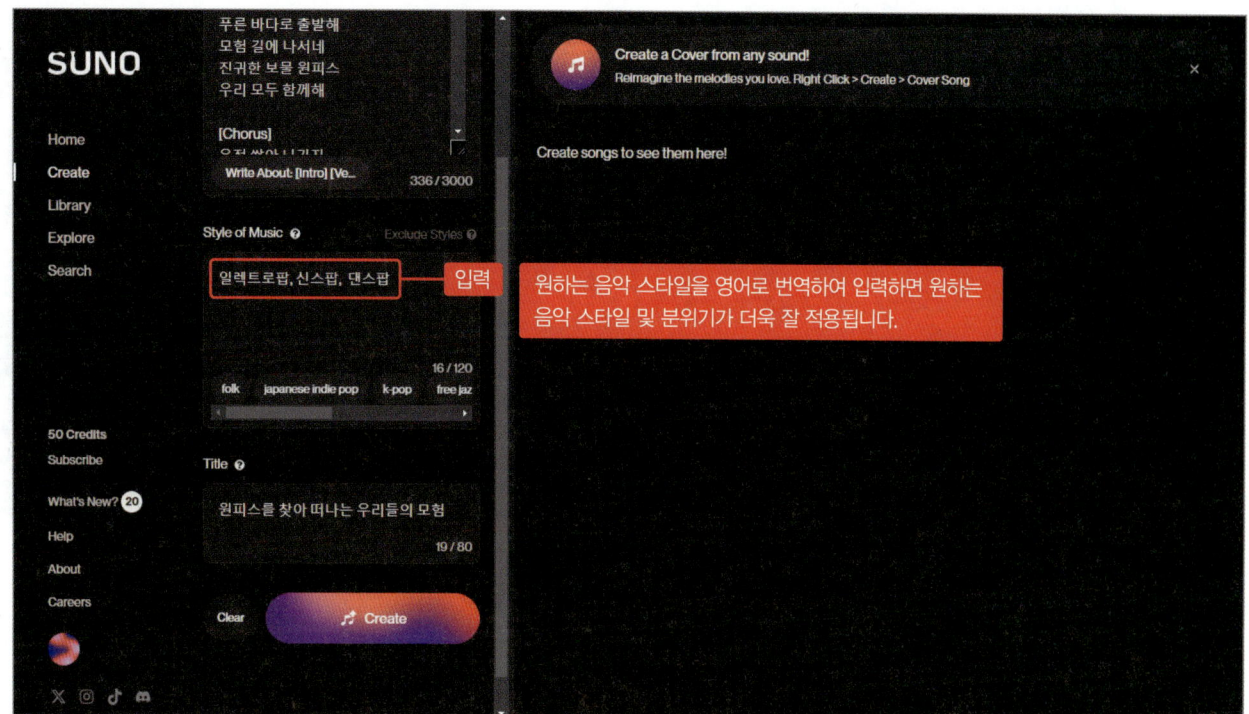

 Ai봇 도와줘! 음악의 장르와 특징

- 클래식 : 고전 음악으로 오케스트라, 실내악, 오페라 등이 포함됩니다. 주요 작곡가로는 바흐, 모차르트, 베토벤 등이 있습니다.
- 재즈 : 즉흥 연주가 특징이며 스윙, 비밥, 퓨전 등 다양한 하위 장르가 있습니다. 색소폰, 트럼펫 등의 악기가 자주 사용됩니다.
- 록 : 강한 비트와 일렉트릭 기타가 특징입니다.
- 팝 : 대중적이고 상업적인 음악으로 멜로디가 쉽고 흥얼거리기 좋은 곡들이 많습니다.
- 힙합 : 랩과 비트가 중심으로 사회적 메시지나 개인적인 이야기를 담은 가사가 특징입니다.
- EDM(일렉트로닉 댄스 뮤직) : 하우스, 트랜스, 덥스텝 등 다양한 하위 장르가 있습니다. 전자 악기가 주를 이룹니다.
- 블루스 : 감정적인 가사와 슬픈 멜로디가 특징인 장르로 주로 기타와 하모니카가 사용됩니다.
- 컨트리 : 미국의 전통 음악으로 주로 기타, 바이올린, 만돌린 등의 악기를 사용합니다.
- 레게 : 자메이카에서 유래된 장르로 리듬이 독특하고 사회적 메시지를 담은 곡들이 많습니다.
- R&B(리듬 앤 블루스) : 1940년대에 생겨난 장르로, 블루스와 재즈의 영향을 받았습니다. 감정적인 멜로디와 리드미컬한 비트가 특징이며 소울풀한 보컬이 많이 사용됩니다.
- 인디 : 독립 레이블이나 아티스트에 의해 제작되는 음악을 의미합니다. 상업적인 큰 레이블과는 거리가 있으며, 다양한 스타일과 실험적인 사운드가 특징입니다. 인디 록, 인디 팝 등 다양한 하위 장르가 존재합니다.
- 발라드 : 감정적인 내용과 서정적인 멜로디를 가진 곡을 의미합니다. 보통 사랑, 이별, 그리움 등의 주제를 다루며 강한 감정을 전달하는 데 초점을 맞춥니다.
- 어쿠스틱 팝 : 어쿠스틱 악기를 사용하여 만든 팝 음악의 한 장르입니다. 주로 기타, 피아노, 바이올린 등의 자연스러운 소리를 강조하며, 감성적이고 부드러운 멜로디가 특징입니다.

❻ 가사와 음악 스타일을 입력했다면 [Create]를 클릭하여 애니메이션 OST를 생성하고 생성된 음악을 감상해 봅니다.

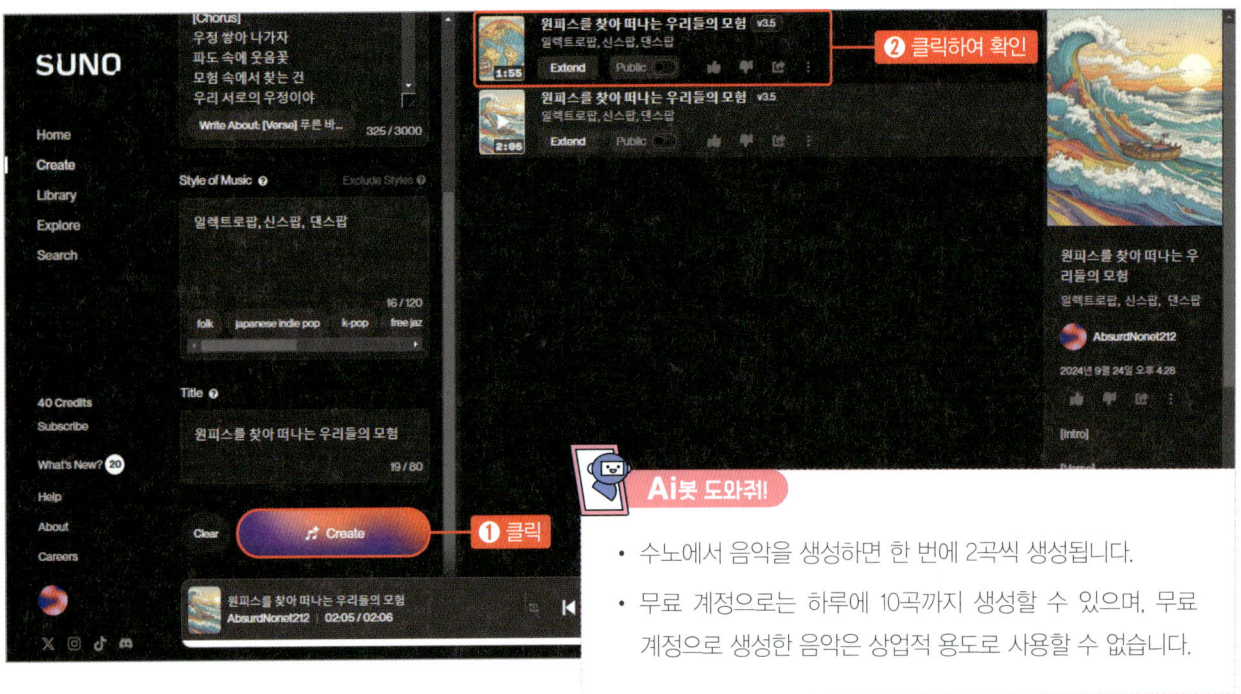

- 수노에서 음악을 생성하면 한 번에 2곡씩 생성됩니다.
- 무료 계정으로는 하루에 10곡까지 생성할 수 있으며, 무료 계정으로 생성한 음악은 상업적 용도로 사용할 수 없습니다.

❼ 생성된 음악이 마음에 들지 않을 경우 가사와 음악 스타일을 변경하고 다시 [Create]를 클릭하여 새로운 음악을 생성해 봅니다.

❽ 원하는 음악이 생성되면 [더보기(▪)]를 클릭하고 [Download]-[Audio]를 클릭하여 완성된 OST를 다운로드합니다.

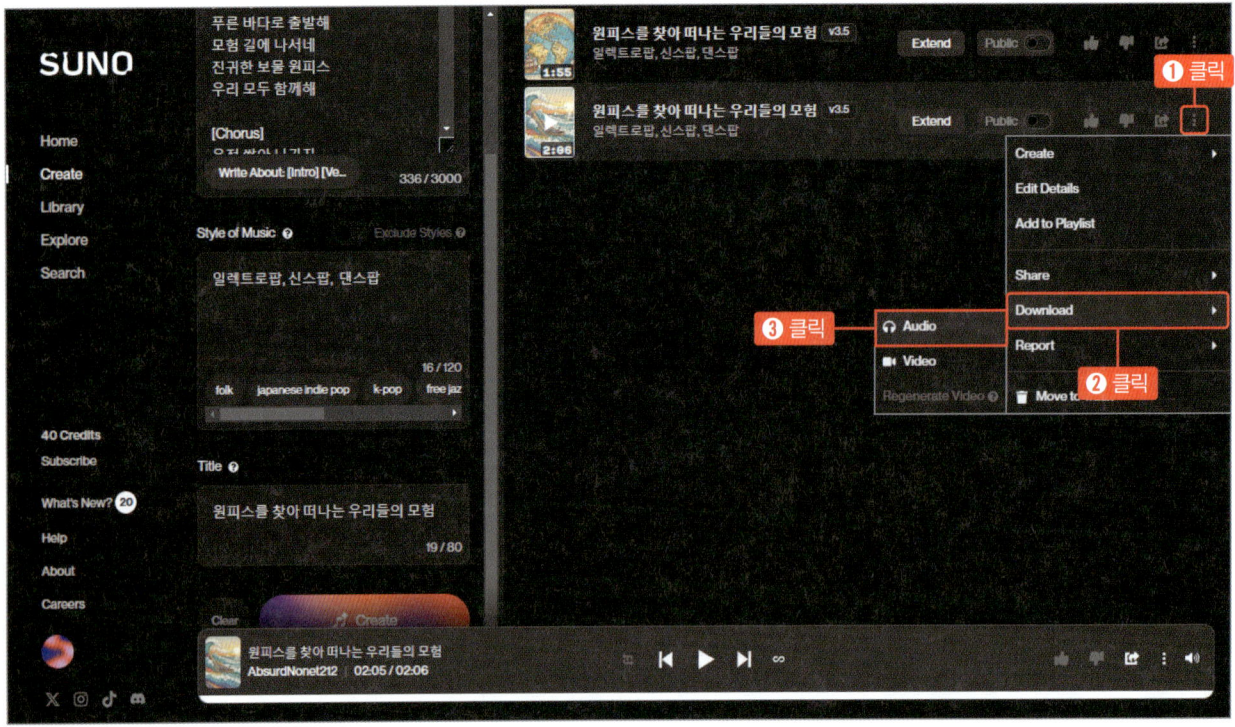

140 [나의 첫 인공지능 만들기] AI 탐험대

AI 탐험대 ➕ 플러스 미션

📄 예제 파일 : 없음   📄 완성 파일 : 16강 미션 완성.mp3

1 학교 생활 중 기억에 남는 에피소드를 이용하여 에피소드 스토리를 작성해 보세요.

에피소드	예) 오늘 점심 메뉴는 뭐야?
에피소드 스토리	예) 학교는 친구들을 만나는 즐거움도 있지만 맛있는 음식이 가득한 점심시간도 기다리고 있지! 특히 수요일이 제일 기대돼!

2 작성한 에피소드 스토리를 활용하여 수노에서 재미있는 동요를 생성해 보세요.

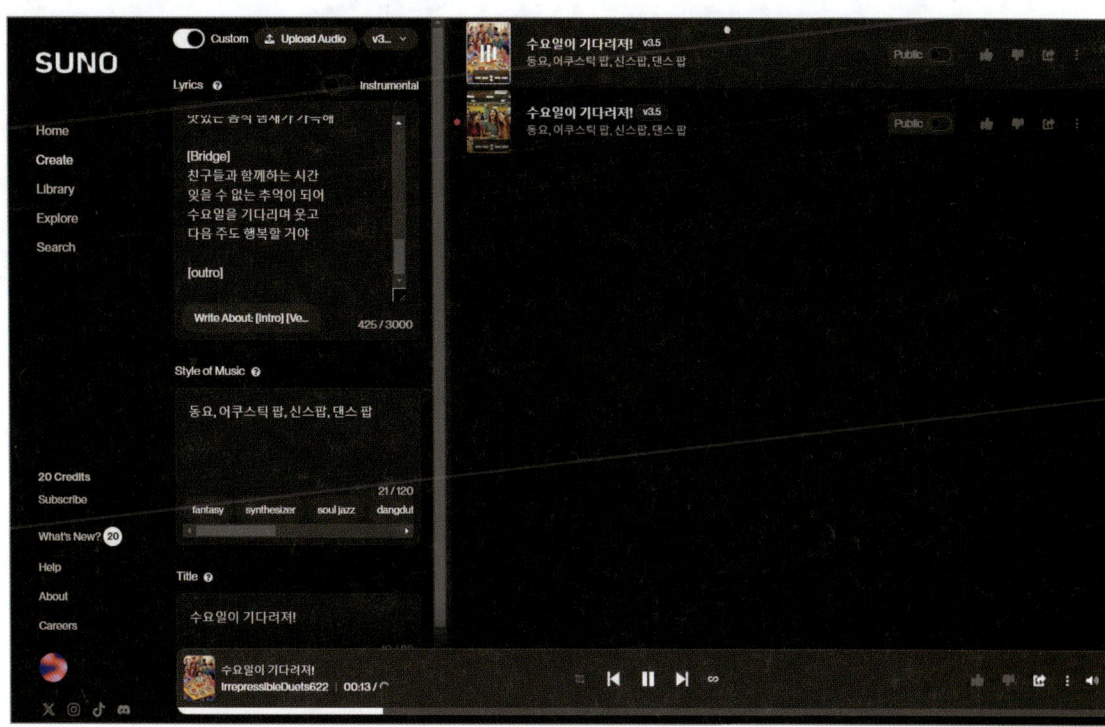

Chapter 16. 애니메이션 OST 만들기

CHAPTER 17 크리스마스 캐롤 만들기

오늘의 AI 탐험 : 뤼튼, 수노

학습목표

- 크리스마스에 일어났던 에피소드를 작성합니다.
- 뤼튼에서 작성한 에피소드를 정리합니다.
- 뤼튼이 정리해준 내용을 수정하여 캐롤 가사를 완성합니다.
- 수노에서 크리스마스 캐롤을 생성합니다.

예제 파일 : 없음　　완성 파일 : 17강 완성.mp3

도전! AI 탐험 미션

이번 시간에는 크리스마스에 일어났던 에피소드를 작성해 보고, 뤼튼을 활용하여 에피소드 내용을 바탕으로 크리스마스 캐롤의 가사를 생성해 본 후 수노에서 완성된 가사와 어울리는 크리스마스 캐롤을 생성해 봅니다.

01 크리스마스 캐롤 가사 만들기

뤼튼을 활용하여 크리스마스 캐롤의 가사를 생성해 봅니다.

❶ 크리스마스에 일어났던 기억에 남는 에피소드와 크리스마스에 하고 싶은 일들을 정리하여 작성해 봅니다.

기억에 남는 에피소드	예) 크리스마스가 다가오면 크리스마스를 기다리며 온 가족이 거실에 크리스마스 트리를 장식했어.
크리스마스에 하고 싶은 일	예) 1. 함박눈이 펑펑 내리는 날 아무도 밟지 않는 눈 위에 내 발자국을 남기고 싶어. 2. 화이트 크리스마스가 보고 싶어. 3. 크리스마스 트리를 꾸미고 싶어.

❷ 인터넷 브라우저를 실행한 후 뤼튼(https://wrtn.ai) 사이트에 접속하고 로그인합니다.

❸ 목적을 [AI 과제와 업무]로 선택하고 프롬프트 입력 칸에 그림과 같이 프롬프트를 입력하여 앞서 작성한 내용을 서술형으로 정리합니다.

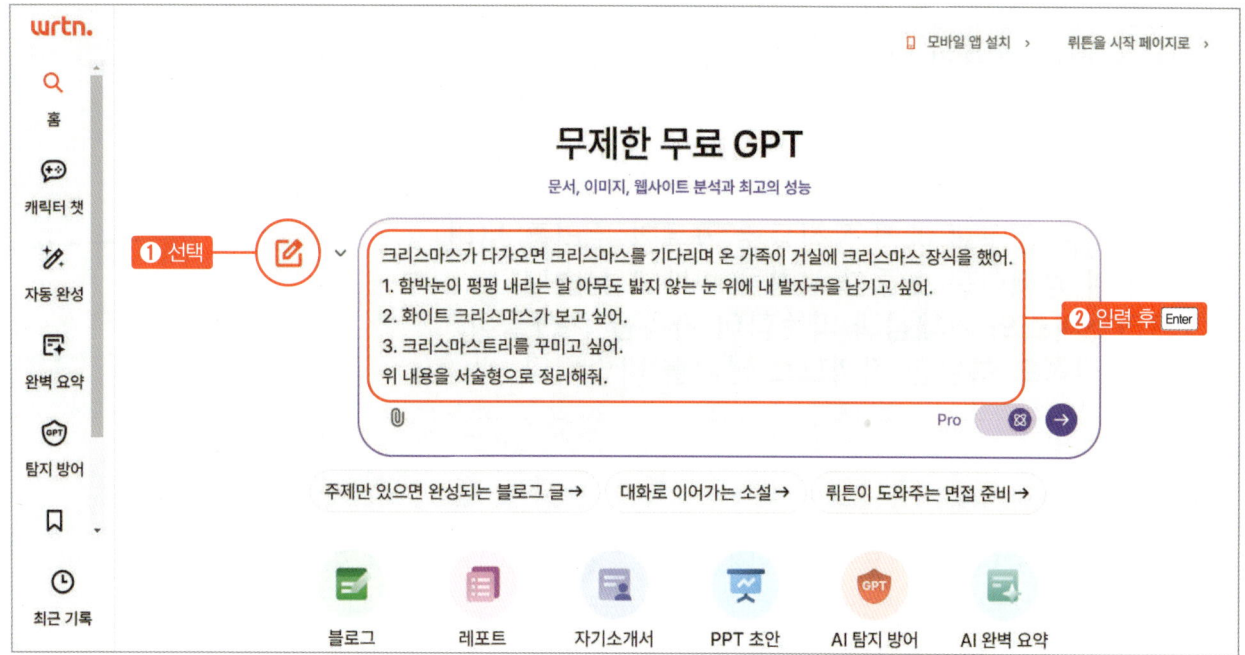

Chapter 17. 크리스마스 캐롤 만들기

❹ 답변이 생성되면 [복사하기(📋)]를 클릭하여 내용을 복사합니다.

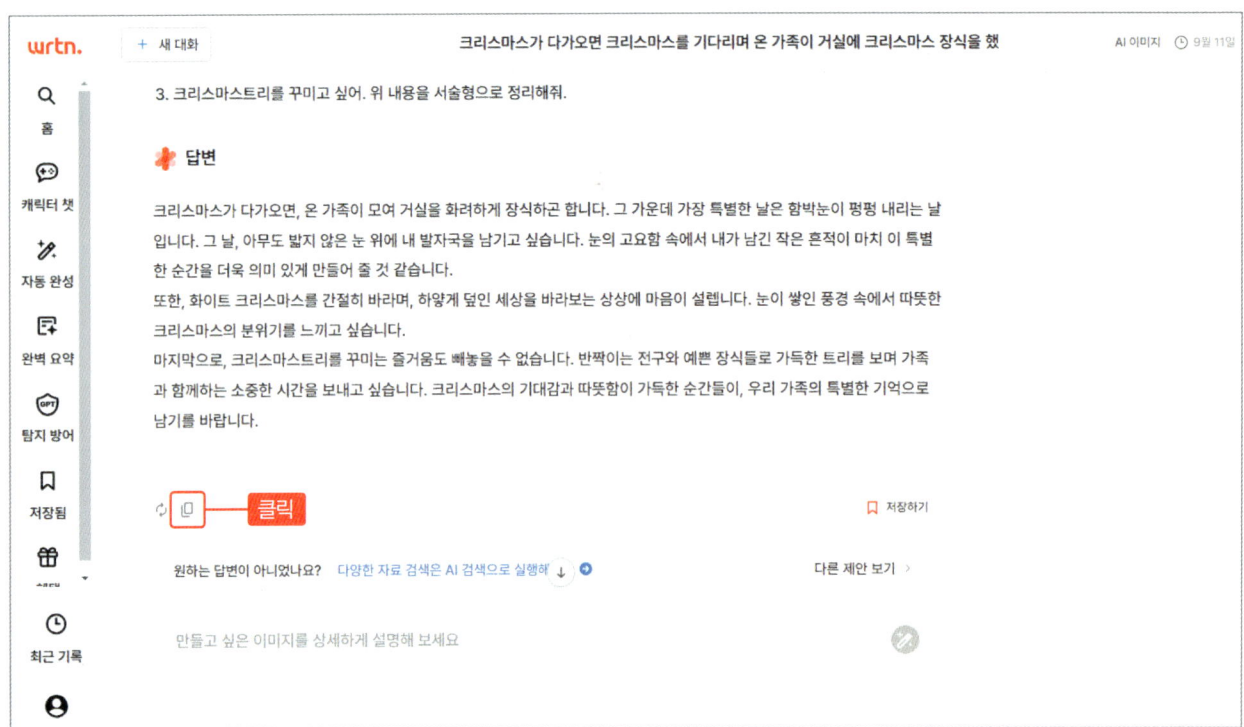

❺ [메모장]을 실행하고 복사한 내용을 붙여 넣은 후 마음에 들지 않는 부분은 직접 수정해 봅니다.

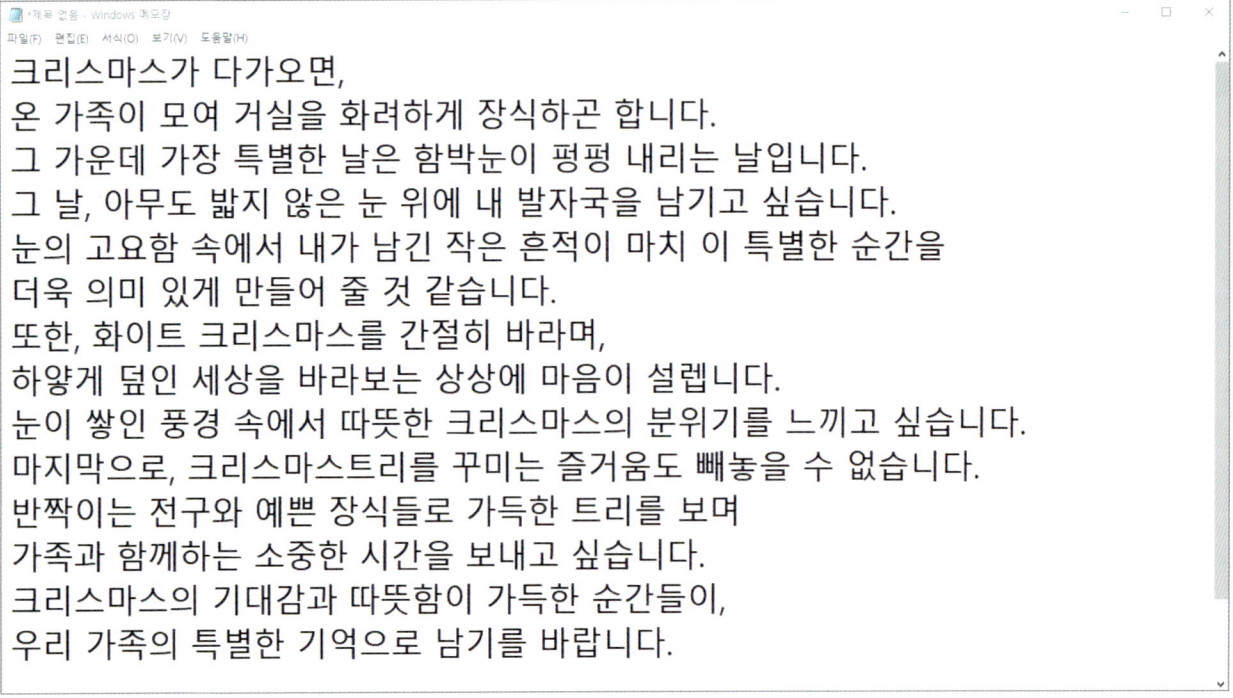

 **Ai봇 도와줘!**

뤼튼이 정리해준 내용이 마음에 들더라도 본인 스스로 내용을 정리해 봅니다. AI는 간혹 사실이 아닌 것을 사실인 것처럼 꾸며내는 경우도 있기 때문에 AI가 생성한 결과를 직접 검토해 보는 시간을 갖는 것이 중요합니다.

❻ 뤼튼 화면으로 돌아와 프롬프트를 입력하여 메모장에서 정리한 내용을 바탕으로 크리스마스 캐롤의 가사를 완성합니다.

| 프롬프트 예시 | 크리스마스가 다가오면,
온 가족이 함께 거실에서 크리스마스 장식을 하며 특별한 분위기를 만듭니다.
이 시기가 되면 우린 설렘으로 가득 차고,
각자의 크리스마스에 대한 기대를 품고 있습니다.
저는 크리스마스에 하고 싶은 일이 몇 가지 있습니다.
첫째, 함박눈이 펑펑 내리는 날,
아무도 밟지 않은 하얀 눈 위에 제 발자국을 남기고 싶습니다.
그 순간의 고요함과 순수함을 느끼며, 첫눈의 아름다움을 만끽하고 싶어요.
둘째, 화이트 크리스마스를 보고 싶습니다.
눈으로 덮인 풍경 속에서 크리스마스의 특별한 매력을 느끼고 싶습니다.
마지막으로, 크리스마스 트리를 꾸미고 싶습니다.
화려한 장식과 반짝이는 조명으로 트리를 꾸미며,
가족과 함께 따뜻한 시간을 보내고 싶습니다.
크리스마스에 반짝이는 새로운 추억이 크리스마스 조명처럼 쌓이길 바랍니다.

위 내용을 참고하여 초등학생이 크리스마스에 부를 수 있는 신나고, 재미있는 크리스마스 캐롤 가사를 반말로 만들어 줘. 중간에 랩이 들어가게 해줘. song form을 영어로 나누고, 제목도 만들어 줘. |

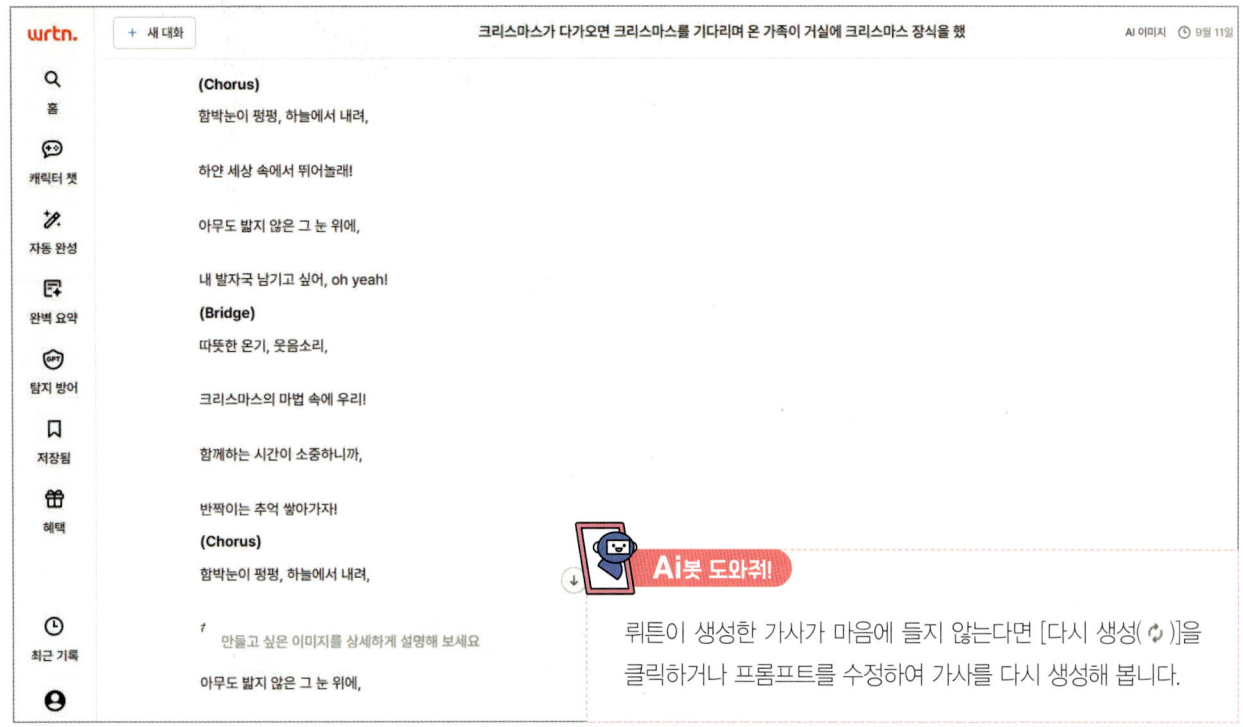

Ai봇 도와줘!

뤼튼이 생성한 가사가 마음에 들지 않는다면 [다시 생성(↻)]을 클릭하거나 프롬프트를 수정하여 가사를 다시 생성해 봅니다.

Chapter 17. 크리스마스 캐롤 만들기

크리스마스 캐롤 완성하기

생성한 가사를 수노에 입력하여 크리스마스 캐롤을 완성해 봅니다.

❶ 수노(https://suno.com) 사이트에 접속하고 [Sign In]을 클릭하여 로그인한 후 왼쪽 메뉴에서 [Create]를 클릭합니다.

❷ [Custom]을 활성화하고 [Lyrics] 창에 뤼튼에서 생성한 크리스마스 캐롤 가사를 붙여 넣은 후 불필요한 내용은 삭제합니다.

뤼튼에서 생성한 Song Form이 한글로 생성되어 있을 경우 Song Form을 영어로 수정한 후 대괄호로 묶어줍니다.

가사

[Intro]

[Verse 1]
크리스마스가 다가오면,
거실에서 트리를 장식해.
특별한 날 설레는 마음,
크리스마스가 기다려져.

[Chorus]
첫눈이 펑펑 내리면,
하얀 눈 위에 발자국 찍고,
하얀 눈으로 눈사람을 만들자!

[Rap]
Yo! 크리스마스, 신나는 날,
눈이 내리면 다들 나와,
하얀 세상 속에서 뛰어 놀아.
함박눈 아래서 웃음이 피어나!
트리 장식, 반짝이는 조명,
가족과 함께 보내는 행복한 순간!

[Verse 2]
화이트 크리스마스를 기다려.
눈 덮인 세상으로 달려나가.
눈사람 만들고, 썰매도 타.
선물도 가득할 거야!

[Chorus]
첫눈이 펑펑 내리면,
하얀 눈 위에 발자국 찍고,
하얀 눈으로 눈사람을 만들자!

[Outro]
크리스마스의 순간, 잊지 않을 거야.
반짝이는 추억, 조명처럼 쌓여가.
함께하는 이 시간, 영원히 기억해.
신나는 크리스마스, 우리와 함께해!

❸ 뤼튼 화면을 열고 프롬프트를 입력하여 앞서 만든 크리스마스 캐롤 가사에 어울리는 음악 장르를 알아봅니다.

우리가 만든 크리스마스 캐롤 가사에 어울리는 신나는 느낌의 음악 장르를 알려줘. ─ 입력 후 Enter

🌸 답변

우리가 만든 크리스마스 캐롤 가사에 어울리는 신나는 음악 장르는 **팝**이나 **댄스**입니다. 경쾌한 비트와 멜로디가 잘 어우러져서, 가족과 함께 즐겁게 부르기 좋을 거예요. 또, **힙합** 요소가 들어간 **크리스마스 랩** 스타일도 재미있을 것 같아요! 이런 장르들은 모두 신나는 분위기를 만들어 줄 수 있습니다.

❹ 수노 화면으로 돌아와 [Style of Music] 창에 음악 장르를 입력하고 [Title] 창에 크리스마스 캐롤 제목을 입력한 후 [Create]를 클릭합니다.

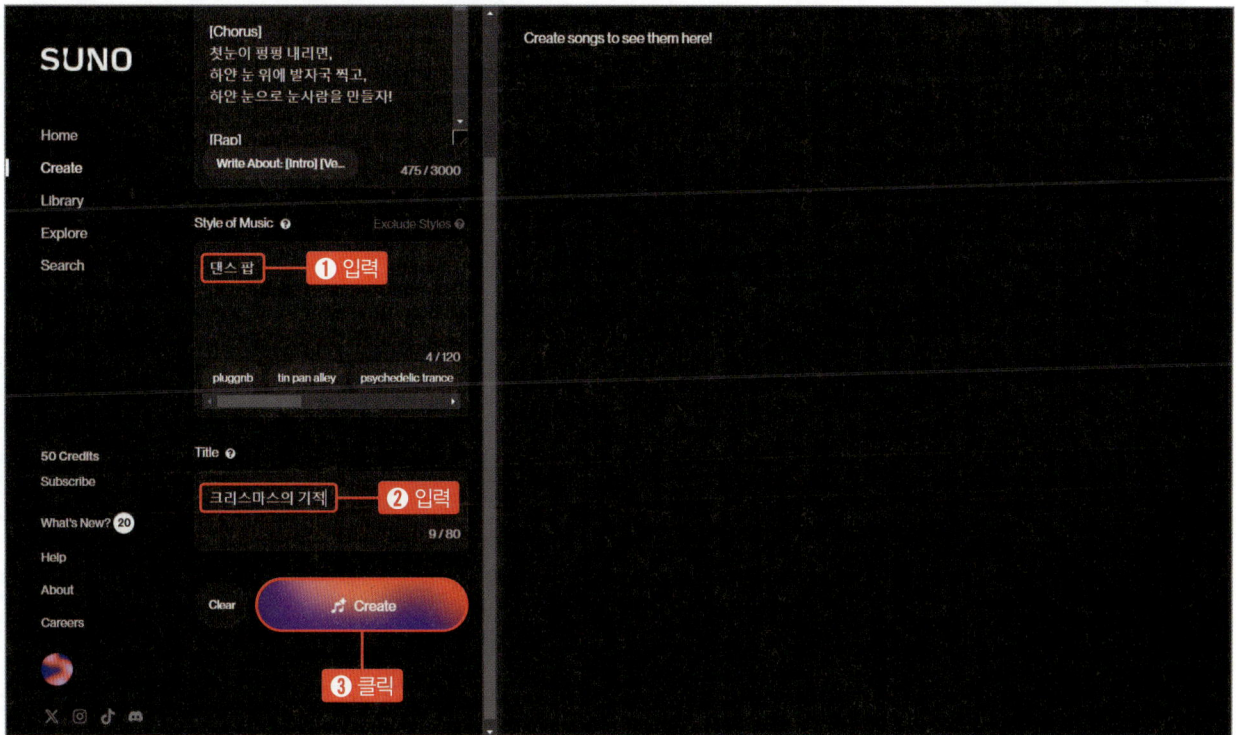

Ai봇 도와줘!

뤼튼을 활용하여 크리스마스 캐롤에 어울리는 제목을 생성해도 좋습니다.

❺ 생성된 크리스마스 캐롤을 감상해본 후 마음에 들지 않는다면 장르 및 분위기를 수정하거나 가사를 수정하여 음악을 다시 생성해 봅니다.

❻ 원하는 크리스마스 캐롤이 생성되면 [더보기(　)]-[Download]-[Audio]를 클릭하여 음악을 다운로드합니다.

AI 탐험대 ➕ 플러스 미션

📥 예제 파일 : 없음   📥 완성 파일 : 17강 미션 완성.mp3

1 뤼튼을 활용하여 할로윈 데이를 주제로 한 음악의 가사를 생성해 보세요.

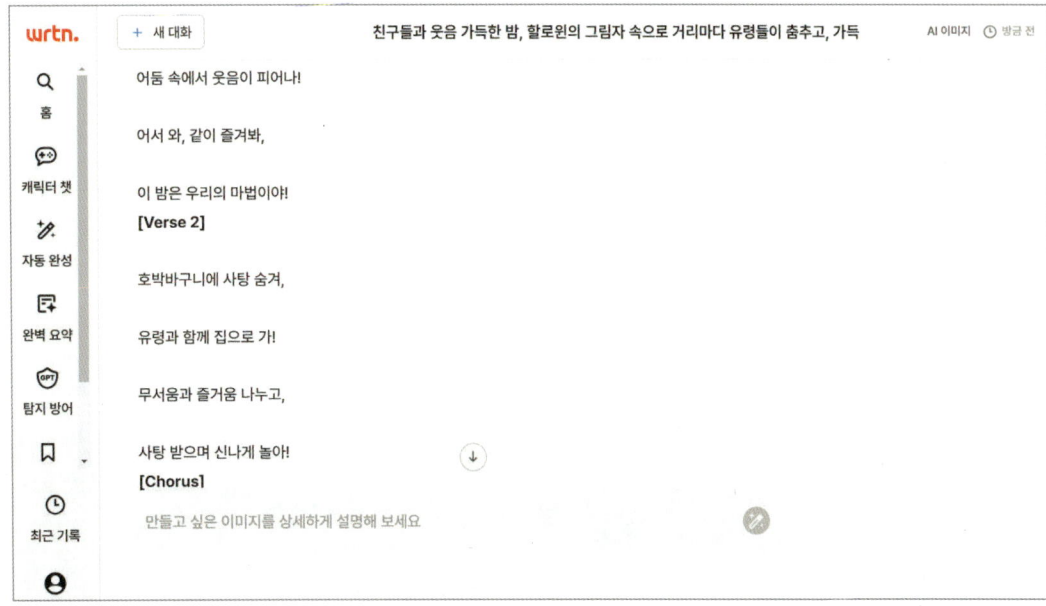

 할로윈 데이와 관련된 에피소드와 할로윈 데이에 하고 싶은 일을 정리해 봅니다.

2 뤼튼에서 만든 가사를 활용하여 수노에서 할로윈 데이에 부를 수 있는 음악을 생성해 보세요.

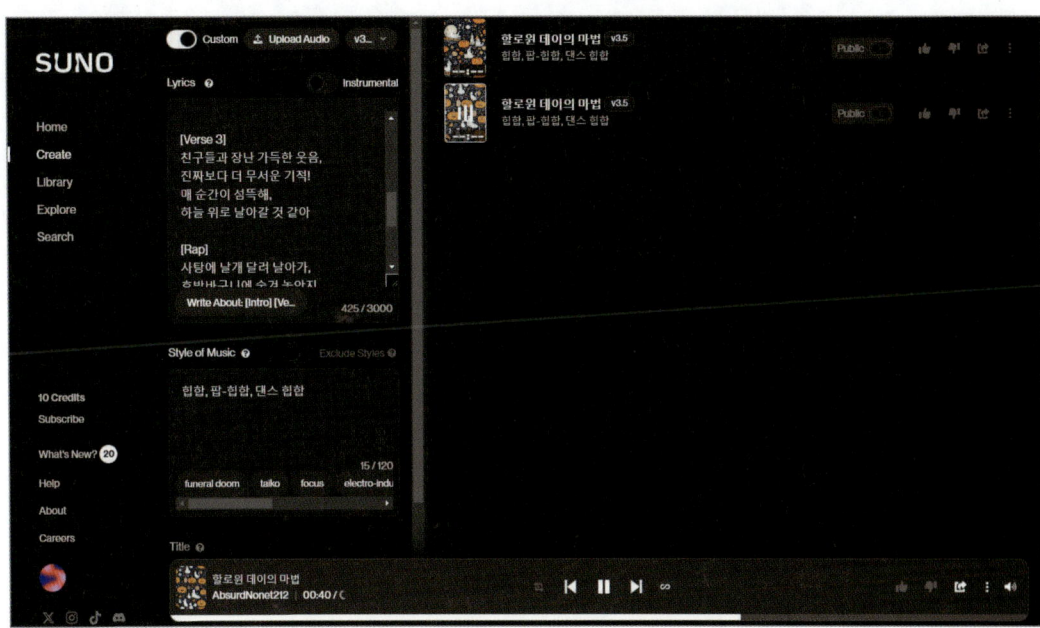

Chapter 17. 크리스마스 캐롤 만들기 **149**

오늘의 AI 탐험 : 뤼튼, 수노

CHAPTER 18
내 목소리로 노래 만들기

학습목표

- 나의 꿈과 관련된 내용을 정리합니다.
- 뤼튼에서 나의 꿈과 관련된 노래의 가사를 생성합니다.
- 수노에서 음성을 녹음하고 업로드합니다.
- 수노에서 나의 꿈과 관련된 노래를 작곡합니다.

예제 파일 : 없음　　완성 파일 : 18강 완성.mp3

도전! AI 탐험 미션

이번 시간에는 나의 꿈과 꿈을 이루기 위해 노력하는 것들이 있다면 작성해 보고, 뤼튼을 활용하여 작성한 내용을 바탕으로 나의 꿈을 응원하는 가사를 생성해 본 후 수노에서 나의 목소리를 업로드하여 완성된 가사와 어울리는 나만의 노래를 생성해 봅니다.

01 나의 꿈 응원가 가사 만들기

나의 꿈을 생각해 보고 뤼튼을 활용하며 나의 꿈을 응원하는 가사를 만들어 봅니다.

❶ 나의 꿈에 대해 생각해 보고 꿈을 이루기 위해 노력하는 것들이 있다면 정리하여 작성해 봅니다.

나의 꿈	예 국가대표 태권도 선수
꿈을 이루기 위해 노력하는 것	예 나는 태권도 선수가 되기 위해 초등학교 1학년 때부터 태권도를 했고, 체력을 키우기 위해 운동량도 늘렸어. 그리고 많은 대회에 참여하고 있어. 힘들 때도 있지만 꿈을 이루기 위해 참고 이겨내고 있어.

❷ 인터넷 브라우저를 실행한 후 뤼튼(https://wrtn.ai) 사이트에 접속하고 로그인합니다.

❸ 프롬프트 입력 칸에 그림과 같이 프롬프트를 입력하여 앞서 작성한 내용을 바탕으로 가사를 생성해 봅니다.

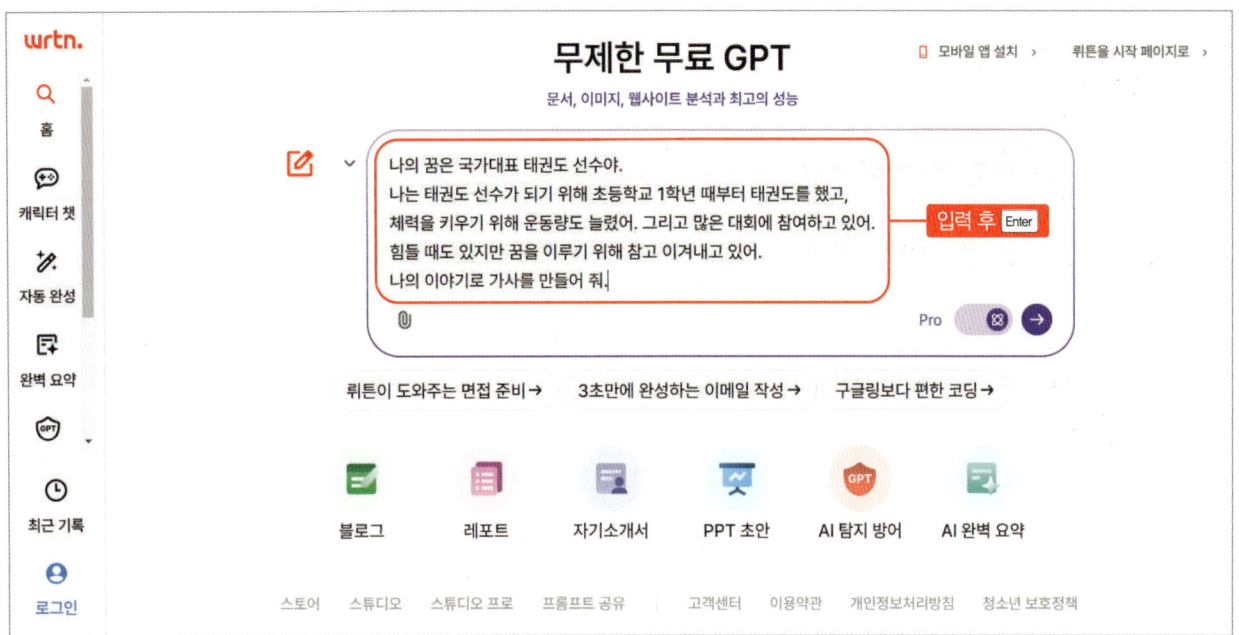

Chapter 18. 내 목소리로 노래 만들기 151

④ 답변이 생성되면 [복사하기(📋)]를 클릭하여 내용을 복사합니다.

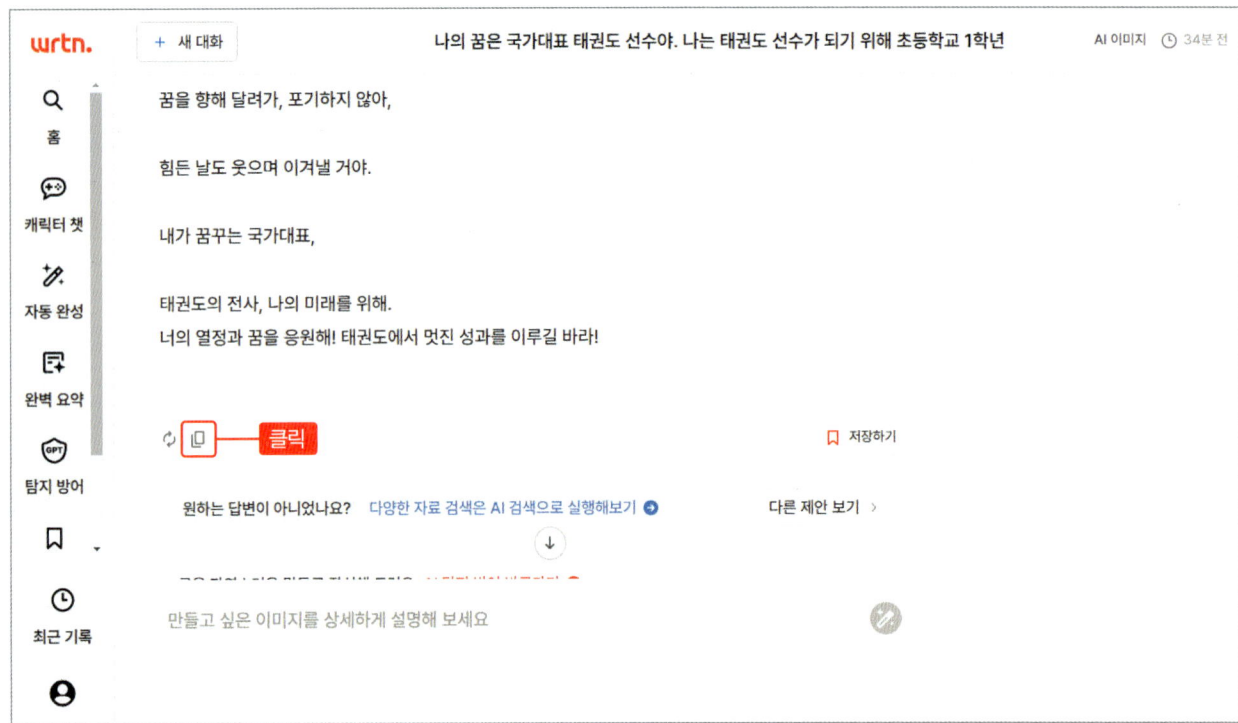

⑤ [메모장]을 실행하고 복사한 내용을 붙여 넣은 후 마음에 들지 않는 부분은 직접 수정하고 Song Form도 자유롭게 수정해 봅니다.

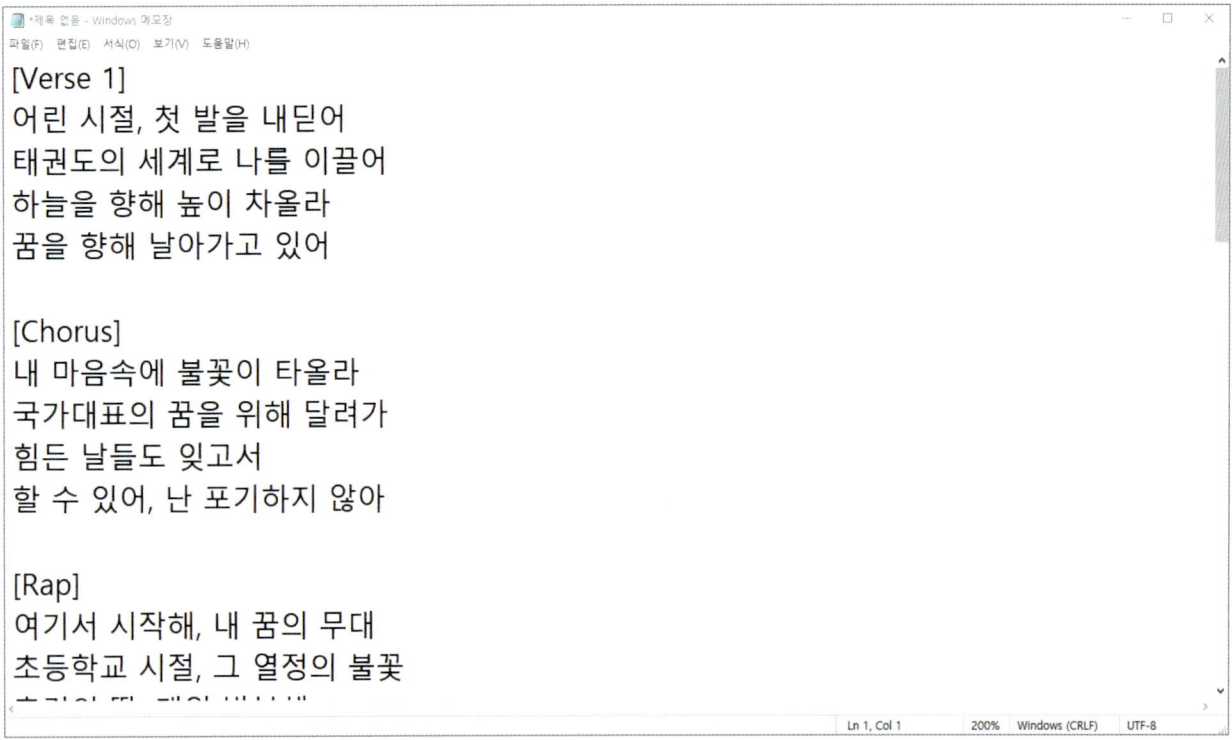

❻ 뤼튼 화면으로 돌아와 프롬프트를 입력하여 노래 가사에 어울리는 음악 장르를 확인합니다.

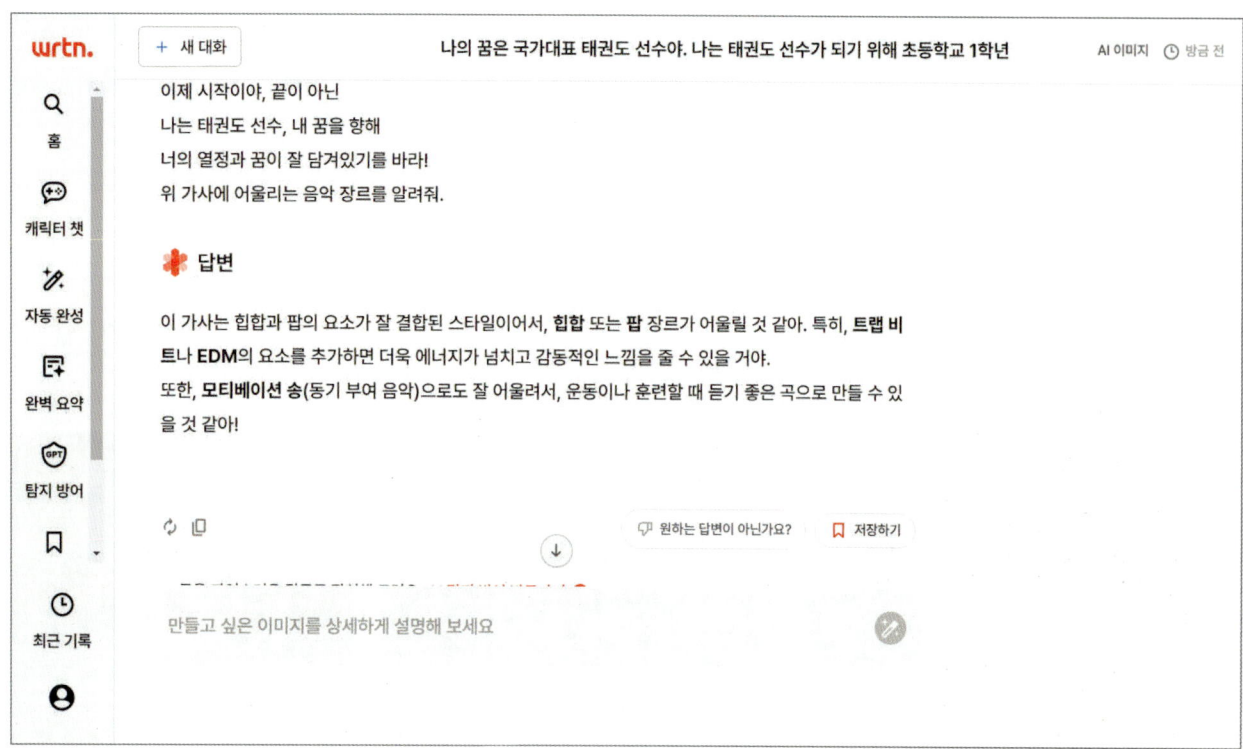

❼ 뤼튼의 답변을 바탕으로 만들고 싶은 노래의 스타일과 장르를 작성해 봅니다.

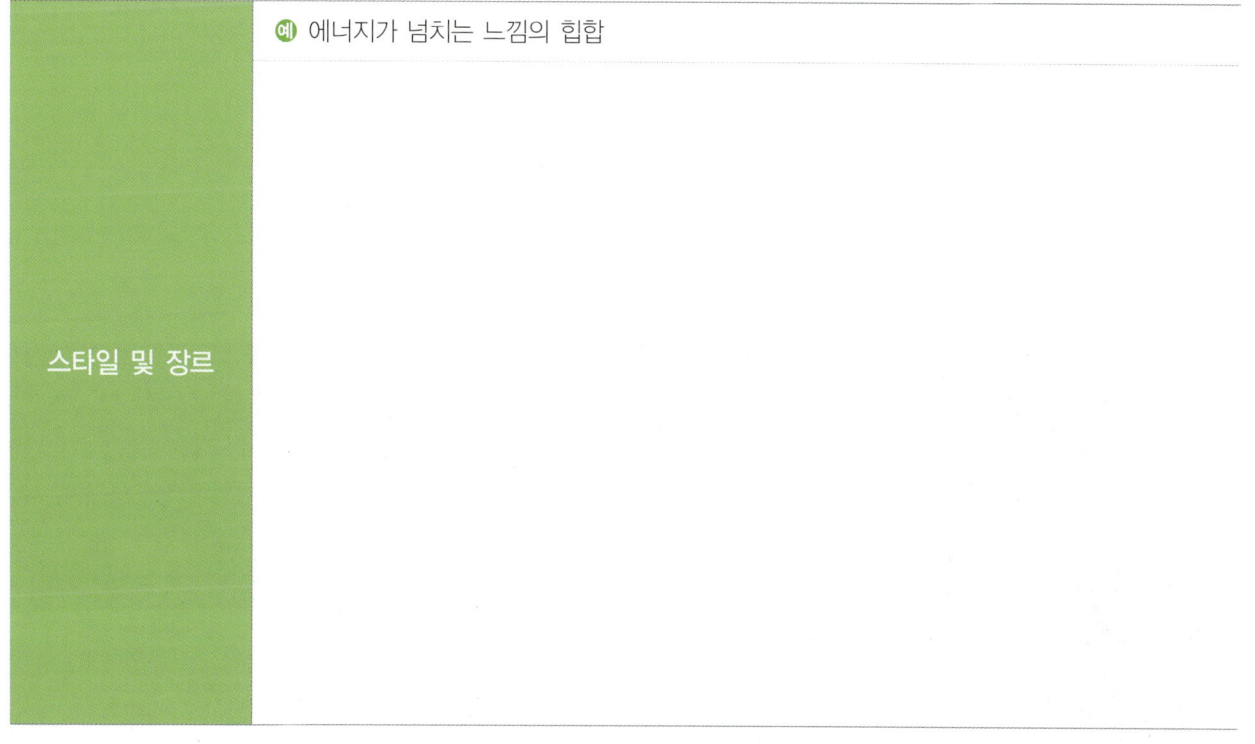

 **Ai봇 도와줘!**

같은 장르라도 분위기에 따라 노래의 느낌이 달라집니다. 따라서 어떤 분위기, 어떤 장르의 노래를 생성할지 작성해 봅니다.

나의 꿈 음원가 완성하기

수노에 나의 목소리를 녹음하고 업로드하여 나의 꿈 음원가를 완성해 봅니다.

❶ 수노(https://suno.com) 사이트에 접속하고 [Sign In]을 클릭하여 로그인한 후 왼쪽 메뉴에서 [Create]를 클릭합니다.

❷ [Custom]을 활성화하고 [Upload Audio]를 클릭하여 [Upload Audio] 창이 나타나면 [Audio]-[(🎤)]을 클릭하여 목소리를 녹음합니다.

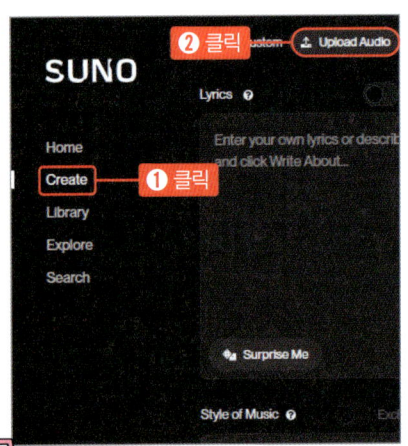

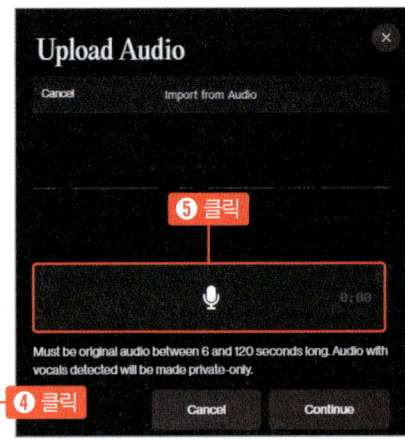

 **Ai봇 도와줘!**

[suno.com에서 다음 권한을 요청합니다. 마이크 사용] 팝업 창이 나타나면 [허용]을 클릭하여 마이크 사용을 활성화합니다.

❸ 목소리를 녹음하고 [(■)]를 클릭하여 녹음을 중지하고 [확인]-[Upload 1 file]-[Continue]를 클릭하여 녹음한 목소리를 업로드합니다.

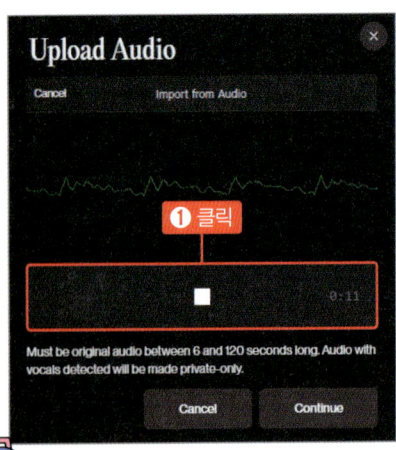
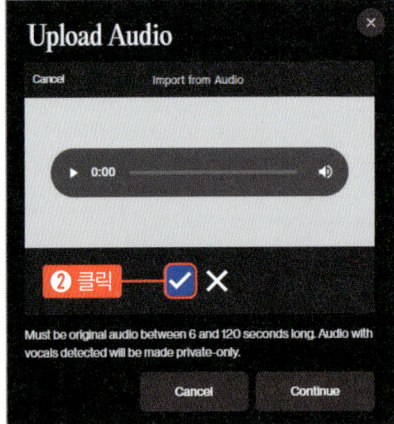
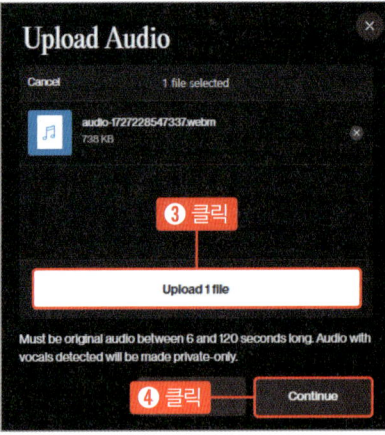

 **Ai봇 도와줘!**

목소리는 6~60초 사이로 녹음해야 하므로 학교 종이 땡땡땡과 같은 짧은 노래를 불러 목소리를 녹음하면 좋습니다.

④ 녹음한 목소리가 업로드되면 [Extend]를 클릭하여 수노가 내 목소리를 인식하게 한 후 [Lyrics] 창에 앞서 만든 노래 가사를 붙여 넣습니다.

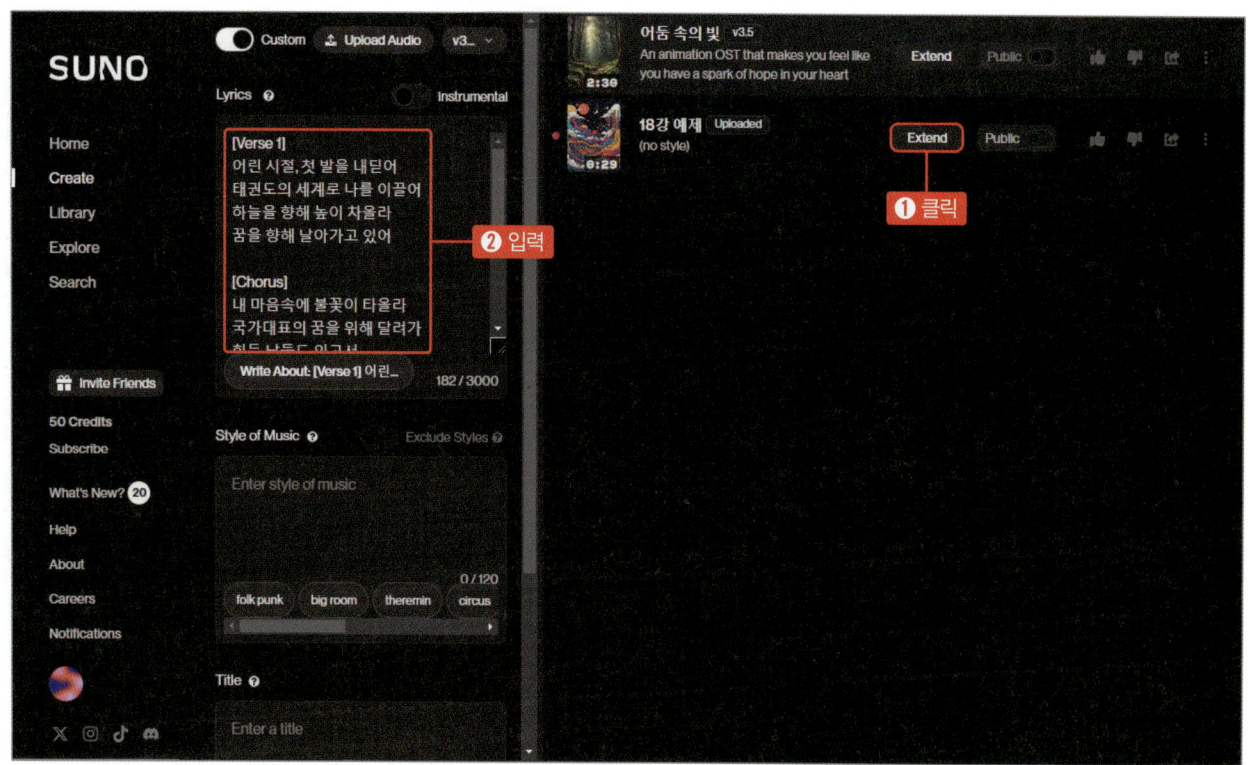

⑤ [Style of Music] 창에 앞서 작성한 노래의 스타일 및 장르와 "Use only uploaded voice"를 입력하고 [Title] 창에 노래 제목을 입력한 후 [Extend]를 클릭합니다.

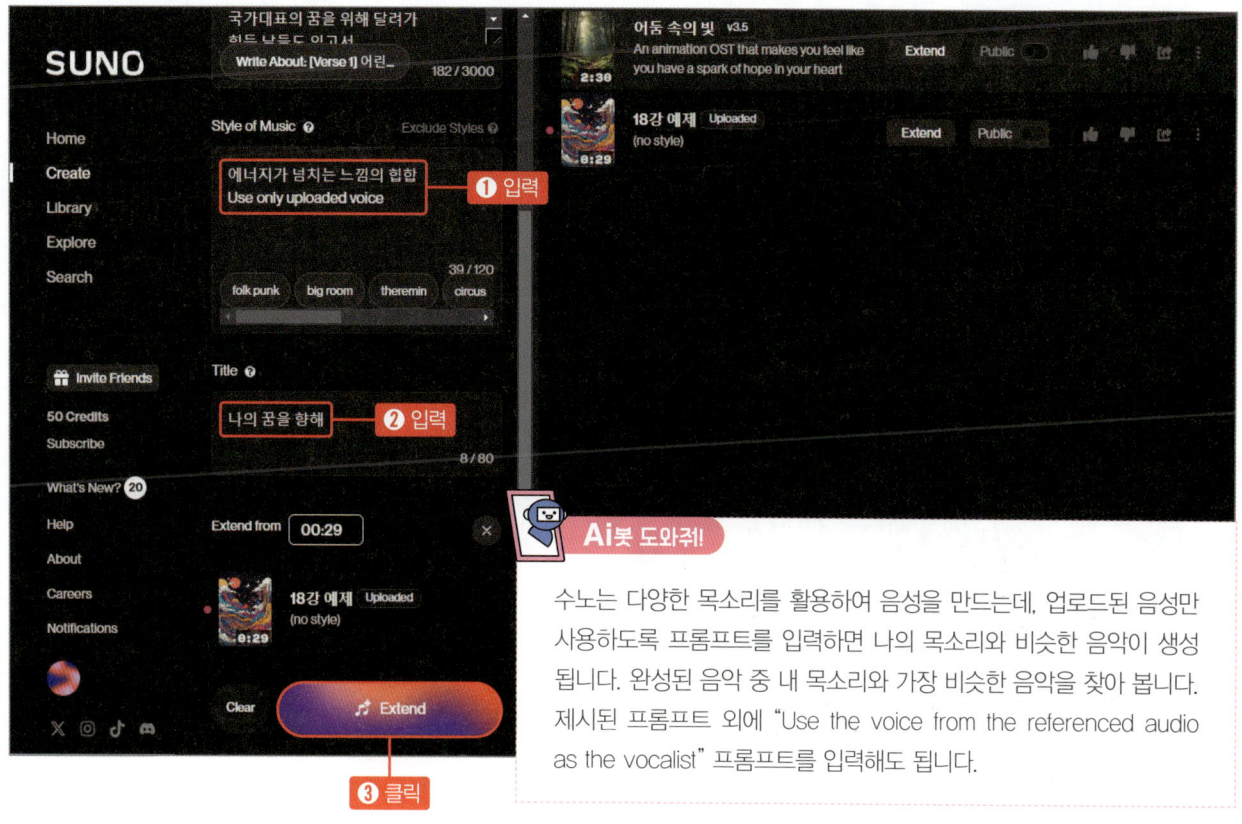

Ai봇 도와줘!

수노는 다양한 목소리를 활용하여 음성을 만드는데, 업로드된 음성만 사용하도록 프롬프트를 입력하면 나의 목소리와 비슷한 음악이 생성됩니다. 완성된 음악 중 내 목소리와 가장 비슷한 음악을 찾아 봅니다. 제시된 프롬프트 외에 "Use the voice from the referenced audio as the vocalist" 프롬프트를 입력해도 됩니다.

❻ 완성된 음악을 확인하여 박자, 가사 등이 부자연스러운 부분의 시간을 확인한 후 [Extend]를 클릭하고 [Lyrics] 창에서 수정할 부분 이전의 가사를 삭제합니다.

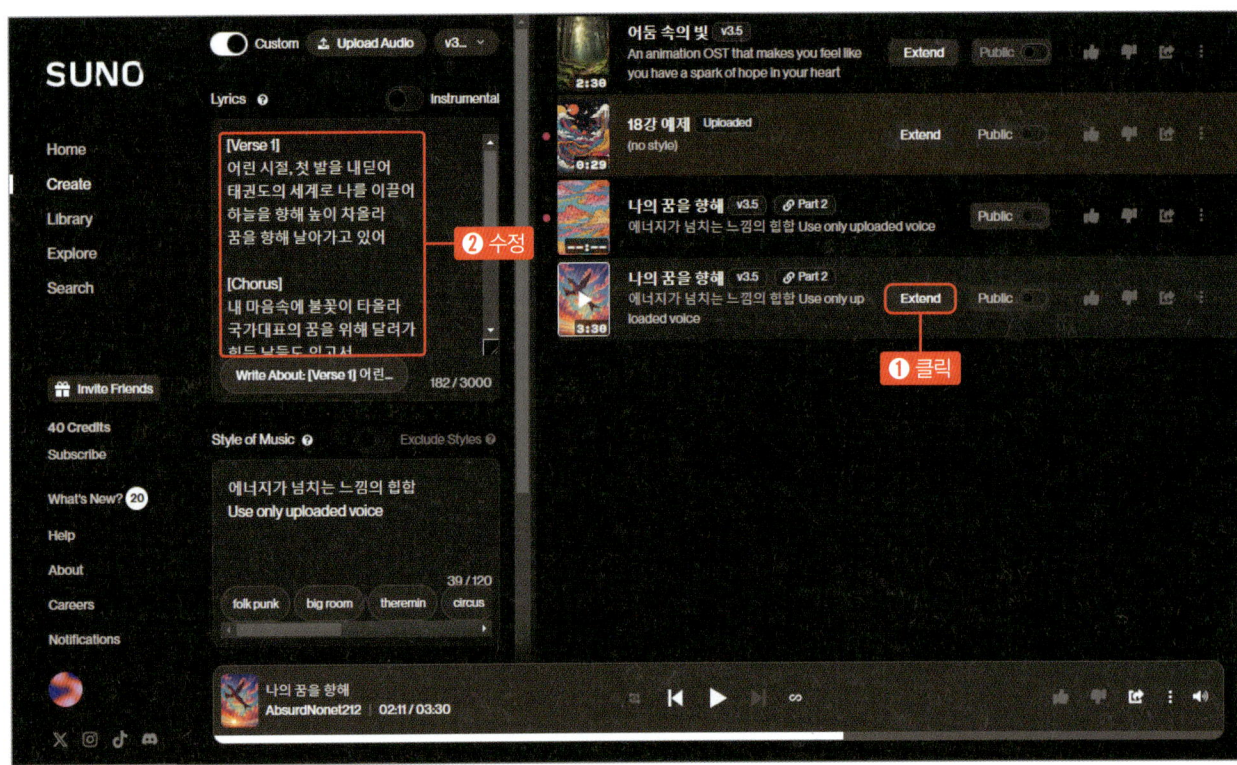

❼ 이후 노래를 수정할 구간을 입력하고 [Extend]를 클릭합니다.

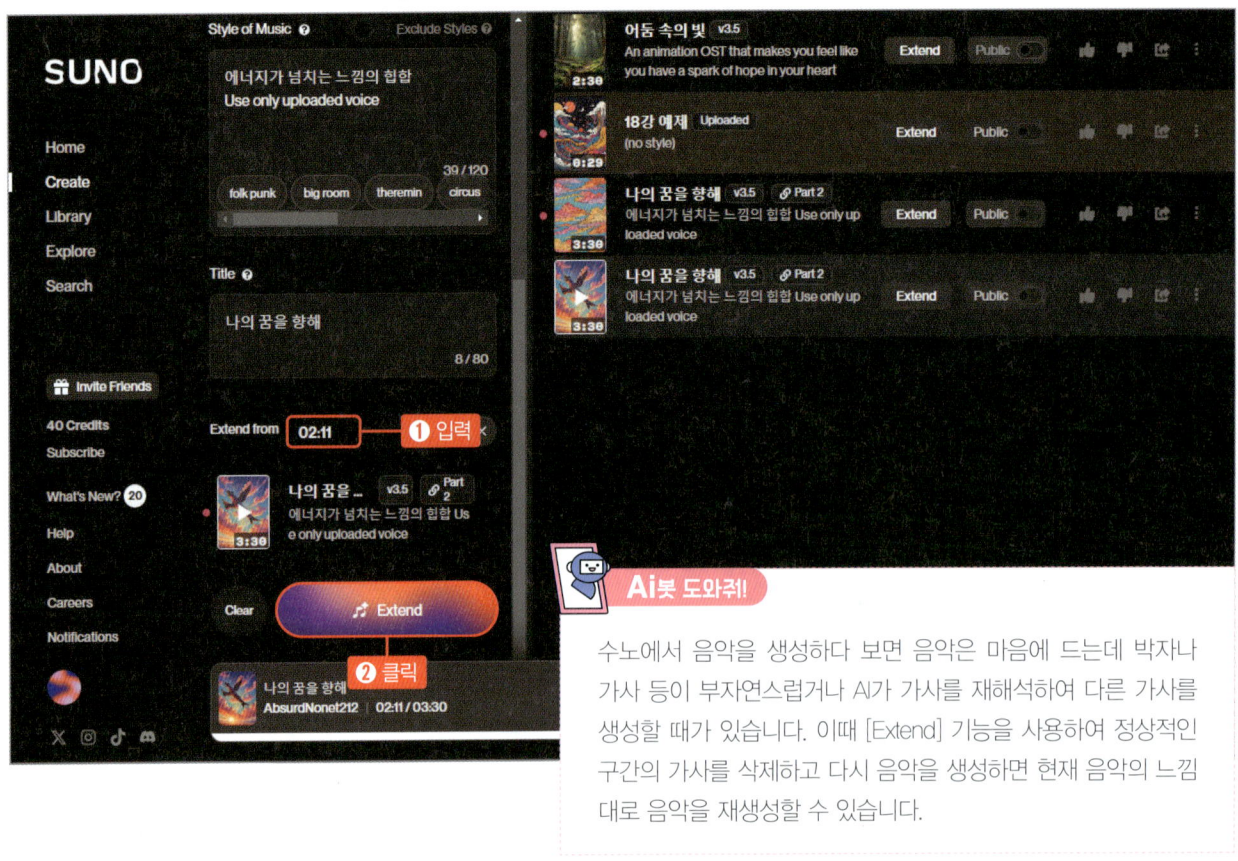

수노에서 음악을 생성하다 보면 음악은 마음에 드는데 박자나 가사 등이 부자연스럽거나 AI가 가사를 재해석하여 다른 가사를 생성할 때가 있습니다. 이때 [Extend] 기능을 사용하여 정상적인 구간의 가사를 삭제하고 다시 음악을 생성하면 현재 음악의 느낌대로 음악을 재생성할 수 있습니다.

⑧ 재생성된 노래 중 마음에 드는 노래의 [더보기(⋮)]를 클릭하고 [Create]-[Get Whole Song]을 클릭하여 완성된 노래를 생성하고 다운로드합니다.

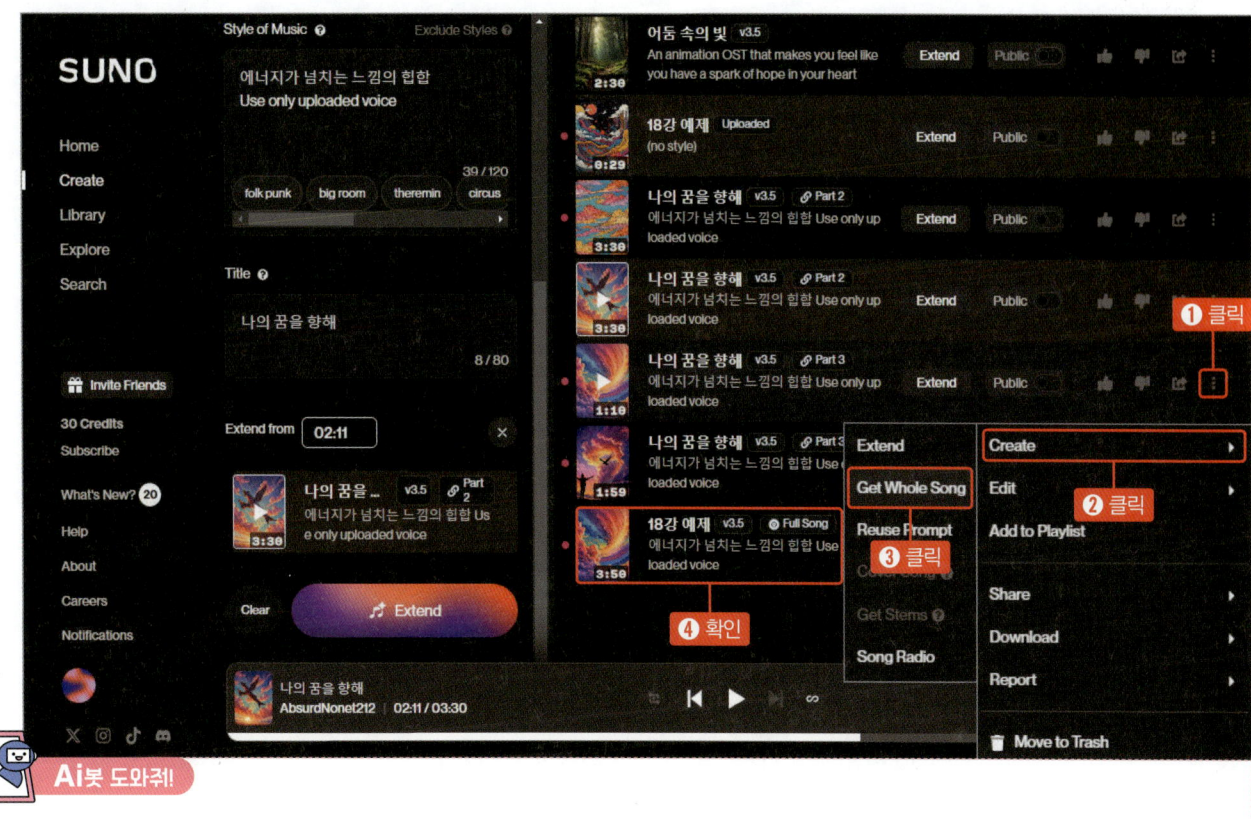

Ai봇 도와줘!

Extend 기능을 사용하여 음악을 생성하면 Part가 나뉘는데, [Get Whole Song]을 클릭하면 모든 Part의 음악을 합쳐 완성된 노래(Full Song)가 생성됩니다.

⑨ 생성된 음악의 편집이 필요할 경우 Vocal Remover(https://vocalremover.org/ko/cutter) 사이트에 접속하여 생성된 OST를 업로드합니다.

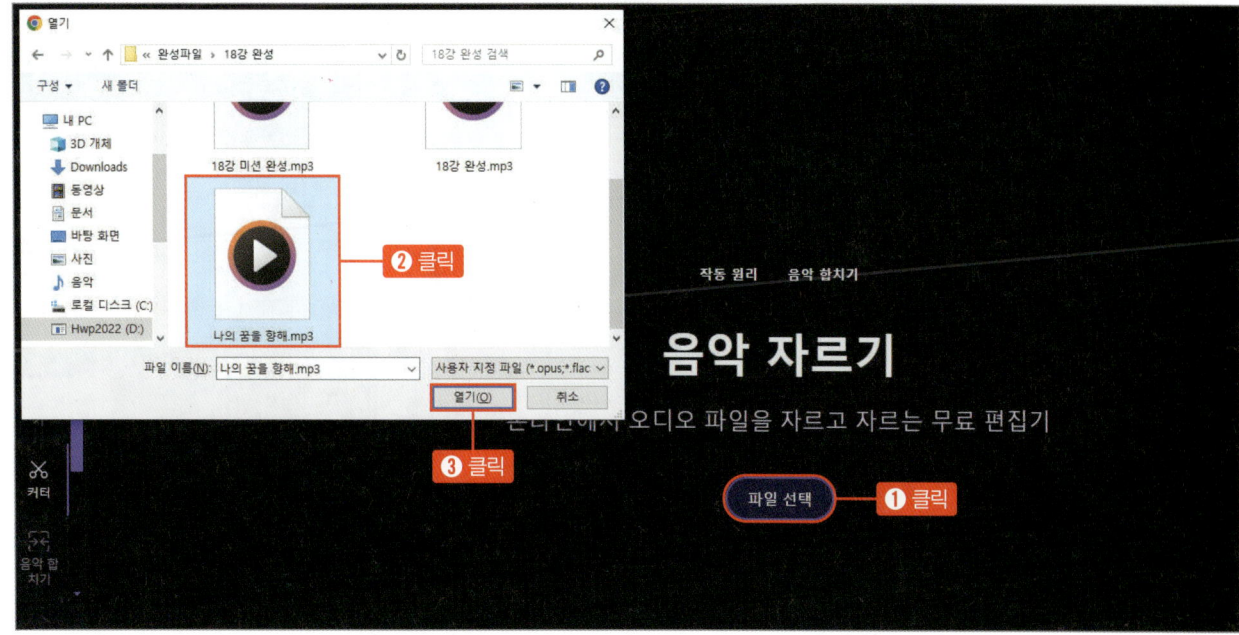

Chapter 18. 내 목소리로 노래 만들기 **157**

⑩ [커터]를 클릭하고 잘라낼 구간을 지정한 후 [잘라내기]를 클릭합니다.

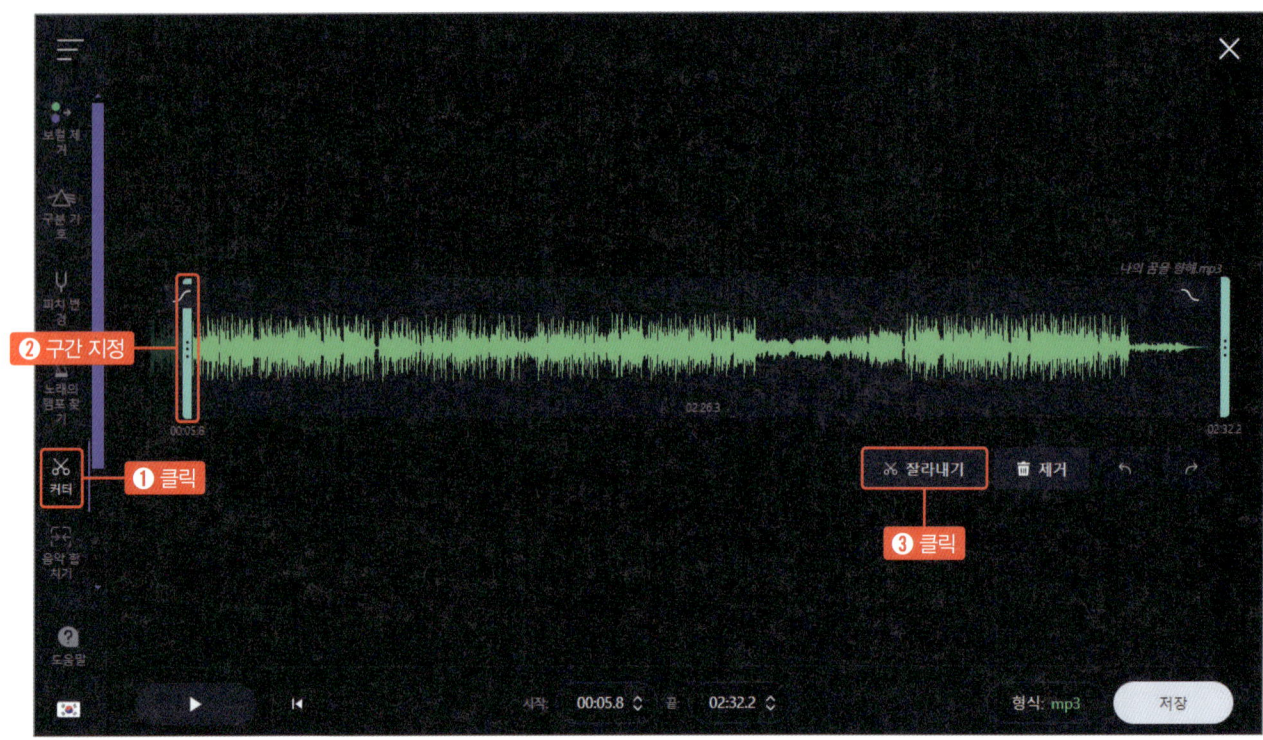

⑪ 같은 방법으로 노래를 편집하고 [저장]을 클릭하여 저장합니다.

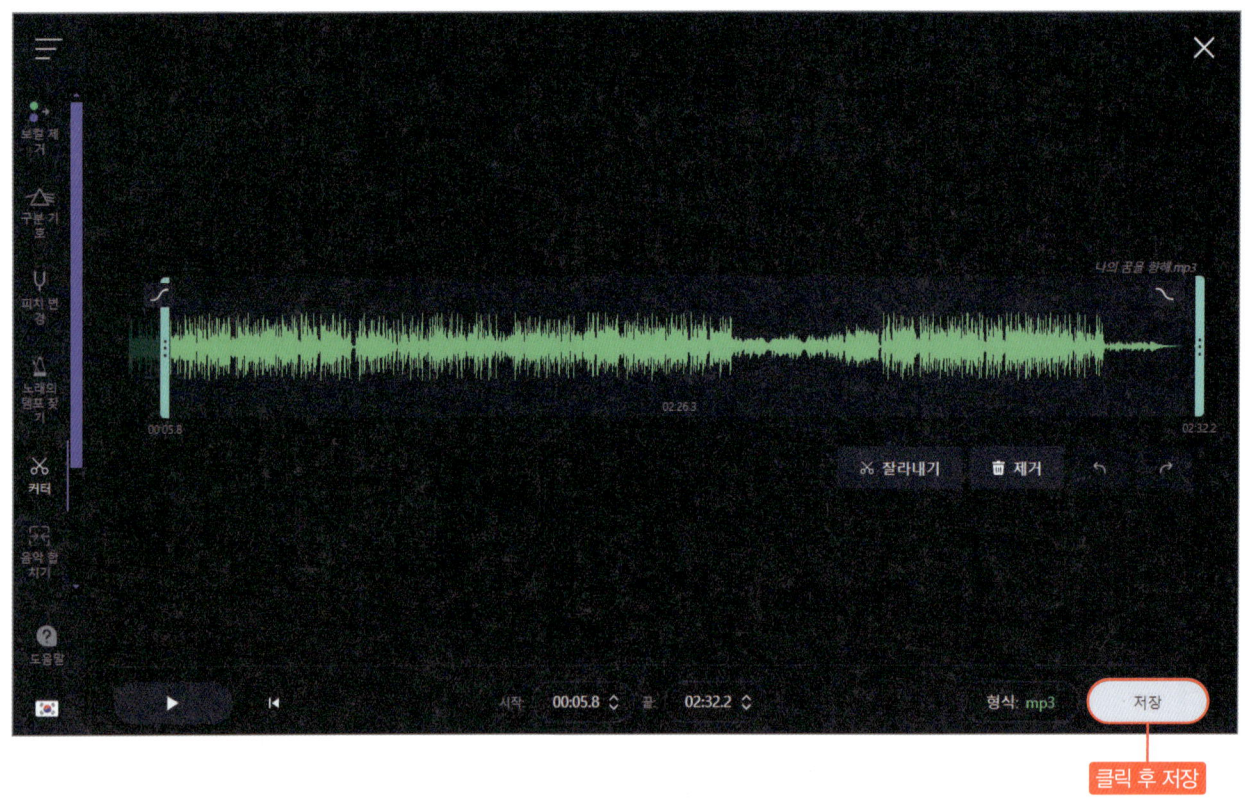

AI 탐험대 ➕ 플러스 미션

예제 파일 : 없음   완성 파일 : 18강 미션 완성.mp3

1 뤼튼을 활용하여 음식을 주제로 가사를 생성해 보세요.

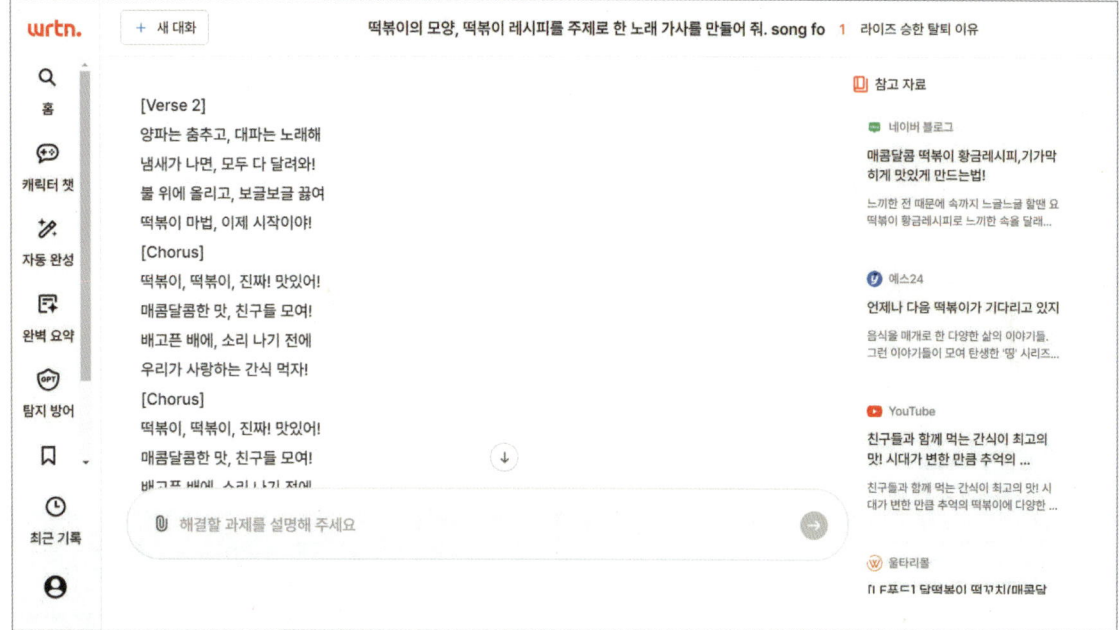

2 수노에 본인 음성을 업로드하여 음악을 생성하고 저장해 보세요.

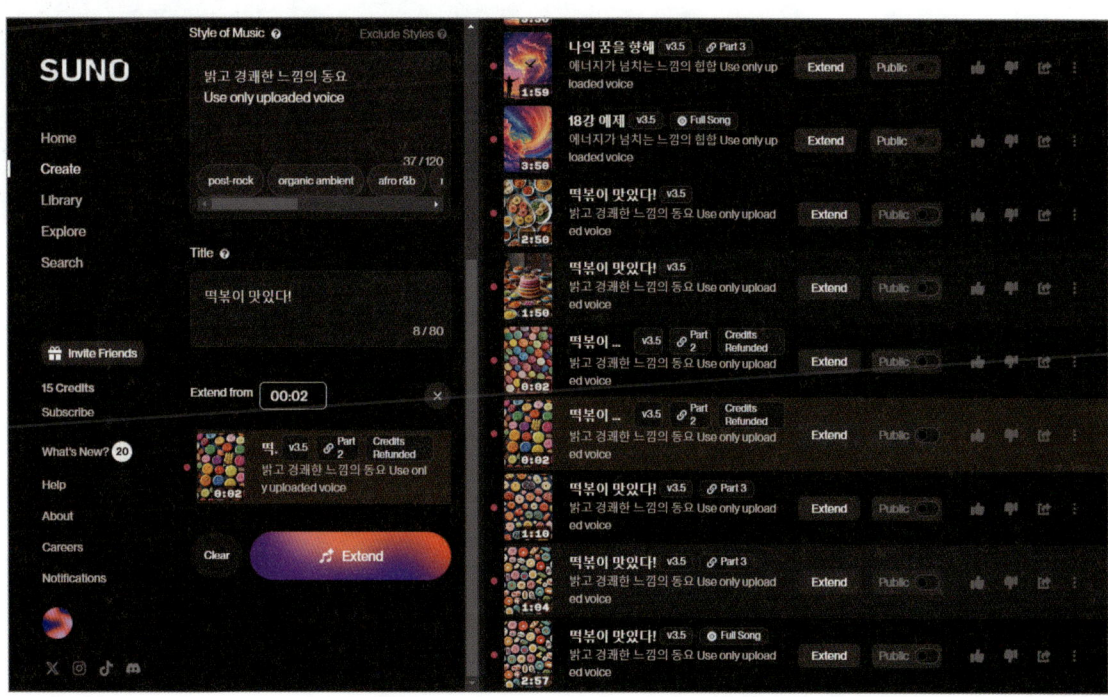

Chapter 18. 내 목소리로 노래 만들기 **159**

CHAPTER 19 헤르메스 신발 광고 음악 만들기

학습목표
- 뤼튼에서 광고 포스터에 사용할 이미지를 생성합니다.
- 뤼튼의 스토어를 활용하여 광고 문구를 생성합니다.
- 미리캔버스에서 광고 포스터를 만듭니다.
- 수노에서 제품에 어울리는 광고 음악을 생성합니다.

예제 파일 : 19강 예제 폴더　**완성 파일** : 19강 완성.png, 19강 완성.mp3

도전! AI 탐험 미션

이번 시간에는 광고 제작자가 되어 광고주의 의뢰에 적합한 광고 포스터와 광고 음악을 만들어 봅니다. 뤼튼을 활용하여 광고 포스터에 사용할 이미지와 광고 문구를 생성하고 미리캔버스에서 광고 포스터를 완성한 후 수노에서 광고 음악을 생성해 봅니다.

01 광고 이미지 생성하기

제품과 광고주의 의뢰 내용을 확인하고 뤼튼에서 광고 이미지를 생성해 봅니다.

❶ 광고를 진행할 제품과 제품 정보를 확인합니다.

제품 정보	• 제품 이름 : 신화 속 헤르메스의 신발 • 제품 기능 : 신발을 신으면 지상에서 5cm 높이로 뜬 상태로 걸을 수 있습니다. • 제품 원리 : 신발 바닥에서 강력한 바람이 뿜어져 나와 공중에 뜰 수 있습니다.

❷ 광고주의 광고 의뢰 내용을 확인합니다.

의뢰 내용 1	헤르메스 신발의 특징(날개가 달려 있는 신발)이 살아 있고, 신화 속 주인공의 신발임을 알릴 수 있는 광고 포스터를 만들어 주세요.
의뢰 내용 2	헤르메스 신발의 특징과 신발을 신으면 특별한 경험을 할 수 있음을 알릴 수 있는 광고 음악을 만들어 주세요.

❸ 확인한 제품 정보와 의뢰 내용을 바탕으로 제품에 어울리는 광고 포스터를 상상하여 프롬프트를 작성해 봅니다.

이미지 1 프롬프트	예) 날개 모양의 파츠가 붙어 있는 흰색 운동화. 흰색 배경 3D로 그려줘.
이미지 2 프롬프트	예) 부러운 듯 어딘가를 바라보는 신화 속 귀여운 헤르메스. 신화 속 옷을 입고 있는 헤르메스. 흰색 배경 3D로 그려줘.

❹ 인터넷 브라우저를 실행한 후 뤼튼(https://wrtn.ai) 사이트에 접속하고 로그인합니다.

❺ 목적을 [AI 이미지]로 선택한 후 프롬프트를 입력하여 광고 포스터에 사용할 이미지를 생성하고 다운로드합니다.

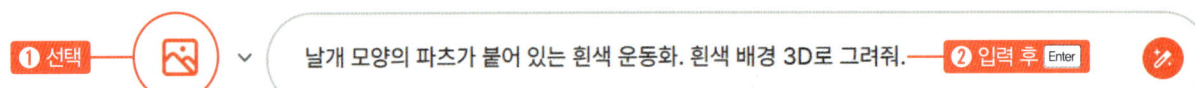

❻ removebg(https://www.remove.bg/ko) 사이트에 접속하고 [이미지 업로드]를 클릭하여 앞서 뤼튼에서 생성한 이미지를 각각 업로드합니다.

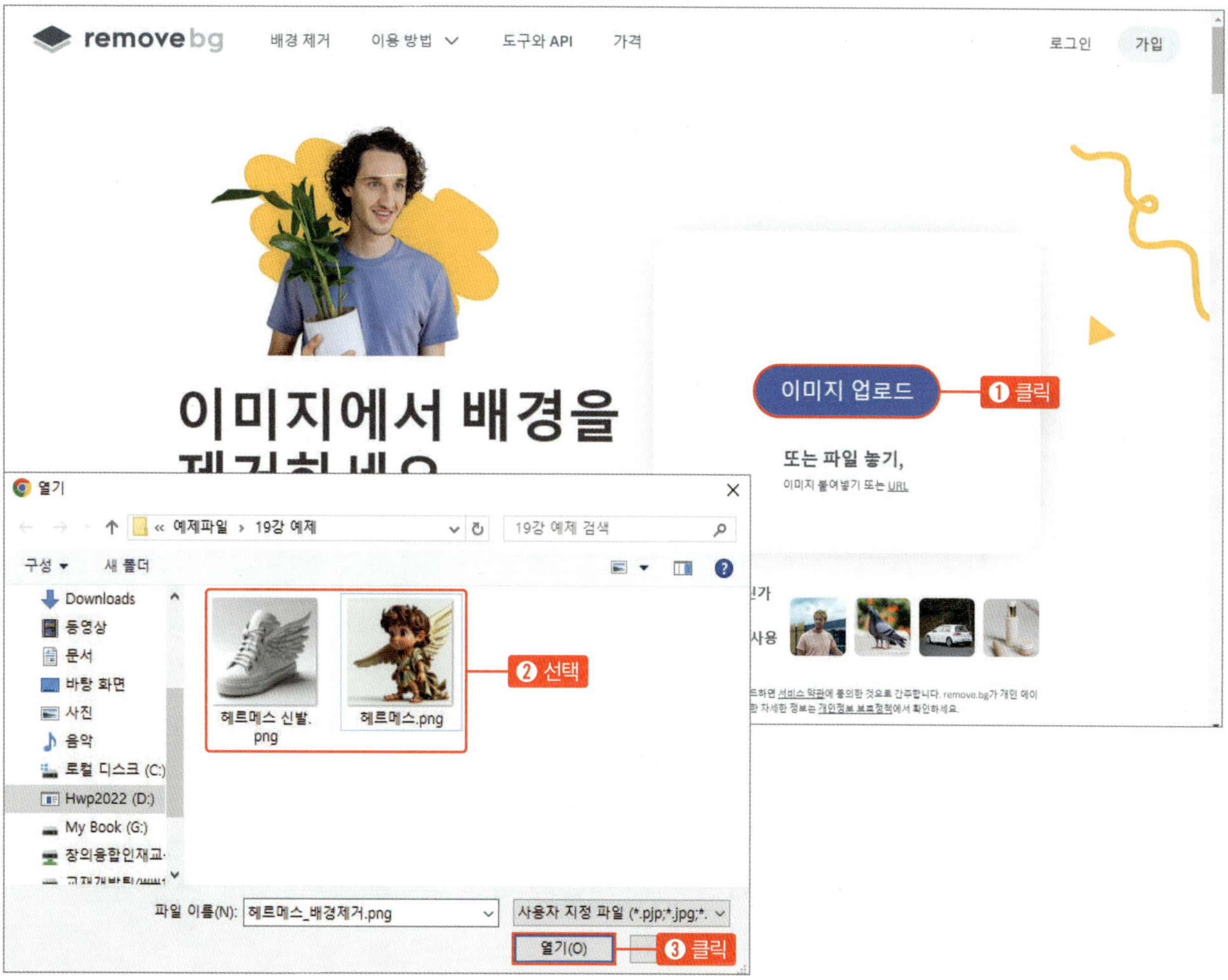

❼ 배경이 제거되면 이미지를 다운로드합니다.

광고 포스터 완성하기

뤼튼에서 광고 문구를 생성하고 미리캔버스로 광고 포스터를 완성해 봅니다.

❶ 뤼튼 메인 화면으로 돌아와 화면 하단의 [스토어]를 클릭하고 스크롤바를 아래쪽으로 내려 [툴/챗봇] 화면이 나타나면 검색창에 '광고문구'를 검색하여 [광고문구 만들기]를 클릭합니다.

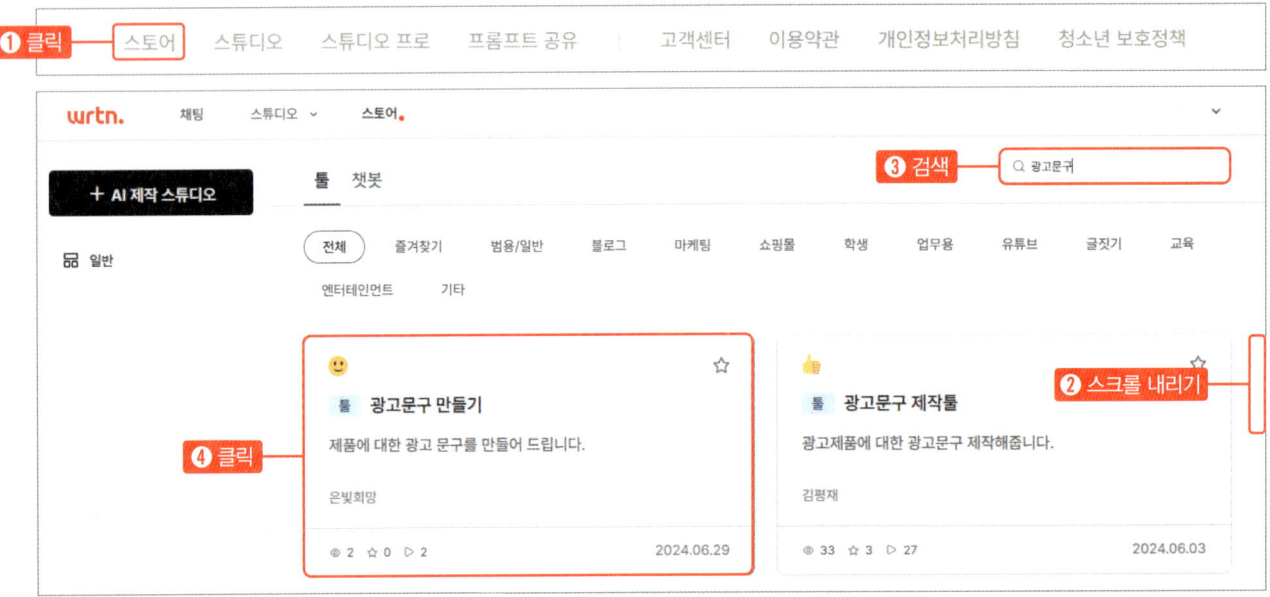

❷ [광고문구 만들기] 페이지가 나타나면 제품 이름과 특징, 톤 앤 매너, 광고 대상 등을 지정하고 [자동 생성]을 클릭하여 광고 문구를 생성합니다.

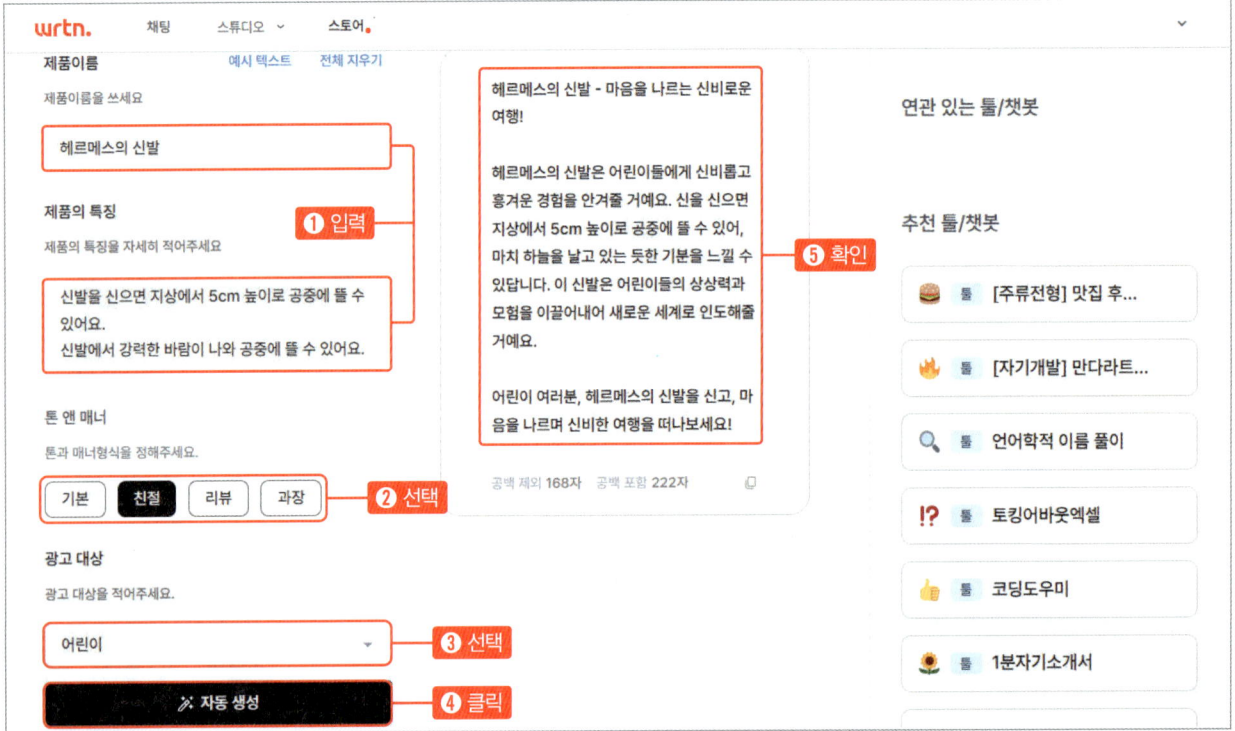

❸ 미리캔버스(https://www.miricanvas.com) 사이트에 접속하고 로그인한 후 [새 디자인 만들기]-[웹 포스터]-[세로형]을 클릭합니다.

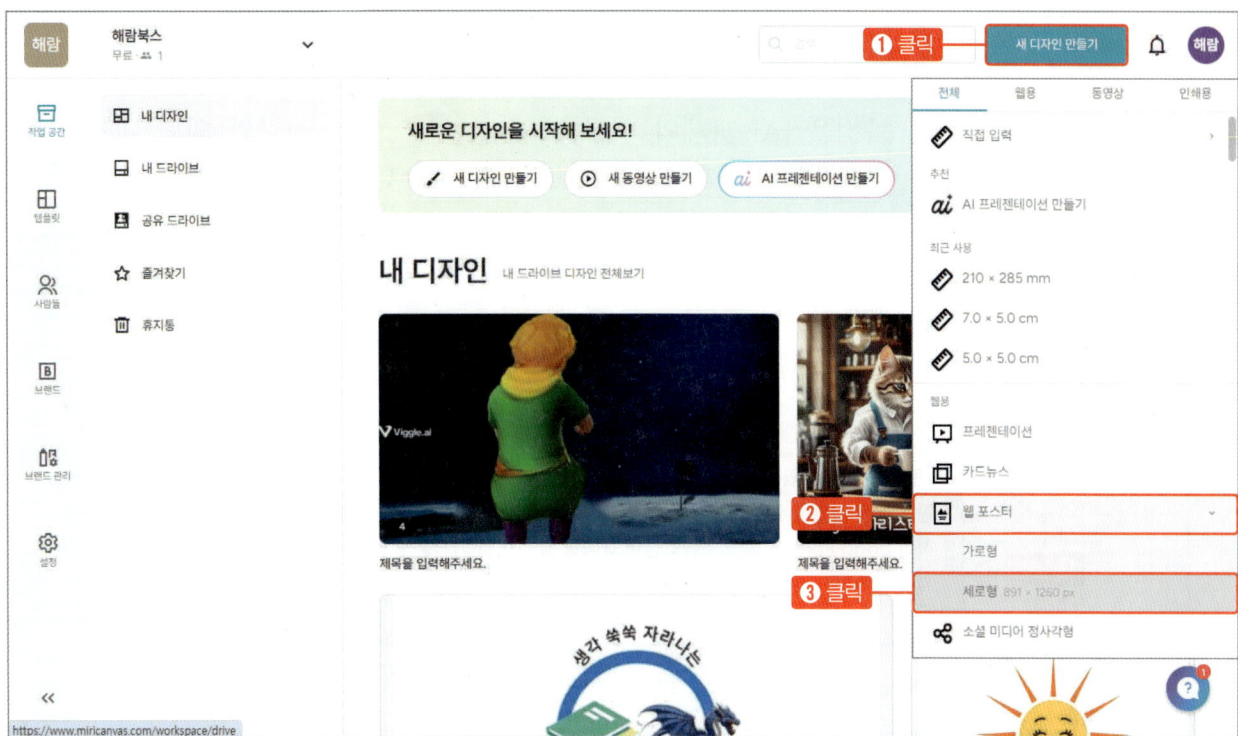

❹ [업로드(🔼)]-[업로드]를 클릭하여 배경을 제거한 이미지를 업로드하고 뤼튼에서 생성한 광고 문구를 입력한 후 다양한 요소를 적용하여 광고 포스터를 완성하고 다운로드합니다.

Ai봇 도와줘!

뤼튼에서 생성한 광고 문구를 그대로 사용할 필요는 없습니다. 뤼튼에서 생성한 광고 문구를 참고하여 본인이 상상한 광고 포스터에 어울리도록 광고 문구를 수정해서 사용합니다.

03 광고 음악 만들기

수노에서 완성된 광고 포스터에 어울리는 광고 음악을 생성해 봅니다.

① 뤼튼 화면으로 돌아와 목적을 [AI 과제와 업무]로 변경한 후 제품 정보와 의뢰 내용이 반영된 가사를 생성하기 위해 그림과 같이 프롬프트를 입력하여 가사를 생성하고 복사합니다.

② [메모장]을 실행하고 복사한 내용을 붙여 넣은 후 마음에 들지 않는 부분은 직접 수정하고 Song Form도 자유롭게 수정하여 가사를 완성합니다.

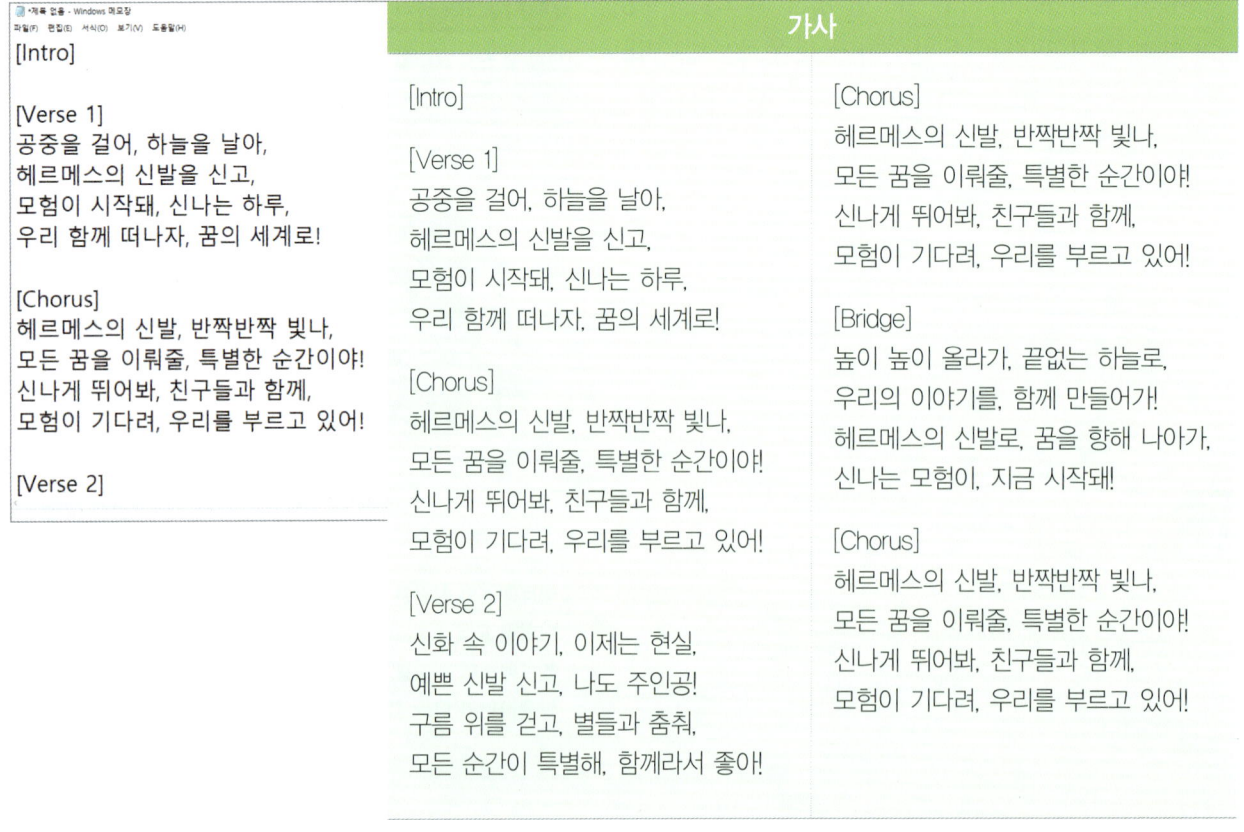

❸ 수노(https://suno.com) 사이트에 접속하고 [Sign In]을 클릭하여 로그인한 후 왼쪽 메뉴에서 [Create]를 클릭합니다.

❹ [Custom]을 활성화하고 가사, 음악 스타일 및 장르, 제목을 입력합니다.

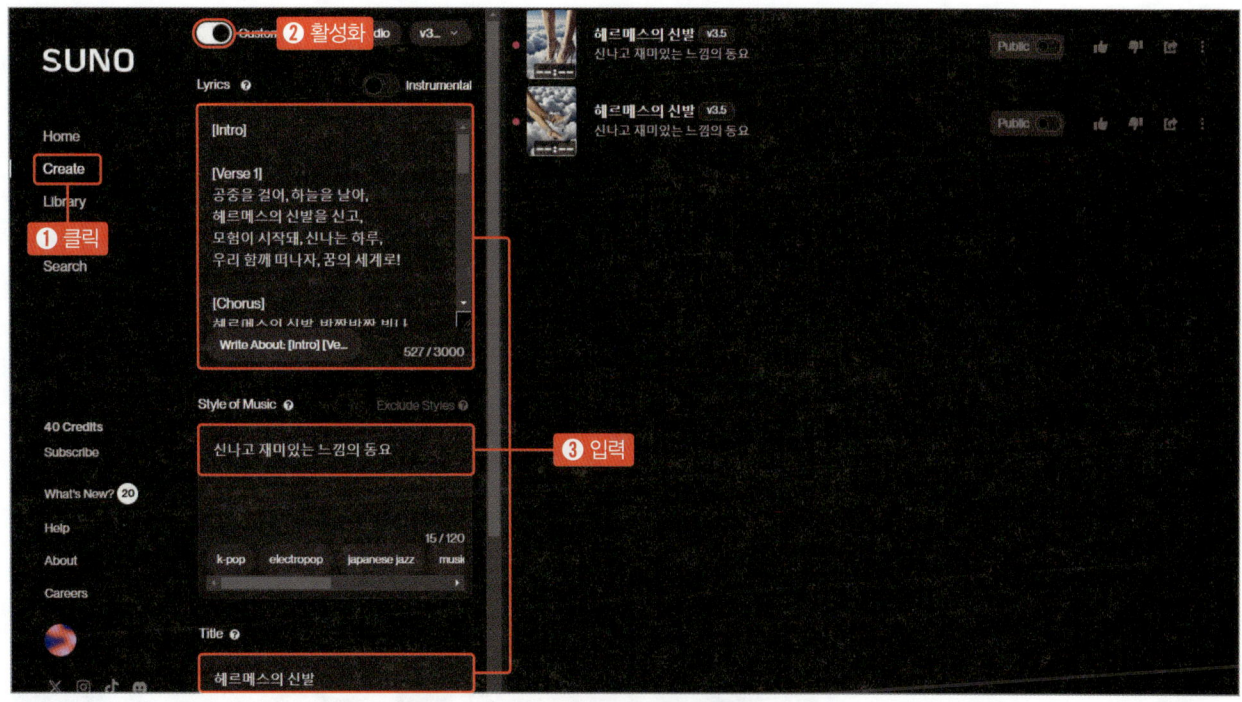

❺ [Create]를 클릭하여 광고 음악을 생성하고 음악을 감상한 후 다운로드합니다.

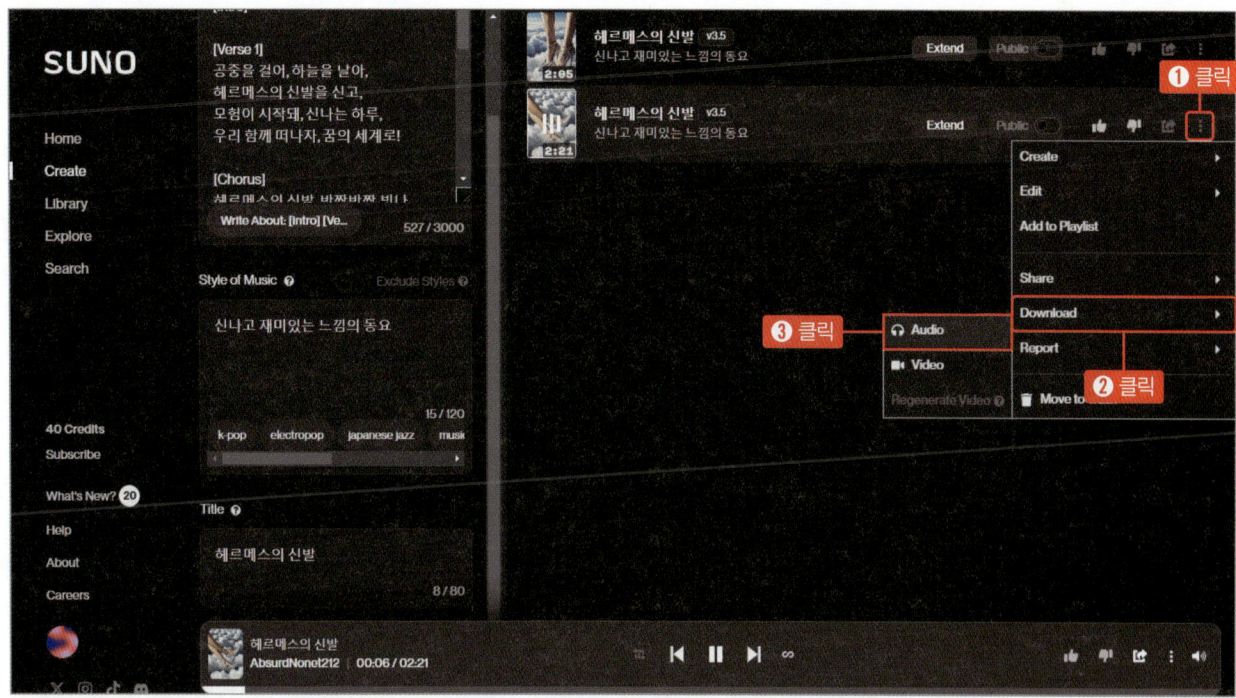

AI 탐험대 ➕ 플러스 미션

예제 파일 : 19강 예제 폴더   완성 파일 : 19강 미션 완성.png, 19강 미션 완성.mp3

1 홍보하고 싶은 제품을 찾아 뤼튼으로 광고 이미지와 광고 문구를 생성하고 미리캔버스에서 광고 포스터를 완성해 보세요.

2 뤼튼에서 광고 음악의 가사를 생성하고 수노에서 광고 포스터와 어울리는 광고 음악을 생성해 보세요.

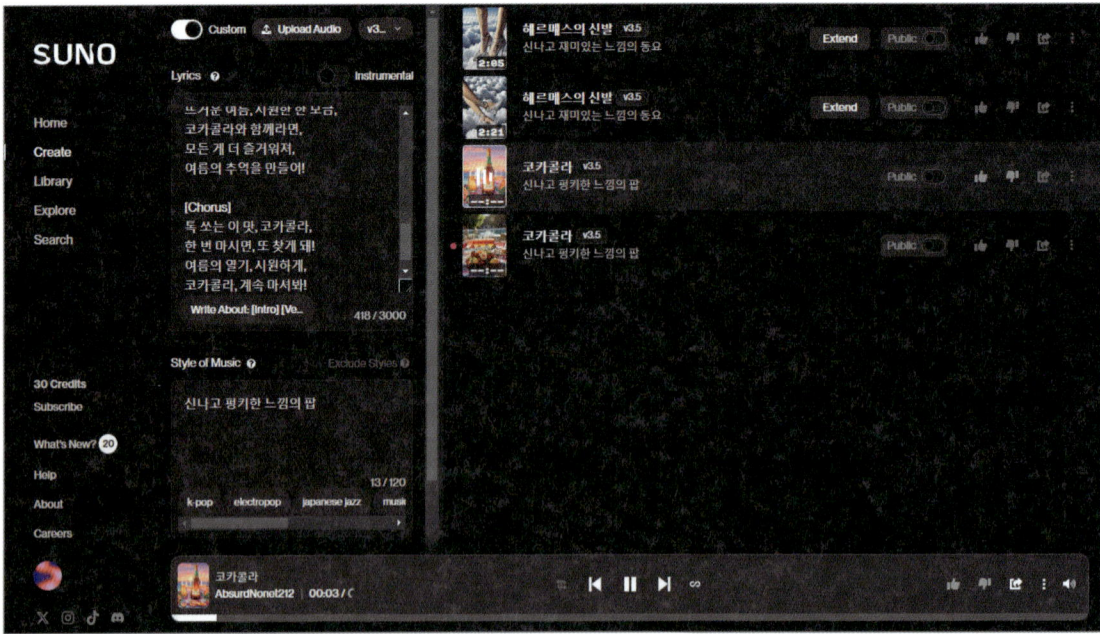

CHAPTER 20
우리 가족 가사집 만들기

오늘의 AI 탐험 : 뤼튼, 수노, 미리캔버스

학습목표

- 뤼튼에서 우리 가족을 소개할 수 있는 가사를 생성합니다.
- 수노에서 우리 가족을 소개할 수 있는 주제곡을 생성합니다.
- 뤼튼에서 우리 가족의 캐릭터를 생성합니다.
- 미리캔버스에서 우리 가족 가사집을 완성합니다.

예제 파일 : 20강 예제 폴더   완성 파일 : 20강 완성.mp4

도전! Ai 탐험 미션

이번 시간에는 우리 가족을 소개할 수 있는 가사집을 만들어 봅니다. 뤼튼을 활용하여 우리 가족 주제곡에 사용할 가사와 가족 구성원의 캐릭터를 생성하고 수노에서 우리 가족의 주제곡을 생성해 봅니다. 그리고 미리캔버스를 활용하여 우리 가족 가사집을 완성해 봅니다.

01 우리 가족 주제곡 만들기

뤼튼에서 가사를 생성하고 수노에서 우리 가족 주제곡을 생성해 봅니다.

❶ 우리 가족의 모습을 생각하여 우리 가족 주제곡에 담고 싶은 내용을 정리해 봅니다.

1절에 담고 싶은 내용	예) 우리 가족은 멋있어. 아빠는 근육질이야 잘생겼어. 엄마는 날씬해 예뻐. 우진이는 동글 동글 귀여워. 뽀삐는 나를 졸졸졸 따라와서 귀여워. 나는 우리 집에서 가장 멋있어!	
2절에 담고 싶은 내용	예) 우리 가족은 특별해! 아빠는 뚝딱 뚝딱 다 잘 만들어. 엄마는 보글 보글 음식을 잘 해. 우진이는 옹알옹알 말을 잘 해. 뽀삐는 나를 좋아해! 나는 컴퓨터를 잘 해! 게임은 무조건 우승이지.	
후렴에 담고 싶은 내용	예) 우리 가족이 제일 특별해. 나는 우리 가족이 너무 좋아.	

 **Ai봇 도와줘!**

직접 가사를 작성해도 되지만 뤼튼을 활용해 가사를 생성하기 위해 우리 가족의 모습을 생각하며 가사에 담고 싶은 내용을 정리해 봅니다.

❷ 인터넷 브라우저를 실행하여 뤼튼(https://wrtn.ai) 사이트에 접속하고 로그인한 후 프롬프트를 입력하여 우리 가족 주제곡의 가사를 생성하고 복사합니다.

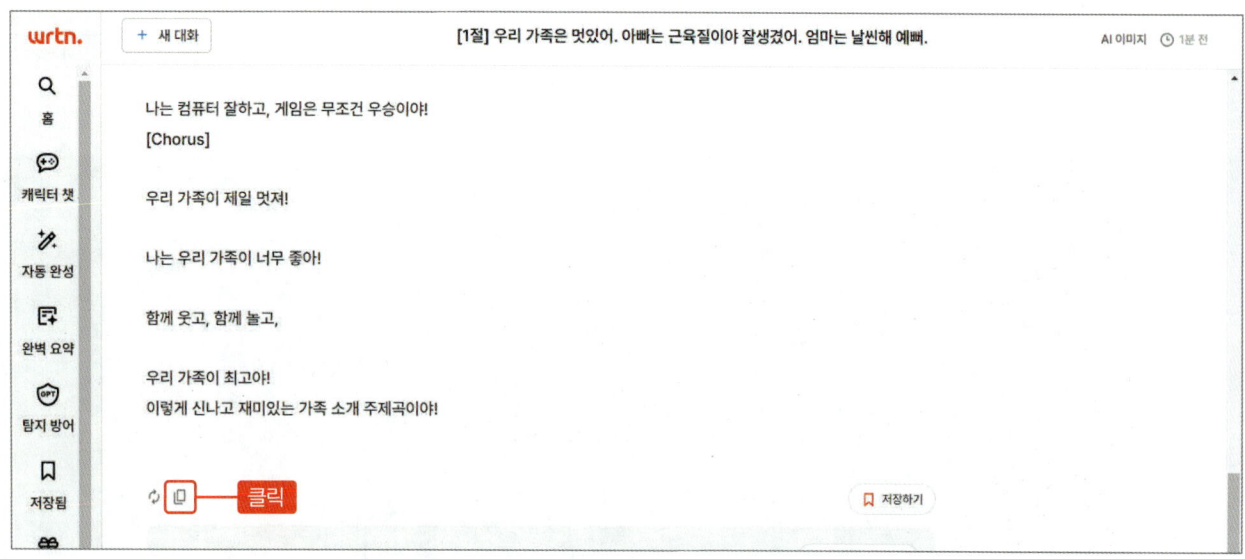

❸ [메모장]을 실행하고 복사한 내용을 붙여 넣은 후 마음에 들지 않는 부분은 직접 수정하고 Song Form도 자유롭게 수정해 봅니다.

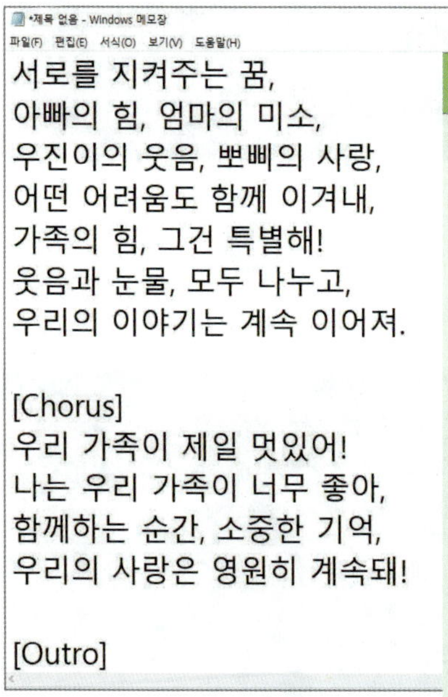

```
서로를 지켜주는 꿈,
아빠의 힘, 엄마의 미소,
우진이의 웃음, 뽀삐의 사랑,
어떤 어려움도 함께 이겨내,
가족의 힘, 그건 특별해!
웃음과 눈물, 모두 나누고,
우리의 이야기는 계속 이어져.

[Chorus]
우리 가족이 제일 멋있어!
나는 우리 가족이 너무 좋아,
함께하는 순간, 소중한 기억,
우리의 사랑은 영원히 계속돼!

[Outro]
```

가사
[Intro]

[Verse 1]
우리 가족은 슈퍼팀이야.
아빠는 마치 영화속 슈퍼맨 같고,
엄마는 요리의 마법사 같아!
우진이는 귀여운 웃음 히어로!
뽀삐는 나의 가장 소중한 친구

[Chorus]
우리 가족이 제일 특별해!
함께하는 순간이 너무 즐거워,
웃음과 사랑이 가득한 집,
우리의 이야기는 끝없이 펼쳐져!

[Verse 2]
우리 가족은 팀워크가 최고야.
아빠의 힘과 엄마의 사랑으로
우진이의 꿈이 자라고,
나의 미래의 무대가 커져가
우린 함께라서 더 강해져.

[Chorus]
우리 가족이 제일 특별해!
서로의 꿈을 응원해,
함께하는 시간, 소중한 기억,
우리의 사랑은 영원히 계속돼!

[Rap]
Yo, 우리 가족은 팀,
서로를 지켜주는 꿈,
아빠의 힘, 엄마의 미소,
우진이의 웃음, 뽀삐의 사랑,
어떤 어려움도 함께 이겨내,
가족의 힘, 그건 특별해!
웃음과 눈물, 모두 나누고,
우리의 이야기는 계속 이어져.

[Chorus]
우리 가족이 제일 멋있어!
나는 우리 가족이 너무 좋아,
함께하는 순간, 소중한 기억,
우리의 사랑은 영원히 계속돼!

[Outro] |

❹ 수노(https://suno.com) 사이트에 접속하고 [Sign In]을 클릭하여 로그인한 후 왼쪽 메뉴에서 [Create]를 클릭합니다.

❺ [Custom]을 활성화하고 완성한 가사와 음악 스타일 및 장르, 주제곡 제목을 입력하고 [Create]를 클릭하여 우리 가족 주제곡을 생성합니다.

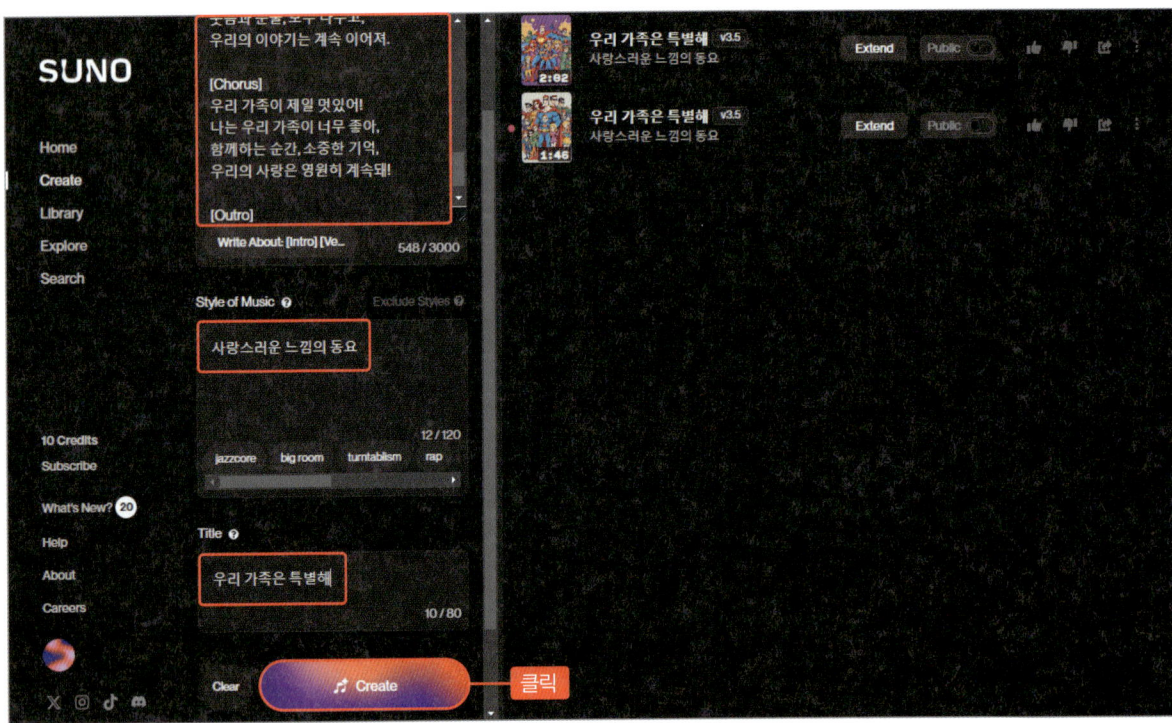

❻ 생성된 주제곡을 감상해 보고 마음에 드는 주제곡이 생성되면 [더보기(⋮)]-[Download]-[Audio]를 클릭하여 음악을 다운로드합니다.

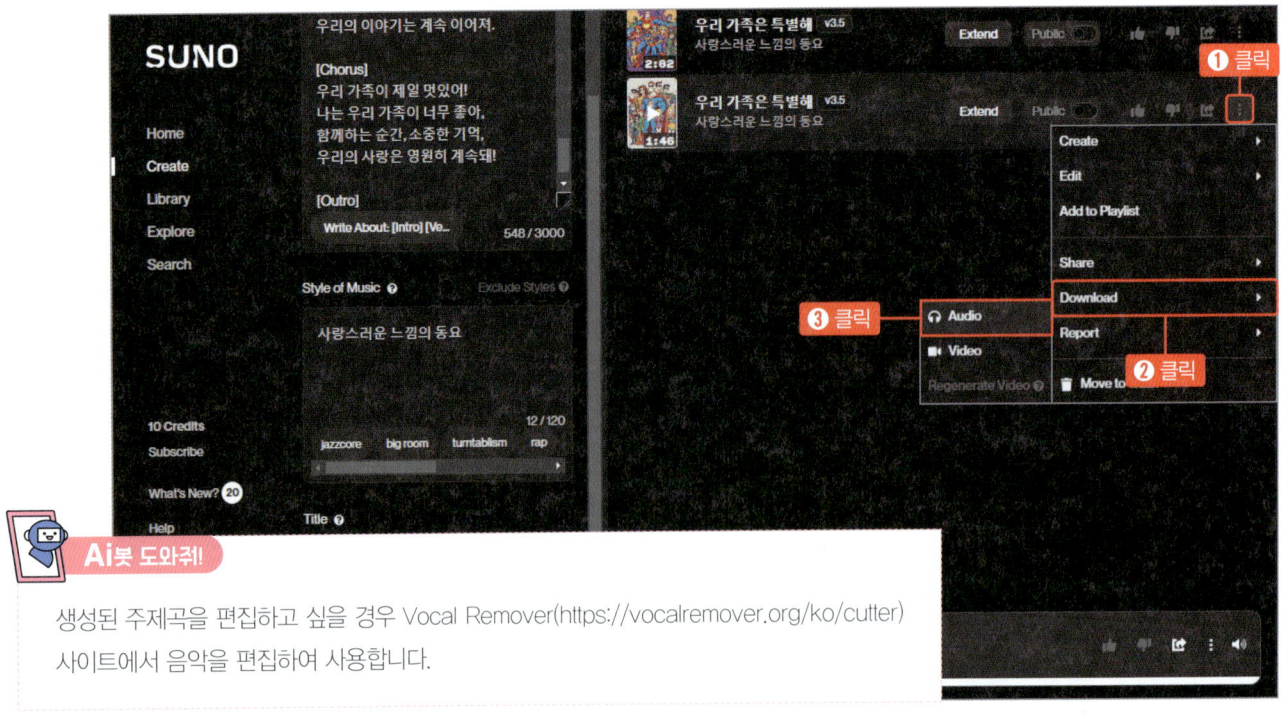

Ai봇 도와줘!

생성된 주제곡을 편집하고 싶을 경우 Vocal Remover(https://vocalremover.org/ko/cutter) 사이트에서 음악을 편집하여 사용합니다.

02 우리 가족 가사집 완성하기

미리캔버스에서 우리 가족 가사집을 완성해 봅니다.

① 우리 가족 구성원의 캐릭터를 만들기 위해 생각하는 모습을 담아 프롬프트를 작성해 봅니다.

아빠	엄마
오빠/언니	동생
나	강아지

 **Ai봇 도와줘!**

전신 캐릭터를 생성하기 위해 프롬프트 작성 시 신발에 대한 설명도 작성합니다.

② 뤼튼 화면으로 돌아와 목적을 [AI 이미지]로 선택한 후 그림과 같이 앞서 작성한 프롬프트를 입력하여 우리 가족 구성원의 캐릭터를 생성하고 다운로드합니다.

후드티에 츄리닝 바지를 입고, 모자를 뒤집어 쓰고 서 있는 귀여운 여자 아이. 운동화를 신고 있는 여자 아이. 3D 캐릭터로 흰색 배경에 그려 줘.

❶ 선택 ❷ 입력 후 Enter

❸ removebg(https://www.remove.bg/ko) 사이트에 접속하고 [이미지 업로드]를 클릭하여 앞서 뤼튼에서 생성한 이미지를 각각 업로드합니다.

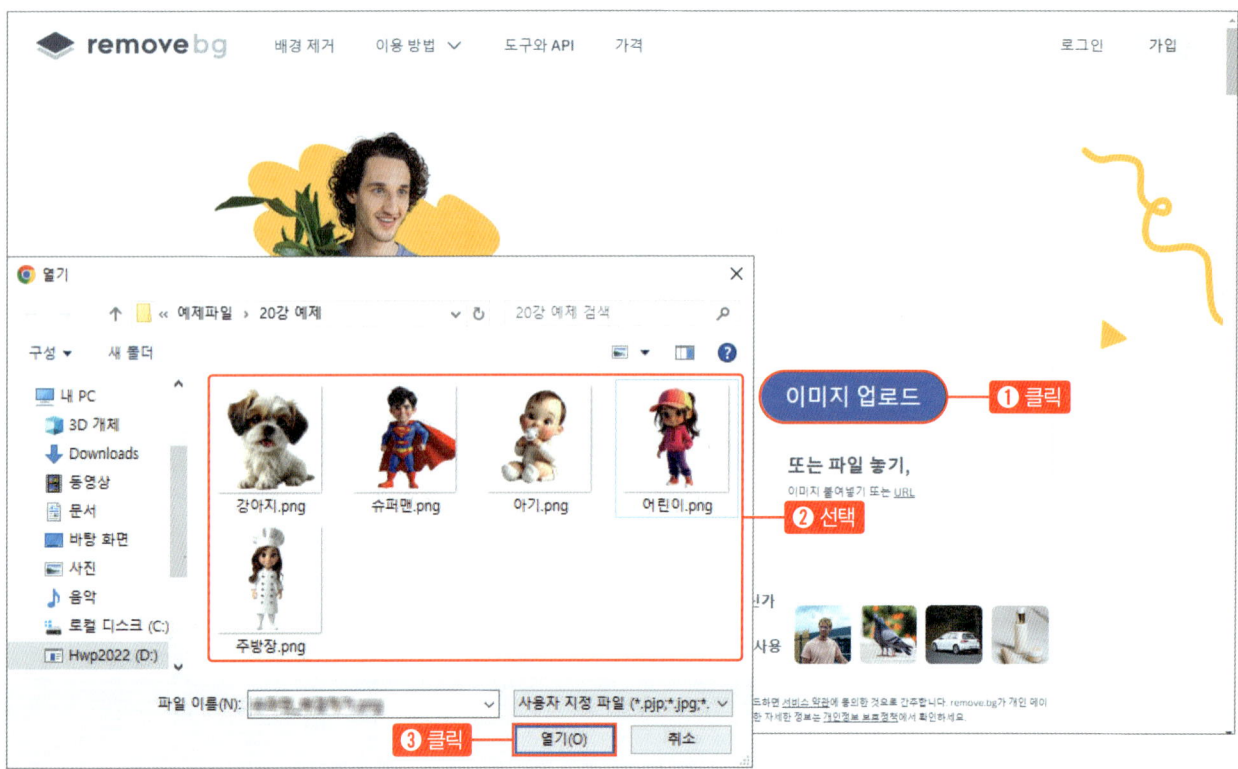

❹ 배경이 제거된 이미지를 다운로드합니다.

❺ 미리캔버스(https://www.miricanvas.com) 사이트에 접속하고 로그인한 후 [새 디자인 만들기]
-[웹 포스터]-[세로형]을 클릭합니다.

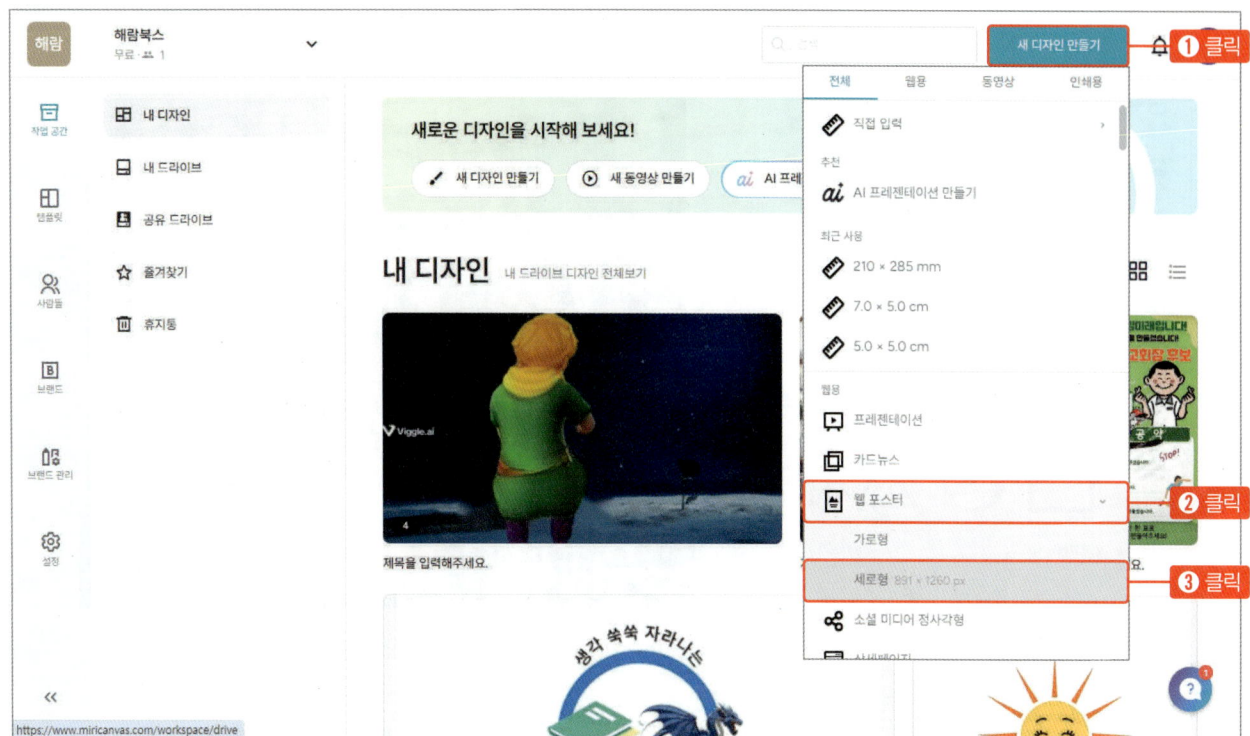

❻ [업로드(🔼)]-[업로드]를 클릭하여 배경을 제거한 우리 가족 캐릭터를 업로드한 후 페이지에 추가하여 가족 사진을 만듭니다.

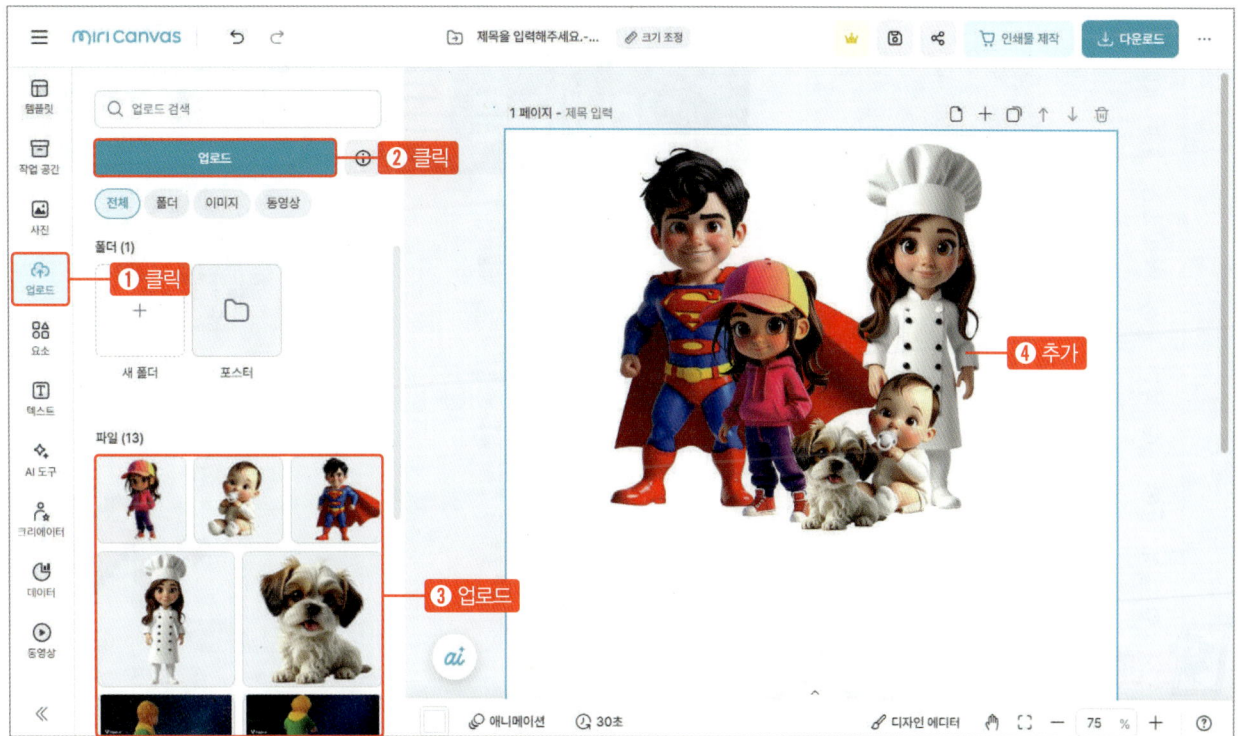

Chapter 20. 우리 가족 가사집 만들기 **175**

❼ 다양한 요소와 텍스트를 추가하고 속성을 지정하여 가족 사진을 꾸며 봅니다.

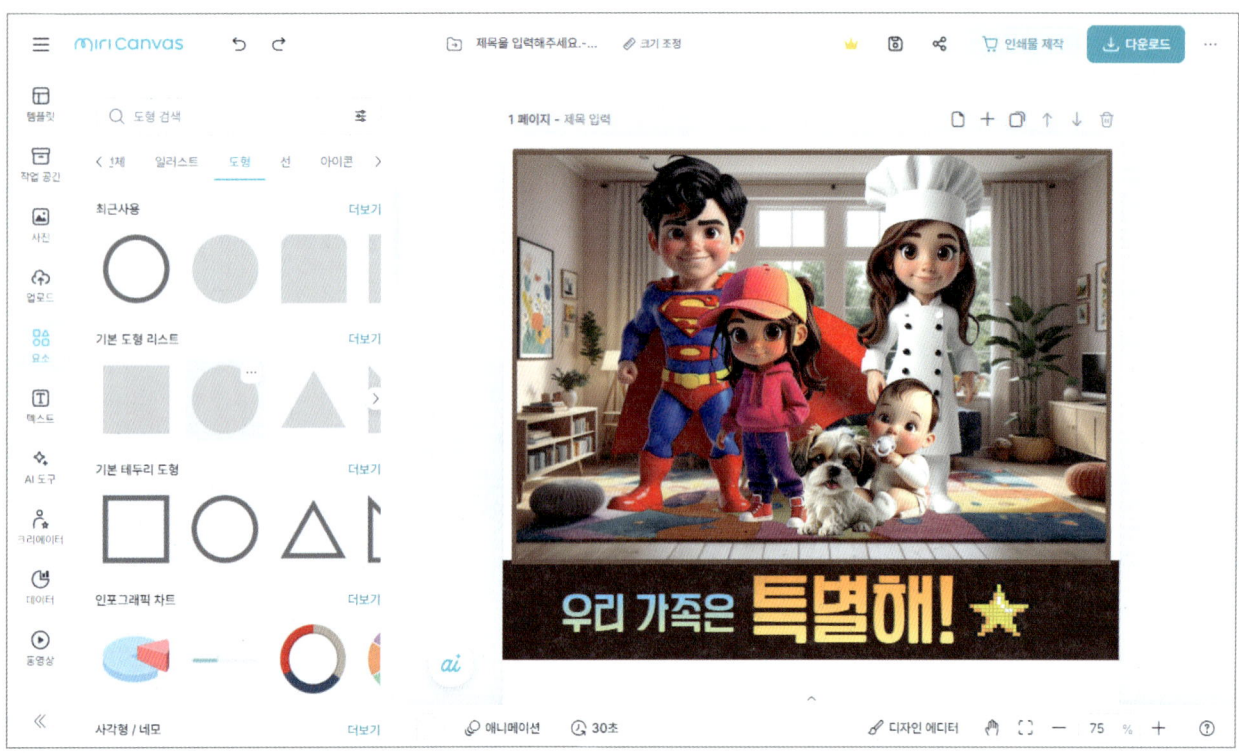

❽ 앞서 완성한 우리 가족 주제곡의 가사를 입력하고 다양한 요소를 추가한 후 속성을 자유롭게 지정하여 우리 가족 가사집을 꾸며 봅니다.

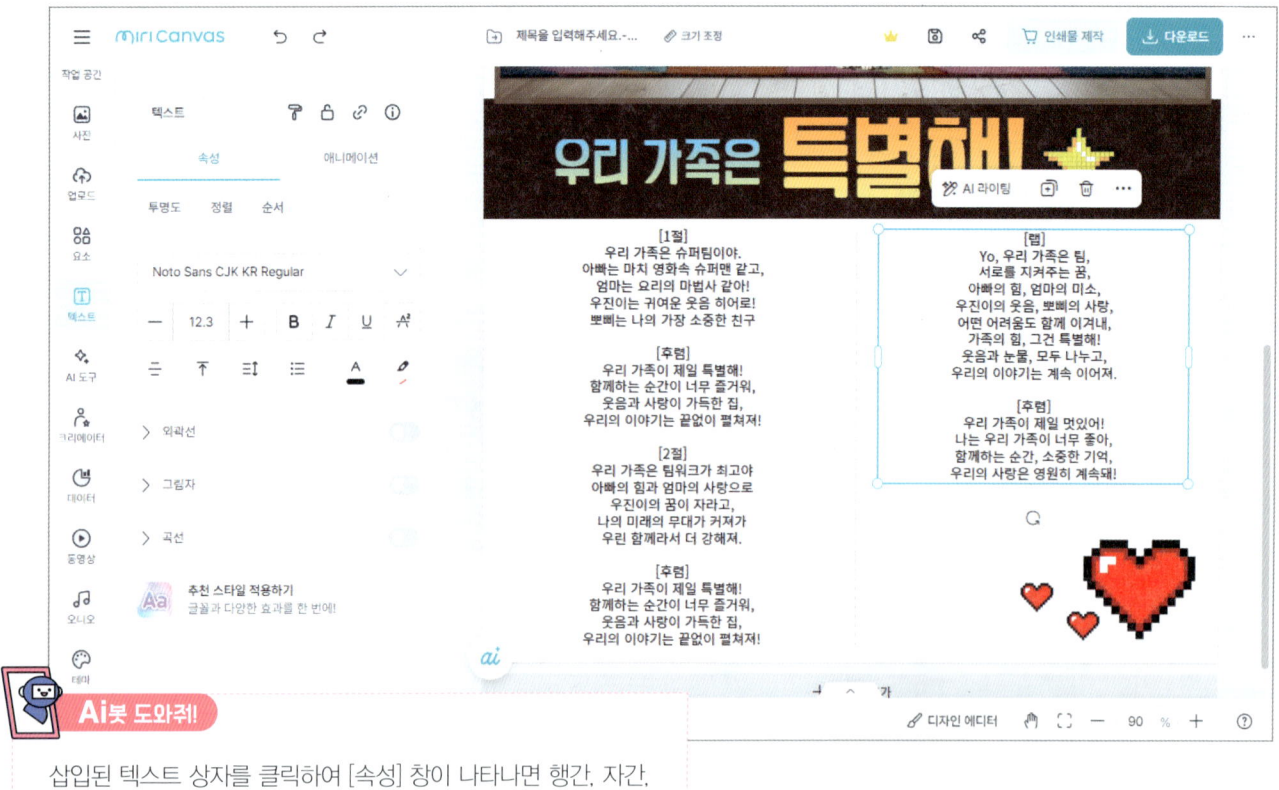

Ai봇 도와줘!

삽입된 텍스트 상자를 클릭하여 [속성] 창이 나타나면 행간, 자간, 그림자, 외곽선, 글꼴, 크기 등을 자유롭게 설정해 봅니다.

⑨ [업로드(☁)]-[업로드]를 클릭하여 앞서 수노에서 생성한 '우리 가족 주제곡'을 업로드합니다.

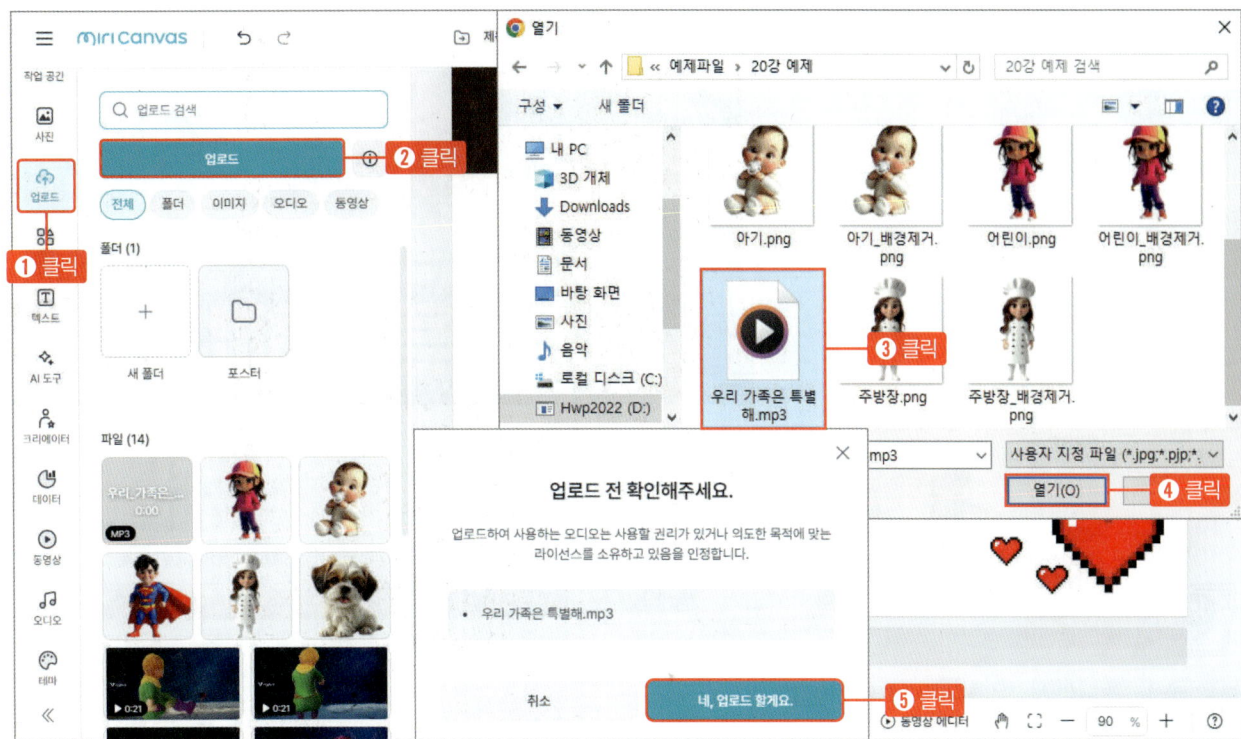

⑩ 주제곡이 업로드되면 [디자인 에디터]를 클릭하여 [동영상 에디터]로 전환한 후 업로드된 주제곡을 클릭하여 페이지에 추가합니다.

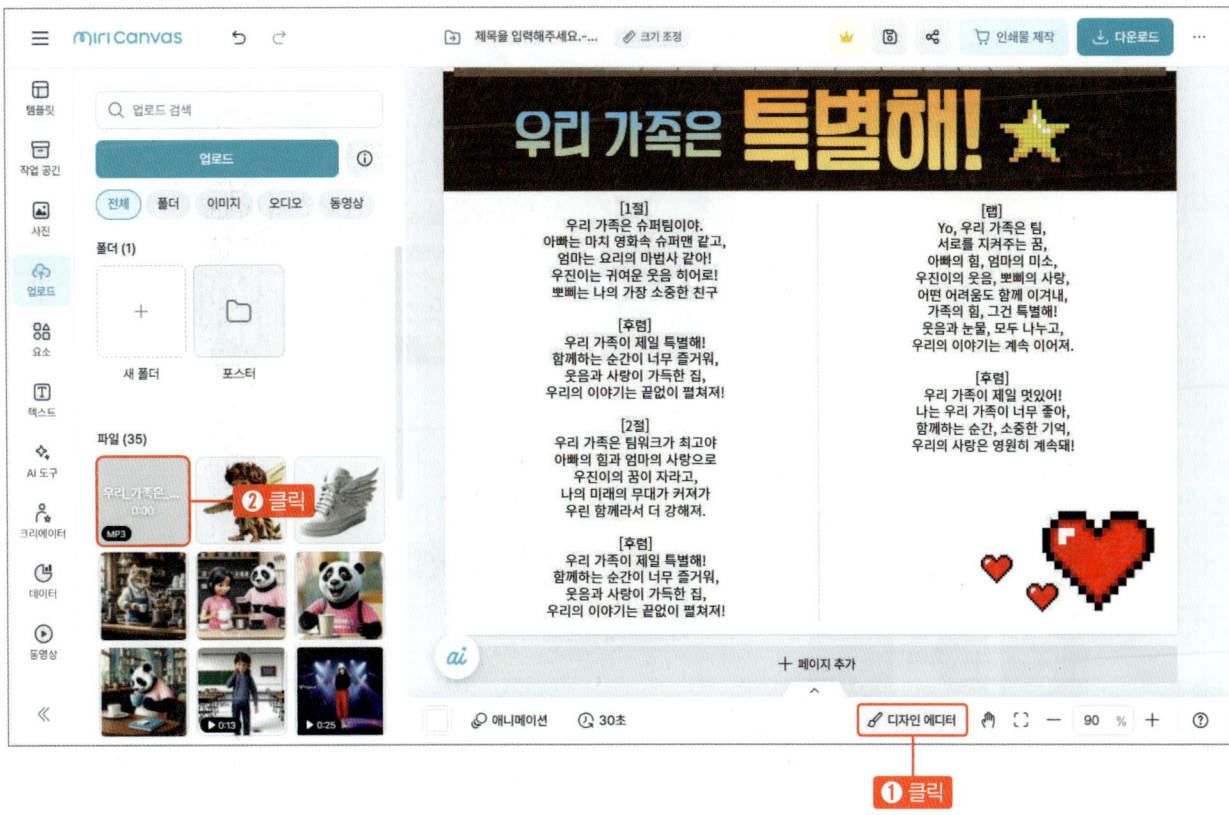

Chapter 20. 우리 가족 가사집 만들기 **177**

⑪ 페이지의 재생 시간을 조절합니다.

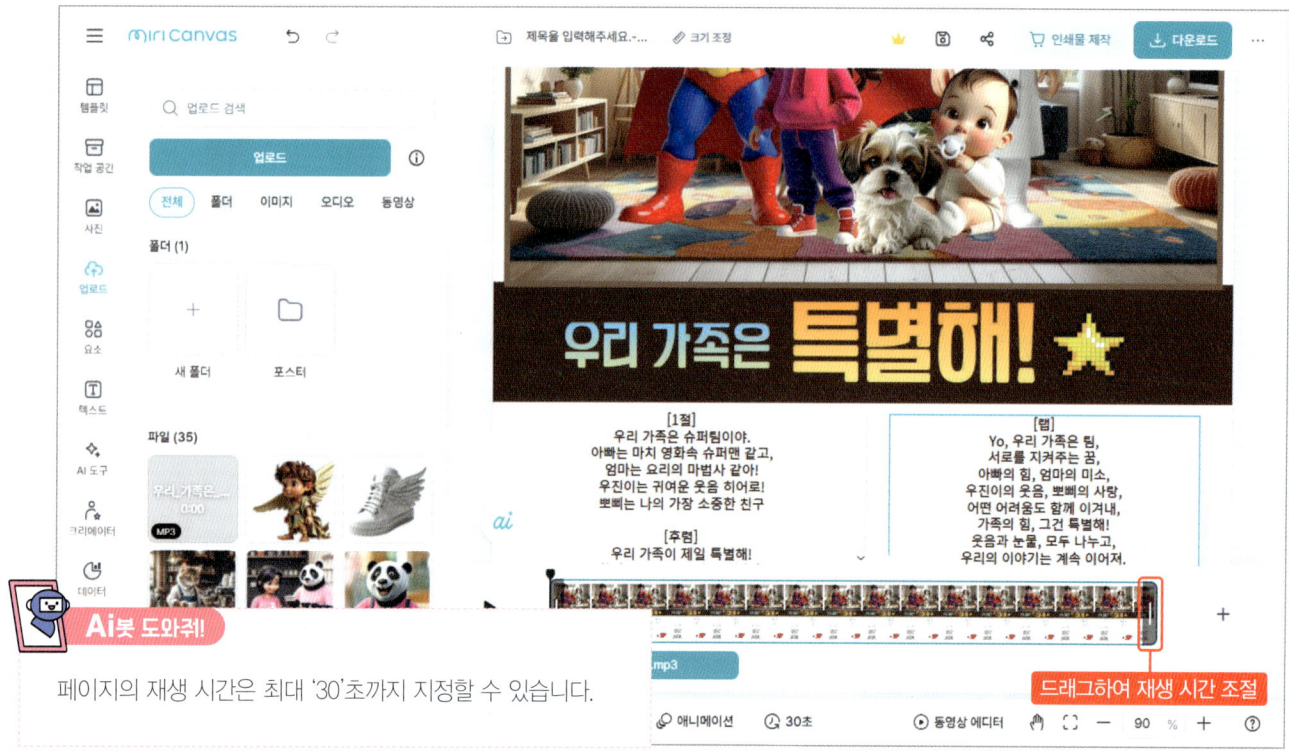

페이지의 재생 시간은 최대 '30'초까지 지정할 수 있습니다.

⑫ [페이지 속성(⋯)]-[페이지 복제]를 클릭하여 페이지를 복제합니다.

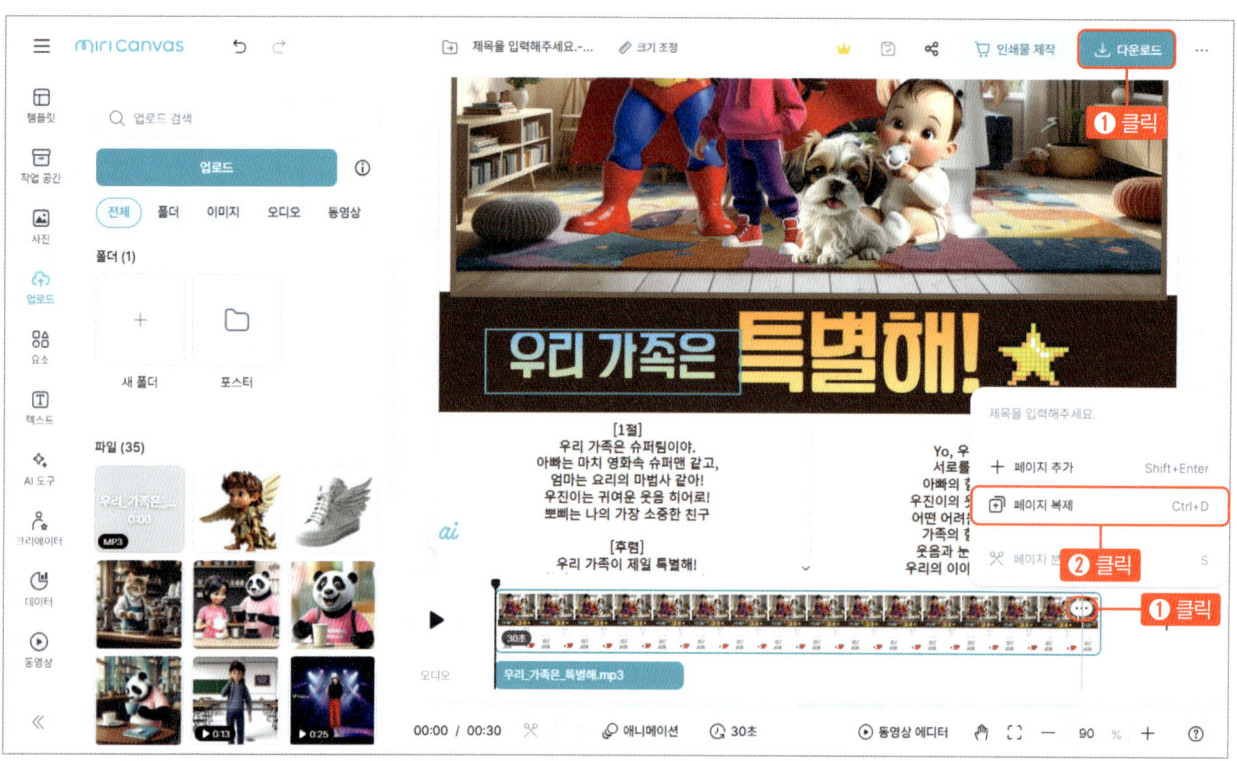

⑬ 페이지가 복제되면 추가된 주제곡의 길이를 조절합니다. 같은 방법으로 주제곡의 길이에 맞게 페이지를 복제하고 페이지 재생 시간을 조절합니다.

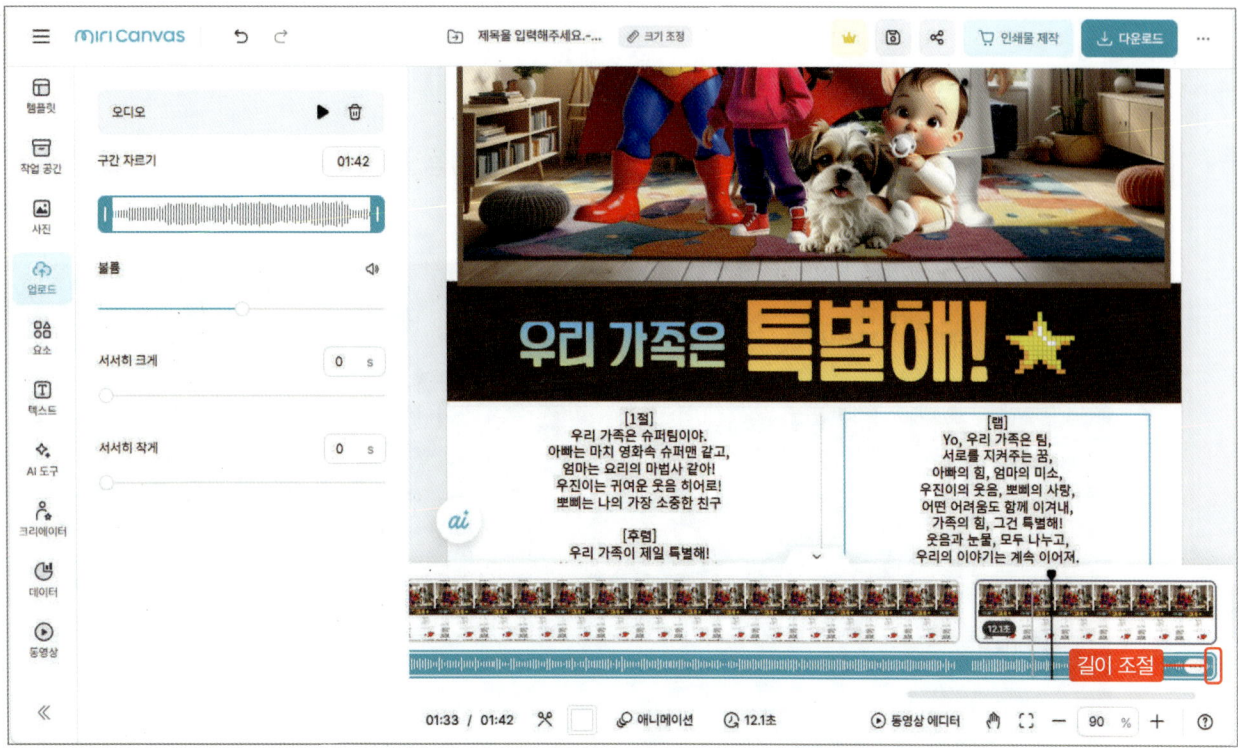

⑭ 완성된 가사집을 확인한 후 [다운로드]-[MP4]-[다운로드]를 클릭하여 다운로드합니다.

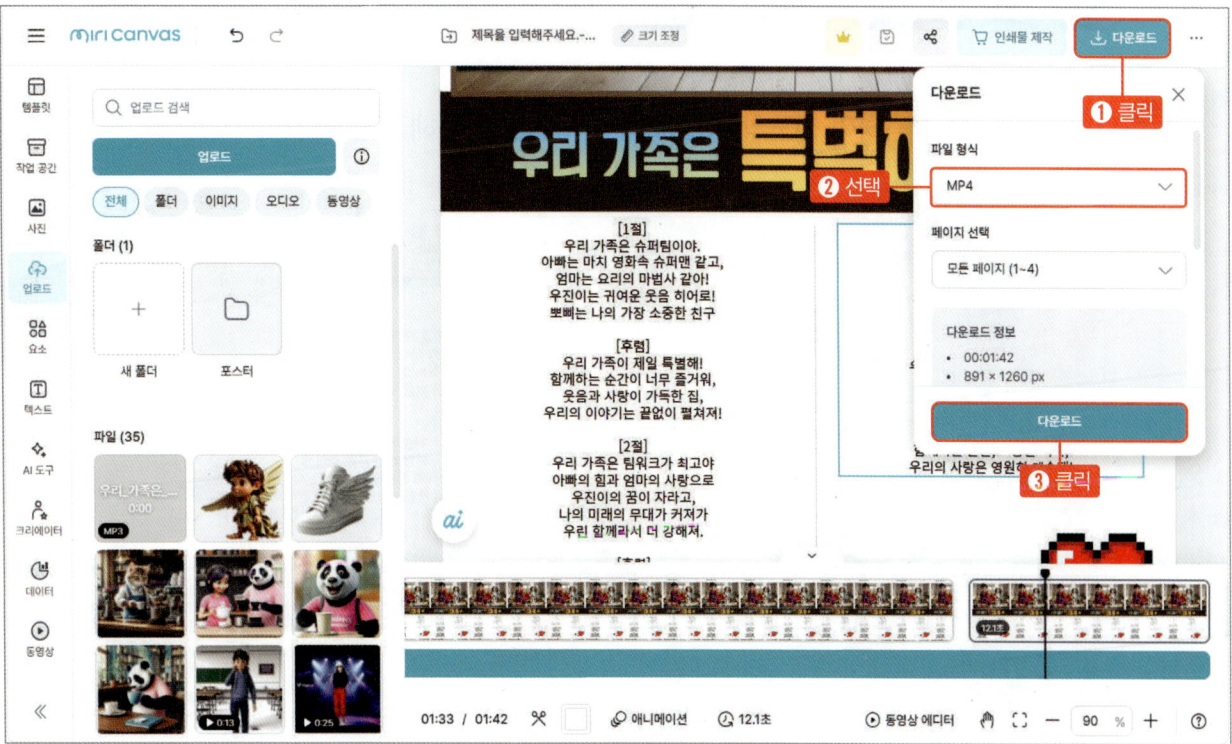

Chapter 20. 우리 가족 가사집 만들기 **179**

AI 탐험대 ➕ 플러스 미션

📄 예제 파일 : 20강 예제 폴더   📄 완성 파일 : 20강 미션 완성.mp4

1 뤼튼과 수노를 활용하여 친구의 생일 축하 가사집에 사용할 이미지와 생일 축하곡을 생성해 보세요.

뤼튼에서 생일 축하곡의 가사와 생일 축하 가사집에 사용할 이미지를 생성하고 수노에서 생일 축하곡을 생성해 봅니다.

2 미리캔버스를 활용하여 친구의 생일 축하 가사집을 완성해 보세요.

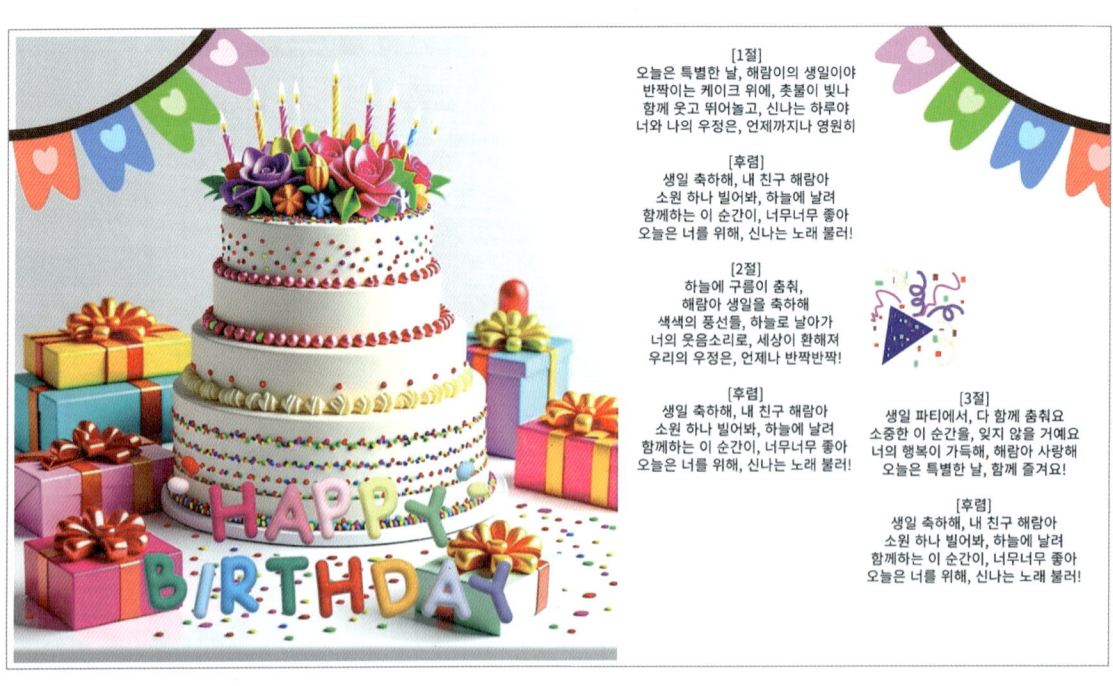

 오늘의 AI 탐험 : 뤼튼, 수노, 미리캔버스

CHAPTER 21 카드 뉴스 만들기

학습목표

- 뉴스 내용을 확인하고 카드 뉴스에 사용할 내용을 정리합니다.
- 뤼튼에서 카드 뉴스에 사용할 이미지를 생성합니다.
- 수노에서 카드 뉴스에 사용할 배경 음악을 생성합니다.
- 미리캔버스에서 카드 뉴스를 완성합니다.

예제 파일 : 21강 예제 폴더 **완성 파일** : 21강 완성.mp4

도전! Ai 탐험 미션

이번 시간에는 제공된 뉴스를 확인하고 카드 뉴스를 만들기 위해 뉴스 내용을 정리해 보고 뤼튼과 수노에서 카드 뉴스에 사용할 이미지와 배경 음악을 생성한 후 미리캔버스에서 카드 뉴스를 편집해 봅니다.

01 카드 뉴스 내용과 이미지 만들기

뤼튼에서 카드 뉴스의 내용과 각 컷에 삽입될 이미지를 생성해 봅니다.

❶ 다음 뉴스의 내용을 확인합니다.

가족이라면서 휴가지에서 반려견을 버리나요?

휴가철에 반려동물이 유기되는 사례가 급증하고 있어 관련 단체와 정부의 고민이 깊어지고 있습니다. 농림축산식품부에 따르면, 2019년부터 지난해까지 유기된 동물 중 20%가 휴가철(7~8월)에 발생했습니다. 최근 일주일간 2,580마리 이상의 반려동물이 버려지거나 분실되었고, 한 해 동안 유기되는 반려동물 5마리 중 1마리는 휴가철에 버려집니다.

유기된 반려동물의 상당수는 보호자를 찾지 못해 안락사되거나 자연사하게 됩니다. 정부는 민관 합동 캠페인과 반려동물 등록 제도를 운영하고 있지만, 전문가들은 근본적인 해결책으로 보호자 교육을 의무화하고 동물 등록 제도를 강화해야 한다고 지적합니다.

결국, 반려동물을 단순한 취미로 여기는 인식이 문제의 근본 원인이라는 의견이 제기되고 있습니다.

❷ 인터넷 브라우저를 실행한 후 뤼튼(https://wrtn.ai) 사이트에 접속하고 로그인합니다.

❸ 프롬프트를 입력하여 6장의 카드 뉴스를 만들기 위한 내용을 정리하고 생성된 내용을 복사합니다.

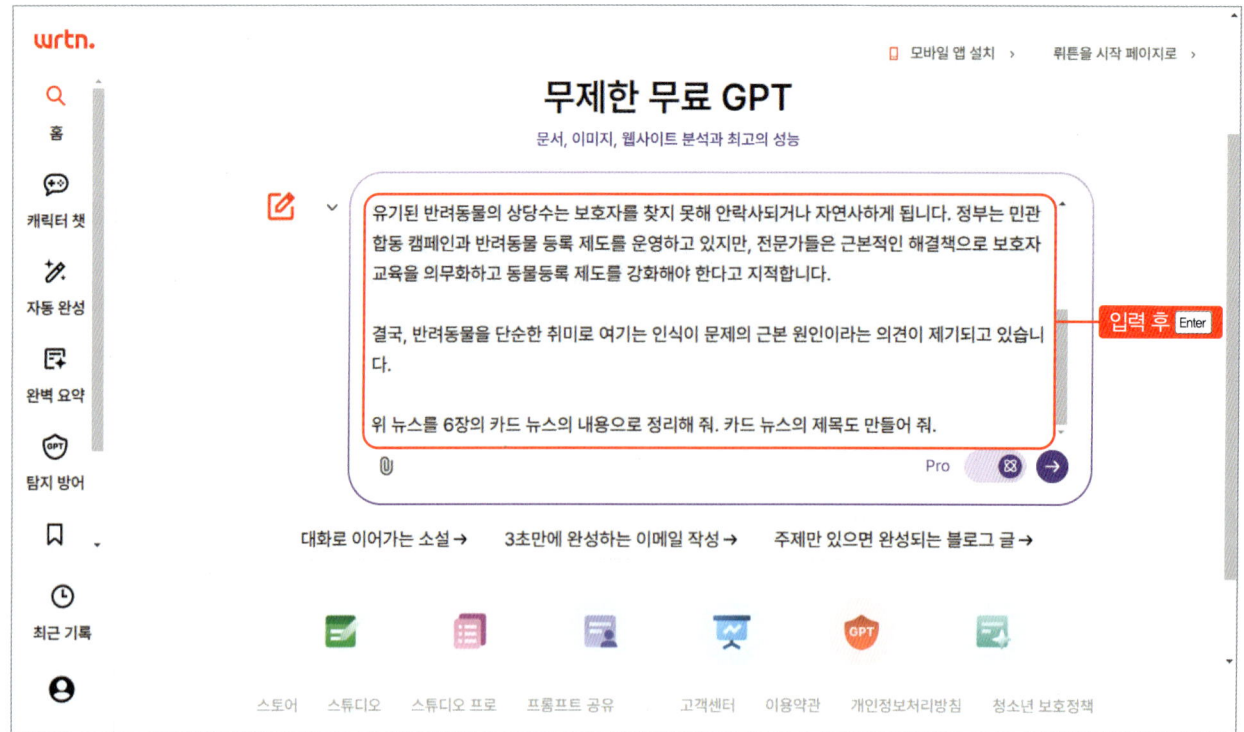

❹ [메모장]을 실행하고 복사한 내용을 붙여 넣은 후 본인의 의도가 담기도록 카드 뉴스의 내용을 수정합니다.

```
1. 충격적인 통계
매년 여름, 유기 동물의 20%가 휴가철에
발생합니다.

2. 최근 유기 현황
최근 일주일 간 2580마리 이상이
버려지고 있습니다.

3. 심각한 결과
유기된 동물의 많은 수가 보호자를 찾지
못해 안락사 또는 자연사합니다.

4. 정부의 노력
민관 합동 캠페인과 등록 제도를 운영하지만 효과는 미비합니다.

5. 전문가의 경고
보호자 교육 의무화 및 등록 제도
```

Ai봇 도와줘!

뤼튼에서 생성한 카드 뉴스의 내용을 본인의 의도에 맞게 수정하여 정리해 둡니다.

❺ 뤼튼 화면으로 돌아와 목적을 [AI 이미지]로 변경한 후 프롬프트를 입력하여 카드 뉴스의 각 컷에 사용될 이미지를 생성하고 저장합니다.

Ai봇 도와줘!

정리한 카드 뉴스의 내용에 어울리는 이미지를 생성하기 위해 프롬프트를 어떻게 작성하면 좋을지 생각해 봅니다.

카드 뉴스 배경 음악 만들기
수노에서 카드 뉴스의 배경 음악으로 사용될 음악을 생성해 봅니다.

❶ 다시 목적을 [AI 과제와 업무]로 변경하고 프롬프트를 입력하여 카드 뉴스에 어울리는 음악 스타일과 장르를 확인합니다.

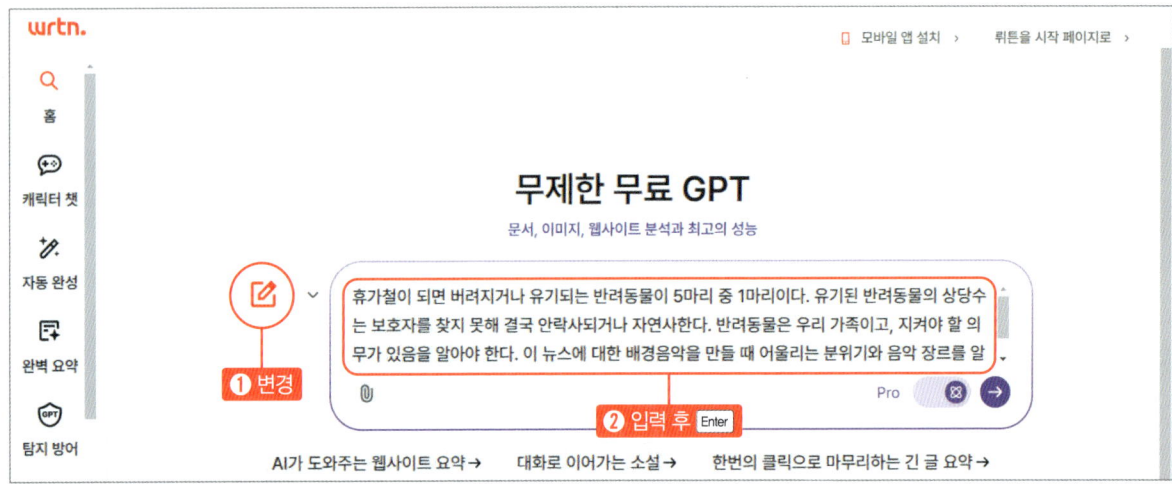

❷ 수노(https://suno.com) 사이트에 접속하고 [Sign In]을 클릭하여 로그인한 후 왼쪽 메뉴에서 [Create]를 클릭합니다.

❸ [Instrumental]을 활성합니다. [Style of Music] 창에 뤼튼에서 확인한 음악 스타일과 장르를 입력하고 [Title] 창에 배경 음악의 제목을 입력한 후 [Create]를 클릭합니다.

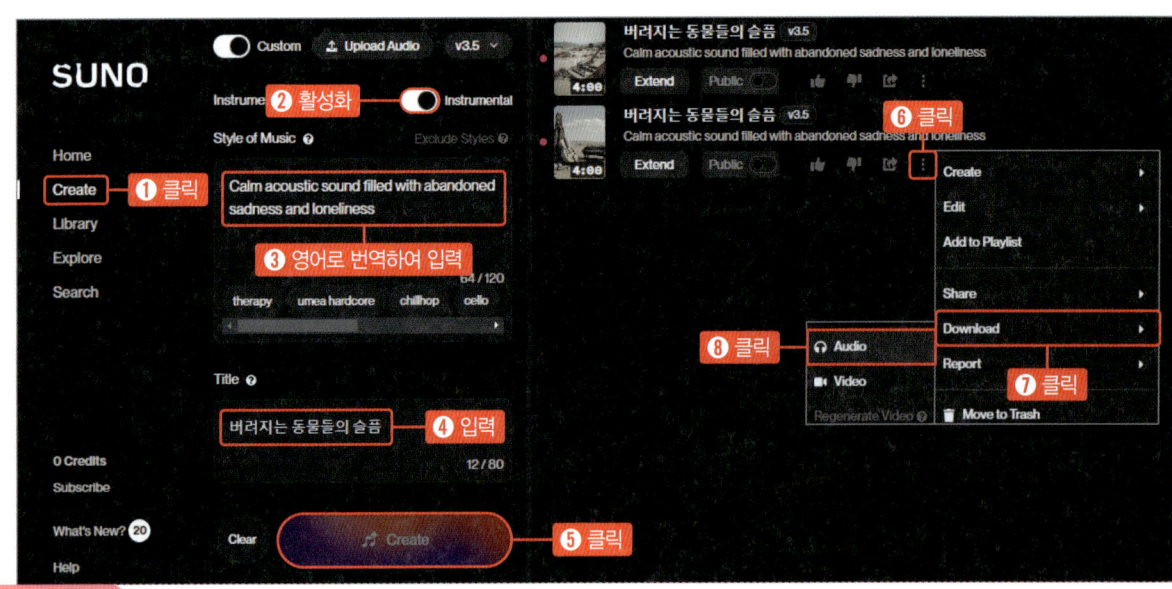

Ai봇 도와줘!

'Instrumental'은 '기악곡'이라는 뜻으로 가사가 없이 악기로만 연주되는 음악이며 주로 배경 음악(BGM)을 제작할 때 사용합니다.

03 카드 뉴스 완성하기

미리캔버스에 생성한 이미지와 배경 음악을 업로드하며 카드 뉴스를 완성해 봅니다.

① 미리캔버스(https://www.miricanvas.com) 사이트에 접속하고 로그인한 후 [새 디자인 만들기]-[카드뉴스]를 클릭합니다.

② [업로드(🔼)]-[업로드]를 클릭하여 생성한 이미지를 업로드하고 페이지에 이미지를 추가하여 배경으로 적용한 후 [페이지 추가]를 클릭합니다.

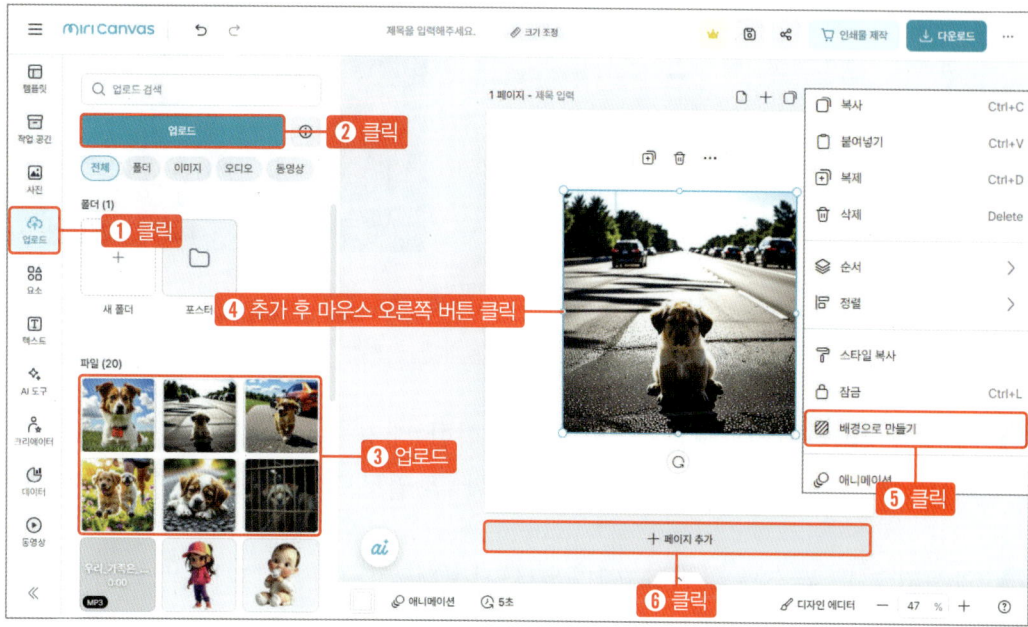

③ 같은 방법으로 페이지를 추가하며 이미지를 배경으로 적용합니다.

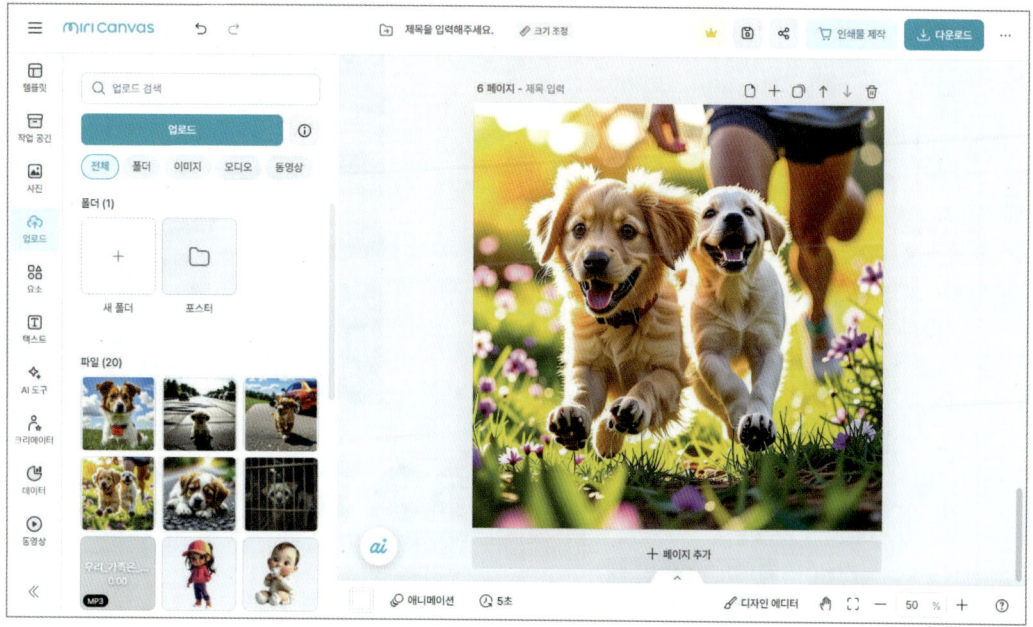

Chapter 21. 카드 뉴스 만들기 **185**

④ [텍스트(T)]를 클릭하고 각 페이지에 앞서 정리한 카드 뉴스의 내용을 입력한 후 [속성] 창에서 텍스트 서식을 자유롭게 지정합니다.

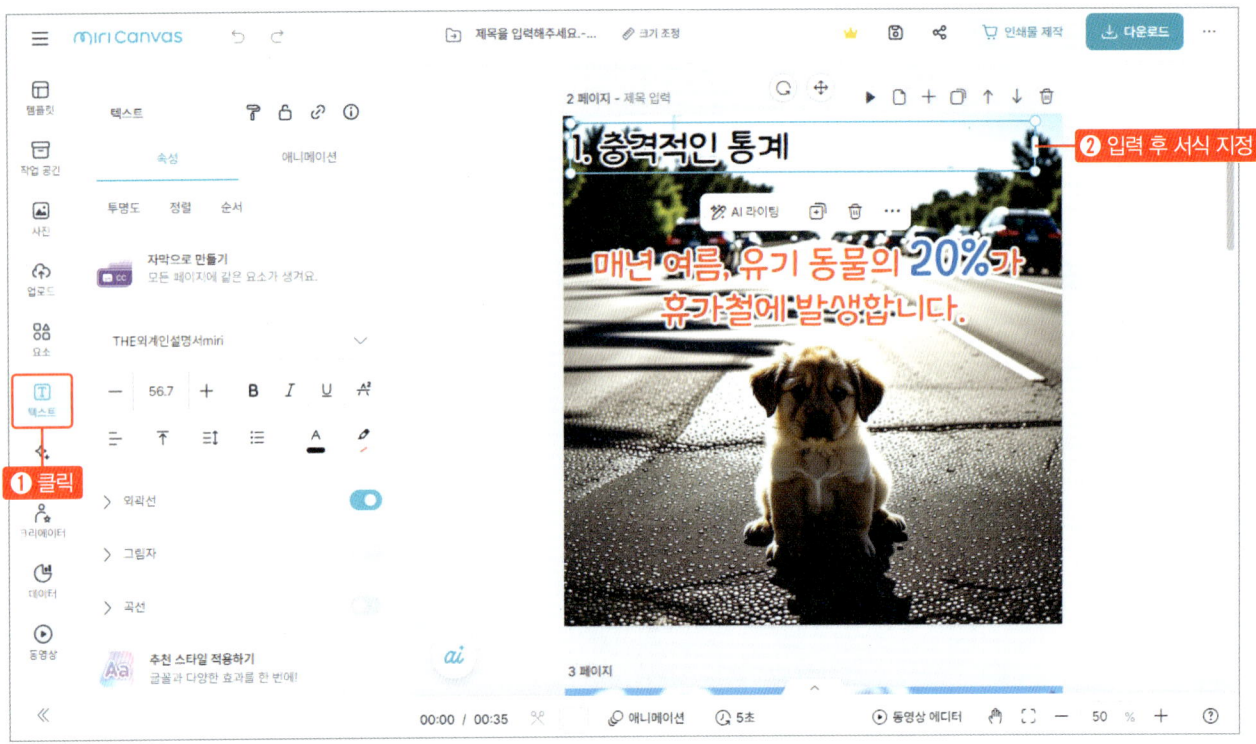

⑤ [업로드(↥)]-[업로드]를 클릭하여 생성한 배경 음악을 업로드하고 화면 하단의 [디자인 에디터]를 클릭하여 [동영상 에디터]로 전환한 후 업로드한 배경 음악을 클릭하여 추가합니다.

⑥ 완성된 카드 뉴스를 확인하고 [다운로드]-[MP4]-[다운로드]를 클릭하여 다운로드합니다.

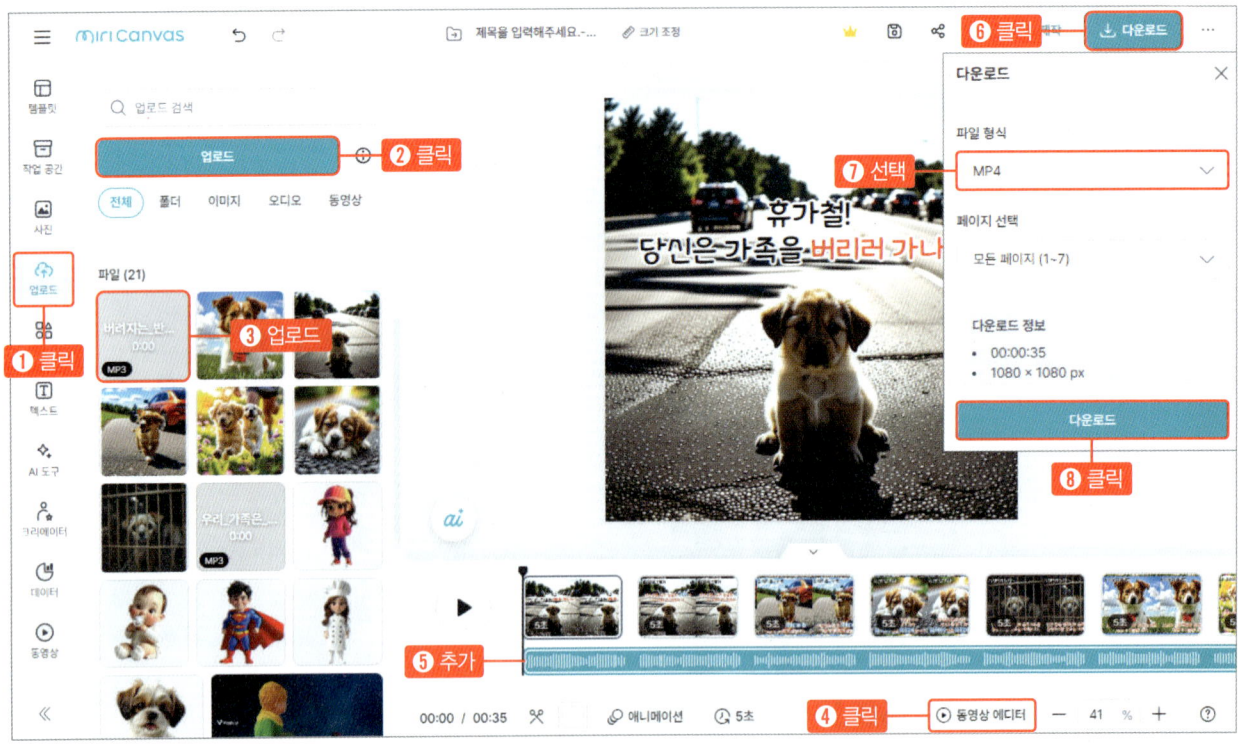

Ai 탐험대 ➕ 플러스 미션

> 📥 예제 파일 : 21강 예제 폴더   📥 완성 파일 : 21강 미션 완성.mp4

1 다음의 뉴스 내용을 파악하여 카드 뉴스의 내용과 배경 음악을 생성해 보세요.

얼음을 잃어버린 북극곰

북극의 해빙이 녹으면서 북극곰들이 굶주림에 직면하고 있다는 연구 결과가 발표되었습니다. 북극곰은 주로 연안 부빙에서 바다표범을 사냥하여 생존하지만, 기후 변화로 해빙이 감소하면서 육지에서 보내는 시간이 늘어나고 있습니다. 이로 인해 많은 북극곰들이 풀과 열매를 먹어야 하며, 체중이 감소하고 사망 위험이 증가하고 있습니다.

연구진은 3년간 20마리의 북극곰을 추적하여 그들의 활동을 관찰했습니다. 결과적으로, 얼음이 없는 여름철에 북극곰들은 다양한 생존 전략을 시도했지만, 대부분 체중이 감소했습니다. 평균적으로 하루 1kg씩 줄어들었으며, 일부는 최대 11%까지 감소했습니다.

이번 연구는 북극곰의 생존에 대한 기후 변화의 복잡한 영향을 보여주며, 앞으로 해빙이 사라질 지역에서 북극곰의 생존 가능성이 낮아질 것이라는 경고도 포함되어 있습니다. 연구 결과는 '네이처 커뮤니케이션즈'에 발표되었습니다.

> 뤼튼에서 카드 뉴스의 내용과 카드 뉴스에 삽입할 이미지를 생성하고 수노에서 배경 음악을 생성해 봅니다.

2 미리캔버스를 활용하여 북극곰과 관련된 카드 뉴스를 완성해 보세요.

CHAPTER 22 동화 OST 뮤직비디오 만들기

오늘의 AI 탐험 : 뤼튼, 수노, 미리캔버스

학습목표

- 뤼튼에서 동화 OST에 사용할 가사를 생성합니다.
- 수노에서 동화 OST를 생성합니다.
- 생성한 동화 OST를 미리캔버스에 업로드합니다.
- 미리캔버스의 AI 도구를 활용하여 뮤직비디오 이미지를 생성합니다.

예제 파일 : 22강 예제 폴더   완성 파일 : 22강 완성.mp4

도전! AI 탐험 미션

이번 시간에는 동화의 스토리를 바탕으로 뤼튼에서 동화 OST 가사를 생성하고 수노에서 동화 OST를 완성합니다. 그리고 미리캔버스의 AI 도구를 활용하여 뮤직비디오에 삽입할 이미지를 생성하여 뮤직비디오를 완성해 봅니다.

동화 OST 가사 생성하기

좋아하는 동화의 스토리를 바탕으로 뤼튼에서 동화 OST의 가사를 생성해 봅니다.

① 인터넷 브라우저를 실행한 후 뤼튼(https://wrtn.ai) 사이트에 접속하고 로그인합니다.

② 좋아하는 동화의 스토리를 바탕으로 프롬프트를 입력하여 동화 OST의 가사를 생성하고 복사합니다.

③ [메모장]을 실행하고 복사한 내용을 붙여 넣은 후 가사와 Song Form 등을 수정합니다.

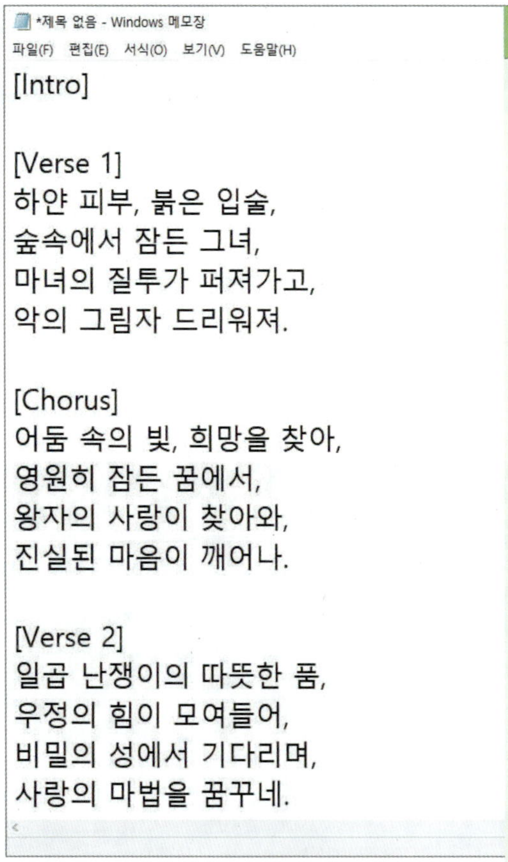

	가사
[Intro] [Verse 1] 하얀 피부, 붉은 입술, 숲속에서 잠든 그녀, 마녀의 질투가 퍼져가고, 악의 그림자 드리워져. [Chorus] 어둠 속의 빛, 희망을 찾아, 영원히 잠든 꿈에서, 왕자의 사랑이 찾아와, 진실된 마음이 깨어나. [Verse 2] 일곱 난쟁이의 따뜻한 품, 우정의 힘이 모여들어, 비밀의 성에서 기다리며, 사랑의 마법을 꿈꾸네.	[Intro] [Verse 1] 하얀 피부, 붉은 입술, 숲속에서 잠든 그녀, 마녀의 질투가 퍼져가고, 악의 그림자 드리워져. [Chorus] 어둠 속의 빛, 희망을 찾아, 영원히 잠든 꿈에서, 왕자의 사랑이 찾아와, 진실된 마음이 깨어나. [Verse 2] 일곱 난쟁이의 따뜻한 품, 우정의 힘이 모여들어, 비밀의 성에서 기다리며, 사랑의 마법을 꿈꾸네. [Chorus] 어둠 속의 빛, 희망을 찾아, 영원히 잠든 꿈에서, 왕자의 사랑이 찾아와, 진실된 마음이 깨어나.	[Bridge] 마녀의 저주를 이겨내고, 진정한 사랑이 이끌어, 가슴 속의 불꽃이 타올라, 새로운 시작을 알리네. [Chorus] 어둠 속의 빛, 희망을 찾아, 영원히 잠든 꿈에서, 왕자의 사랑이 찾아와, 진실된 마음이 깨어나. [Outro] 백설공주, 다시 일어나, 친구들과 왕자와 함께 빛나는 미래를 향해 나아가.

02 동화 OST 만들기

수노에 완성한 OST 가사를 입력하여 동화 OST를 생성해 봅니다.

❶ 수노(https://suno.com) 사이트에 접속하고 [Sign In]을 클릭하여 로그인한 후 왼쪽 메뉴에서 [Create]를 클릭합니다.

❷ [Lyrics], [Style of Music], [Title] 창에 앞서 완성한 OST 가사, 음악 스타일 및 장르, OST 제목을 입력합니다.

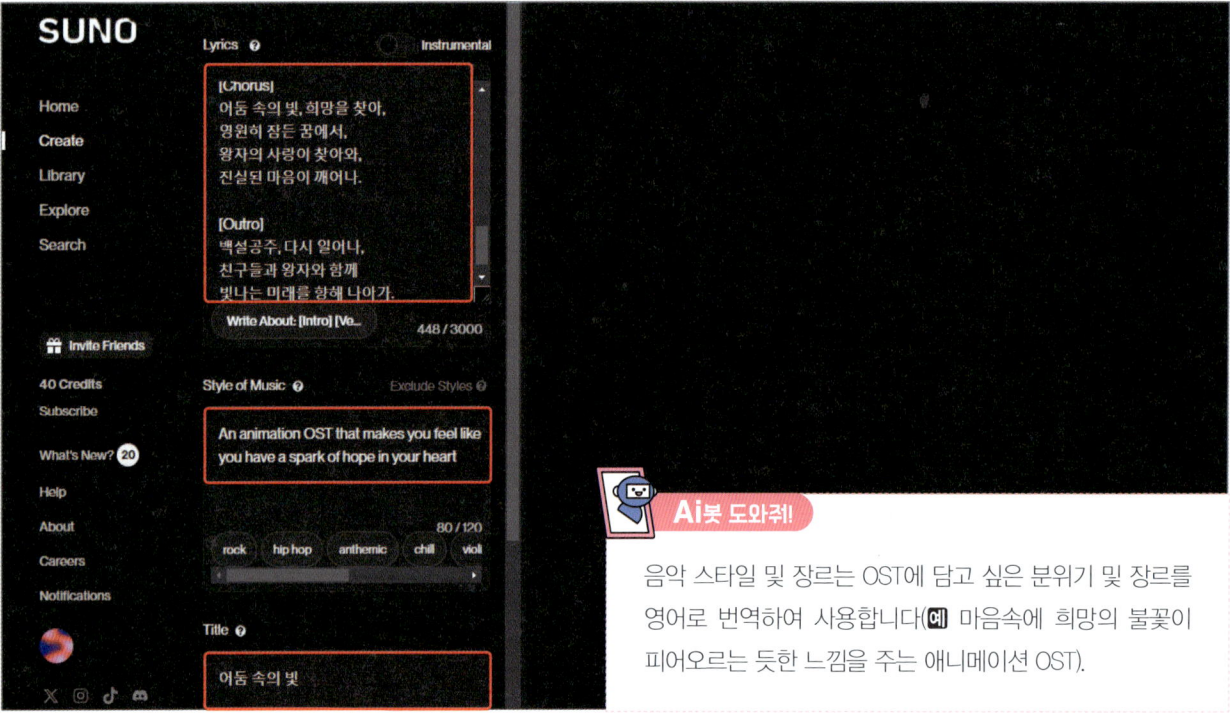

Ai봇 도와줘!

음악 스타일 및 장르는 OST에 담고 싶은 분위기 및 장르를 영어로 번역하여 사용합니다(에 마음속에 희망의 불꽃이 피어오르는 듯한 느낌을 주는 애니메이션 OST).

❸ [Create]를 클릭하여 동화 OST를 생성합니다.

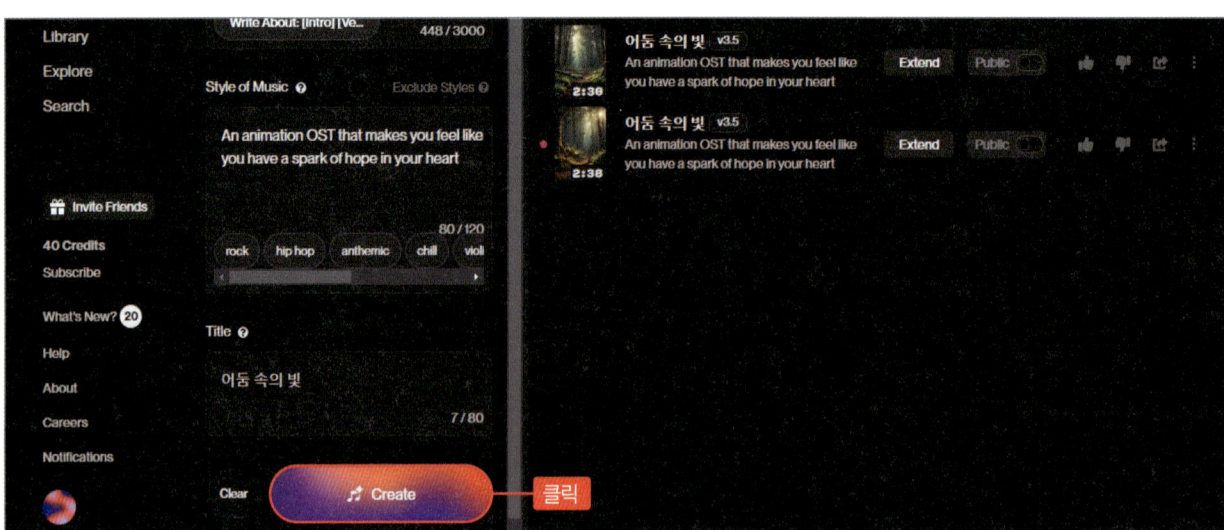

④ 생성된 OST를 확인한 후 수정이 필요할 경우 [Extend]를 클릭하여 가사나 박자 등이 부자연스러운 부분을 수정하고 [Extend]를 클릭합니다.

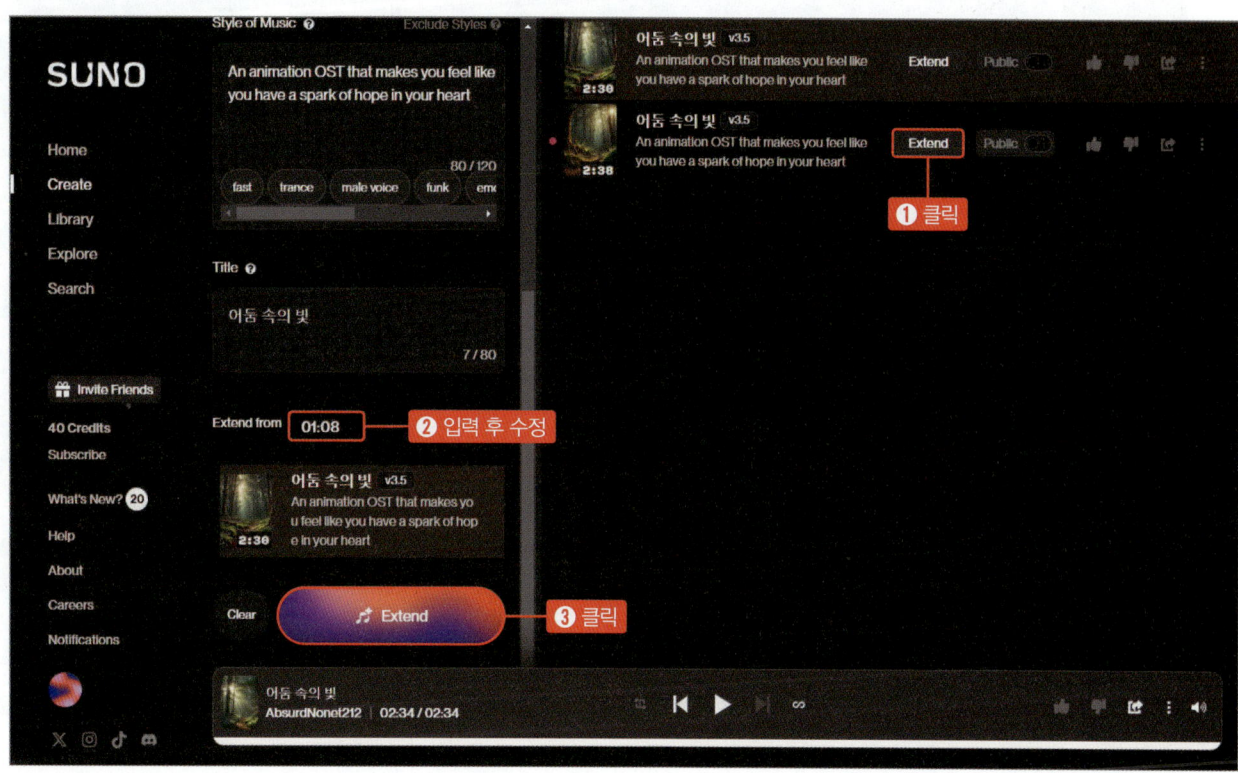

⑤ 수정된 OST가 생성되면 [더보기(⋮)]-[Create]-[Get Whole Song]을 클릭하여 완성 OST를 생성합니다.

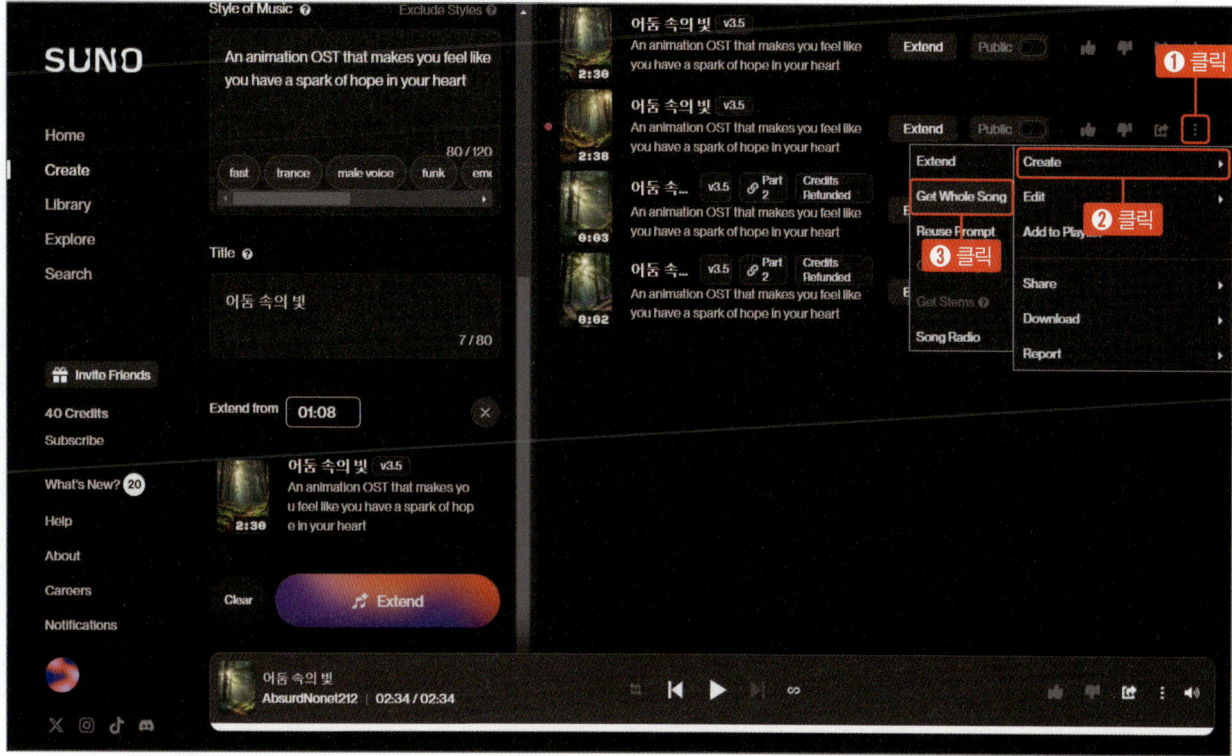

❻ 완성된 OST가 생성되면 [더보기(　)]-[Download]-[Audio]를 클릭하여 OST를 다운로드합니다.

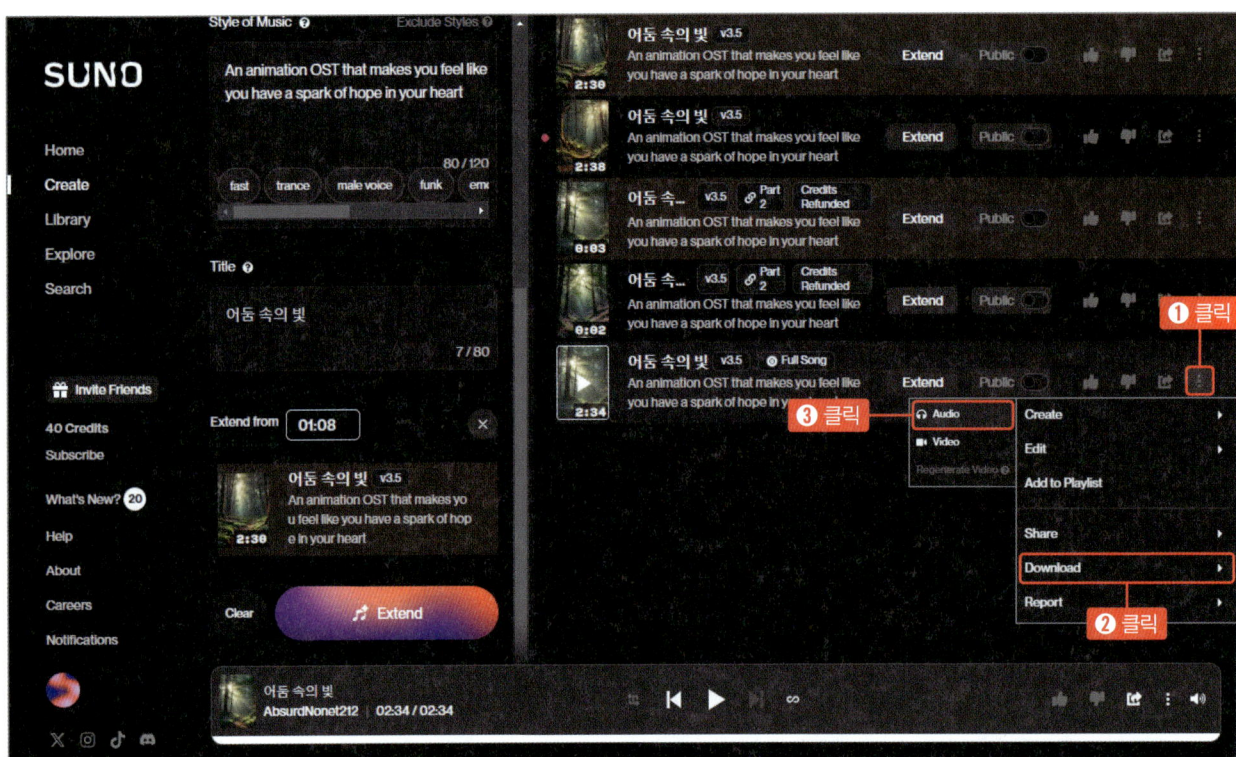

❼ 생성된 OST의 편집이 필요할 경우 Vocal Remover(https://vocalremover.org/ko/cutter) 사이트에 접속하여 생성된 OST를 업로드한 후 편집해 봅니다.

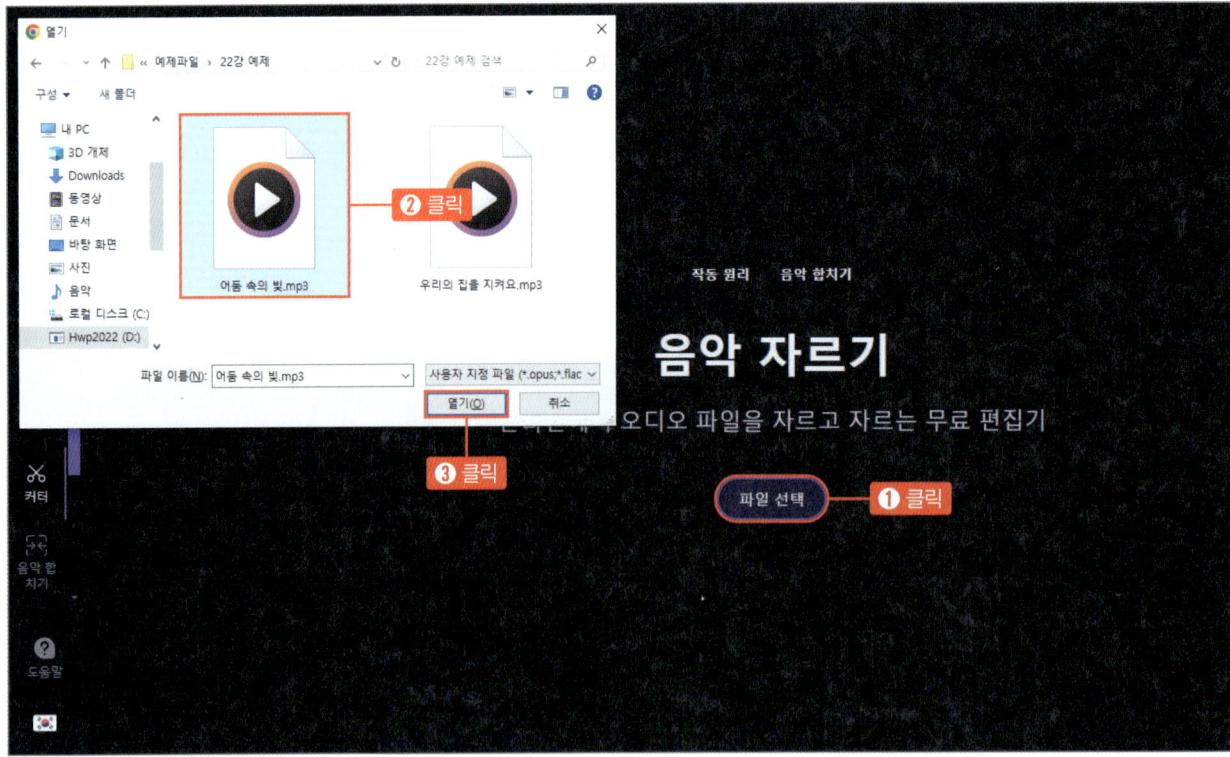

동화 OST 뮤직비디오 만들기

미리캔버스의 AI 도구를 이용하여 동화 OST 뮤직비디오를 완성해 봅니다.

❶ 미리캔버스(https://www.miricanvas.com) 사이트에 접속하고 로그인한 후 [새 디자인 만들기]-[유튜브]-[채널 아트]를 클릭합니다.

❷ [업로드(⚘)]-[업로드]를 클릭하여 생성한 동화 OST를 업로드하고 화면 하단의 [디자인 에디터]를 클릭하여 [동영상 에디터]로 전환한 후 동화 OST를 클릭하여 추가합니다.

❸ [페이지 추가]를 클릭하여 페이지를 추가해 가며 각 페이지에 OST 가사를 입력하고 [속성] 창에서 텍스트 서식을 자유롭게 변경합니다.

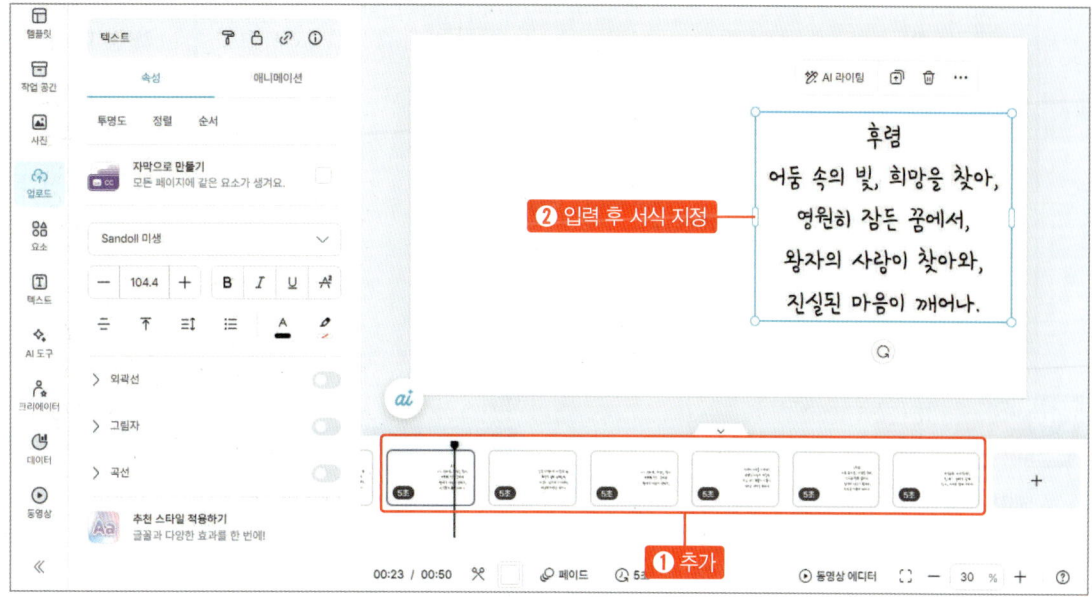

❹ 추가된 동화 OST를 클릭하고 [속성] 창–[구간 자르기]에서 구간을 조절하고 페이지 재생 시간을 조절합니다.

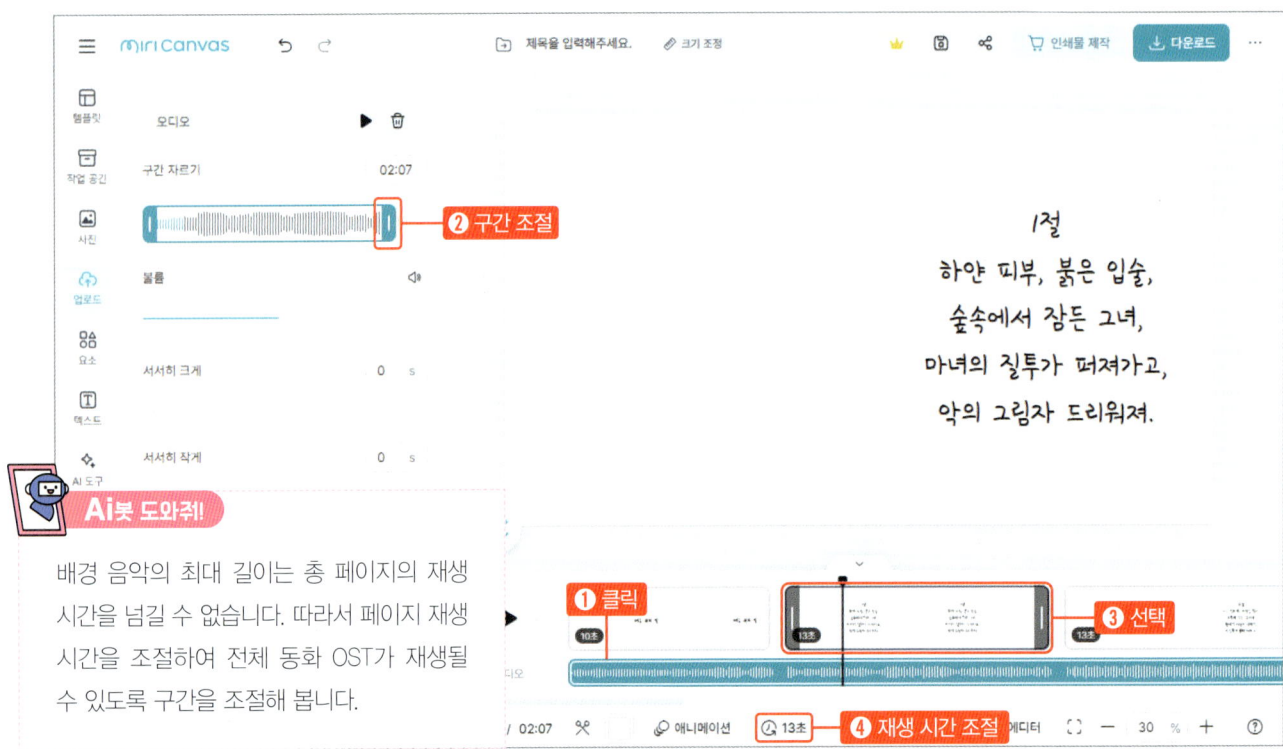

Ai봇 도와줘!
배경 음악의 최대 길이는 총 페이지의 재생 시간을 넘길 수 없습니다. 따라서 페이지 재생 시간을 조절하여 전체 동화 OST가 재생될 수 있도록 구간을 조절해 봅니다.

❺ 뮤직비디오에서 가사가 자연스럽게 나타났다가 사라지도록 하기 위해 페이지에 삽입된 텍스트 상자를 선택하고 [애니메이션] 창에서 [기본]–[페이드]를 클릭합니다.

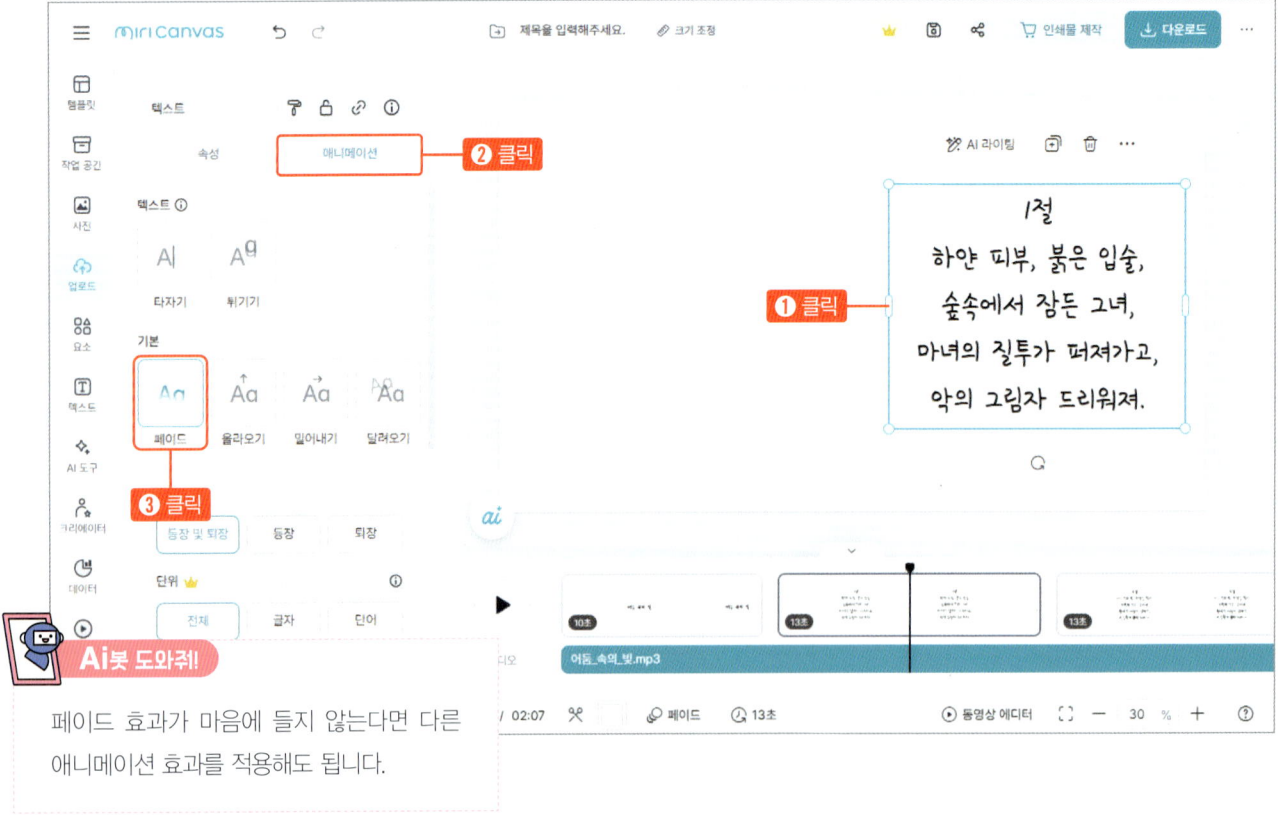

Ai봇 도와줘!
페이드 효과가 마음에 들지 않는다면 다른 애니메이션 효과를 적용해도 됩니다.

❻ 뮤직비디오에 삽입할 이미지를 생성하기 위해 [AI 도구(✧)]-[디자인에 어울리는 요소 생성]-[주제 입력]-[있어요]에 체크한 후 생성하고 싶은 이미지의 모습을 입력하고 [생성]을 클릭합니다.

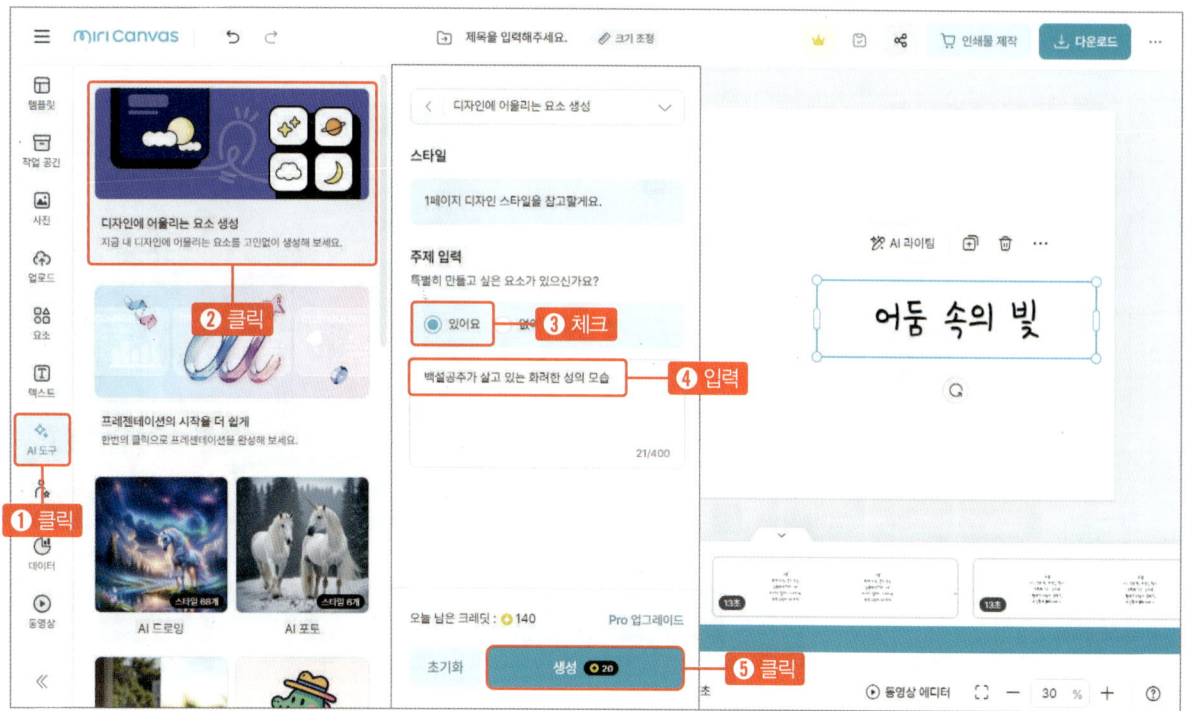

❼ 생성된 이미지를 클릭하여 페이지에 추가한 후 [속성] 창-[그라데이션 마스크]를 활성화하고 범위를 조절합니다.

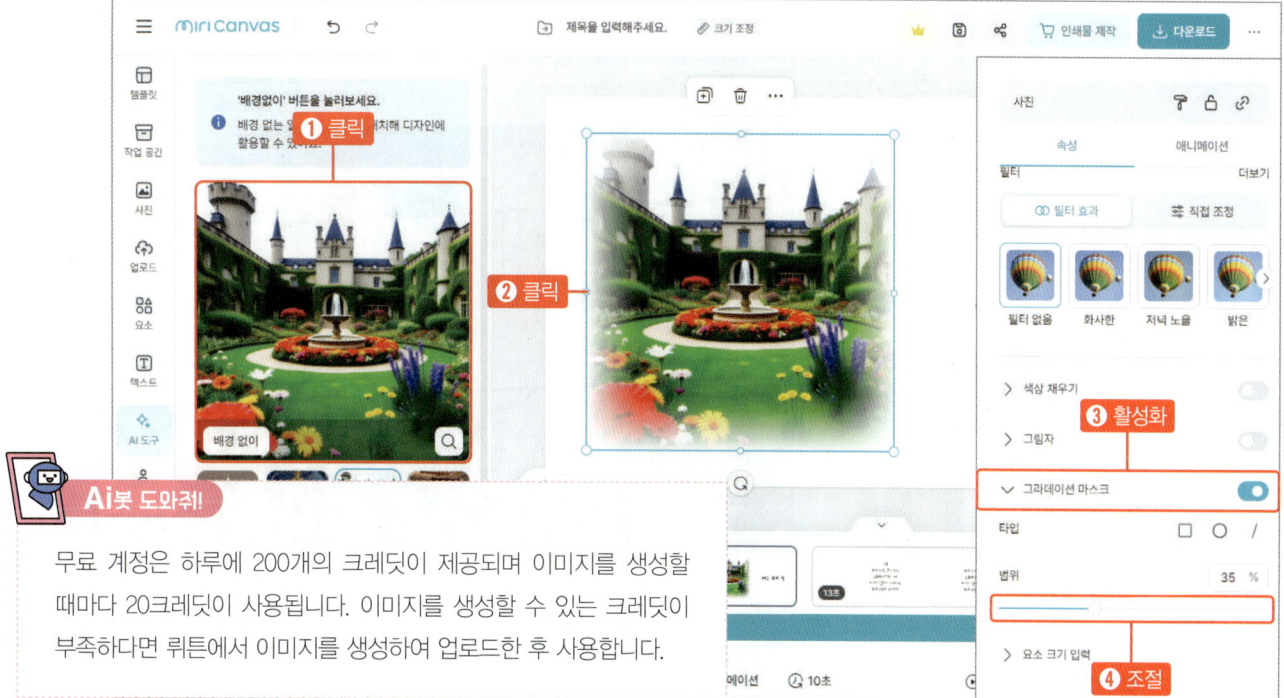

Ai봇 도와줘!

무료 계정은 하루에 200개의 크레딧이 제공되며 이미지를 생성할 때마다 20크레딧이 사용됩니다. 이미지를 생성할 수 있는 크레딧이 부족하다면 뤼튼에서 이미지를 생성하여 업로드한 후 사용합니다.

❽ 나머지 페이지에도 가사에 어울리는 이미지를 생성하여 추가한 후 그라데이션 마스크 효과를 적용해 봅니다.

❾ [배경(▨)]-[배경색]을 클릭하여 배경색을 '검정색'으로 변경하고 글자색을 '흰색'으로 변경하여 분위기를 변경합니다.

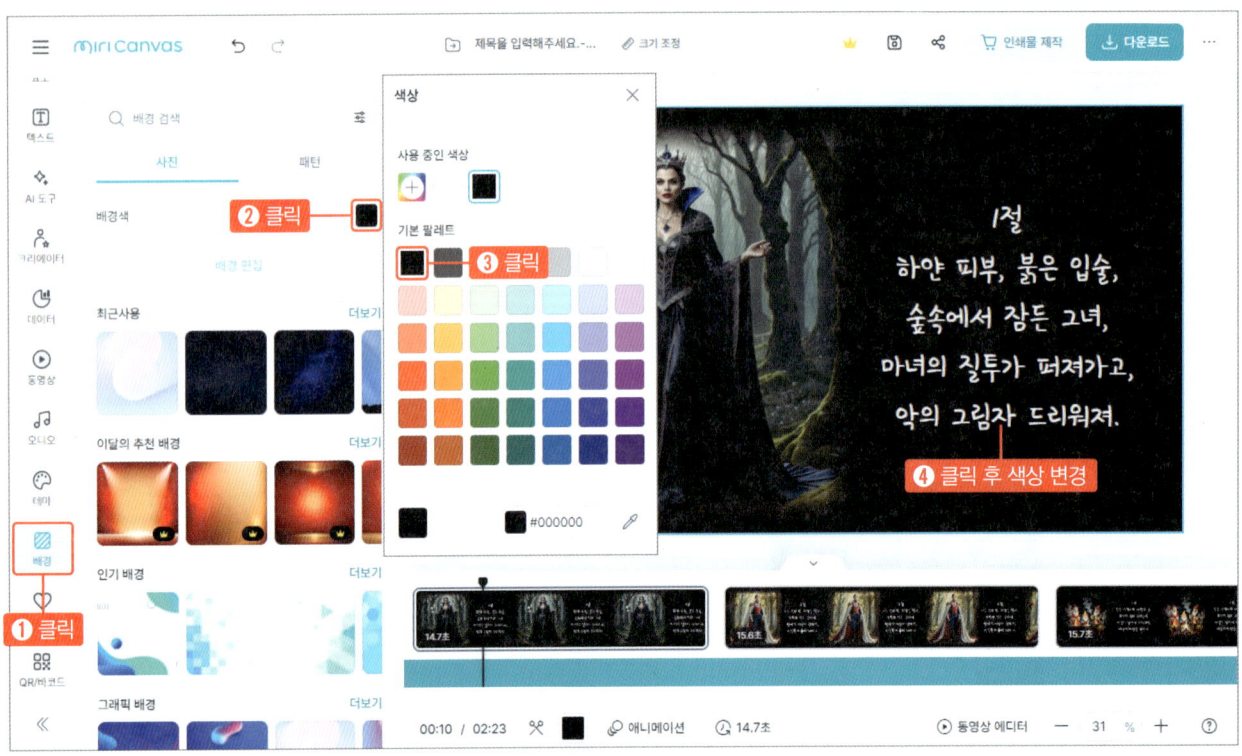

❿ 같은 방법으로 나머지 페이지의 배경색과 글자색을 변경하고 완성된 동화 OST 뮤직비디오를 확인한 후 [다운로드]를 클릭하여 영상을 다운로드합니다.

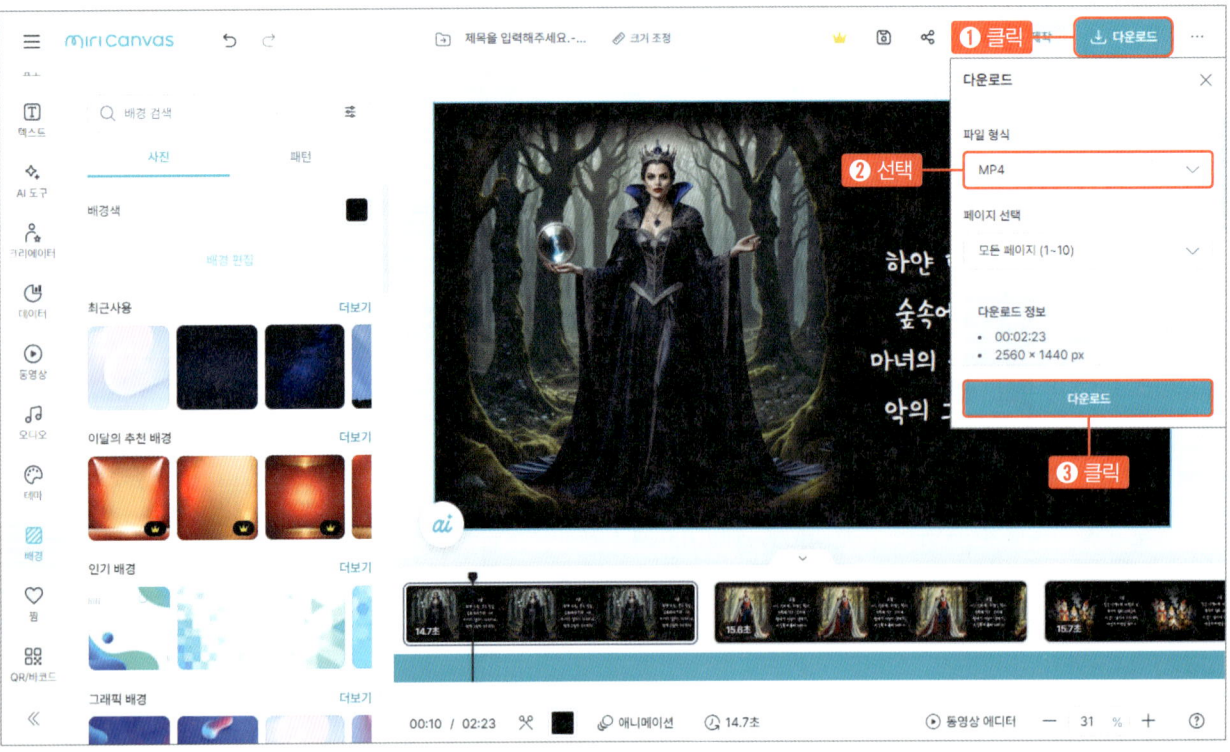

AI 탐험대 ➕ 플러스 미션

📥 예제 파일 : 22강 예제 폴더　📥 완성 파일 : 22강 미션 완성.mp4

1 아기 돼지 삼형제 동화의 OST를 생성해 보세요.

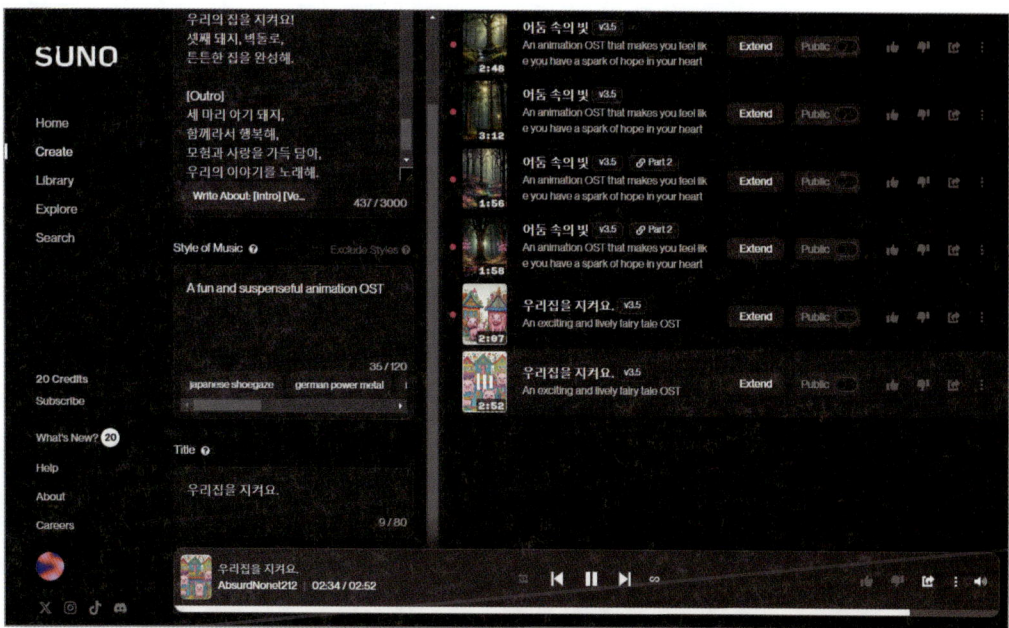

 뤼튼에서 동화 OST에 사용할 가사를 생성하고 수노에서 동화 OST를 생성해 봅니다.

2 미리캔버스를 활용하여 아기 돼지 삼형제 동화 OST 뮤직비디오를 완성해 보세요.

Chapter 22. 동화 OST 뮤직비디오 만들기　**197**

CHAPTER 23 뉴스로 쇼츠 영상 만들기

오늘의 AI 탐험 : 뤼튼, 브루

학습목표

- 인터넷에서 쇼츠 영상을 만들 때 필요한 뉴스 기사를 찾습니다.
- 뤼튼에서 뉴스 기사를 쇼츠 영상 대본으로 정리합니다.
- 정리한 쇼츠 영상 대본을 브루에 입력하여 AI 쇼츠 영상을 생성합니다.
- 영상에 효과음, 배경 음악, 템플릿을 적용하여 AI 쇼츠 영상을 완성합니다.

📁 예제 파일 : 없음   📁 완성 파일 : 23강 완성.mp4

도전! Ai 탐험 미션

이번 시간에는 인터넷에서 정보를 전달하고 싶은 최신 뉴스를 찾아보고 뉴스 내용을 뤼튼에서 쇼츠 영상의 대본으로 정리해 본 후 정리한 대본을 브루에 입력하여 AI 쇼츠 영상을 생성해 봅니다. 쇼츠 영상에 효과음, 배경 음악, 템플릿을 적용하여 뉴스 쇼츠 영상을 완성해 봅니다.

뤼튼으로 쇼츠 영상 대본 생성하기

인터넷에서 찾은 뉴스 기사를 바탕으로 뤼튼에서 쇼츠 영상 대본을 생성해 봅니다.

① 네이버(https://www.naver.com) 사이트에 접속한 후 [뉴스]를 클릭합니다.

② 뉴스 페이지가 나타나면 [생활/문화] 탭에서 관심 있는 분야를 선택합니다.

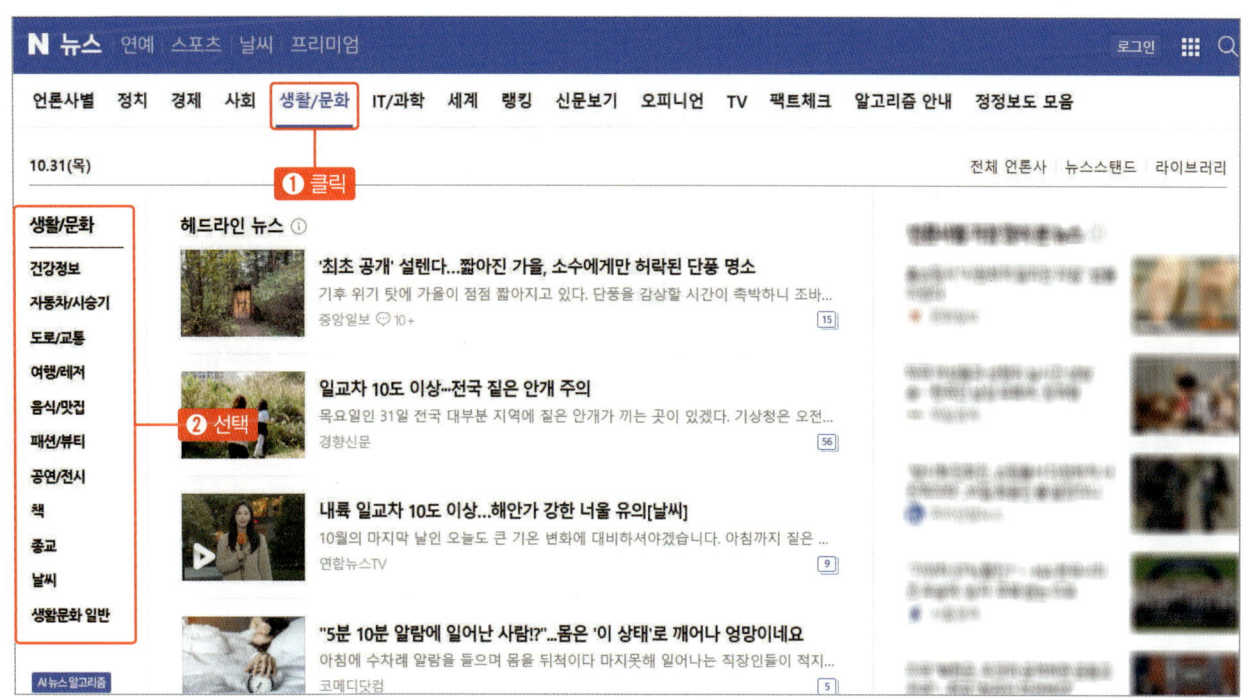

❸ 뉴스 기사 중 쇼츠 영상으로 제작하고 싶은 주제의 뉴스 기사를 찾아 클릭합니다. 기사 내용을 드래그하여 선택하고 마우스 오른쪽 버튼을 클릭한 후 [복사]를 클릭합니다.

 **Ai봇 도와줘!**

뉴스의 내용은 실시간으로 변경되므로 본인이 최근 관심 있는 분야의 뉴스를 선택합니다.

❹ 뤼튼(https://wrtn.ai) 사이트에 접속한 후 로그인합니다. 프롬프트 입력 칸에 복사한 기사 내용을 붙여 넣고 그림과 같이 프롬프트를 입력한 후 Enter 키를 누릅니다.

02 브루에서 쇼츠 영상 완성하기

뤼튼에서 생성한 쇼츠 영상 대본을 바탕으로 브루에서 쇼츠 영상을 완성해 봅니다.

❶ [메모장]을 실행한 후 뤼튼에서 생성한 답변을 복사하여 붙여 넣고 불필요한 내용을 수정합니다.

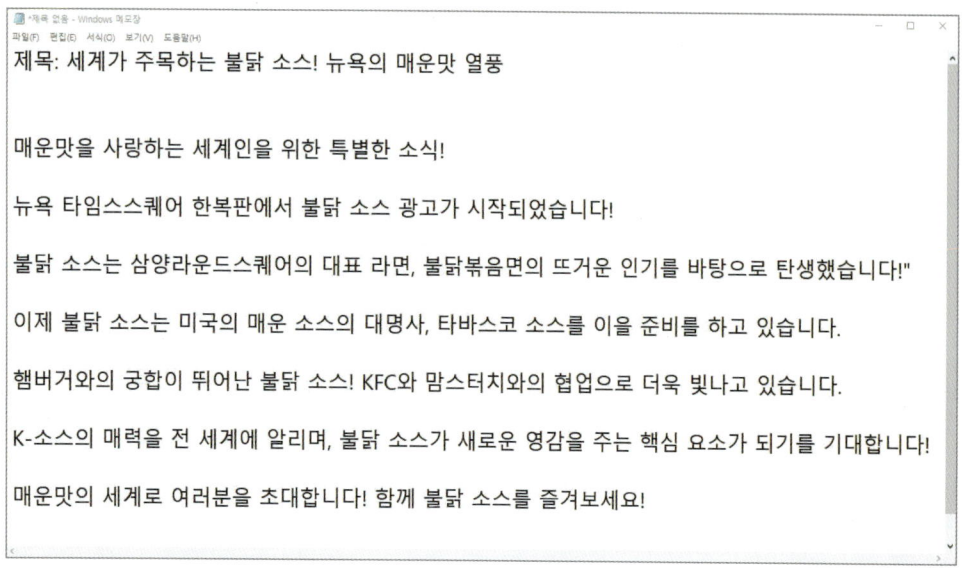

❷ 브루(V) 아이콘을 더블클릭하여 프로그램을 실행한 후 로그인합니다.

❸ [파일]-[새로 만들기]-[텍스트로 비디오 만들기]-[쇼츠 9:16]을 클릭하고 [자막 길이], [자막 위치]를 선택한 후 [다음]을 클릭합니다.

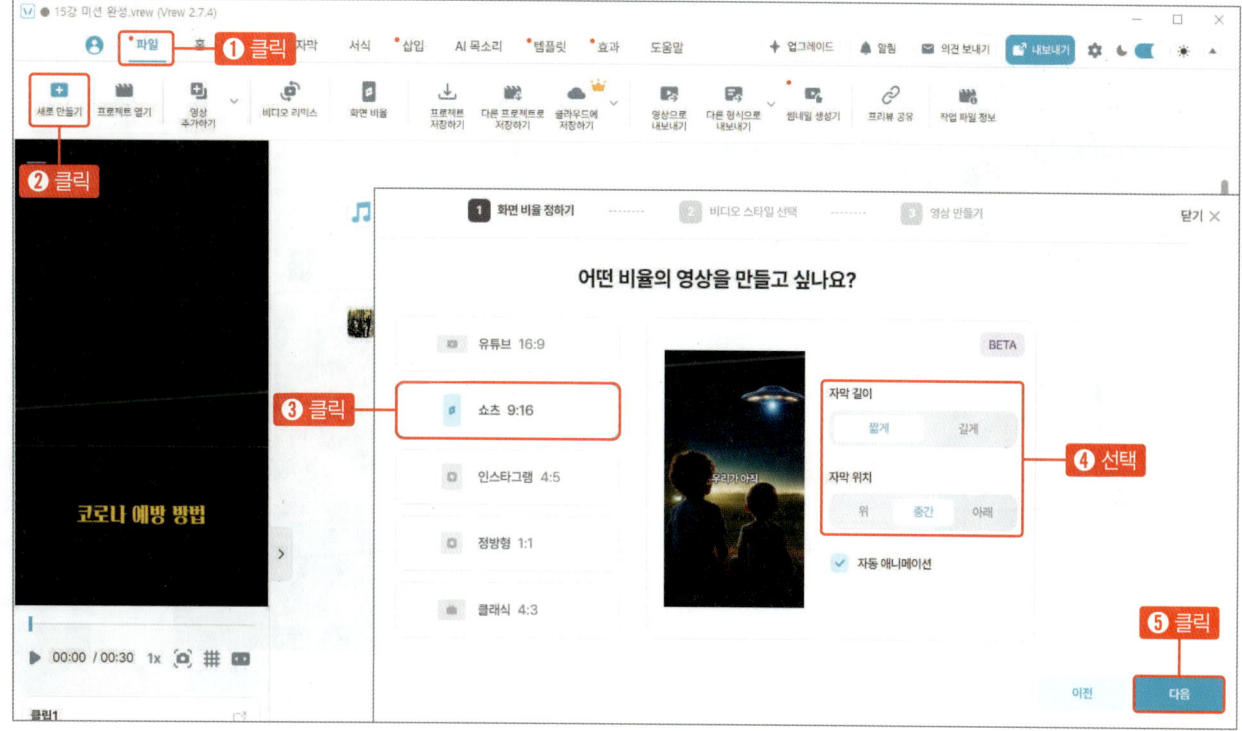

Chapter 23. 뉴스로 쇼츠 영상 만들기 **201**

❹ [어떤 비디오 스타일로 시작해 볼까요?] 창이 나타나면 [스타일 없이 시작하기]-[다음]을 클릭한 후 메모장에 정리한 내용을 바탕으로 영상 주제와 대본을 입력하고 [완료]를 클릭합니다.

❺ [플레이(▶)]를 클릭하여 생성된 쇼츠 영상을 확인한 후 마음에 들지 않는 이미지나 비디오를 다른 이미지나 비디오로 변경해 봅니다.

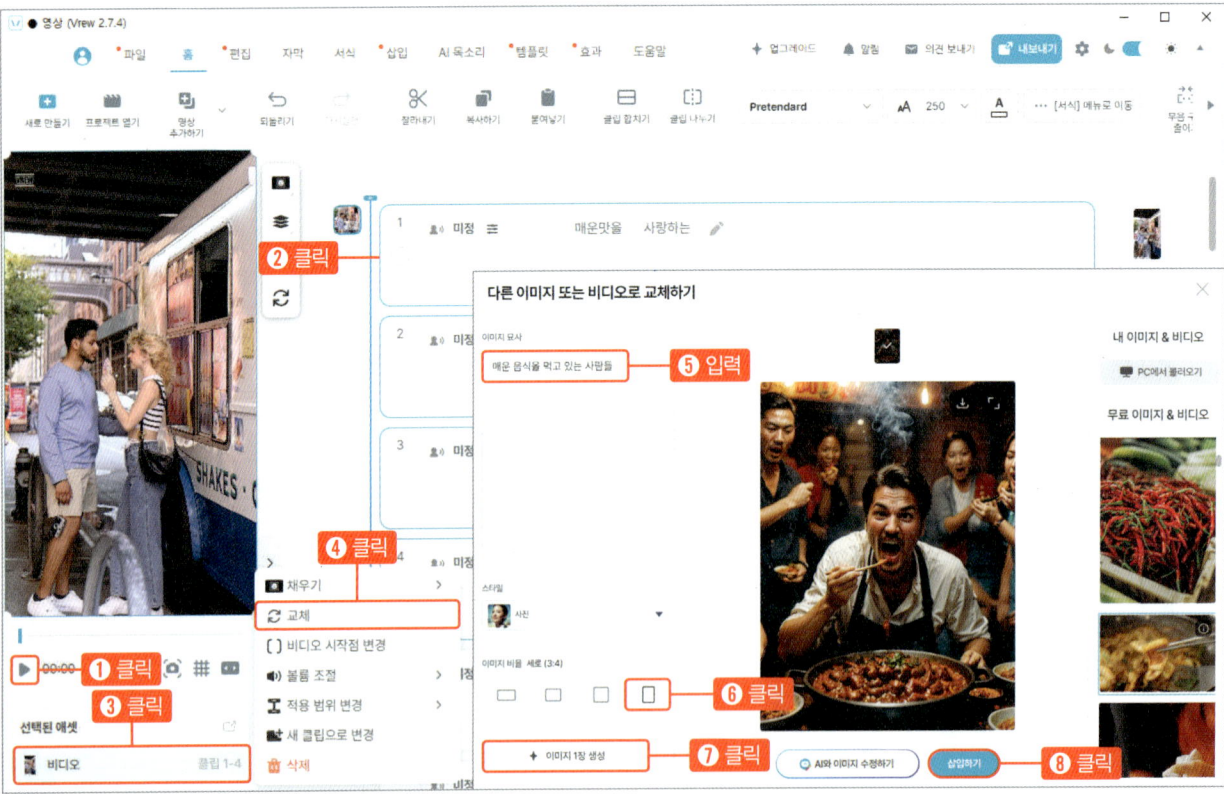

❻ 삽입된 이미지나 비디오를 화면에 맞게 채우기 위해 이미지를 클릭하고 [채우기]-[잘라서 채우기]를 클릭합니다.

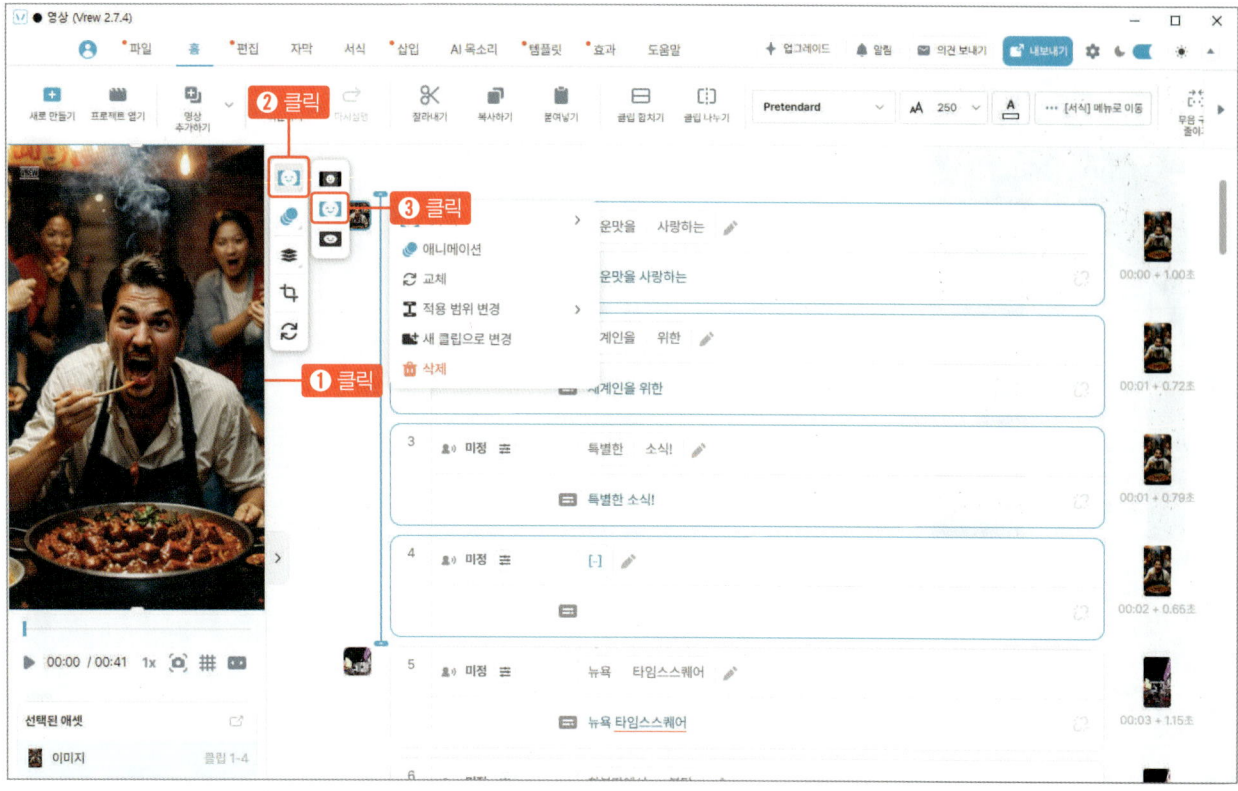

❼ [삽입]-[배경 음악]을 클릭하여 쇼츠 영상에 어울리는 배경 음악을 선택한 후 [삽입하기]를 클릭합니다.

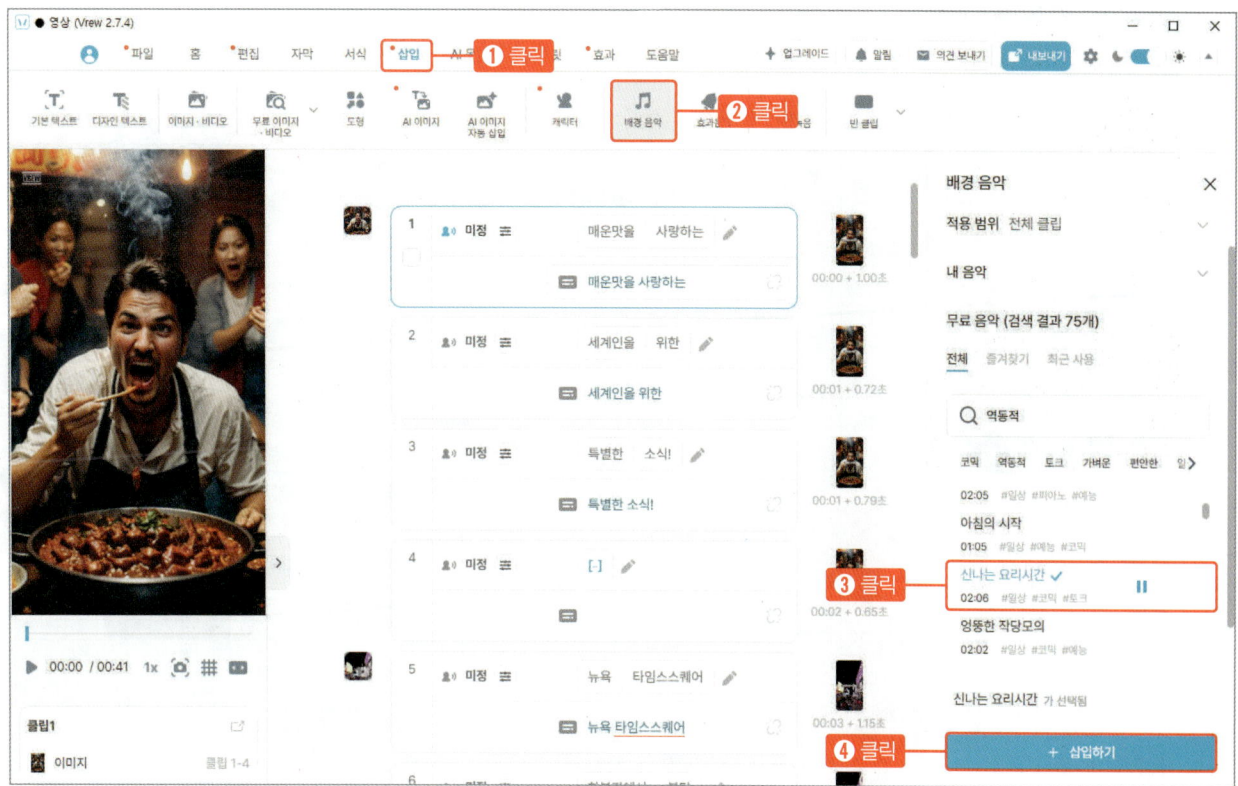

Chapter 23. 뉴스로 쇼츠 영상 만들기 **203**

❽ 미리 보기 화면 아래쪽의 [1x]를 클릭하여 영상의 재생 속도를 조절해 봅니다.

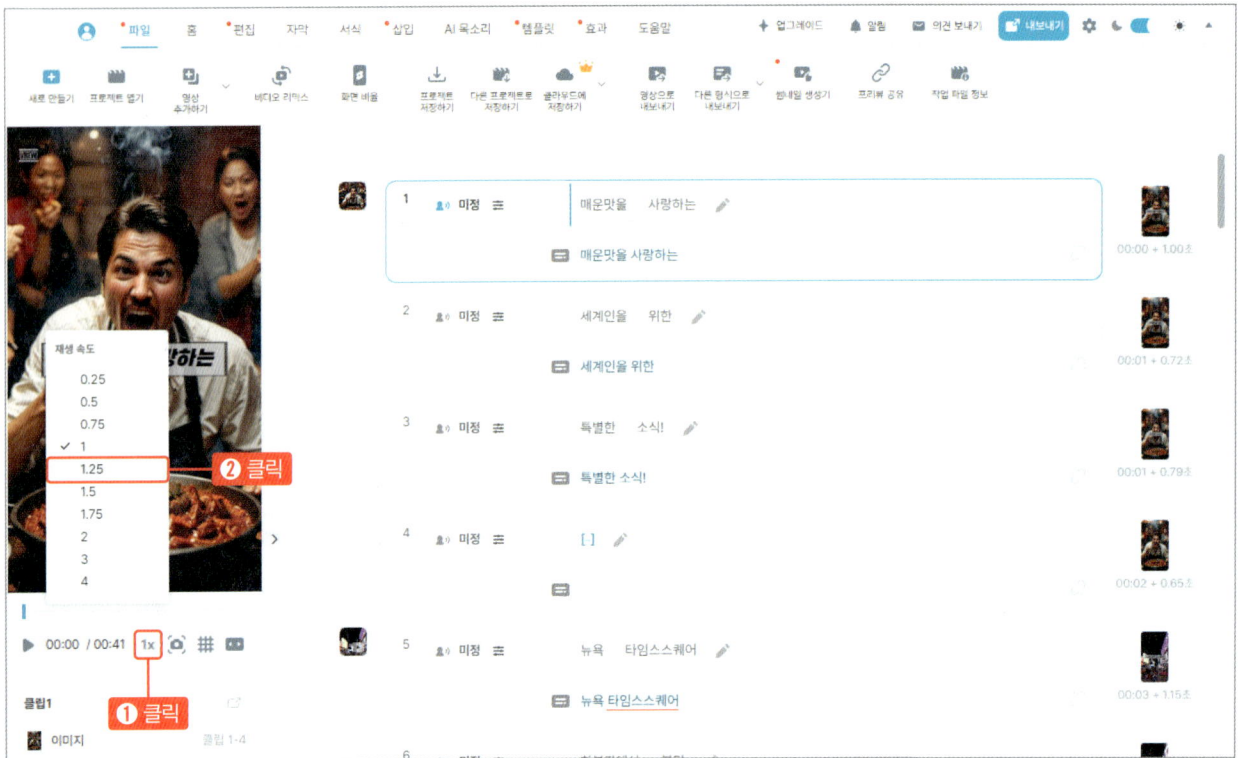

❾ [템플릿]-[템플릿]을 클릭하여 원하는 템플릿을 선택한 후 [적용하기]를 클릭합니다.

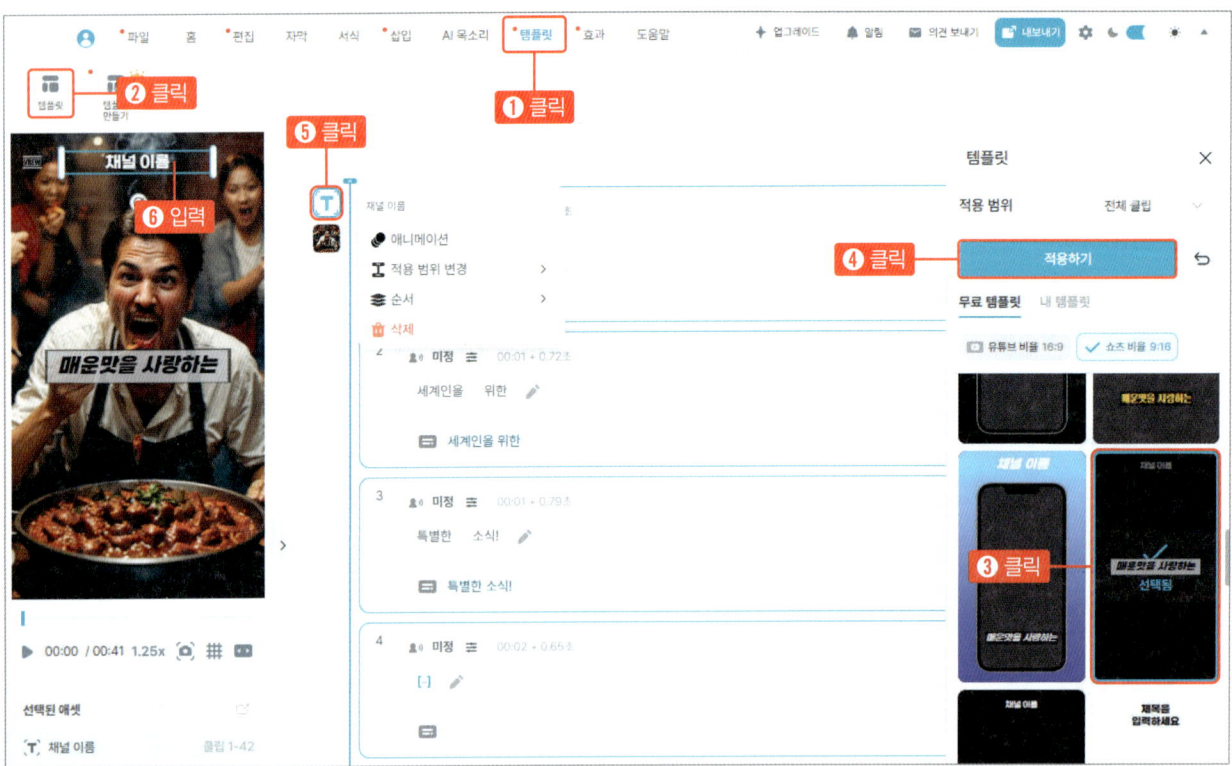

❿ 쇼츠 영상이 완성되면 영상을 확인한 후 [파일]-[영상으로 내보내기]를 클릭하여 완성된 영상을 다운로드합니다.

AI 탐험대 ＋플러스 미션

📂 예제 파일 : 없음   📂 완성 파일 : 23강 미션 완성.mp4

1 인터넷에서 '힘이 되는 글귀'를 검색하여 뤼튼에서 쇼츠 영상에 필요한 대본을 생성해 보세요.

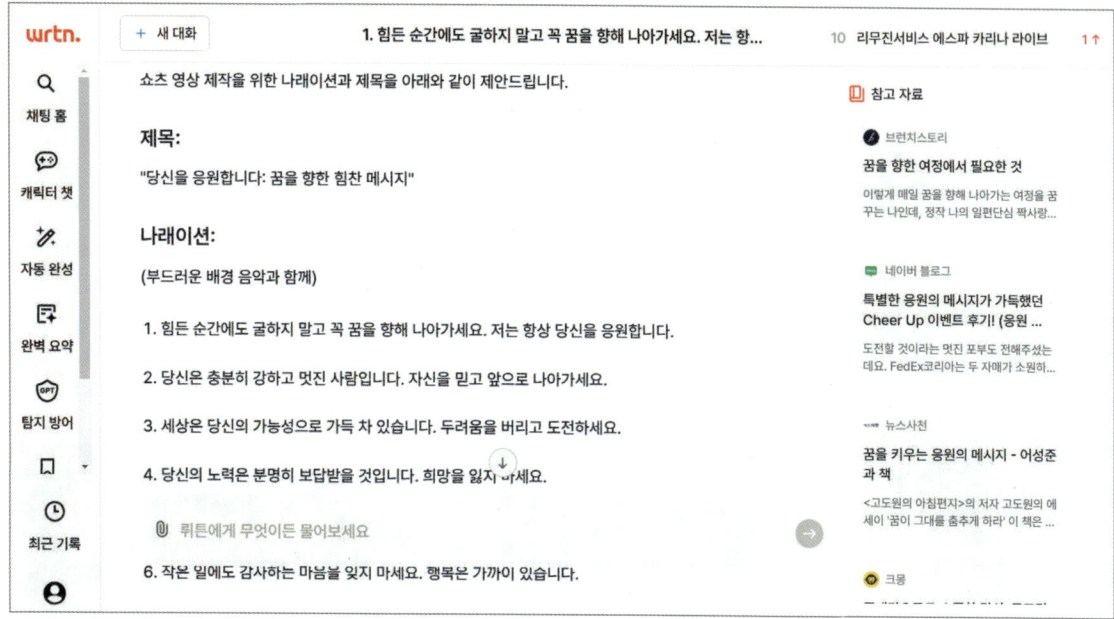

2 브루에서 뤼튼에서 생성한 대본을 입력하여 쇼츠 영상을 완성해 보세요.

오늘의 AI 탐험 : 뤼튼, 수노, 브루

CHAPTER 24
학교 폭력 근절 캠페인 영상 만들기

학습목표

- 뤼튼에서 캠페인 영상에 필요한 대본을 생성합니다.
- 수노에서 캠페인 영상에 필요한 배경 음악을 생성합니다.
- 브루에서 대본과 배경 음악을 이용하여 캠페인 영상을 완성합니다.

예제 파일 : 24강 예제 폴더 완성 파일 : 24강 완성.mp4

도전! AI 탐험 미션

이번 시간에는 뤼튼에서 캠페인 영상의 대본을 생성하고 수노에서 캠페인 영상에 삽입할 배경 음악을 생성해 봅니다. 그리고 생성한 대본과 배경 음악을 활용하여 브루에서 학교 폭력 근절 캠페인 영상을 완성해 봅니다.

캠페인 영상 대본 생성하기

뤼튼에서 캠페인 영상에 사용할 대본을 생성해 봅니다.

❶ 뤼튼(https://wrtn.ai) 사이트에 접속한 후 로그인합니다.

❷ 프롬프트 입력 칸에 프롬프트를 입력하여 캠페인 영상에 필요한 대본을 생성합니다.

프롬프트	'학교 폭력 멈춰!'라는 주제로 짧은 쇼츠 영상을 만들기 위해 필요한 대본을 완성해 줘.

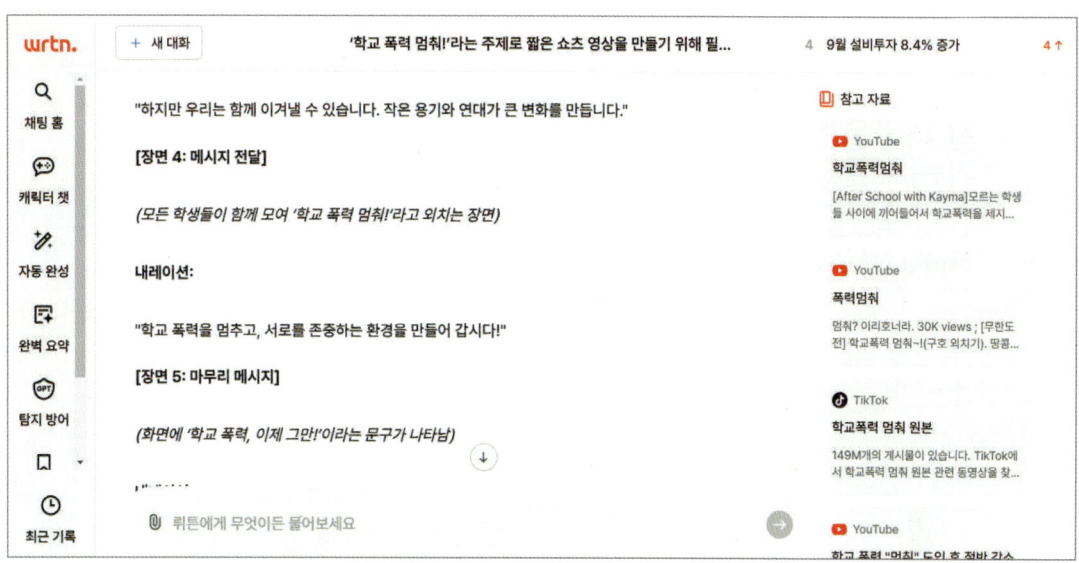

❸ 각 장면의 이미지는 브루에서 자동으로 생성하기 위해 그림과 같이 프롬프트를 입력하여 필요한 정보만 정리합니다.

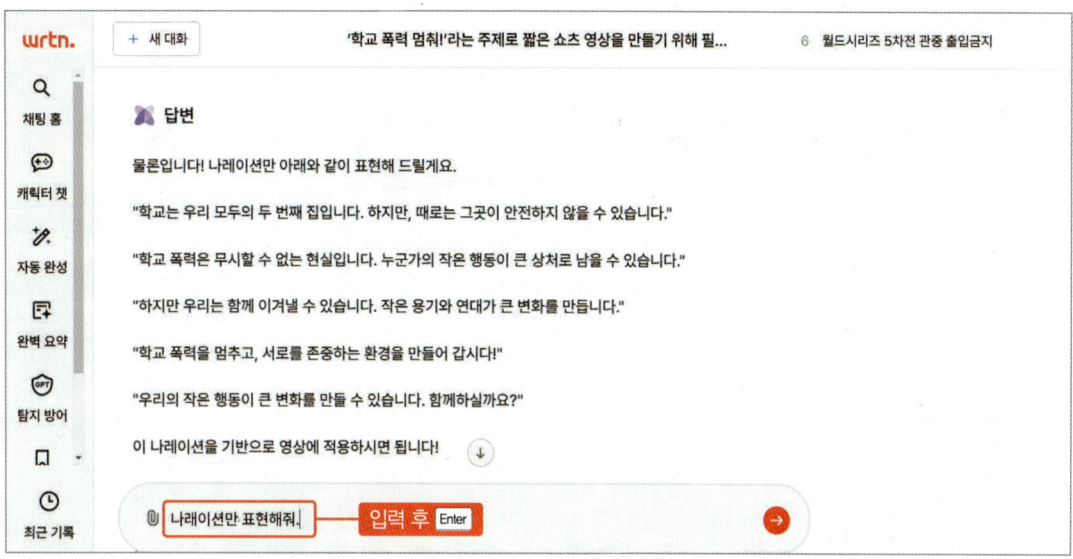

❹ 생성된 답변은 메모장에 붙여 넣은 후 불필요한 부분을 수정하여 정리해 둡니다.

캠페인 영상 배경 음악 생성하기

수노에서 캠페인 영상에 어울리는 배경 음악을 생성해 봅니다.

① 번역기를 실행하고 그림과 같이 프롬프트를 입력하여 영어로 번역한 후 복사합니다.

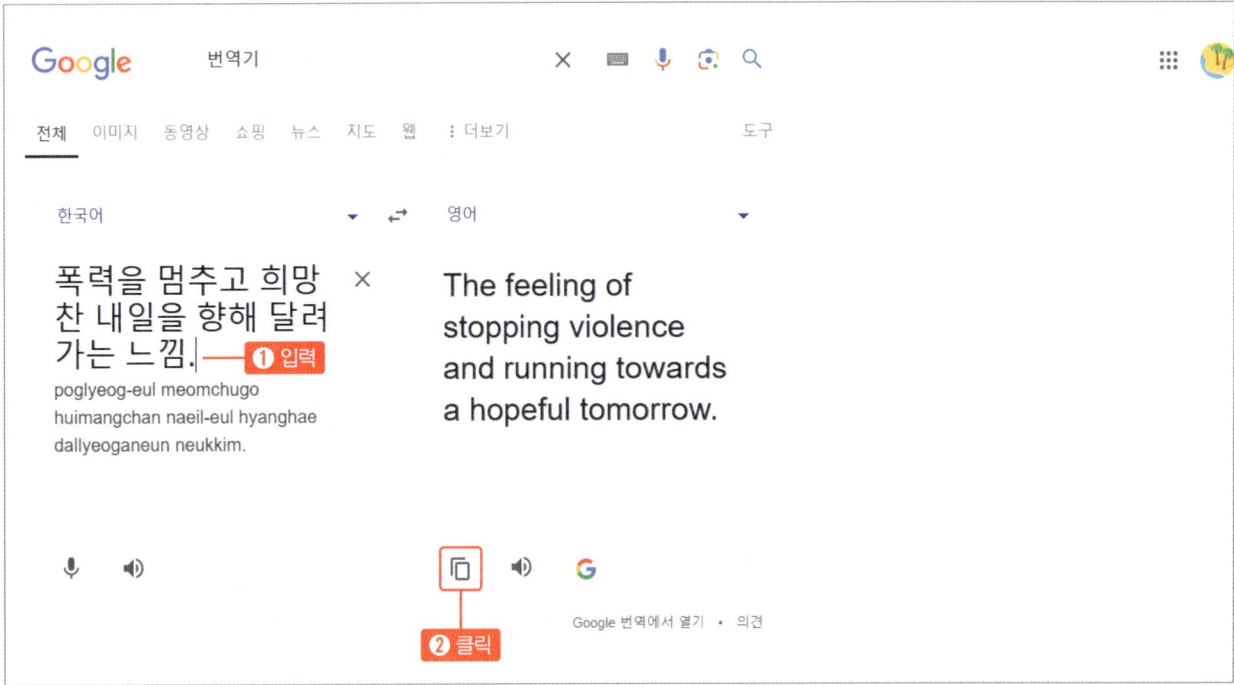

② 수노(https://suno.com) 사이트에 접속하고 [Sign In]을 클릭하여 로그인한 후 [Create]를 클릭합니다.

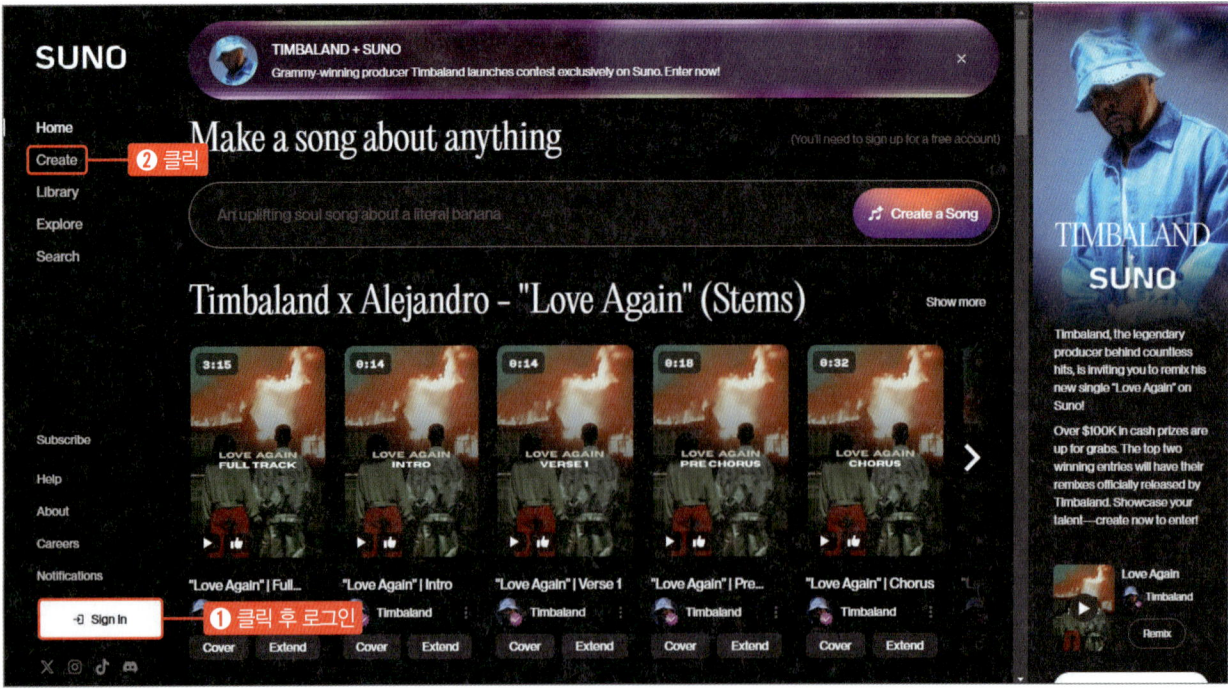

❸ 배경 음악을 생성하기 위해 [Instrumental]을 활성화합니다. 이어서 [Style of Music] 창에 앞서 번역하여 복사한 음악 스타일을 붙여 넣고 [Title] 창에 제목을 입력한 후 [Create]를 클릭합니다.

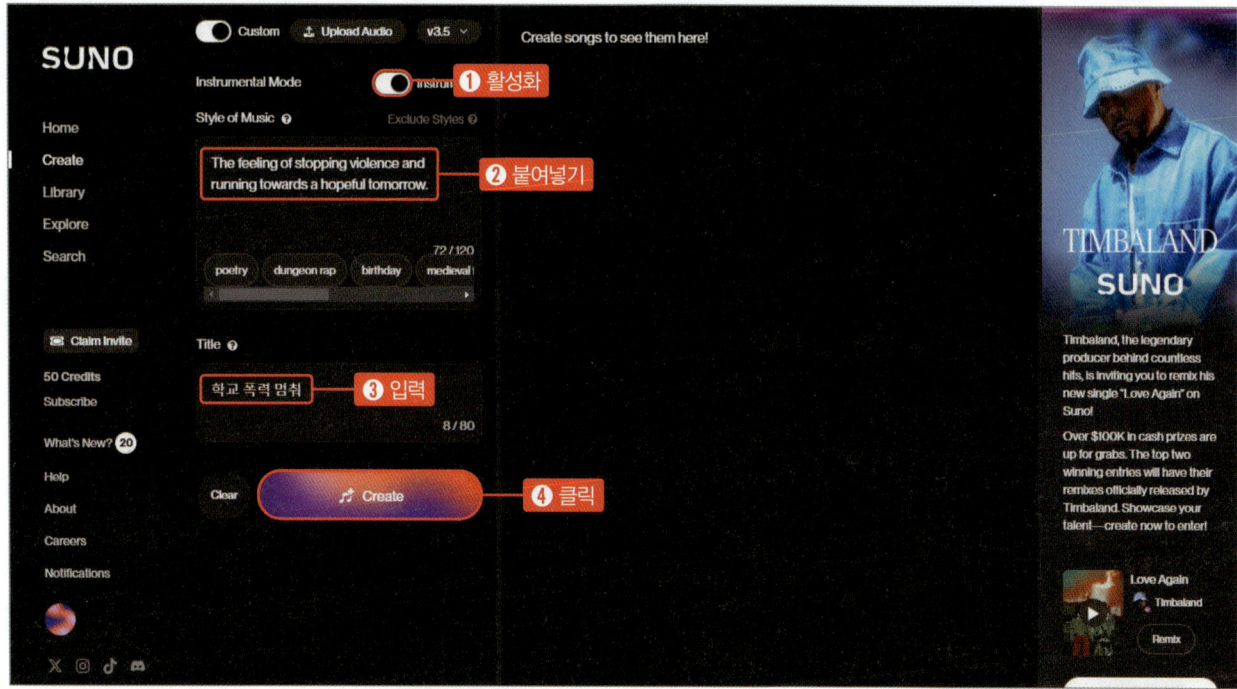

❹ 음악이 생성되면 생성된 음악을 확인한 후 [더보기(■)]-[Download]-[Audio]를 클릭하여 음악을 다운로드합니다.

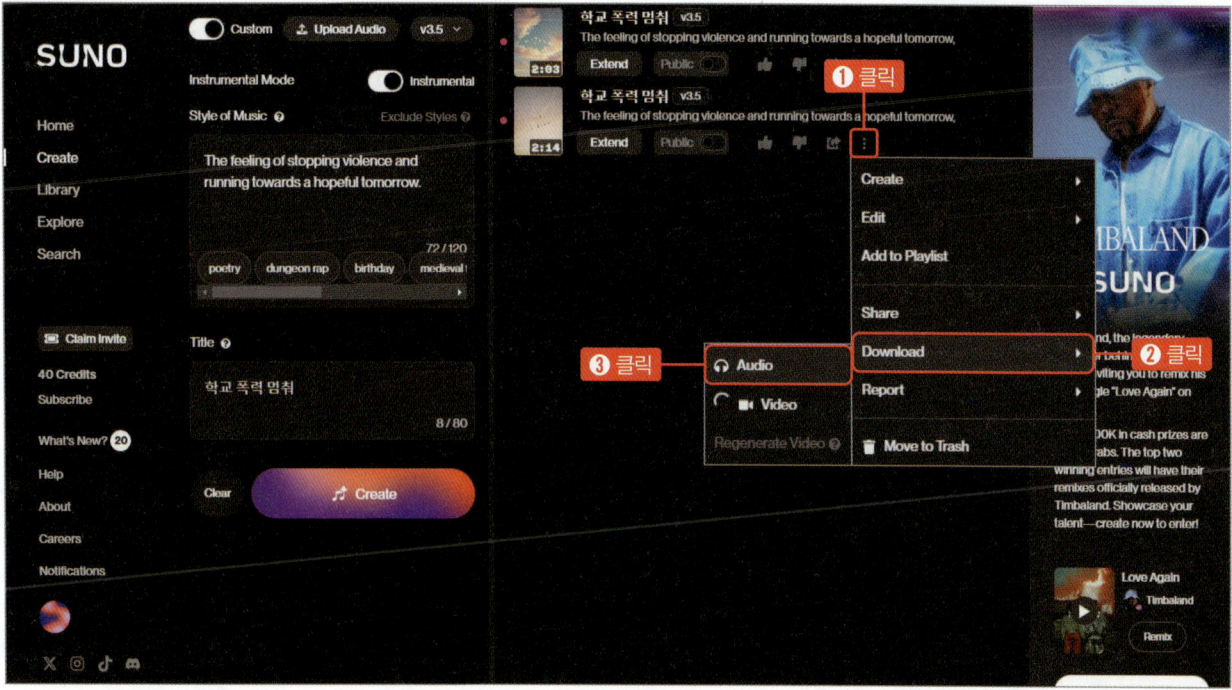

Chapter 24. 학교 폭력 근절 캠페인 명상 만들기

03 캠페인 영상 완성하기

생성한 대본과 배경 음악을 이용하여 브루에서 캠페인 영상을 완성해 봅니다.

❶ 브루(V) 아이콘을 더블클릭하여 프로그램을 실행한 후 로그인합니다.

❷ [파일]-[새로 만들기]-[텍스트로 비디오 만들기]-[쇼츠 9:16]을 클릭하고 [자막 길이], [자막 위치]를 선택한 후 [다음]을 클릭합니다.

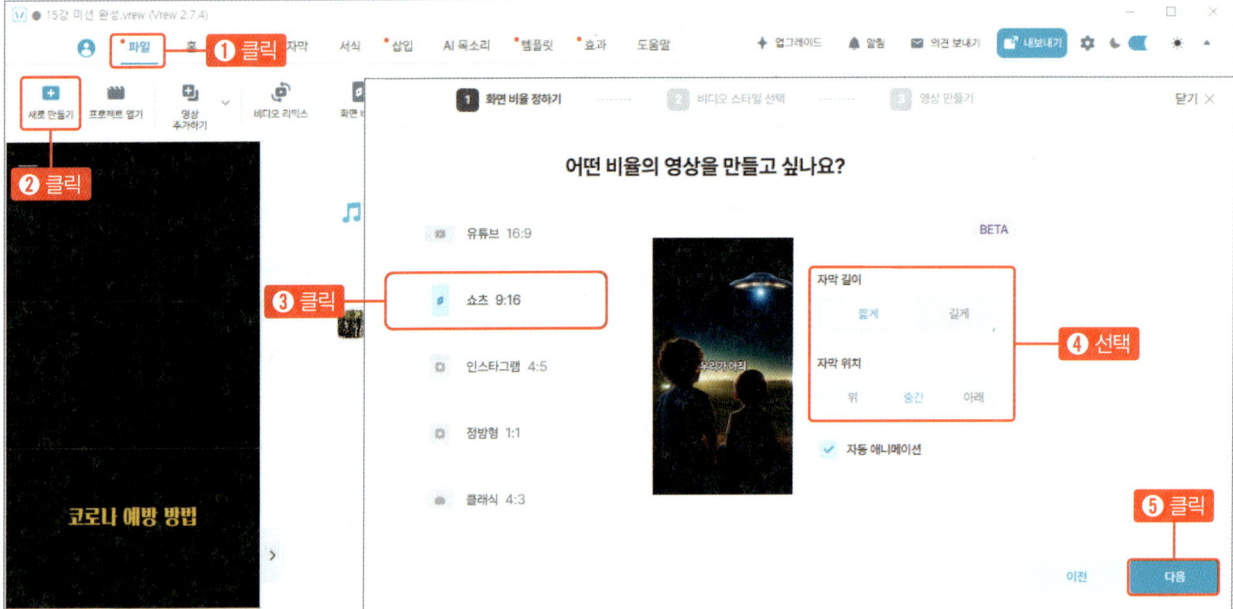

❸ [어떤 비디오 스타일로 시작해 볼까요?] 창이 나타나면 [스타일 없이 시작하기]-[다음]을 클릭한 후 메모장에 정리한 내용을 바탕으로 영상 주제와 대본을 입력하고 [완료]를 클릭합니다.

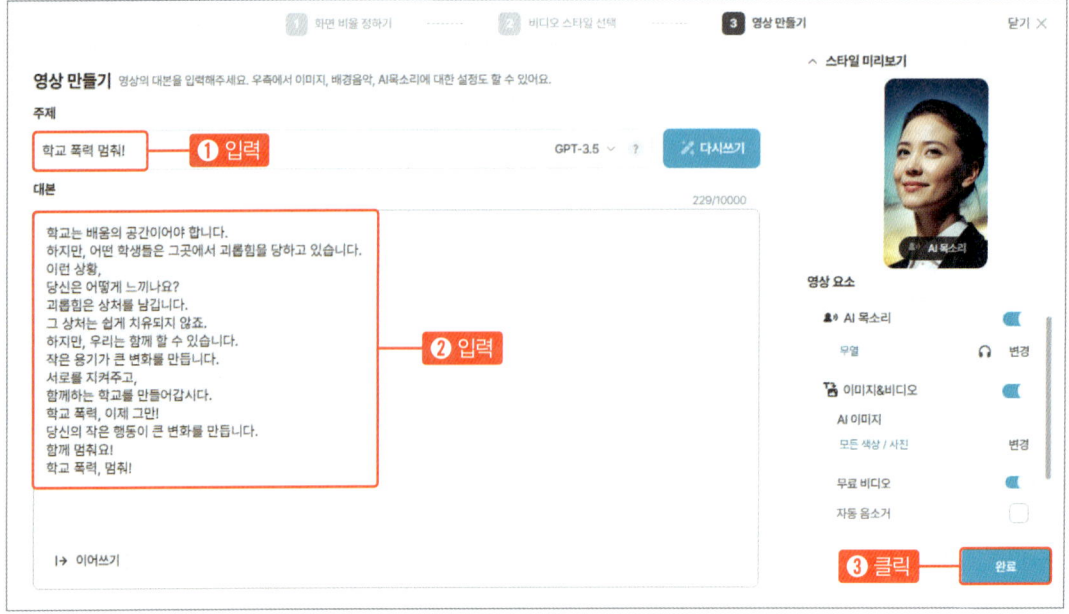

④ 자막의 양이 많은 부분은 줄 바꿈을 하여 자막을 조절하고 마음에 들지 않는 이미지나 비디오를 다른 이미지나 비디오로 교체해 봅니다.

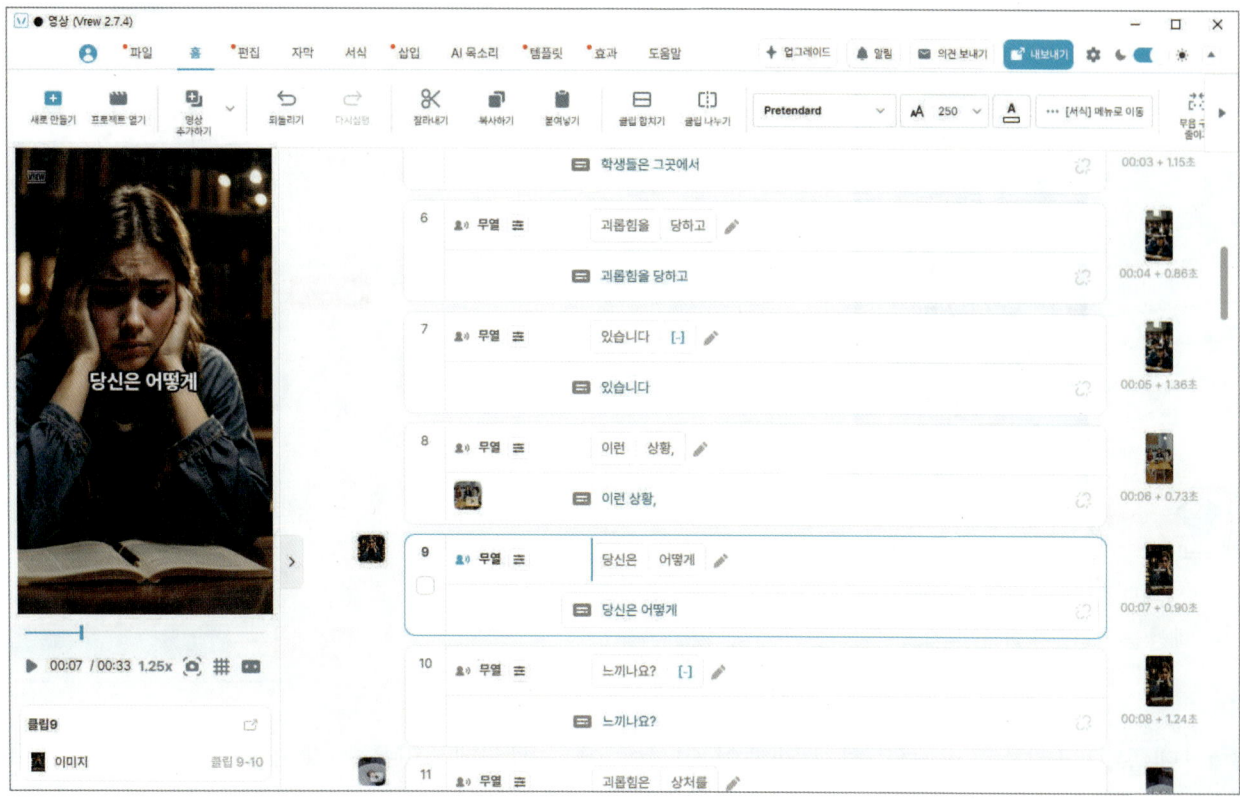

⑤ [삽입]-[배경 음악]-[내 음악]-[PC에서 불러오기]를 클릭하여 [배경 음악] 창이 나타나면 수노에서 생성한 배경 음악 파일을 선택한 후 [열기]를 클릭합니다.

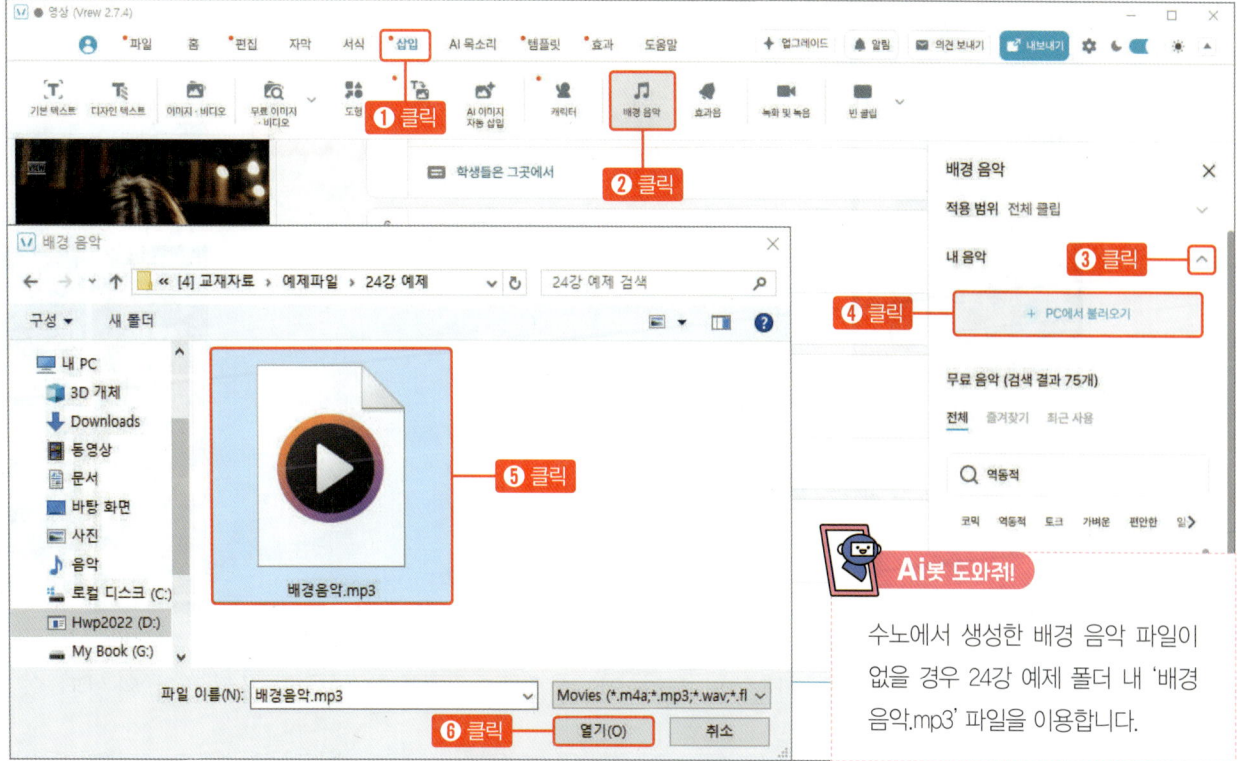

Ai봇 도와줘!

수노에서 생성한 배경 음악 파일이 없을 경우 24강 예제 폴더 내 '배경음악.mp3' 파일을 이용합니다.

Chapter 24. 학교 폭력 근절 캠페인 영상 만들기 211

❻ 배경 음악 파일이 업로드되면 [삽입하기]를 클릭합니다.

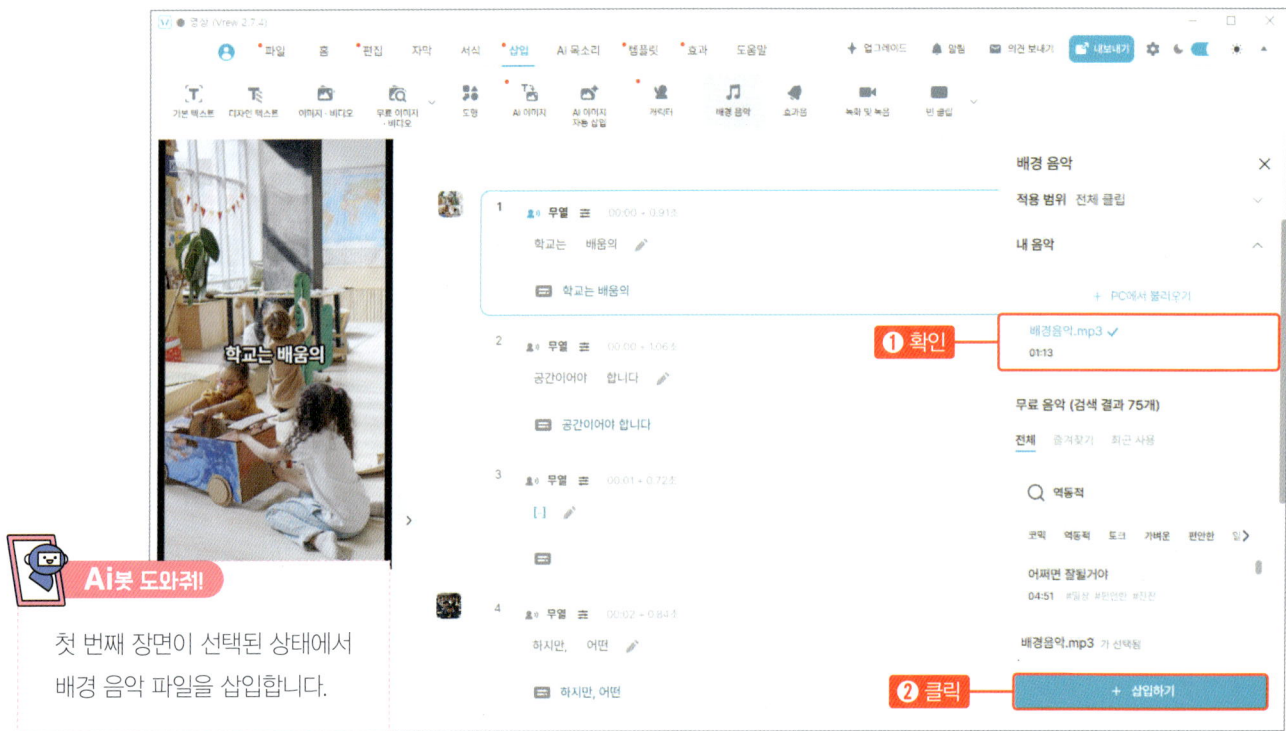

첫 번째 장면이 선택된 상태에서 배경 음악 파일을 삽입합니다.

❼ [템플릿]-[템플릿]을 클릭하고 캠페인 영상에 어울리는 템플릿을 선택한 후 [적용하기]를 클릭합니다.

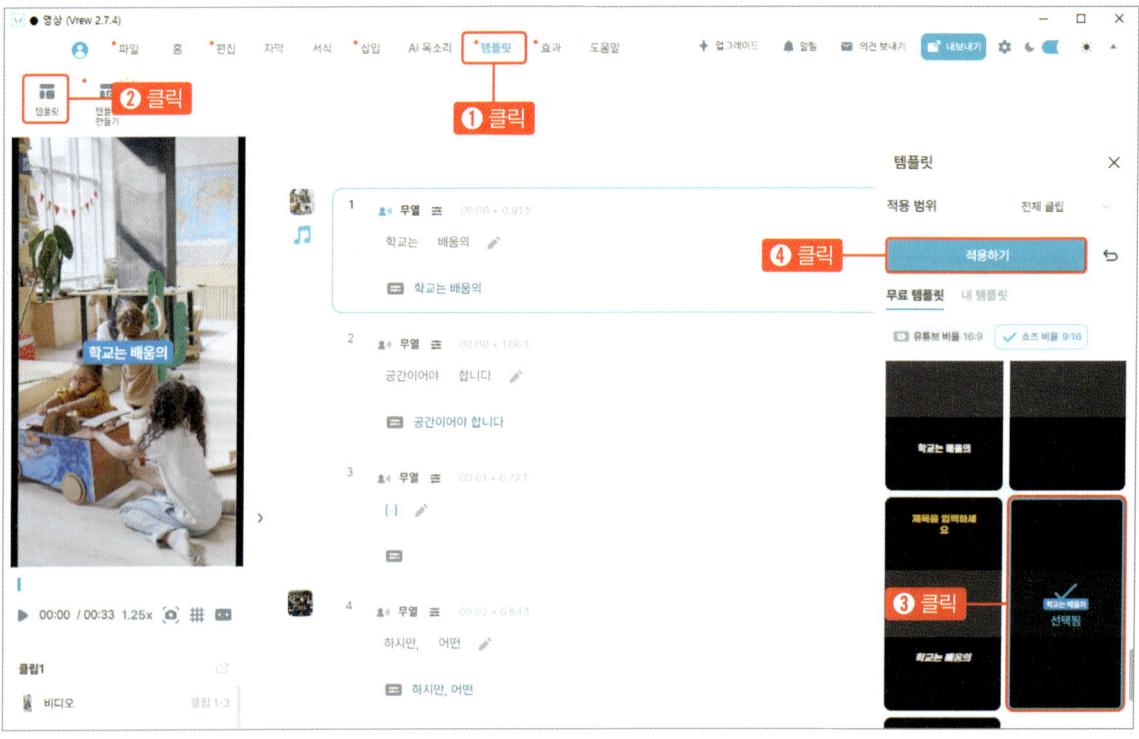

❽ 쇼츠 영상이 완성되면 영상을 확인한 후 [파일]-[영상으로 내보내기]를 클릭하여 완성된 영상을 다운로드합니다.

Ai 탐험대 플러스 미션

예제 파일 : 24강 예제 폴더 완성 파일 : 24강 미션 완성.mp4

1. 뤼튼과 수노를 활용하여 '인공지능 윤리'와 관련된 쇼츠 영상의 대본과 배경 음악을 생성해 보세요.

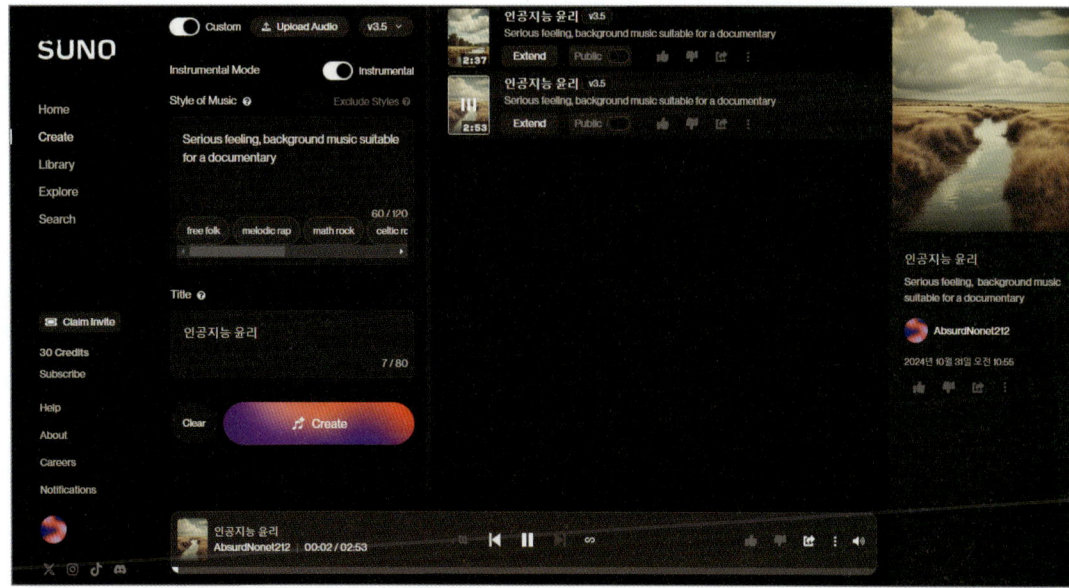

2. 뤼튼과 수노에서 생성한 대본과 배경 음악을 이용하여 브루에서 '인공지능 윤리'에 관련된 쇼츠 영상을 완성해 보세요.

  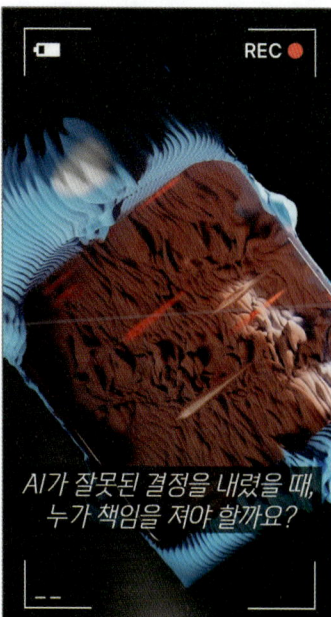

# MEMO

초등 전과목
디지털학습 플랫폼

디지털 초끄

첫 달 100원
무제한 스터디밍

지금 신규 가입하면
첫 달 ~~9,500원~~ → 100원!

초등 전과목
교과 학습

AI 문해력
강화 솔루션

AI 수학 실력
향상 프로그램

웹툰으로 만나는
학습 만화

초중고 교과서 발행 부수 1위 기업 MiraeN

초등 전과목
디지털학습 플랫폼

디지털 초코

첫 달 100원
무제한 스터디밍

지금 신규 가입하면
첫 달 ~~9,500원~~ → 100원!

초등 전과목
교과 학습

AI 문해력
강화 솔루션

AI 수학 실력
향상 프로그램

웹툰으로 만나는
학습 만화

초중고 교과서 발행 부수 1위 기업 **MiraeN**